HANS-JOACHIM THILO

Beratende Seelsorge

Tiefenpsychologische Methodik
dargestellt am Kasualgespräch

Dritte Auflage

VANDENHOECK & RUPRECHT
IN GÖTTINGEN

CIP-Kurztitelaufnahme der Deutschen Bibliothek

Thilo, Hans-Joachim:
Beratende Seelsorge : tiefenpsycholog. Methodik dargest. am
Kasualgespräch / Hans-Joachim Thilo. – 3. Aufl. –
Göttingen : Vandenhoeck und Ruprecht, 1986.

ISBN 3-525-62139-6

3. Auflage 1986

Prof. emer. D. Otto Haendler, Berlin,
dem Theologen und Therapeuten,
dem Wegweiser zu einer beratenden Seelsorge
in Dankbarkeit und Verehrung zugeeignet.

Vorwort

„Affen leben, Menschen führen ihr Leben", diese in der Verhaltensforschung erkannte Wahrheit bestimmt das Wesen dieses Buches. Lebensführung ist *die* menschliche Aufgabe schlechthin. In einer überschaubaren Welt und in einer Gesellschaft, die von Traditionen bestimmt war, die wiederum die Vorfahren gesetzt hatten, ist die Aktualisierung dieses Kernsatzes allerdings ungleich leichter gewesen als heute. Die sich anbahnende totale Technisierung und totale Demokratisierung der westlichen Welt wird unsere Lebensproblematik nicht einfacher, sondern immer komplizierter machen. Darauf beruht das zunehmende Interesse an den anthropologischen Wissenschaften und der immer stärker werdende Ruf nach fachbezogener Ausrüstung zum Dienst am Mitmenschen. Soziologie, Psychologie, Pädagogik, Kybernetik, die Fachkurse der Industrie und der Verwaltung zur Ausbildung von Mitarbeitern, denen leitende Positionen anvertraut werden können, versuchen dieser Situation gerecht zu werden. Die evangelische und die katholische Theologie unserer Tage vernehmen den Ruf nach „Praxis" in wachsender Stärke. Sie sind auch willens, ihn zu beantworten, sehen sich aber legitimerweise vor die Frage gestellt, ob sie damit ihrem Auftrag gerecht werden. Man befürchtet, Christentum gehe mehr und mehr in Mitmenschlichkeit auf, und möchte deshalb das „Eigentliche" des Auftrages gewahrt sehen. Zwar ist die Theologie immer der Überzeugung gewesen, daß Verkündigung nichts zu tun habe mit dem Aneinanderreihen von Bibelsprüchen, die dadurch zu Leerformeln würden, aber sie ist sich insonderheit in den letzten 50 Jahren nicht darüber klar gewesen, wie sie das Subjekt-Objekt-Verhältnis zwischen Gott und Mensch in einer modernen Welt zu verstehen habe. So gewiß Christentum nicht in Mitmenschlichkeit aufgehen soll, so kann man doch auch umgekehrt Christentum nicht ohne Mitmenschlichkeit aufgehen lassen, und so gewiß ist es auch, daß Mitmenschlichkeit durch verbalisierte Bekenntnisse erheblich gestört werden kann. Darum scheint mir wichtiger als die Diskussion über die Frage nach dem Eigentlichen oder Uneigentlichen zunächst die Haltung zu sein, mit der ein seelsorgerlicher Berater seinem Gegenüber begegnet.

Für Pfarrer ist an dieser besonderen Stelle ein Hinweis gedacht, der zugleich eine Kritik an gängiger Auffassung vom „echten" seelsorgerlichen Gespräch ist: Auch die Plauderei ist eine notwendige Form menschlicher Kommunikation. Als Vorform des Gespräches und als Einübung in das

Gespräch hat sie ihr unumstößliches Recht. Wer die Plauderei ablehnt, weil sie ihm nur nichtssagend zu sein scheint, hat noch nichts von der Wahrheit erfahren, die dem Stufenweg innewohnt. Wer jedoch bei der Plauderei stehenbleibt, wird nichts erfahren können von der Schöpferkraft des Gesprächs. In der Plauderei wird auch ersichtlich, ob sich diese zum Gespräch ausweiten kann oder ob beide Partner der Plauderei zum Gespräch einen anderen, Dritten, benötigen. Plauderei kann ebenso der Entspannung dienen als auch dem vorsichtigen, liebevollen Abtasten nach den Möglichkeiten zum Gespräch. Wo Pastor, Arzt und Lehrer die Plauderei nur als Zeitverschwendung einzustufen vermögen, überhören sie die heimliche Frage des anderen, der in der Plauderei abtasten will, ob der andere jener Mensch ist, mit dem das Gespräch zur Schöpfung und zur Befreiung wird. Wer in der Plauderei versteht, nicht nur zuzuhören, sondern dahinterzuhören, wird die Ansatzpunkte und den Schrei nach dem Gespräch und der Hilfe öfter vernehmen, als er meint. Wer den Ruf nach Hilfe hört, wird Lebenshilfe geben wollen. Diese verstehen wir hier als Lebensberatung, als Hilfe zu einer besseren Lebensführung, verwahren uns aber sofort gegen eine moralische Bewertung des Wortes „besser". Hier wird von einem Verhalten geredet werden, das personenbezogener, liebevoller, verständnisvoller, wirklichkeitsnäher, fachbezogener und damit eben zugleich näher an der Botschaft des christlichen Glaubens ist, als es herkömmliche Seelsorge sein konnte. Damit ist nicht gesagt, daß es in der Vergangenheit nicht die Sache der seelsorgerlichen Lebensberatung gegeben habe, und noch weniger wird gemeint, es habe keine Menschen gegeben, die sich eben dieser Sache liebevoll-verstehend und wirklichkeitsnah angenommen hätten. Es bedurfte aber jener großen geistigen Umstrukturierung im anthropologischen und theologischen Denken unserer Zeit, es bedurfte jener Osmose zwischen den anthropologischen Wissenschaften und der Theologie, um nun für die Praxis Konsequenzen zu ziehen, die dem Menschen zur Bewältigung der ihm gestellten Aufgaben im Leben verhelfen. Der mit so bohrendem Ernst gestellten Frage, wie bin ich und wie bist du, hat sich die Frage an die Seite gestellt: w a r u m bin ich so, wie ich heute bin, und w a r u m bist du so geworden, wie du dich heute darstellst. In dem Augenblick, in dem diese Fragen aufgenommen werden, wird richtendes Moralisieren ebenso unmöglich wie ein materialisierter Biologismus, der Aktionen und Reaktionen des Menschen ausschließlich an den Abläufen chemischer Phänomene messen möchte. In der wissenschaftlichen Begegnung zwischen Humanwissenschaften und sogenannten Geisteswissenschaften vollzieht sich ein neuer Lernprozeß, dessen Endergebnisse noch nicht abzusehen sind. Alte Frontstellungen zerbrechen über Nacht, und neue Frontstellungen bilden sich. Die Gegner von gestern werden zu Bundesgenossen von heute, und die Freunde von heute können morgen unsere geistigen Gegner sein. Sicher aber ist, daß das erweiterte Wissen um menschliches Verhalten die Verpflichtung einschließt, diese Erkenntnisse auf alle mitmenschlichen Beziehungen anzuwenden. Sicher ist auch, daß solches Tun nicht durch die Lektüre eines Buches allein zu erreichen ist. Die Zeit der in der Mönchszelle einsam gefundenen Entdeckungen ist vorüber. Das Miteinanderhören, Sich-miteinander-Austauschen, Sich-gegenseitig-Abklären ist — unabhängig davon, ob wir solches Tun mit Teamwork oder mit kollektiver Arbeitsweise bezeichnen — der uns gebotene Weg wissenschaftlicher Arbeit zur Hilfe für den Mitmenschen.

Nötig wird nun aber auch sein, vor der Illusion zu warnen, der Mensch könne von sich aus das führen, was man ein „offenes Gespräch" nennt. Die Tatsache, daß Verbitterung, Resignation, Zorn und gelegentlich auch Haß sich daraus ableiten, daß ein Gesprächspartner mit Illusionen in ein Gespräch gegangen ist, dürfte jedem unter uns bekannt sein. Die Enttäuschung darüber, daß die Verschwiegenheit eines Gespräches nicht gewahrt wurde, daß der Partner die in einem Gespräch gemeinsam gefundene Entscheidung nicht nur nicht realisiert, sondern vielleicht genau das Gegenteil dessen tat, was scheinbares Gesprächsergebnis gewesen war, ist jedem bekannt. Biblische Aussagen würden hier den Begriff vom Menschen als Stück der gefallenen Schöpfung ansetzen und darauf hinweisen, daß jede menschliche Kommunikation der Gebrochenheit des lutherischen simul iustus et peccator (zugleich gerecht und zugleich Sünder) unterliegt. Die paulinische Aussage, wonach wir das Gute, was wir wollen, nicht tun, aber das Böse, was wir nicht wollen, beständig tun (Röm 7, 19) erweist sich als reale Wahrheit mit oft tragischen Konsequenzen. Die Tiefenpsychologie würde diesen Tatbestand so deuten, daß sie aufgrund ihrer Erkenntnisse weiß: Die Triebkräfte menschlichen Handelns werden nicht vom Denken, sondern vom Bereich des Unbewußten her gesteuert. Das Tun des Menschen unterliegt nur zu einem gewissen Maß seinem Willen. Seine tiefsten und letzten Entscheidungen werden gespeist aus jenem Bereich des Es, des Unbewußten, das auf psychoanalytischem Wege bewußt gemacht und gedeutet werden kann.

Der Soziologe wiederum würde diesen Tatbestand aus der Gruppenverhaftung des Menschen erklären und würde mit Recht darauf hinweisen, daß kein Mensch ausschließlich er selbst ist, sondern daß er zugleich immer gruppenbezogen handelt und — will er existieren — auf die Dauer gegen die Gruppeninteressen derjenigen Gruppe, die ihn integriert hat, gar nicht verstoßen kann. Wir finden schon hier einen Tatbestand, der uns noch öfter begegnen wird und der eines der Kennzeichen der Säkularisierung überhaupt ist: Wahrheiten, die bis gestern nur biblisch diagnostizierbar waren, sind heute tiefenpsychologisch, soziologisch und gesellschaftspolitisch erkennbar geworden, ohne daß sie ihre Wahrheit an sich dadurch eingebüßt hätten.

Von dieser Erkenntnis her wird es deutlich, daß menschliche Kommunikation, die helfen und heilen soll, der Methodik nicht entraten kann. Der Mensch ist mit seinem Tun nur zu einem geringen Teil erklärt, wenn nicht zugleich klargemacht wird, aus welchen Antriebskräften er zur Zeit so und nicht anders handeln kann. „Deshalb wird es sehr wichtig sein, im Verlauf des Gesprächs zu erfassen, wieweit die Einsichtsfähigkeit des Ratsuchenden im Augenblick reicht." (Hinzinger 1968/9, S. 118). Es hat keinen Sinn, alle Erkenntnisse über einen Menschen auszusprechen, wenn man nicht weiß, ob der Betreffende das annehmen kann.

Das Gespräch wird seine heilende und schöpferische Wirkung also gerade dort nicht haben können, wo dem Partner auf den Kopf hin zugesagt wird, daß er in seiner Existenz „Sünder" sei, sondern wird sich nur dort als Gespräch ausweisen können, wo er hingeführt wird, diese seine Existenz jenseits und unabhängig von seinem moralischen Verhalten selbst zu erkennen. An dieser Stelle weitet sich das Gespräch aus zu dem höchst unvollkommenen, ja irreführenden Begriff der Beratung.

Der Begriff „Beratung" ist schillernd und vielgestaltig. Er ist vielen Mißdeutungen ausgesetzt, zumal er die Anerkennung einer bestimmten Weltsituation voraussetzt. Wer der Meinung ist, daß die Vorgänge dieser Welt von einem einzelnen Menschen, von einer Ideologie gleich welcher Art her erhellbar seien, so daß sie auf dem Weg einer Weisung vollziehbar und praktikabel seien, wird mit dem, was im Nachfolgenden unter Beratung verstanden werden soll, nicht einverstanden sein können. Beratung ist die Konsequenz eines oder mehrerer Gespräche an dem Punkt, wo der eine Gesprächspartner eine Frage stellt, die vom anderen beantwortet werden soll. Dabei sind diese beiden Gesprächspartner von vornherein nicht so zu verstehen, als ob es sich hier um zwei Einzelpersonen in jedem Fall handeln müsse, sondern es kann durchaus um zwei Gruppen gehen, bei denen das Fragen und Beraten ein wechselndes Rollenspiel darstellt. Beratung ist also jene Möglichkeit, in einer unüberschaubar gewordenen Welt mosaikartig Möglichkeiten zusammenzusuchen, die aus vielen Teilwahrheiten die eine Wahrheit für den anderen darstellen könnte. Dabei ist wiederum nicht gemeint, daß die Summe aller Teilwahrheiten schon die „Wahrheit" ergibt, wohl aber, daß die Kenntnisnahme verschiedener Wahrheiten auf verschiedenen Lebensgebieten die Wahrheit finden hilft, die im akuten

Fall und unter Berücksichtigung der Persönlichkeit des Ratsuchenden hilft und befreit. Beratung hat also nichts mehr mit „verbindlicher Weisung" gemeinsam. Dies ist eine Konsequenz, die sich aus der veränderten Weltsituation heute ergibt.

So soll dieses Buch eine Hilfe für die Praxis sein. Es ist entstanden aus den Erfahrungen der vom Verfasser durchschrittenen Analysen, seiner Teilnahme an Balintgruppen und der Leitung eigener Gruppen. Es versucht die derzeitige Diskussion auf dem Gebiet der therapeutischen Gesprächsführung für die seelsorgerliche Beratung des einzelnen und im Kasualgespräch nutzbar zu machen. Es erhebt den Anspruch, in einigen Passagen Lehrbuchcharakter zu haben, und wagt es, die eigene theologische und psychotherapeutische Stellungnahme dem Leser zu unterbreiten.

Theologen in Ausbildung und in beruflicher Position, Sozialarbeiter, Gruppenleiter für Gesprächsgruppen der verschiedensten Art, Lehrer und in der Ausbildung stehende Psychotherapeuten, Mitarbeiter in den Familien- und Ehebratungsstellen wünsche ich mir als Leser.

Wo Gesprächsmodelle veröffentlicht worden sind, wurde das Einverständnis der damit befaßten Personenkreise eingeholt. Mein Dank für die technische Arbeit am Buch gilt Frau Nowakowski, für die Erstellung des Sach- und Namensregisters Herrn Vikar Förster, Travemünde, und für die vielen bewußten und unbewußten Anregungen den Kollegen, den Mitgliedern der Gruppe, in der ich meine Fälle kontrollieren lasse, und meiner Frau für manchen guten Hinweis und viel Geduld. Herr Dr. Herdieckerhoff, Verlagslektor, hat diese Arbeit von Anfang an mit viel Verständnis und Sachkenntnis begleitet.

Im Winter 1970   Hans-Joachim Thilo, Lübeck

Vorwort zur dritten Auflage

Obwohl es für jeden Autor eine Freude ist, wenn nach mehr als fünfzehn Jahren ein wissenschaftliches Buch erneut aufgelegt wird und er
solches dem Verlag und den Lesern zu danken weiß, war meine Zustimmung zu dieser Neuauflage von manchen Fragen begleitet. Zunächst ist
festzustellen, daß sich Sprache und Sprachverhalten in den letzten fünfzehn Jahren kontinuierlich verändert haben. Die hier vorgelegten Gespräche, die ja keineswegs „erdacht" sind, würden heute mit anderen
Worten und unter Zuhilfenahme anderer Bilder geführt werden. Die
gerade für die Seelsorge so wesentlichen Erkenntnisse der Narzißmus-
forschung standen beim Entstehen dieses Buches noch nicht zur Verfügung. Die tiefe Bedeutung des Symbols für die Seelsorge war mir noch
nicht in dem Maße bewußt geworden, wie sie es heute ist. Dennoch:
Die theologischen und tiefenpsychologischen Aussagen dieses Buches
für die Seelsorge bei Kasualhandlungen müssen nicht korrigiert werden. Daß sie den Lesern bis heute eine Hilfe gewesen sind, ist mir in
vielen Briefen und Gesprächen im In- und Ausland bestätigt worden.

Lübeck, im Januar 1986   Hans-Joachim Thilo

INHALT

II. Teil: Kasualhandlungen als beratende Seelsorge

I. TEIL: WESEN UND METHODIK DER GESPRÄCHSFÜHRUNG

1. Kapitel: Vom Wesen des Gesprächs

a) Gespräch und Verkündigung

Wer das Verhältnis von Gespräch und Verkündigung theologisch bestimmen will, wird an dieser Stelle von Seelsorge reden. Zugleich aber ist dieser Begriff in der theologischen Diskussion unserer Tage immer schillernder und immer fragwürdiger geworden. Das liegt sicherlich nicht zuletzt daran, daß der Begriff „Seelsorge" im Neuen und im Alten Testament verbatim nicht vorkommt. Die Sache, um die es hierbei geht, ist ebenfalls in der Bibel nicht eindeutig dargestellt. Es ist jedenfalls nicht so, wie früher immer wieder behauptet worden ist, daß Seelsorge und Sündenvergebung stets identisch seien. Das seelsorgerliche Handeln Jesu — wenn dieser Begriff einmal als legitim hingestellt werden darf — umfaßt einen sehr viel weiteren Bereich als nur die Dimension der Sündenvergebung. Sündenvergebung ist immer eingebettet in einen viel umfassenderen Begriff, nämlich in die Dimension des Heilens überhaupt. Jedoch wird nicht daran vorübergegangen werden können, daß Seelsorge im Neuen Testament weitgehend mit Verkündigung zu tun hat, so daß in den hinter uns liegenden Zeiten Seelsorge und Verkündigung immer wieder in eins gesetzt worden sind: „Seelsorge ist die Verkündigung des Wortes Gottes an den einzelnen. Sie verringert die Entfernung zwischen Verkündiger und Hörer, wie sie in der Predigt herrscht. Unter Seelsorge versteht man nicht diejenige Verkündigung, welche in der Gemeinde geschieht, sondern man versteht darunter das Gespräch von Mann zu Mann, in welchem dem einzelnen auf seinen Kopf zu die Botschaft gesagt wird." (Asmussen 1935, S. 15.) In noch früherer Zeit, etwa in der Zeit des orthodoxen Luthertums, wird deutlich, welche Randerscheinung im pastoralen Handeln der Kirche das gewesen ist, was wir heute Seelsorge nennen. Und auch Lutheraner des 19. Jahrhunderts wie Löhe werden nicht müde, den Pastor zu ermahnen, sich auf den Gottesdienst mit Predigt und Liturgie zu beschränken. Gewiß bejaht er die Aufgabe des Seelsorgers, aber den Wert, den wir einer Seelsorge als Lebenshilfe durch Gespräch zumessen, bekommt er nicht in den Blick. Wir können bei ihm folgendes lesen: „Andererseits ist es aber auch eine große Torheit, wenn man das Außerordentliche, nämlich eben die Seelsorge, zum Ordentlichen machen will, wenn man verkennt, daß Predigt, Katechese, Liturgie das Beste in der Seelsorge tun. Die Privatseelsorge ist etwas Außerordentliches und gehört mit ihrem ganzen Segen erst dem, an welchem die großen Mittel der allgemeinen Seelsorge ihre Wirkung getan haben. Für unbekehrte Leute gibt es keine andre Seelsorge als Predigt und Katechese, das empfindet man so oft an Krankenbetten der Gottlosen." (Zitiert nach Thurneysen 1946, S. 15.)

Es ist also ein weiter Weg, ja es ist ein Umbruch in der Wertung evangelischen Handelns überhaupt, wenn wir der Seelsorge als Gespräch in der Dimension des Heilens heute eine entscheidende Funktion zuweisen und wir uns die Methodik dafür von der Psychoanalyse, der case-work-Arbeit oder der heute so oft zitierten Verhaltenspsychologie geben lassen. Eduard Thurneysen kann noch in seiner „Lehre von der Seelsorge", dem wohl einflußreichsten Lehrbuch für Seelsorge auf die Theologie der heute im Amt befindlichen Pastoren, vom Verhältnis zwischen Seelsorge und Psychotherapie im Hinblick auf die Gesprächsmethodik folgendes schreiben: „Stellen wir dem analytischen Gespräch unser seelsorgerliches Gespräch gegenüber, so ist zu sagen, daß dieses etwas toto genere und unabtauschbar anderes darstellt. Schon daß im Unterschied zum psychoanalytischen Gespräch das seelsorgerliche Gespräch in jener strengen, grundsätzlichen Bindung verläuft an die Heilige Schrift und daß das Gebet dabei unerläßlich ist, ist Zeichen genug für seine Eigenständigkeit. Es gibt zwar Psychologen und wohl auch (freilich schlechte!) Seelsorger, die den grundsätzlichen Unterschied der beiden Gesprächsarten nicht einsehen." (Thurneysen 1964, S. 226.) Nach Auffassung von Asmussen, Thurneysen und den Seelsorgelehrbüchern des Luthertums war Krone aller Seelsorge die Beichte und die Zuspitzung des seelsorgerlichen Handelns auf die Verkündigung der Vergebung. Seelsorge als Konfrontation mit der Sünde, dies als die eigentliche und entscheidende und letztlich allein relevante Bedeutung der Seelsorge, das ist die theologische Meinung der Seelsorge bis in unsere Zeit hinein.

Gespräch als Konfrontation mit der Sünde und die Verkündigung der vergebenden Gnade Gottes ist im Luthertum der Mittelpunkt des seelsorgerlichen Handelns ebenso gewesen wie seelsorgerliches Gespräch als Mittel der Kirchenzucht und zur Reinhaltung der Gemeinde im reformierten Raum zu Hause war. Calvin versteht die „persönliche Einzelvermahnung" als wesentliches Werkzeug der Seelsorge. Aber auch die lutherische Orthodoxie faßt Seelsorge und Kirchenzucht so eng zusammen, daß das Wort „disziplinar" der umfassende Name für beides hat werden können. Allerdings wird auf lutherischem Boden die Zucht sehr bald den staatlichen Stellen übergeben, und Erasmus Sacerius faßt von vornherein nicht die Kirche, sondern das deutsche Volk als das Subjekt der Disziplin ins Auge. So wird denn auch die weltliche Obrigkeit als die Statthalterin Gottes zur Herstellung der Disziplin in Anspruch genommen. (Scharfenberg 1959, S. 11.) Wir werden also als Seelsorgepraxis im üblichen Sinne vier Grundanliegen aufweisen können:

1. Verkündigung,
2. Kirchenzucht,
3. Erweckung,
4. Heilung.

Während die ersten drei Punkte im wesentlichen das pastorale Handeln der Kirche durchziehen, ist die Dimension der Heilung als seelsorgerliches Handeln im evangelischen Raum erst seit Christoph Blumhardt erkennbar geworden. Wo aber die Dimension des Heilens angesprochen wird, muß die Dimension des Gespräches ebenso angesprochen werden wie das breite Feld des notwendigen Fachwissens philosophischer, medizinischer, psychologischer und keinesfalls zuletzt theologisch-ethischer Besinnung darüber, was Heilen eigentlich heißt.

Wenn im Neuen Testament vom Heilen gesprochen wird, steht das griechische Wort „soozein", das in der lutherischen Übersetzung verschieden wiedergegeben wird. Die Grundbedeutung des Wortes ist zunächst retten. Als weitere Bedeutungen treten hinzu: bewahren, wohltun und Erhaltung des inneren Wesens. Das im Alten Testament dafür parallel verwendete Wort bedeutet Rettung, Hilfe, Heil durch Menschen, aber auch Grenzen menschlichen Rettens, der Rettung und Hilfe, Heil durch Gott (hebräisch: jascharch). Das griechische Wort (soozein) bedeutet Rettung als ein akut-dynamisches Geschehen zwischen zwei Personen. Dabei ist es bei Homer meist so gebraucht, daß Götter andere, meistens Menschen, gelegentlich aber auch andere Gottheiten machtvoll aus einer akuten Lebensgefahr herausreißen. Interessant wird die Erweiterung dieses Begriffes zu dem Begriff „Erhalten des inneren Wesens". So wird z. B. einmal die Frage gestellt, wie ein Tyrann „gerettet werden könnte", und damit wird nicht etwa gemeint, wie er sein Leben erhalten kann, sondern wie er sich als solcher in seinem Sein, nämlich als Tyrann, erhalten kann. Auch der Philosophie wird zugestanden, daß sie den Menschen in seinem Menschsein erhalten kann (Epiktet). Am Beispiel eines guten Schauspielers wird klar gemacht, daß dieser sich „rette", d. h. sich seinen Schauspielruhm (und damit sich selbst) erhalte, wenn er rechtzeitig aufhört, aufzutreten. Im Alten Testament wird das obenangeführte Verbum synonym gebraucht für die Rettung, die Hilfe und das Heil, das dem Menschen durch Menschen oder auch durch Gott geschieht. (ThWB VII, S. 974.) Im Neuen Testament kommt das Verbum „soozein" nur in bezug auf eine akute Gefahr des leiblichen Lebens vor, wenn es abgesehen vom religiösen Sprachgebrauch verwendet wird. Die Bedeutung, Bewahrung oder Erhaltung des natürlichen Bestandes einer Person oder einer Sache findet sich hingegen dort nicht. In dem Bericht vom Schiffbruch des Paulus (Apg 27, 20 ff.) und in der Geschichte von der Stillung des Sturmes (Mt 8, 25) hat es seinen typischen Charakter bekommen. Auch von der Heilung Kranker wird das Wort „retten" gebraucht, und bei den Heilungstaten Jesu erscheint es 16mal. Eine weitere Begriffsverschiebung findet sich bei Paulus, bei dem die Begriffe „retten" und „Rettung" bewußt auf das Verhältnis des Menschen zu Gott beschränkt werden. Objekt des Rettens ist bei Paulus nirgends mehr die Seele, sondern, wenn nicht der ganze Mensch, so sein „Geist" (pneuma). Darum werden die Begriffe retten und Rettung bei Paulus vor allem als das Ziel der missionarischen Bemühungen des Paulus angegeben (Röm 10, 1; 1.Kor 10, 33). Diese Begriffsverschiebung ist für unsere weiteren Betrachtungen wesentlich (ThWB VII, S. 966—1023). Da nun die protestantische Theologie ihre Lehre von der Seelsorge zu Recht gegründet hat auf die Rechtfertigung des Sünders, ist verständlich, daß sie diese Akzentverschiebung von den Synoptikern hin zu Paulus auch dann durchgestanden hat, wenn es im seelsorgerlichen Handeln um die Heilung des ganzen Menschen ging. Damit tritt an die Stelle des Begriffes vom Heilen als Befreitwerden der missionarische Charakter des Dienstes, der aus Heiden Christen macht. Rettung bedeutet nun Heilung in dem Sinne, daß „die Neuheit des christlichen Daseins" im Gegensatz zur Vergangenheit im Schema einst — jetzt dargestellt wird. Einst Heiden in Laster und Finsternis, jetzt erleuchtet (Röm 7, 5; Gal 4, 3 ff.). „Das Heidentum wird nicht neutral beschrieben, sondern ausschließlich aus der Perspektive des Neuen gewertet." (Conzelmann 1968.)

Der paulinische Akzent der Rettung ist aber nicht nur auf das missionarische Handeln in dem Sinne gerichtet, daß Heiden zu Christen gemacht werden sollten, sondern in der Verbindung mit der Mission an Israel tritt bei Paulus der Begriff der Freiheit als Ziel der Rettung hinzu. Glauben und Freiheit werden in eins gesetzt (Röm 8, 21; Gal 5, 1. 13; 2.Kor 3, 17). Hier ergibt sich eine neue Komponente, die die Begriffe Heilung und Freiheit miteinander verbindet. „Rechte Seelsorge muß in dem Betreuten ständig das deutliche Empfinden wachhalten, daß er, gegebenenfalls durch Engen hindurch, von Freiheit zu Freiheit geführt wird. Er muß und soll hier die Befreiung von all den seelischen Engen finden, die ihm sonst keine

Auseinandersetzung mit der Wirklichkeit des Lebens verleihen kann. Es soll in ihm die Ahnung und dann die Gewißheit erwachen, daß auf diesem Wege und in diesem Bereich, der von der Offenbarung geprägt ist, das Leben wirklich durchsichtig wird, daß er hier die Wege sehen lernt und die Kraft empfängt, sein persönliches Dasein mit all seinen Problemen heilvoll zu gestalten." (Haendler 1957, S. 370)

Mit diesen Überlegungen wird verständlich, warum „Seelsorge" als Begriff in der Bibel nicht vorkommt. Die Bibel als Offenbarung Gottes enthält Seelsorge in dem Sinne, daß sie alle Bereiche und Variationen des Seins umfaßt. So ist das Alte Testament seelsorgerlich, wenn wir vom Urwort alles Menschseins „Gott schuf den Menschen ihm zum Bilde" (1.Mos 1, 27) ausgehen. Das gilt erst recht für das Neue Testament. Es ist eben in diesem Sinne „seelsorgerlich", nicht aber weil es Seelsorge rechtmäßig begründet oder notwendig fordert, sondern weil es der Meinung Ausdruck gibt, daß überall seelsorgerlich gehandelt werden muß. Das wird so aktualisiert, daß alle Erkenntnis über den Menschen in das Licht des Handelns Gottes gestellt wird, und zwar alle Erkenntnis des ganzen Menschen und des Ganzen seiner Lebensbeziehung. So wird der verlorene Sohn (Lk 15) eben nicht nur begnadigt, sondern er wird rehabilitiert, er wird konkret in die Hausgemeinschaft wieder aufgenommen, und zwar nicht durch einen Gnadenakt oder durch eine moralische Erweisung, sondern — und das ist entscheidend — mit einem Fest. Der Kämmerer aus dem Morgenlande wird nicht nur bekehrt, sondern geht seine Straße „fröhlich" als ein Mensch, dessen Leben, und zwar alle Bezüge seines Lebens, auf eine neue Basis gestellt ist und dadurch nun in konkreten Bezügen neu geworden ist.

Damit entdecken wir in der Dimension des Heilens einen neuen Begriff, nämlich den Begriff der Freude. Freude und Gnade sind im Neuen Testament wortverwandte Begriffe. Die Gabe Gottes in der Verschiedenheit der Geschlechter ist — wie Gerhard von Rad nachweist — ein Stück Freude. Als Adam seine Gefährtin ansieht und jubelnd ausbricht „das ist doch (endlich) Bein von meinem Bein und Fleisch von meinem Fleisch" (1.Mos 2, 23), wird diese Freude deutlich. „Die Freude des Menschen über das erste weibliche Du ist ganz elementar." (v. Rad 1967, S. 68.) Der johannäische Christus vollendet diese Linie mit den Aussagen über „die Fülle des Lebens" und der Definition seines Auftrages damit, daß die Menschen „das Leben und volles Genüge haben sollen" (Joh 10, 11).

Diese Linie gilt es nun auszuziehen. Dabei wird nicht übersehen, daß sie nicht die einzige Linie seelsorgerlichen Handelns in der Bibel ist, aber daß auch alles, was herkömmlich als „Konfrontation mit der Sünde" bezeichnet worden ist, diesem einen Ziel zustrebt, nämlich dem, daß der Mensch zu dem werde, was sein Auftrag von Gott in der Schöpfung her ist. Wer sich darüber Gedanken macht, muß zunächst einmal sich klarwerden, daß damit nicht nur ein spezifisch kirchliches Vorhaben angesprochen werden kann. „Seelsorge ist nämlich wesenhaft nicht nur in der Kirche da, und man verzichtet auf ihre Weite und Tiefe, wenn man zu rasch sie als eigentlich kirchliches Anliegen und als nur in der Kirche eigentlich möglich stempeln will. Sie ist tatsächlich auch außerhalb der Kirche, sie ist als Form der Einwirkung von der Religion aus in anderen Religionen und sie ist ohne Religion! Um der kirchlichen Seelsorge willen, und eben damit wir ihr Spezifikum erkennen und recht werten, muß man das wissen und wahrhaben wollen. Seelsorge als Bemühen um den Menschen und Einwirken auf seine Gestaltung entsteht zwangsläufig in irgendeiner Form, sobald der Mensch zu persönlich verantwortlichem Leben erwacht. Sie ist also auch in der Kirche nicht durch die Bibel „begründet", sondern empfängt durch sie ihren kirchlich-christlichen Charakter." (Haendler 1957, S. 372.)

Wenn dem so ist, dann ergibt sich das Problem, inwiefern seelsorgerliches Gespräch Verkündigungscharakter haben müsse, aufs neue. Es entzündet sich an der Frage danach, was unter Verkündigung verstanden wird. Die spezifischen neutestamentlichen Begriffe für die Sache, um die es hier geht, sind die griechischen Verben „martyrein" und „keryssein". Der Inhalt des erstgenannten Wortes entspricht dem Begriff eines Zeugen von Tatsachen im Bereich des Rechtslebens, eines Zeugen von Tatsachen, die Wahrheiten, aber auch Ansichten sein können und in der Anwendung des Gebrauchs im Sinne des Zeugen von Wahrheiten und Ansichten. Dabei ist die ursprüngliche Bedeutung im Neuen Testament zunächst die, daß einer von Tatsachen einen Augenzeugenbericht gibt, die ihm aus eigener unmittelbarer Kenntnis bekannt sind. Dabei schlägt deutlich das Auftreten als Zeuge vor Gericht durch (Mk 14, 63 und Mt 26, 65). Bezeugt wird dabei alles das, was man von Jesus erlebt und gesehen hat, was man gehört hat und welcher Tatsachen man selbst teilhaftig geworden ist. Bald wird aber aus dem Tatsachenzeugnis ein werbendes Bekenntnis. Dieses Bekenntnis führt dann schließlich zum Martyrium. Das Bekenntnis dessen, was man selbst gesehen und erlebt hat, führt in die Konsequenz, die jede Zeugnisabgabe mit sich bringt. Das muß nicht immer das Leiden und Sterben sein. So wird z. B. Mk 1, 44 die Weisung Jesu an die geheilten Aussätzigen, sich dem Priester zu zeigen und die vorgeschriebenen Opfer darzubringen, als „martyrion" bezeichnet. Aber wir halten fest: *aus der Aussage wird im weiteren Verlauf die Darstellung der Konsequenz dessen, was eben dieses Zeugesein mit sich bringt.* So wird in Mk 13, 9 und Mt 10, 18 den Jüngern in Aussicht gestellt, daß sie um Jesu willen vor das Gericht gestellt, in den Synagogen ausgepeitscht und vor die Statthalter geführt werden müssen, eben „um des Zeugnisses willen". Aber es ist hier „keineswegs von dem werbenden Zeugnis der missionarischen Verkündigung her zu verstehen, welches die Möglichkeit der Bekehrung böte". (ThWB IV, S. 509.) Das griechische Wort „keryssein" ist nur zu verstehen, wenn man es mit einer Umschreibung übersetzt. Es handelt sich um die Rolle des Heroldes, der im Auftrag des Königs eine Botschaft ausrichtet, ohne daß er sich im eigentlichen darum kümmert, wie diese Botschaft aufgenommen wird und welche Konsequenzen aus ihr gezogen werden. Der Herold hat seinen Platz am Hof des Königs. Aber auch Fürsten haben einen oder mehrere Herolde, denen hohe politische und religiöse Bedeutung zukommt. Bei Homer werden sogar einige Namen der Herolde genannt, die im Dienste Agamemnons oder des Königs Priamos stehen. Sie sind im vorbiblischen Sprachgebrauch nicht einfach die Vertreter des Königs oder dessen Sprecher, sondern eher seine Diener. Herolde werden z. B. auch genommen, um ihren Herren das Badewasser zuzubereiten oder die Pferde an die Wagen zu schirren. Jedoch haben sie niemals den sozialen Rang eines einfachen Dieners. Man könnte sie eher Adjutanten nennen, die aber auch zu höheren Dienstleistungen sich bereithalten müssen. Erst in der nachhomerischen Zeit werden die Herolde dann nicht mehr Diener der Könige, sondern des Staates. Aber ihre soziale Stellung sinkt jetzt. Vom Herold wird jetzt nur etwas ganz Äußerliches gefordert, nämlich dies, daß er eine gute, wohltönende Stimme habe. Demosthenes berichtet in seinen Reden darüber, daß jeder, der sich zum Heroldsdienst meldete, sich einer Stimmprüfung unterziehen mußte. Allerdings ist der Herold unantastbar, wenn er eine diplomatische Mission zu erfüllen hat, d. h. wenn er einen Befehl des Königs vor den Kriegern oder den Bürgern zu verlesen hat. Da nun aber die Stellung des Königs keine Trennung von religiöser und politischer Funktion zuläßt, so überträgt sich das Ineinander dieser beiden Funktionen auch auf den Herold. Mk 1, 38 bezeichnet Jesus das „Heroldsein" als seine Aufgabe auf Erden. Aber hier wie an fast allen übrigen Stellen des Neuen Testamentes, wo das Wort vom Heroldsein vorkommt, übersetzt es Martin Luther mit der Vokabel „predigen". Genau an dieser Stelle tritt eine gefährliche Verkürzung dessen ein, was wir Verkündigung nennen. Während der Herold das ankündigt, was geschehen wird, kündigt Jesus nicht an, daß etwas geschehen wird, *sondern seine Verkündigung ist bereits das Geschehen selbst.* „Das Aufgerufene wird im Augenblick der Bekanntgabe Wirklichkeit." (ThWB III, S. 705.) Das bedeutet also, daß

die Weitergabe des Heroldsrufes sich nicht nur nicht erschöpft in dem
Aufzeigen historischer Begebenheiten, sondern ihren eigentlichen Charakter dadurch gewinnt, daß der Inhalt dessen, was der Heroldsauftrag besagt, in actu zu realisieren ist und in seiner Konsequenz für das Leben und
die Ganzheit des Menschen sichtbar werden muß. Dies würde also einer
der theologischen Ansatzpunkte sein, um das Verhältnis von Gespräch
und Verkündigung zu beschreiben. „Seelsorgerliches" Gespräch würde
dann also nicht sich daran legitimieren müssen, ob die Botschaft Jesu Christi expressis verbis oder in irgendeiner „religiösen" Form angeboten wird,
sondern dadurch, daß die Realität des Leben bringenden und Heil geben-
den Christus sich im Gespräch ereignet und damit vollzieht. Natürlich ist
hierbei nicht ausgeschlossen oder in eine sekundäre Position gebracht, daß
es in eben diesem seelsorgerlichen Gespräch auch um die Inhalte des Neuen
Testamentes expressis verbis gehen kann, aber es ist nicht ausgesagt, daß
nur dort christlich-seelsorgerliches Handeln vorliegt, wo „Verkündigung"
in Form eines irgendwie gearteten „Predigens" sichtbar gemacht wird.

Wir meinen allerdings, solches Tun auch aus dem Handeln Jesu ableiten
zu können. So wird in dem Bericht von der Heilung am Teiche Bethesda
(Joh 5) der Geheilte mit keinem Wort zur Nachfolge oder gar zum Apo-
stelamt verpflichtet, sondern er wird eben nur „eis oikon", d. h. in den
Familienverband zurückgeschickt. Diese Übersiedlung in den Familienverband der israelischen Großfamilie heißt u. a. aber auch, daß er nun
fähig und bereit sein muß, ein großes Maß politischer und sozialer Verantwortung zu übernehmen. Dabei wird über den persönlichen Glauben
des Menschen, dem Jesus hilft, nicht das Geringste ausgesagt. Für uns würde
dies bedeuten, daß Pflicht zu beratender Seelsorge nicht am Glaubensstand des Ratsuchenden gemessen werden kann, ja nicht einmal damit verbunden werden kann, ob überhaupt in irgendeiner Form verfremdet oder
offen religiöse Problematik nachweisbar ist. Gewiß wird der Geheilte bei
einer Begegnung mit dem Herrn im Tempel (wobei der Tempelbesuch, der
gesetzlich befohlen war, noch keinen unbedingten Rückschluß auf eine Wiederaufnahme der Verbindung zu irgendeiner Gemeinde zuläßt) erwähnt
und dies mit der Mahnung verbunden, „sündige hinfort nicht mehr".
Aber diese Seelsorge Jesu ist keine Konfrontation mit der Sünde in einem
schematischen und zweckgebundenen Sinne, sondern sie geschieht in dem
Augenblick, wo der Mensch fähig geworden ist, einer Konfrontation mit
einer an ihn gestellten Forderung auch zu entsprechen. Entscheidend ist
aber hier, wie etwa auch in Joh 9 (Heilung des Blindgeborenen), daß der
Geheilte keine Ahnung von dem hat, der ihn wirklich heilt. Das Entscheidende an diesem Tun ist, daß *Jesus Christus es tut*. Wunderheilungen sind

bekanntlich zur Zeit Jesu alles andere als eine Seltenheit gewesen. Sie werden ganz gewiß nicht berichtet, um damit einen Nachweis der Besonderheiten Jesu zu erbringen. Das Eigentliche der Wunderberichte liegt nicht darin, daß sie getan werden, sondern daß es Jesus Christus, der Beauftragte Gottes, ist, der sie tut. *Das Spezifikum christlicher Seelsorge liegt also nicht in dem, was wir sagen, sondern daß wir es als Christen und in der Verantwortung vor dem Vater Jesu Christi sagen, eben und gerade auch dann, wenn der Ratsuchende gar keine Ahnung davon hat, in welchem Auftrag wir handeln.* Dort aber, wo wir nach dem Grund unseres eigenen Handelns, nach unserer letzten Verantwortung gefragt werden, dort haben wir genau das zu tun, was das Neue Testament mit „martyrein" bezeichnet, nämlich Kunde zu geben von den Dingen, die wir selbst an uns erfahren haben, von nichts mehr, aber auch von nichts weniger.

Es erscheint uns also geradezu unbiblisch, nach dem sogenannten christlichen Spezifikum der seelsorgerlichen Beratung dort zu fragen, wo nicht „Heilstatsachen" verkündet werden oder die Begriffe des Neuen Testamentes in irgendeiner Form zur Sprache kommen. Es erscheint uns unangemessen und verfehlt, wenn die Frage gestellt wird, ob das, was wir tun, nicht eben auch Nichtchristen oder glaubensmäßig in anderer Weise gebundene Menschen tun könnten. Das Spezifikum christlicher Seelsorge — noch einmal sei es gesagt — erweist sich nicht in dem, was gesagt wird, sondern aus welcher Verantwortung heraus — fachlich gut ausgebildet und mit jener an uns erlebten Reifung beschenkt —, mit der wir dem Ratsuchenden zuhören und ihn auf seinem Wege zur Heilung begleiten.

„Der umfassende Ganzheitscharakter des Menschen wird uns aber erst sichtbar im offenen Blick auf seine Weltsituation. Nur in der partnerischen Erschlossenheit zur Welt hin ist das Selbst des Menschen, das wir als seine Personmitte verstehen, in actu — und erst von dieser Selbsterschlossenheit her erschließt sich uns auch der lebendige Sinn der seelischen Vorgänge gesunder und kranker Art. Aber das Bild des ganzen Menschen ist heute in die seelische Immanenz reduziert und ist darob verarmt." (Trüb 1951, S. 18 f.)

Eben diese Ganzheit ist es, die wir im Beratergespräch im Auge haben müssen. Der johannäische Begriff „Leben" hilft uns dabei entscheidend. Das griechische Wort „zoee" umfaßt dabei nicht nur den biologischen Bereich von der Geburt bis zum klinischen Tod, sondern ist von einer ganz anderen Existenzerkenntnis des Menschen geprägt. Zoee ist das Gesamtverhalten des Menschen in seiner Verantwortung vor Gott und der Welt. Es ist nicht zu messen an dem Aufhören des Herzschlags, sondern Tod und Leben entscheiden sich an der Grenze dort, wo der Mensch fähig oder unfähig ist, seinem Auftrag in der Welt nachzukommen, d. h. „Kind und Erbe" zu sein, wie es das Neue Testament ihm schenkt.

Dort also, wo der Mensch fähig gemacht wird, sein Leben im Sinn des neutestamentlichen Zoee-Begriffes zu leben und dort, wo ein Gespräch ihm dazu eine Hilfe bietet, geschieht Seelsorge. Es gibt aber keine christlichen oder nichtchristlichen Spezifika eines solchen „seelsorgerlichen" Handelns, sondern es gibt gemäß dem, was oben vom Zeugendienst ausgeführt wurde, nur die Realisierung der Konsequenz des in dieser Welt gegenwärtigen und Leben aus Freude schaffenden Christus.

Das Verhältnis von Verkündigung und Beratung bedarf außerdem noch einer Ergänzung durch den systematischen Aspekt des Problems. Nach Paul Tillich besteht die bahnbrechende Erkenntnis der Freud'schen Psychoanalyse für die Theologie in dem Beitrag, den jene für die Lehre von der Rechtfertigung geleistet hat. „Die Umgestaltung des intellektuellen Klimas durch Sigmund Freud ist der größte intellektuelle Beitrag für die Wiederentdeckung des zentralen Evangeliums von der Annahme des Sünders." (Tillich 1960.) Das bedeutet nicht, daß Tillich oder irgendein anderer Sigmund Freud gleichsam für unsere Problematik vereinnahmen wollen. Freud nannte sich bekannterweise selbst „einen ungläubigen Judenjungen", und Scharfenberg hat Recht, wenn er feststellt, daß Freuds „bewußte Lebensentscheidung bis zu seinem Tode ein sehr klares und eindeutiges Nein zur Religion" war (Scharfenberg 1965). Durch Sigmund Freud und C. G. Jung tritt aber das Verhältnis zwischen Seelsorge und Beratung in ein Verhältnis, in dem Heilung und Erlösung korrespondierend zur Gegenwart des göttlichen Geistes gesetzt werden. R. Daur hat ja eine dreifach gestufte Gestalt der Frömmigkeit konstituiert, nämlich Kultfrömmigkeit, persönliche Herzensfrömmigkeit und das freie Leben im Geist (Pneuma) (Daur 1965). Diese dritte Stufe, die durch das Christuswort des Johannesevangeliums „es kommt die Zeit, wo die wahrhaftigen Anbeter den Vater im Geist und in der Wahrheit anbeten werden" (Joh 4,23.24), ist sicher von Freud in seinem Kampf gegen die Religion als Illusion nicht angesprochen worden. Er hat sich fast ausschließlich mit den ersten beiden Stufen polemisch auseinandergesetzt und den Versuch gemacht, diese tiefenpsychologisch zu interpretieren. Aber — er hat Entwicklungsstufen der Frömmigkeit nachgewiesen. Daß solche Entwicklungsstufen auch durch die Betrachtung der Bibel aufgezeigt werden können, hat im Hinblick auf das Schuldverständnis vor allem Harsch gezeigt (Harsch 1965 [I]). Es geht also um eine stufenförmige Erkenntnis, es geht um einen Lebensprozeß, der — um es mit Paul Tillich zu sagen — in allen Dimensionen unter der Polarität von Selbst-Identität und Selbst-

Veränderung steht. Ist nun einer der beiden Pole so vorherrschend, daß dadurch das Gleichgewicht des Lebens gestört wird, dann entsteht das, was Paul Tillich Desintegration nennt.

Solche Störungen des Lebensgleichgewichtes nennen wir Krankheit, und Krankheiten enden bekanntlich — falls Heilung nicht stattfindet — im Tode. So wie der Begriff Heilung mit Befreiung gleichgesetzt werden kann, wird man Krankheit mit dem Begriff der Dezentriertheit in allen Dimensionen umschreiben können. „Da Krankheit die Zentriertheit in allen Dimensionen zerreißt, so muß auch das Heilen in allen Dimensionen geschehen. Es gibt unzählige Prozesse der Desintegration, die zur Krankheit führen, und auch viele Wege des Heilens, die die Integration wiederherzustellen suchen. Infolgedessen gibt es viele Arten von ‚Heilern' entsprechend den verschiedenen Prozessen der Desintegration und den verschiedenen Wegen der Heilung." (Tillich 1964, III, S. 318.) Solcher Dienst, der also die Prozesse der Desintegration nun zu einem Ende bringt und dadurch zur „Heilung" beiträgt, wäre Dienst der Beratung, wie wir sie verstanden haben wollen. Sie ist insofern Mission, als sie dem Auftrag an dem Menschen gilt, der uns vor die Füße gelegt wird. Sie ist insofern nicht Mission in einem oft verwendeten und sicherlich falschen Sinne, wenn gemeint wird, daß hier von vornherein eine Abzielung zur Eingliederung in die Gemeinde oder zur „Verkündigung des Glaubens" gesucht wird, die am Ende ein sichtbares Ziel nachweisen kann. Daher ist es bedenklich, wenn in einer der realen Situation nicht entsprechenden Weise immer wieder darüber diskutiert wird, was für die christliche Gemeinde an der Seelsorge „entscheidend" sein müsse. „Aber entscheidend muß die christliche Gemeinde daran interessiert sein, daß Heilung in Einheit mit der Botschaft und dem Wirksamwerden des Evangeliums geschieht. Denn erst dort, wo das Heilungsgeschehen in den Zusammenhang des Rettung schaffenden Eingriffs Gottes in diese Welt rückt und die Übermacht der Gnade gegenüber der Macht der Finsternis sich durchsetzt, ist dem Geheilten wahrhaft geholfen. Hierfür reicht der stumme Dienst der Liebe nicht aus." (Ferdinand Hahn in einem Vortrag über „Heil und Heilung" am 16. 4. 1966 in Oxford.) Dem ist zu widersprechen. Denn es ist eben nicht erkennbar, wo die zehn Aussätzigen oder der blindgeborene Knabe „in Einheit mit der Botschaft" geheilt worden sind. Wenn Hahn dann im gleichen Vortrag argumentiert: „Wenn heilendes Handeln in Einheit mit der Verkündigung des Evangeliums geschehen soll, dann wird es in erster Linie Ruf zum Glauben sein müssen", dann befindet er sich sicherlich nicht auf einer Linie, die als ausschließlich oder durchgängig im Neuen Testament nachweisbar wäre.

Auch seine Ansicht, daß „Einheit von Heil und Heilung dort am unmittelbarsten sichtbar werden, wo Kranke und Heilende in einer lebendigen Gemeinschaft der Glaubenden stehen", geht an den realen Tatsachen vorbei. Denn schließlich wird hier übersehen, was Paul Tillich so grundsätzlich über den fragmentarischen Charakter des Heilens feststellt: „Krankheit kämpft ständig mit Gesundheit, und oft geschieht es, daß Krankheit in einem Bereich die Gesundheit in einem anderen stärkt und daß Gesundheit in einem Bereich die Krankheit in einem anderen vermehrt. Das Fragmentarische alles Heilens kann selbst durch die heilende Kraft des göttlichen Geistes nicht überwunden werden. Innerhalb der Existenz steht auch das Heilen unter dem Prinzip des ‚trotzdem', dessen Symbol das Kreuz des Christus ist. Keine Art des Heilens, auch nicht die vom göttlichen Geist ausgehende, kann den Menschen von der Notwendigkeit des Todes retten." (Tillich 1964 III, S. 323.)

Der Dimension des Heilens eignet prinzipiell theonomer Charakter. Das Wort Gottes, das verkündigt werden soll, ist eben nicht das Bibelwort, sondern es ist die Selbstoffenbarung Gottes in Jesus Christus. „Wenn Gottes Werk ‚Heilen' genannt wird, so sagt das nicht nur etwas über Gott aus, sondern betont nachdrücklich den theonomen Charakter alles Heilens. Wenn Gottes Selbst-Offenbarung ‚das Wort' genannt wird, so symbolisiert das nicht nur Gottes Beziehung zum Menschen, sondern betont die Heiligkeit aller Worte als Ausdruck des Geistes." (Tillich 1964 I, S. 279.)

Das Spannungsverhältnis zwischen Beratung und herkömmlicher Seelsorge spitzt sich also zu der Frage zu, wo der Ort der Theologie anzusiedeln sei, von dem aus das Verhältnis von „Verkündigung" und Beratung neu durchleuchtet werden soll. Neben dem eben ausgeführten Begriff der Integration und der Desintegration wäre daher der theologische Begriff der Inkarnation zu nennen. Eine Theologie der Inkarnation oder Inkarnation als Ort, besser gesagt als Ausgangspunkt theologischer Erwägung, würde zu einem neuen Verständnis dessen führen, was der Mensch ist. Wir sind nicht erst durch Ernst Bloch auf die Frage aufmerksam gemacht worden, ob nicht gerade das, was die Theologie Inkarnation nennt, eben jener „Atheismus im Christentum sei, der vor allem im Johannesevangelium aufklingt" (Bloch 1968, S. 115 ff.). Alle Begriffe von Inkarnation beinhalten die eine Aussage: Gott wird sichtbar, faßbar, schaubar, aber auch real in dem Symbol bzw. in dem Bild, in dem er sich inkarniert. Inkarnation ist keineswegs ein christlicher Begriff, aber in keiner anderen Inkarnationsreligion ist so entscheidend formuliert worden, wie es im Neuen Testament geschieht: Gott ist Mensch geworden. Jedoch ist mit dieser Aussage im Grunde noch wenig gesagt. Wo der Begriff Gott als

Ausdruck für eine letzte Wirklichkeit steht, da muß doch zugegeben werden, daß das Einzige, was Gott nicht tun kann, dies ist, aufzuhören, selbst Gott zu sein. Genau das aber könnte die Aussage „Gott ist Mensch geworden" beinhalten. Diese Aussage ist daher nur greifbar unter dem Begriff der Begegnung. Gott begegnet uns als „ganz gewöhnlicher Mensch", er ist „aufregend persönlich", man weiß nur das Eine, daß man sich „einfach offenhalten muß für das, was einem begegnet". (Mezger 1965, S. 235.) Gott erlebt man also in der Begegnung mit den Menschen, und sein Auftrag wird in eben dieser Begegnung dadurch erfüllt, daß Desintegration, also Krankheit in dem oben bei Tillich gezeigten Sinne, aufgehoben wird. Wohlgemerkt: Krankheit wird aufgehoben, aber nicht etwa der Tod; und ebenso wird Leben (Zoee) gebracht, aber nicht etwa „bios". In der Begegnung mit eben diesem Jesus von Nazareth als dem geistlichen Menschen, als dem Menschen von oben, als dem Urtyp des Menschen, so wie ihn Gott gewollt hat, gelingt und ereignet sich die Begegnung mit Gott. Aus ihm kommt als Frucht methodischer, erlernbarer Erfahrung das, was Paul Tillich das „neue Sein" nennt und von dem es im Neuen Testament heißt, daß die Begegnung mit Jesus alles neu mache.

Wenn wir also vom Ort der Theologie reden, können wir nun im Hinblick auf den logos Gottes den Menschen in seiner alltäglichen Existenz als diesen Ort bezeichnen. Es ist also nicht die Frage nach dem Glaubensobjekt, die im Vordergrund unseres theologischen Interesses steht, sondern die Frage nach dem Ort, an dem und für den Gottes Wort geschieht. Von hier aus treiben wir seelsorgerliche Beratung. So kann der Mensch als Text für den Theologen zur Hilfe werden für das nun eben in der Beratung nach den aufgezeigten Prinzipien zu verkündende Wort Gottes. Der Mensch wird zum hermeneutischen Prinzip in der Theologie dadurch, daß ihm die Beratung hilft, das zu werden, woraufhin er angelegt ist. „Er muß seinen angeblichen Grund in Gott dann allerdings sehr häufig aufgeben, damit er genau dort gründen kann, wo Gott ihn haben will: in der Zeit, im menschlichen So-Sein, im großen Sich-Zeitigen." (Zitat aus einem unveröffentlichten Vortrag von W. Bernet.) Das Spannungsverhältnis zwischen Verkündigung und Beratung besteht also nur dort, wo der Begriff „Verkündigung" gleichgesetzt wird mit Predigt oder mit Lehrvermittlung. Noch immer stehen wir in einer Tradition des Protestantismus, in der Lehre und Predigt die allein anerkannte und geübte Form jeder Menschenführung ist. Noch immer meinen wir, daß nichts anderes für den Vertreter der Kirche legal sei, wenn Menschen in seelischer Not Hilfe begehren, als ihnen für einen solchen Fall möglichst eine kurze Unterrichtsstunde oder eine Predigt — sei sie auch nur einen Satz lang — zu halten.

„Daß das dann aber eine plumpe Methode ist und die darin liegende Zumutung eine tiefe Unbarmherzigkeit sein kann, liegt auf der Hand. Indem als Frucht dieser eifrigen Rede erwartet wird, was doch nur dem ‚Wort Gottes' jenseits aller menschlichen Bemühungen zugetraut werden sollte, erscheint es dann als bewußte Ablehnung, als Unglaube und Ungehorsam, wenn der nach Hilfe und Führung sich ausstreckende Mensch von dieser Flut von Reden gar nicht nur nicht erreicht, nicht von ihr ergriffen und gewandelt wird, vielmehr enttäuscht und gelangweilt sich wegwendet." (Stählin 1958, S. 369.) Tiefenpsychologische Erkenntnis deckt den Tatbestand auf, daß von Gott keine Vorstellung existiert, auch der Glaube macht sich keine Vorstellung. Manfred Mezger weist darauf hin, daß auch der wohlmeinende Vorschlag, man solle Gott eben immer nur als einen Vater bezeichnen und so von ihm reden, weil das dann alle Menschen verstehen würden, den prompten Widerspruch zu hören bekommt: „Ich habe an meinem eigenen Vater genug und will von einem anderen nichts hören." Das alles besagt, daß evangelische Beratung es mit einer Voraussetzungslosigkeit zu tun hat, die alle Bereiche der menschlichen Existenz umfaßt. Dies aber erfordert eine ontologische Interpretation des Menschen von seiner Existenz her. Von hier aus, nämlich von einem ontologischen, existentialen Menschenverständnis wird das Neue Testament für den heutigen Menschen wieder verständlich gemacht werden können, und zwar nicht nur, indem er das geschehene Wort Gottes wiederholt oder reflektierend aufnimmt, sondern so, daß er aus dem ontologischen Sein des Wortes für sich Heilung und Befreiung erfährt. (Kündig 1965.) Ontologische, existentiale Interpretation des Menschen ist nach reformatorischem Verständnis nur vom Begriff der Gnade her möglich. Nun hat aber Paul Tillich darauf hingewiesen, daß es zwei Grundformen der Gnade gibt. Nach ihm besteht bekanntlich die eine in Gottes dreifacher Schöpfermacht (ursprüngliches, erhaltendes, lenkendes Schaffen), während die andere im rettenden Handeln Gottes besteht. Von dieser zweiten Form der Gnade sagt er aus, daß sie paradox sei. „Sie gibt Erfüllung dem, was von der Quelle der Erfüllung getrennt ist, und nimmt an, was unannehmbar ist." (Tillich 1964 I, S. 323.) Mit diesem Satz scheint das Verhältnis von Beratung und „Verkündigung" gedeutet.

b) Selbsterfahrung und Selbsterkenntnis des Gesprächsleiters

Zunächst ist festzustellen, daß ein ernsthaftes Nachdenken über die Person als Träger seelsorgerlich-beratenden Handelns noch vor kurzer Zeit innerhalb der protestantischen Theologie in Europa als völlig illegitim galt. Der Transzendentalismus der biblischen Theologie ließ es nicht zu, vom „ganz anderem Gottes" Verbindungslinien zum Träger der Botschaft in der Weise zu ziehen, daß eben dieser Träger der Botschaft in seiner Totalität als Mensch erkannt wurde und als solcher sich selbst erkennen konnte. Die Auffassung, das Wort Gottes sei so etwas wie ein neutrales, supranaturales Es, das sich lediglich den Träger des Wortes als Hülle aussuche, um dann unberührt von dessen Eigenart hinüberzuschlagen in die Existenz des Gegenübers, hält sich noch bis zur Stunde. Das ist dann besonders verhängnisvoll in der seelsorgerlichen Lebenberatung, wenn unser Gegenüber von seiner unbewußten Sehnsucht her den Berater nicht als Mensch, sondern als ein mehr oder weniger in den Himmel transzendiertes Vaterbild betrachtet. Kommt dann beim Seelsorger noch die ihm selbst unbewußte Tendenz hinzu, aus mancherlei Gründen diese ihm zugespielte Rolle anzunehmen oder — wie er ehrlichen Herzens meint — sie aus einer geistlichen Demut heraus akzeptieren zu müssen, dann kann es von vornherein im Gespräch zu einer neuroiden Grundstruktur der Gesprächssituation als solcher kommen. Zwar hat Schleiermacher schon 1850 geschrieben „jeder kann nur das darstellen, was in ihm ist" (Schleiermacher, Praktische Theologie, Ges. Werke I., 1963, S. 73), aber unsere von der dialektischen Theologie geprägte Auffassung, es gäbe so etwas wie eine „objektive" Ausrichtung des Evangeliums, abgesehen von der Person des Predigers, hat lange Jahre solche Wahrheiten verdeckt. Als Otto Haendler sein Buch „Die Predigt" (Haendler 1949) herausbrachte, sah er sich schärfsten Angriffen von allen Seiten ausgesetzt. Ein solcher Satz wie: „Wir können das Evangelium lebendig verkündigen nur so, wie es uns lebendig geworden ist" (Haendler 1949, S. 49) erregte tiefstes Mißtrauen. Zwar hätte evangelische Theologie schon von Fritz Künkel lernen können, „daß es kein Mittel gibt, sich vom Subjektsein zu befreien" (Künkel 1968, S. 117), aber die Auffassung von dem per se wirkenden Evangelium im Munde des Predigers hat alle diese Hinweise fast völlig erstickt. Diese Auffassung bestimmt leider nicht nur das Wesen des Mannes, der Seelsorge treibt, sondern auch die Methodik. „Wenn ich als Seelsorger im Gespräch die Führung aus der Hand gebe, dann werde ich untreu gegen meinen Herrn, der mich sandte. Diese Angst muß meinem Gegenüber spürbar werden, sonst ist meine Sache schon verloren. Rechte Seelsorge hat darum immer etwas Andringendes." (Asmussen 1935, S. 17) Die Position, die der Seelsorger im Gespräch einnimmt, wird für die dialektische Theologie von Eduard Thurneysen gekennzeichnet: „Der Seelsorger ist Träger und Übermittler der Botschaft von der Vergebung. Er handelt nicht in eigener Kraft und Vernunft, sondern aus Berufung. Dazu muß er selber im Wort und in der Gemeinde wurzeln und aus dem Glauben an die Vergebung leben. Er soll die Menschen nicht an sich, aber er darf sie an den Herrn der Kirche binden, indem er sie zum Worte führt und für sie im Gebet verharrt." (Thurneysen 1946, S. 313) Aus einer solchen Haltung heraus kann Partnerschaft schwerlich entstehen. Es kann vor allem nicht das entstehen, was Emil Brunner einmal die Gemeinsamkeit der von Gott Amnestierten genannt hat. Wenn zwei Amnestierte Gottes sich begegnen, so ist ihre Gegenseitigkeit aus der Tatsache her erkennbar, daß sie prinzipiell von der gleichen Plattform aus sprechen. Wer sich als Amnestierter Gottes versteht, der kann nur noch begleiten und helfend dem anderen zur Seite stehen, aus dem Wissen heraus, daß es keine Verfehlung, keine Verirrung und keine Konfliktsituation gibt, die ihn nicht genau so überrennen könnte wie sein Gegenüber. In der Psychiatrie ist es längst Allgemeingut, daß der Unterschied zwischen dem Psychotiker und dem sogenannten normalen Menschen kein qualitativer, sondern vielmehr ein quantitativer ist. Das bedeutet jedoch, daß der Psychotiker (im vulgären Umgangsjargon der Geisteskranke) wegen seines Fehlverhaltens nicht qualitativ minderwertig ist, sondern daß er quantitativ, sei es im Hormonhaushalt, sei es im biologischen Haushalt der Gene oder aber — tiefenpsychologisch gesehen — im Dunkel seines Es, eine größere Anreicherung negativer Momente zu verzeichnen hat als eben der „Normale". Genau diesen Unterschied aber würde die Theologie mit Gnade bezeichnen, und zwar eben mit jener Gnade Gottes, die unberechenbar und unvoraussehbar ist. Wie anders hingegen Thurneysen: „Man tritt aus der Reihe, wenn man Seelsorge übernimmt. Dieses Aus-der-Reihe-Treten, dieser besondere Schritt, diese Bevollmächtigung ist es, die den Seelsorger als Seelsorger charakterisieren und auszeichnen." (Thurneysen 1946, S. 313.) Es kann demzufolge dann auch keine Möglichkeiten einer analytischen Selbsterfahrung des Beraters geben, und es gibt auch keine Notwendigkeiten, solche Fähigkeiten sich anzueignen. Im Gegenteil: „Es wird sogar zu sagen sein, daß die wirklich Berufenen und Beauftragten (gemeint ist für die Seelsorge) daran zu erkennen sind, daß sie sich gerade nicht als besonders dafür Befähigte und Ausgerüstete erkennen. Sie sträuben sich gegen ihren Auftrag eher, als daß sie sich dazu drängen." (Thurneysen 1946, S. 315.) Nun wäre es völlig verfehlt, in solchen Äußerungen den Beweis einer klerikalen Kurzsichtigkeit sehen zu wollen. Im Hintergrund steht vielmehr der tiefe Ernst um das Wissen der Berufung und das Wissen des als Herold Gesandtseins, aber eben gerade diese beiden Begriffe in jener supranaturalen Verengung, die nicht mehr der Realität der Inkarnation Gottes in den Menschen und das Menschliche hinein ernst zu machen gewillt ist. Wir wissen aber heute, daß

„die Gewißheit, nicht zuerst und zuletzt von einer menschlichen Institution, sondern von dem Haupt der Kirche berufen und gesandt zu sein, nicht ausschließt, daß beim ‚Einstieg‘ in Ausbildung, Studium und Amt die verschiedensten psychologischen Motive zusammengewirkt haben können". (Kurth/Bartning 1964, S. 136.) Wir fragen heute nach der Motivation bei jeder Berufswahl, bei jeder menschlichen Aktivität, also auch bei der Berufswahl zum Pastor bzw. zum Berater. Die Problematik einer solchen Fragestellung liegt aber nun gerade darin, daß die eigentlichen Antriebsmotivationen zur Berufswahl dem betreffenden Bewerber niemals völlig deutlich sind. Er wird im Gegenteil mit völligem Recht — wie er meint — davon überzeugt sein, daß negative Motivationen, die unter Umständen seiner von ihm angegebenen Begründung der Berufswahl entgegenstehen, bei ihm nicht in Frage kommen. Gerade aber aus diesen nicht eingestandenen Ausgangspositionen kommen die Konfliktsituationen und die so häufigen Depressionen im Verlauf der Berufsausübung. Zwar ist noch immer die Einzelanalyse der sicherste, wenn auch der langwierigste Weg, um über die unbewußten Strömungen und Regungen des eigenen Ich Klarheit zu gewinnen, aber wir haben eine Reihe von weniger zeitraubenden und weniger kostspieligen Möglichkeiten, um wenigstens in einem gewissen Umfang das nötige Wissen über uns selbst zu erlangen, das uns befähigt, verantwortungsvoll seelsorgerlichen Beraterdienst zu leisten.

Die Rolle, die dem Berater im Pfarramt noch heute am stärksten zugespielt wird, ist die eines Hirten. Daneben steht die Rolle des Vaters oder des großen Weisen. Diese Bezeichnungen stammen aus der Archetypenlehre Carl Gustav Jungs und geben die Tatsache wieder, daß es eine Reihe archetypischer Vorstellungen sind, die bestimmte Berufe und Handlungsweisen des Menschen seit Urzeit her prägen. König, Vater, Richter, Jäger, große Mutter, großer Weiser, Sklave, Hirt, aber auch Räuber, Sammler, Kind, Jungfrau, Gott-Mensch und Retter sind ein Teil jener archetypischen Rollenmöglichkeiten, die fast immer in vielfacher Weise und ineinander verschlungenen Motivationen menschliche Sehnsucht darstellen. Riese, Zwerg, Verfolger und Beschützer treten hinzu. Unsere Träume spiegeln in einer seltsamen Verfremdung uns oder andere — gehaßte, geliebte, beneidete oder beargwöhnte — Personen wider. Offensichtlich hat es zu allen Zeiten Berufe gegeben, in denen die archetypischen Motivationen besonders ausgeprägt sind. Dabei ist anzumerken, daß in vergangenen Zeiten ein großer Teil dieser Rollen unerschütterte und allgemein gewünschte Autorität besaßen. Solange es unangefochten und klar war, wie ein guter Vater, ein guter Richter, ein guter Offizier, ein guter König, eine gute

Mutter auszusehen hätten, war die Identifizierung mit einer solchen Rolle nicht überaus schwierig, wenngleich solche Identifizierungsversuche zu allen Zeiten zu Konflikten geführt haben. Besonders problematisch und konfliktgeladen aber wird eine Berufswahl und deren Motivation in einer Zeit, in der das Verhältnis von Berufsrolle und Akzeption der Rolle durch die Gesellschaft nicht mehr gegeben ist. Die Frage jedoch, die sich hier erhebt, geht dahin, ob nicht Bewußtmachung eine gerade für den weiteren Weg eines Pastors außerordentlich gefährliche Sache sei. Jede Bewußtmachung hat ja Konsequenzen, die gerade darum so ernst werden, weil der Beginn eines solchen Prozesses nichts über das Ende aussagt. Ein verheirateter Mann z. B., dessen Ehe sich in einer Krise befindet, kann im Lauf einer psychotherapeutischen Behandlung zur Gewißheit darüber kommen, daß er in seiner Frau ein Mutterbild geheiratet hat. Als Geschlechtswesen spricht sie ihn nicht an, während er selbst sich zu einer anderen Frau stark hingezogen fühlt. Der Psychotherapeut wird mit hoher Wahrscheinlichkeit voraussehen können, daß dieser Konflikt zu einem Ehebruch führt. Die ernste, ethisch sicherlich schwierige Frage ist nun die, ob in einem solchen Fall z. B. eine Entwicklung hingenommen werden kann oder ob es nicht besser gewesen wäre, eine solche Selbstoffenbarung überhaupt nicht in die Wege zu leiten. Wir wollen das Verhältnis zwischen Pastor und Gemeinde gerade nicht mit dem sehr gefährlichen Bild einer Ehe vergleichen, aber die Erwartungshaltung, mit der ein junger Mensch sich einem kirchlichen oder einem beratenden Berufe zuwendet, kann der Situation des eben beschriebenen Ehemannes durchaus verwandt sein. Der katholische Moraltheologe Richard Egenter ist in Dialogform mit dem Psychoanalytiker Professor Paul Matussek dieser Problematik in einem höchst lesenswerten Buch nachgegangen. (Egenter/Matussek 1965.) Die Gefahr der Bewußtwerdung für einen Theologiestudenten durch eine psychoanalytische Behandlung wird in folgender Szene beschrieben: „Ein Theologiestudent höheren Semesters bemüht sich intensiv um die Aufnahme einer psychoanalytischen Behandlung. Seine Oberen (es handelt sich in dem Buch um einen Dialog mit einem katholischen Moraltheologen) willigen zunächst nicht ein. Sie sehen keinen echten Grund. Der Priesterkandidat scheint eine gesunde Persönlichkeit und ein glaubensstarker Mensch zu sein. Schließlich bekommt er die Erlaubnis, doch mit der Auflage, später in den Grenzgebieten zwischen Moraltheologie und Psychotherapie zu arbeiten. Seine Analyse soll eine Lehranalyse werden. Ich beginne die Behandlung unter den üblichen Bedingungen. In der zweiten Sitzung erzählt der Kandidat einen Traum. Außer der Frage nach einem Detail verhalte ich mich passiv. In der nächsten Stunde folgt ein weiterer

Traum. Als er hierzu Einfälle bringt, erwähnt er u. a., daß er in der vorangegangenen Sitzung aufgrund meiner einzigen Frage den Eindruck gewonnen habe, ich (gemeint ist der Psychotherapeut) zweifelte an seiner Berufung. Ich teile mit, daß der Zweifel zwar da sei, aber nach so kurzer Bekanntschaft nicht genug fundiert sein könne, um daraus Schlüsse zu ziehen. Der Analysand ist erleichtert über meine Offenheit, glaubt aber, mich beruhigen zu müssen. Über seine Berufung hege er keinerlei Zweifel. Im Gegenteil, er fühle sich im Hinblick auf sein Priestertum sicherer als je zuvor. Nach einigen weiteren Sitzungen setzen eine noch nie gekannte Depression und starke Glaubenszweifel ein. Nach 4 weiteren Sitzungen ruft er mich vor einer erneuten Verabredung an. Er habe den Entschluß gefaßt, sein Theologiestudium aufzugeben. Er wolle nicht in die Sitzung kommen, bevor er nicht mit seinen Oberen gesprochen habe. Diese würden den Entschluß doch nur auf den Einfluß des Analytikers zurückführen und ihn zum Fortführen seines Studiums umzustimmen versuchen. Heute lebt der Kandidat als Haupt einer glücklichen Familie in einem anderen Beruf." (Egenter/Matussek, S. 74.) Gewiß darf dieser Fall nicht verallgemeinert werden, aber R. S. Lee hat mit seiner Feststellung recht, daß das Pfarramt eine besondere Anziehung für Leute mit starken Rückbindungen hat. Einige in dieser Beziehung aufgestellte Untersuchungen in den Vereinigten Staaten und in England kommen zu der Feststellung, daß unter den Kandidaten, die sich für das Pfarramt vorbereiten, ein beträchtlicher Teil von „passiven Abhängigen" (passive dependents) sich befinden. Damit sind Menschen gemeint, die in einer besonderen Weise unbewußt sich in ihre infantile Situation zurücksehnen, um sich dort gut aufgehoben zu finden. So sind viele nicht so sehr darauf aus, etwas zu geben, sondern etwas zu bekommen, vor allem Sicherheit von ihrer Kirche. Die Kirche soll so etwas sein wie eine Institution, die sie füttert und umsorgt. Kommen doch unsere tiefsten Regressionen ursprünglich von Konfliktsituationen und Sehnsüchten infantilen Charakters, die in Verbindung mit unseren Eltern entstanden sind. Irgendwie werden sie sich manifestieren müssen, und im Bereich der Religion geschieht dies im Gehorsam zu Gott, dem Vater, und im Dienst zur Kirche als Mutter, von denen beiden dann aber auch vordringlich die Rolle des Beschützt- und Umsorgtwerdens gefordert wird. (Lee 1968, S. 81 ff.)

Ein weiterer Aspekt, der im Verhalten zwischen seelsorgerlichem Berater und seiner Umwelt zu beachten ist, ist jener, daß der Seelsorger sich häufig in einer ähnlichen Situation befindet wie der Gruppentherapeut einer Gruppe gegenüber. Das Verhältnis zwischen Pfarrer und irgendeinem Gemeindekreis, das Verhältnis zwischen Pfarrer und der sonntäglichen Predigtgemeinde, die Situation zwischen dem Pfarrer und den Konfirmanden ist eigentlich immer parallel zu sehen mit Aktion und Reaktion zwischen einer Gruppe und ihrem Leiter. Nun ist aber festzuhalten, daß in jeder initialen Phase einer Gruppenbegegnung nach erfolgreicher, gegenseitiger Kontaktnahme die Gruppe zunächst in eine infantil-regressive Haltung dem Gruppenleiter gegenüber verfällt. Jede Verantwortung wird dem Gruppenleiter bzw. dem Therapeuten zugeschoben, und wenn die Gruppe erkennt, daß ihnen dieser oder jener Wunsch versagt wird oder versagt werden muß, wird die Gruppe in der Regel gegen den Gruppenleiter aggressiv. Die Gruppe erwägt dann, ob unter diesen Umständen ihr Verbleiben überhaupt noch notwendig sei oder ob ihre Mitarbeit in eben dieser Gruppe überhaupt etwas nütze. Nun ist aber durchaus denkbar, daß der Berater bzw. der Seelsorger eine Selbstbestätigung von der Gruppe erwartet, weil er früher als Kind, als er vor eine Gruppe — etwa die Familie oder die Schulklasse — treten mußte, eine solche Selbstbestätigung nicht erhielt. Daher wird sehr verständlicherweise der Berater jede Konsumhaltung, die die Gruppe an ihn heranträgt, zunächst begrüßen, und er wird depressiv, zumindestens aber aggressiv reagieren, wenn nach einer gewissen Zeit die Aggressivität der Gruppe ihm entgegenschlägt, weil das an den Gruppenleiter — Seelsorger — herangetragene Rollenverhalten gar nicht erfüllt werden kann. (Battegay 1969 II, S. 86 ff. Vgl. auch Wurzbacher 1961, S. 121 ff.) Wo also in einem solchen Fall dem Seelsorger klargemacht werden kann, daß die Aggressivität, die ihm entgegenschlägt, nicht seiner Person gilt, sondern einem von ihm zwar angebotenen, aber nicht erfüllbaren Rollenverhalten, kann ein beachtliches Stück an Gegenaggression oder an Resignation bzw. Depression abgebaut werden. Je konsequenter der Berater sich fragen läßt, aus welchen Motiven heraus er in einen beratenden Beruf hineingestrebt hat, um so mehr wird die Möglichkeit eines zugewendeten, nicht aggressiven Verhaltens durchgestanden werden können. Nun wird es keinen Menschen auf dieser Erde geben, der nicht eine Berufswahl aus unbewußten Motivationen der verschiedensten Art trifft. Es muß also niemand erschrecken, wenn er spürt, daß er im Grunde „Richter" oder „König" oder „großer Weiser" sein wollte und aus diesem Grunde schließlich Pfarrer oder Sozialarbeiter geworden ist. Im Gegenteil ist die klare Erkenntnis seiner Situation ein beachtliches Stück analytischen Prozesses, der zur Befreiung führen kann, oft genug in der beglückenden Weise, sich selbst an diesem Punkt nicht mehr allzu wichtig zu nehmen.

Solche und ähnliche Erkenntnisse sind in den letzten 20 Jahren in den verschiedensten Landeskirchen und Werken realisiert worden. Es geschah jedoch fast ausschließlich in der Weise, daß über diese Erkenntnisse Vorträge gehalten wurden, die allerhöchstens eine kurze Diskussion im Anschluß zustande kommen ließen. Nun ist aber anzumerken, daß rationale Erkenntnisse kaum eine Veränderung oder Erhellung unbewußter Motivationen erreichen können. Die Tatsache, daß wir im Grunde eigentlich alle eine Zahl hervorragender Vorträge gehört haben, die uns klarmachen wollten, wie wir besser predigen, besser Gespräch führen, besser beraten und besser verwalten könnten und in uns höchstens den Vorsatz erweckten, es nun in Zukunft auch so zu tun — ein Vorsatz jedoch, den wir nicht ausführen konnten —, beweist, daß Bewußtseinsveränderungen auf diese Weise nicht möglich sind. Die Möglichkeiten, die jedoch eine Balintgruppe oder eine Selbsterfahrungsgruppe uns an die Hand geben, sind hier hilfreich.

Unter einer *Balintgruppe* versteht man eine Gruppe von 8 bis 10 Teilnehmern, die sich etwa wöchentlich einmal für die Dauer von 90 Minuten trifft und in Gegenwart von 2 Psychotherapeuten oder ausgebildeten Leitern des „pastoral clinical training" Fälle aus der Praxis bespricht. Dabei geht es allerdings nicht darum, nun jeweils Rezepte zu finden, wie man dieses oder jenes besser machen könne oder was man sagen müsse, wenn dieses oder jenes gefragt wird, sondern es geht um die Eigenerkenntnis darüber, warum man selbst in dieser oder jener Situation so aggressiv, so frustriert, so depressiv oder so ausgesprochen erfreut (libidinös) reagiert habe. In der Selbsterfahrungsgruppe wird überhaupt kein Thema gestellt, sondern es entwickelt sich aus einem im Regelfall immer aggressiver werdenden Gruppenprozeß, der sich mit der Situation des Augenblicks befaßt, Aktion, Reaktion und Aggression, die zu Erkenntnissen über die eigene Situation führen.

Zweifellos gibt es spezifische Rollenerwartungen, die ebenso stark von der Gemeinde oder dem Ratsuchenden an den Pastor bzw. den Berater herangetragen werden, als auch unbewußt von diesem gewünscht sind. Da ist zunächst einmal die Rolle des Vaters, die wir ebenso wie die Hirtenrolle in unserer Kirche besonders „gepflegt" haben. Die Reaktion unseres Gegenübers auf das Anerbieten, „Vater sein zu wollen", ist in jedem Fall unbewußt ambivalent. Entweder hat unser Gegenüber einen sehr guten Vater gehabt und überträgt nun nach dessen Verlust unbewußt die Funktion, die der Vater bei ihm gehabt hat, auf den Pastor. In einem solchen Falle wird der Pfarrer eine große Zuwendung erfahren und wird verhältnismäßig oft diese ebenso beglückt erwidern. Sehr bald aber wird deutlich, daß der Pfarrer die ihm zugeteilte Rolle gar nicht erfüllen kann und es darum zu Enttäuschungen (Frustrierungen) seines Besuchers kommen muß. Das Gesprächsverhältnis zerbricht, weil — wie der Besucher meint — er es wieder einmal erlebt habe, daß man mit einem Pfarrer eben doch nicht so reden könne, wie man wolle. Wird die Vater-Rolle ausdrücklich angeboten, etwa mit dem Hinweis darauf, daß man „wie ein Vater" sein wolle und daß der gegenübersitzende Besucher oder die Besucherin mit einem „wie mit einem Vater" alles bereden könne und eben diese Vater-Assoziation bei unserem Besucher negative Erlebnisse weckt, wird die Bereitschaft, nun endlich einen „richtigen" Vater gefunden zu haben, ebenso groß sein wie sein Mißtrauen gegenüber dieser Person. Der Besucher befindet sich sowohl in einer frohen Erwartungshaltung als auch in einer mißtrauischen Lauerstellung, die nur darauf wartet, daß sein Mißtrauen gegen „jeden" Vater erneut bestätigt wird. Auch hier muß die Begegnung scheitern. Ähnlich geht es dem Bild des Hirten. In den alten Abbildungen trägt der Hirt das Schaf auf seiner Schulter. Genau diese Rolle wird vom Ratsuchenden begehrt und vom Berater nur zu gern angenommen. Noch immer sehen wir Seelsorge als jene Funktion an, die unserem Besucher etwas abnimmt. Wir sind gern bereit, einmal mit dem Jungen oder mit dem Ehemann zu reden, weil wir darum gebeten werden. Wieviele Pastoren gehen bis zur Aufopferung ihrer physischen und psychischen Kräfte daran, alle jene Dinge zu tun, die — weil so schwierig und zeitraubend — sie ihrem Besucher nicht zumuten wollen. Mit Lebensberatung oder Hilfe für das Leben hat dies jedoch nichts zu tun. Auch hier wäre zunächst die Frage sehr wichtig — wenn auch hart —, aus welcher Motivation eine solche Rolle des „Lammträgers" übernommen wird. Die Aufgabe hieße also nicht das Gespräch mit dem Ehemann, um das wir von der Ehefrau gebeten werden, zu führen, sondern die Ehefrau zu befähigen, dieses Gespräch irgendwann mit ihrem Ehemann selbst führen zu können. Beratende Seelsorge heißt nicht dem anderen eine Schwierigkeit abnehmen, sondern ihm zu helfen, eben diese Schwierigkeit selbst zu meistern.

Der Einwand wird aber nicht zu überhören sein, daß es nun eben neutestamentliche Forderung wäre, Vater oder Hirt zu sein. Dort, wo die Begriffe biblizistisch verstanden werden, müßte dann auch folgerichtig der Hirt von heute ohne weiteres gleichgesetzt werden können mit dem Hirten zur Zeit Davids. Jedem unter uns ist deutlich, daß dies eine Unmöglichkeit ist. Das gleiche gilt ebenso für den Vaterbegriff. Gehört es schon zum Wesen des neutestamentlichen Gott-Vaterbildes, daß der Gott-Vater um Rat gefragt werden kann, ja daß ihm vorgeschlagen werden kann, seine eigene Entscheidung über den Beter zu ändern, so gehört in der heutigen Situation für uns dazu, daß Vatersein die Bereitschaft zum Anhören und zum Raten ebenso einschließt wie die Fähigkeit zum Begleiten, auch in Situationen und Entschlüsse hinein, die wir weder gewollt haben noch gutheißen können.

Zeitgemäßer ist es jedoch, eine Überlegung über die Bruderrolle anzustellen, die heute häufiger akzeptiert, weil häufiger angeboten wird. Sicherlich entspricht sie dem neutestamentlichen Verständnis von unserer Aufgabe mehr als die Rolle des autoritären Vaters. Jedoch ist auch hier zwischen dem Bruder und dem Kumpel zu unterscheiden. Solidarität — heute beinahe als Allheilmittel angepriesen — vermag nicht nur zu heilen, sondern vermag durchaus auch Lebensunfähigkeit zu zementieren und die Einsichtigkeit in Realitäten zu erschweren. Wir werden auch hier wieder nach unserer eigenen Motivation für eine Akzeptation des Bruderverhältnisses zu fragen haben. In der gegenwärtigen psychischen Einsamkeit des Pastors ist eine solche Vorfrage besonders entscheidend. Freud empfiehlt bekanntlich in der Analyse die Haltung einer schwebenden, wohlwollenden Neutralität.

In jüngster Zeit erfährt bei uns die Gesprächspsychotherapie wachsende Aufmerksamkeit. Sie wurde in Amerika von Carl Rogers begründet und ist als non-directive-method in Deutschland besonders durch Reinhard Tausch bekannt geworden (Tausch ²1968). Sie hält positive Wertschätzung und emotionale Wärme als Grundhaltung jeder beratenden Begegnung für vordringlich. Gewiß wird dies als Einstieg eine gute Möglichkeit sein, vor allen Dingen, wenn sie auf dem Hintergrund dessen erfolgt, was wir oben über die Situation eines „Amnestierten Gottes" gesagt haben. Festzuhalten aber ist, daß emotionale Zuwendung und persönliche Herzlichkeit und Wärme Lebenskonflikte allein noch nicht zu klären vermögen. Wird doch gerade bei den Begriffen der emotionalen Zuwendung und der herzlichen Wärme mehr als in anderen Funktionen der Berater sich fragen müssen, aus welchen Motivationen heraus er eine solche Haltung akzeptiert. Hier entsteht eine der entscheidenden Fragen, die von der klassischen Psychoanalyse her kritisch gestellt werden müssen.

Erinnern wir uns noch einmal daran, daß die Motivierung unseres Handelns ausschlaggebend sein kann für den weiteren Verlauf der Begegnung zwischen den Ratsuchenden und dem Berater. Aus dieser Verantwortung heraus ist es unerläßliche Notwendigkeit, daß wir auch im kirchlichen Bereich dahin kommen, daß die Gruppe der Berater immer wieder als Gruppe sich über ihre eigenen Motivationen während eines seelsorgerlichen Prozesses klar wird. Wir stehen damit allerdings am Problem der seelsorgerlichen Verschwiegenheit. In der Vergangenheit war es unangefochtenes Gesetz, daß alles, was dem Seelsorger gesagt wurde, „ins Grab gesagt" war. Das bedeutete: er, der Seelsorger, habe prinzipiell nicht das Recht, mit irgendeiner dritten Person über das, was ihm anvertraut war, zu sprechen. Wir halten an dieser Forderung fest, soweit es darum geht, unseren Besucher weder bloßzustellen noch einer Anklage oder gar einer strafrechtlichen Verfolgung auszusetzen. Wir halten auch daran fest, daß es nach unserer Auffassung gerade nun wirklich das Wesen einer „christlichen" Beratung mitausmacht, daß geheimes Mitlaufen von Tonbändern oder Abhörgeräten aller Art prinzipiell unmöglich ist, sei es auch für den Verlauf des seelsorgerlichen Prozesses noch so angeraten. Nur ist das Problem der seelsorgerlichen Verschwiegenheit zu allen Zeiten dort angefochten gewesen, wo aus der psychischen Situation des Seelsorgers heraus klar wurde, daß er die ihm allein anvertraute Bürde nicht auf die Dauer allein würde tragen können. Thurneysen läßt als einzige Möglichkeit und einzigen Ausweg aus dieser Situation einmal das Gespräch mit der Ehefrau und zum anderen das Gebet gelten. „Hat der Seelsorger nicht vor allem an seiner Frau die ‚Gehilfin', bei der er sich trösten, mahnen und aufrichten lassen könnte? Aber — ist der Seelsorger nicht auch und gerade seiner Frau gegenüber zu strenger Verschwiegenheit verpflichtet und könnte diese Verschwiegenheit nicht im Gespräch mit ihr gebrochen werden? Darauf ist zu antworten, daß diese Schweigepflicht hinsichtlich der Sünden der anderen wahrhaftig besteht, nicht aber hinsichtlich seiner eigenen Schwachheit und Sünde." (Thurneysen 1946, S. 318.) Wir halten diesen Lösungsversuch nach manchen Seiten hin für bedenklich. Gewiß wird in einer rechten Ehe auch das gegenseitige Aussprechen über die jeweilige Sünde und Schwachheit der beiden Partner zum unumstößlichen Bestandteil eines wirklichen Gespräches gehören. Aber es kann in der Frage des Sexualverhaltens in der eigenen Ehe, in der Frage nach der Versuchlichkeit durch die Sprechstunde und ratsuchende Personen angeraten sein, dieses Gespräch eben gerade in einer intakten Ehe nicht mit der eigenen Ehefrau zu führen. Auch hier ist doch zu fragen, wieviel dem Partner zugemutet werden kann, und vor allem, zu welchem Zeitpunkt etwas zugemutet werden kann. Für den Pfarrer *und* dessen Ehefrau gelten ja prinzipiell dieselben Abläufe psychischer Prozesse wie für jeden anderen Menschen auch. Auch er und seine Frau tragen dieselben unbewußten Belastungen und Erfahrungen in sich und mit sich herum, die sie sich gegenseitig oft nicht deutlich machen können. Wer sehr nahe aneinander ist und sehr nahe miteinander Verbindung hat, vermag oft bestimmte Situationen des anderen aus diesem Grunde nicht zu erkennen. Wir haben hier eine ähnliche Situation wie die des heranwachsenden Jugendlichen, der ganz bestimmte Beratungen nicht durch seine Eltern, sondern durch dritte Personen haben will; auch hier nicht, weil er in irgendeiner Weise den Eltern nicht traut oder das Vertrauensverhältnis zu diesen gestört wäre, sondern weil er intuitiv spürt, daß sie in diesem Augenblick für diese Situation nicht „zuständig" sind. Der seelsorgerliche Berater muß also sich und seine Reaktionen in einem Beraterkreis korrigieren lasen. Dabei wird er natürlich keine Namen nennen, aber er wird in einem solchen Kreis einer kollektiven Verschwiegenheit das abreagieren können, aber auch das gedeutet bekommen können, was ihm im Umgang mit seinem Besucher problematisch geworden ist. Es gibt nicht nur die Verschwiegenheit unter vier Augen, sondern es gibt auch die kollektive Verschwiegenheit einer Beratergruppe, eines psychotherapeutischen Teams oder einer Gruppe von Menschen, die sich für eine gemeinsame Aufgabe verbunden haben. Die Zusammensetzung einer solchen Gruppe ist dabei wichtig. In ihr sollte ein ausgebildeter Psychotherapeut ebensowenig fehlen wie ein Theologe; ein Sozialarbeiter und ein praktischer Arzt sind ebenso willkommen wie der Psychiater oder der Pädagoge. Die Größe der Gruppe sollte die Zahl von 6 bis 8 Teilnehmern nicht übersteigen. Diese Gruppe muß für längere Zeit völlig konstant bleiben und sich nach innen und außen zum Stillschweigen ebenso verpflichten und innerlich verpflichtet wissen, wie dies für das Gespräch unter vier Augen auch gilt. Noch immer liegen bei uns in Deutschland tief unter der Erde verborgen abgeworfene Bomben, die nach außen nicht sichtbar sind. Es genügt nicht zu wissen, wo eine solche Bombe vielleicht unter einem Haus liegt, sondern es ist nötig, sie zu entschärfen. Sie liegt zwar dann immer noch da und ihre Existenz kann durchaus mahnend für die Bewohner werden, aber sie kann kein Unheil mehr anrichten. Ähnlich ist es mit der Bewußtmachung unbewußter Gegebenheiten in uns selbst und der entschärfenden Wirkung eines gruppentherapeutischen Prozesses.

2. Kapitel: Von der Methodik der Gesprächsführung

a) Tiefenpsychologische Phänomene im Ablauf des Gesprächs

Das Verhältnis der Psychotherapie in ihren verschiedenen Spielarten zur seelsorgerlichen Beratung ist zunächst mit einer negativen Aussage zu umschreiben: seelsorgerliche Beratung und psychotherapeutische Behandlung sind nicht das gleiche. Problematischer wird die Fragestellung, wenn gefragt wird, wo die Grenze zwischen beiden Bereichen liegen soll. Es gehört zum guten Ton, daß man scharf die Bereiche jener beiden Gebiete trennt und nach Möglichkeit auch Kriterien für ein solches Vorgehen angeben kann. Dabei entsteht aber zugleich die Gefahr eines Niemandslandes, in dem der Ratsuchende sich ebenso schnell verlaufen kann wie der Patient. Paul Tourniers Forderung nach dem priesterlichen Arzt oder dem ärztlichen Priester werden wir so leicht nicht anerkennen können. Die von ihm entwickelte médecine de la personne hat sicherlich die wechselseitige Verantwortung zwischen Psychotherapie und seelsorgerlicher Verkündigung aufgezeigt, aber ist doch auch nicht immer der Gefahr entgangen, beides in einer Weise zu vermengen, wie es weder der Psychotherapie noch der seelsorgerlichen Beratung recht sein kann. Das gilt besonders für die Rolle, die die Verkündigung von der Erlösung und der Vergebung der Sünde bei Tournier im psychotherapeutischen Prozeß einnimmt. Sein Begriff von der totalen Unverantwortlichkeit im Sinne des Gesetzes und zugleich der totalen persönlichen Verantwortlichkeit stehen miteinander auch dann im Konflikt, wenn Tournier dafür eine geistvolle Erklärung abgibt: „Ich bin vor Gott für den Mißbrauch meines normalen geschlechtlichen Instinktes ebenso schuldig wie der Angeklagte für seinen pervertierten Instinkt. Die Sünde besteht nicht darin, daß man krank ist, sondern darin, daß man gegen Gott ungehorsam ist, mag man nun gesund sein oder krank. Die Gesunden sündigen im Lichte des Evangeliums, das auf die Gesinnung und die Absichten des Herzens und nicht auf den äußeren Schein sieht ebensosehr wie die Kranken." (Tournier 1947, S. 179.) Hier wird nun doch gefragt werden müssen, inwieweit die Einsicht des Neurotikers bzw. jedes Ratsuchenden in sein schuldhaftes Verhalten zu trennen vermag zwischen echter Sünde und neurotischem Schuldgefühl, das ihn eben gerade seine Verantwortung nicht sehen lassen kann. Auf der anderen Seite ist der Tatbestand anzumerken, daß jede neurotische Fehlhaltung zugleich auch eine bestimmte Lebens- und Weltanschauung hinter sich hat, von der sich der Psychotherapeut ebensowenig freisprechen kann wie der Seelsorger in der Beratung. Der Berater wird also Antwort zu geben haben, wenn man ihn nach seiner persönlichen Einstellung zu den Dingen des Glaubens fragt. Allerdings wahrscheinlich nicht immer zu dem Augenblick, zu dem sein Gegenüber eine solche Antwort wünscht. Die Gründe, weshalb er dies nicht tun kann, sollen in den nachfolgenden Zeilen noch deutlich werden.

Klar unterschieden aber sind die psychologische Haltung des Psychotherapeuten und die seelsorgerliche Haltung des Beraters in der Methodik seinem Besucher gegenüber. Der Psychotherapeut kann grundsätzlich niemals eine Unterhaltung oder gar eine Behandlung anbieten. Er wird im Gegenteil im Erstinterview — d. h. in der ersten Begegnung, die zwischen ihm und seinem Patienten stattfindet — eher die ganze Schwierigkeit des nun vor dem Patienten liegenden Weges klarzumachen haben, als ihm zur Aufnahme einer Behandlung zu raten, geschweige denn ihn zu überreden. Der Psychotherapeut wird dann seine Behandlung abbrechen, wenn er nach der Arbeit einiger Stunden spürt, daß der Leidensdruck seines Patienten nicht ausreichend ist, um an dem notwendigen Prozeß der Befreiung und damit der Heilung mitzuarbeiten, oder wenn ihm deutlich wird, daß in ihm selbst eine Reihe Schwierigkeiten verborgen liegen, die ihm aus seiner eigenen Analyse bekannt sind und für den psychotherapeutischen Prozeß zwischen diesem seinem Patienten und ihm als zu belastend erscheinen. Alles, was nach „Entgegenkommen" aussieht, wird der Psychotherapeut in der Beziehung zu seinem Patienten vermeiden. Er wird ihm ganz gewiß niemals eine Karte zum Geburtstag schreiben, er wird die vielen Telefonanrufe aus dem Urlaub oder von zu Haus entweder gar nicht oder nur ganz kurz beantworten, er wird keine Einladung in das Haus seines Patienten annehmen, und er wird die vielfachen, oft geradezu raffinierten Versuche seines Patienten durchschauen und ablehnen, mit denen dieser den Therapeuten zwingen will, in dessen Haus und dessen Familie Eingang zu finden. „Wer den Weg zum Psychotherapeuten nicht allein gehen kann, diese Entscheidung nicht selbständig zu fällen vermag, ist erst recht nicht in der Lage, die Schwierigkeiten einer analytischen Behandlung zu bestehen." (Winkler 1969, S. 454.) Auch nach Abschluß einer Behandlung wird der Psychotherapeut in nahezu allen Fällen die weitere Verbindung mit seinem ehemaligen Patienten nicht nur nicht mehr aufrechterhalten, sondern er wird eine gewisse Distanz zwischen sich und seinen ehemaligen Patienten legen.

Für den Berater in der Seelsorge sieht die Situation anders aus. Auch er wird sich die gleichen Fragen stellen müssen, die der Psychotherapeut sich stellt, aber er wird sie von seiner Sicht aus methodisch nicht so klar beantworten können, wie es der Psychotherapeut tun muß. Auch er wird auf die Gefahren einer zu engen Bindung hingewiesen werden müssen, auch er wird sich davor hüten müssen, von seinem Besucher „aufgefressen" zu werden, und er wird alles tun müssen, um — ähnlich wie der Psychotherapeut — den Ratsuchenden zur selbständigen Entscheidung hinzuführen. Aber er hat doch nach wie vor den biblischen Auftrag, zu seinen Mitmenschen hinzugehen, solange der Missionsbefehl bestehen bleibt. „Der Seelsorger und der Ratsuchende müssen sich gleichsam an der rechten Stelle des Weges treffen, um so betroffen oder getroffen zu sein, daß sich heilsames Zusammengehen über eine weitere Wegstrecke hinweg ergibt. Die Frage nach dem rechten Verhältnis von drängender Nachfrage nach seelsorgerlicher Hilfe und geistlichem Angebot eben dieser Hilfe ist immer neu zu stellen." (Winkler 1969, S. 454.)

Eine seelsorgerliche Beratung kann sich daraus ergeben, daß der Pastor während der Predigt eine gewisse emotionale Bewegung bei einem seiner Gemeindeglieder bemerkt oder daß er anläßlich eines Gemeindeabends und der sich daran anschließenden Aussprache spürt, daß ein bestimmtes Problem, eine bestimmte Fragestellung seines Gegenübers dringend einer weiteren Klärung bedarf. Der Seelsorger *muß* in einem solchen Falle auf sein Gegenüber zugehen und *muß* ihn einladen, die sein Gegenüber bewegenden Probleme und Fragen mit ihm zu klären und zu besprechen. Es ist die Pflicht des Beraters, immer wieder und in immer neuen Formen darauf aufmerksam zu machen, daß man ihn sprechen könne und daß er bereit sei für seine Besucher. So sind Methodik und Aufgabenbereich dieser beiden Sparten keineswegs identisch. Nicht so klar jedoch können wir bei den Zielen unterscheiden. Wenn Klaus Winkler (Praxis der Familienberatung 1969, Heft 4) formuliert: „In der Psychotherapie geht es darum, pragmatisch die offensichtlich gestörte Eigengesetzlichkeit eines Menschen wiederherzustellen. In der Seelsorge geht es darum, dem sich mehr oder weniger gestört oder unangepaßt vorfindenden Menschen jedenfalls zu helfen, sein Dasein auf Gott zu beziehen", so können wir ein so einfaches Auseinandersortieren der beiden Aufgabenbereiche nicht gutheißen. Zumindest müßte geklärt werden, was es heißt „sein Dasein auf Gott zu beziehen". Hatten wir doch in der exegetischen Betrachtung neutestamentlicher Heilungsberichte feststellen müssen, daß in artikulierter Form das „Dasein" der dort geheilten Menschen häufig nicht in dieser ausgesprochenen Weise „auf Gott bezogen" war.

Wir werden also vor allem einen methodischen Unterschied zwischen Psychotherapie und seelsorgerlicher Beratung festzustellen haben. Festzuhalten aber bliebe, daß recht verstandene Seelsorge und recht verstandene Psychotherapie in einem Ziel einig sein könnten: nämlich in der Aufgabe, den Menschen zu dem zu machen, was er im Auftrag Gottes in dieser Welt sein sollte, der Bevollmächtigte Gottes für das Leben in dieser Welt. Zu diesem Zweck aber ist es notwendig zu erkennen, daß jedes Gespräch bestimmte Phänomene aufweist, die die analytische Methodik erhellt und für alle Formen der Gesprächsführung nutzbar gemacht hat.

1. Die Regression

Unter einer Regression versteht man die jedem Menschen eigentümliche Sehnsucht, auf eine früher bereits durchlebte Verhaltensstufe zurückzugehen und in seinen weiteren Lebensbezügen so zu tun, als ob man sich noch in der bereits durchschrittenen Phase seines Lebens befände. Es steht außer Zweifel, daß ein hoher Prozentsatz der Gottesdienstbesucher — gerade auch dann, wenn sie sich in unabhängigen und leitenden Stellungen befinden — ihre Glaubenshaltung unbewußt als ein Stadium der Regression auffassen. Jedem Pfarrer ist bekannt, daß geringfügige Änderungen im gewohnten gottesdienstlichen Ablauf, geringfügige Änderungen eines in jedem Jahr sich wiederholenden Gottesdienstes, sehr viel stärkere Reaktionen hervorrufen als etwa die Verkündigung moderner oder abwegiger theologischer Meinungen. Das Beharrungsvermögen in der Gemeinde, die sich mechanisch wiederholenden Vorgänge bei den Weihnachtsfeiern in den Häusern, der immer wieder vorgebrachte Wunsch, es möge doch wenigstens in der Kirche alles so bleiben, wie es immer gewesen ist, sind weder Kurzsichtigkeit noch böswilliges Unverständnis, sondern haben mit der Sehnsucht des Menschen zur Regression zu tun. Dieser Tatbestand wurde von Sigmund Freud ausschließlich negativ betrachtet. Ihm geht es darum, daß der Mensch nicht ewig Kind bleiben dürfe, und er sieht darum im christlichen Glauben nichts anderes als eine „regressive Erneuerung der infantilen Schutzmächte", die ihn zu dem Satz hinführt, „der persönliche Gott ist psychologisch nichts anderes als ein erhöhter Vater". (Freud, Werke VIII, S. 195.) Von hier aus wird ihm die Religion, insonderheit die christliche Religion zu einer „universellen Zwangsneurose". (Freud, Werke VII, S. 139. Vgl. auch Scharfenberg [3]1971.) Wer diese Gedankengänge sich einmal bei Freud erarbeitet hat, der versteht auch besser, warum gerade geistig sehr hochstehende Menschen und solche, die dauernd eigene schwere Entscheidungen zu fällen haben, sich z. B. gegen moderne Gottesdienstformen, moderne Lieder und Umgestaltungen aller jener kultischen Hand-

lungen wenden, die ihnen von Kindheit auf vertraut sind. Gerade dort,
wo ein Mensch notwendigerweise an keiner Stelle mehr Kind sein darf,
dort, wo ihm jede Einbettung in die Verantwortung oder das Lebensgefühl
eines anderen Menschen unmöglich gemacht wird, sind seine Regressions-
tendenzen am stärksten. Die hieraus scheinbar zu ziehende Konsequenz
heißt dann so, daß auch die Seelsorge und nicht zuletzt die Liturgie jeden
Rückweg in regressive Kindheitserlebnisse zu verbauen habe, um damit
den Menschen aus seiner Abhängigkeit herauszuführen, Freuds Forderung,
daß niemand ewig Kind bleiben könne, zu erfüllen und Bonhoeffers
„mündigen Christen" dadurch zu schaffen, daß alle Fluchtwege in regressive Haltungen abgeschnitten werden. Dem wäre so, wenn wir noch immer
Regression ausschließlich als ein negatives Faktum anzusehen hätten. Es
ist hier nicht der Ort, um darüber nachzudenken, ob nicht Freud in seinem
gespannten Verhältnis zum eigenen Vater, das er allerdings erst nach
dessen Ableben bei sich entdeckte, selbst bestimmte regressive Tendenzen
niemals verarbeitet hat. Ist er es doch gewesen, der sich ganz bestimmten
Vaterfiguren des Alten Testaments, so z. B. dem Mose, aber auch Jakob
und Joseph, besonders verbunden gewußt hat. Festzustellen ist jedenfalls,
daß in der augenblicklichen psychotherapeutischen Diskussion Regression
positiver beurteilt wird, als es Sigmund Freud, vor allem im Hinblick auf
die Religion, getan hat. Wir kennen den Begriff Regression nicht nur aus
der Psychotherapie, sondern z. B. auch aus der Geologie. Dort wird er für
den Prozeß des aus dem Meer wieder aufsteigenden Landes verwendet,
das lange überspült gewesen ist. Von hier aus ist gefragt worden, ob nicht
Regression eben eine heilsame Entwicklung sei, die für die Reife des Menschen unaufgebbar ist. (Eckart Wiesenhütter auf der 20. Lindauer Psychotherapiewoche 1970. In: Praxis der Psychotherapie 1970, Bd. XV, S. 122 f.
131.) Gerade dann, wenn der Weg zu einem bestimmten Reifungsgrad
beim Menschen sehr schwerfällt, kann ein zeitweiliges Zurückgehen auf
eine regressive Phase Schutz vor Reifungsängsten bedeuten. Ist nicht jeder
Besuch eines Ratsuchenden bei einem Berater schon ein Stück Regression?
Da aber Reifung niemals ohne bestimmte psychische Atempausen von-
statten geht, werden wir heute den Regressionsbegriff auch als eine psychische Notwendigkeit zur Gesundung anzusehen haben. (Raymond Battegay
auf der 20. Lindauer Psychotherapiewoche 1970.) Für die Praxis der seelsorgerlichen Beratung ergibt sich daher die Tatsache, daß uns bestimmte
Rollen aus der frühen Kindheit angeboten, ja geradezu aufgedrängt
werden, die wir nur dann richtig sehen können, wenn wir wissen, aus
welcher Motivation heraus wir in eben diese Rolle — z. B. der eines Vaters,
eines Richters oder eines Hirten — gedrängt werden sollen. Hier liegt auch

der Schlüssel des Verständnisses dafür, warum Menschen eine Zeitlang in starkem Maße sich zu kirchlichen und theologischen Fragestellungen hingezogen fühlen, um sich dann ganz abrupt wieder davon zu ent-
fernen. Die Hinwendung zu kirchlichen Tätigkeiten, die wir in vielen
Kriegsgefangenenlagern beobachtet haben, wird hier ein Stück Erklärung
finden können. Bei dieser positiven Wertung der Regression darf aber nun
auch nicht übersehen werden, daß ein Beharren in dieser Rolle zu einer
retardierten Reifung führen wird. Der dem Menschen gestellte Auftrag
kann nicht oder nur teilweise wahrgenommen werden, wenn der Betreffende in immer neue Formen regressiv flüchtet. Wenn wir also von
unserem Gegenüber hören, daß er in früheren Zeiten auch im Sport oder
in der Gewerkschaft tätig gewesen sei, sich aber nun jetzt wieder „zum
Eigentlichen" bekehrt habe, werden wir eine solche Äußerung mit großer
Vorsicht zu hören haben. Was wir in einem solchen Fall vor uns haben,
ist vermutlich ein typischer Fall von Regression. Unser Besucher hat in der
von ihm angestrebten Rolle keinen Erfolg gehabt, er ist nicht anerkannt
worden und fällt nun in jenes Rollenspiel zurück, das ihm aus seiner Kindheit vertraut ist und in dem er meint, sich besser behaupten zu können.
Die Tatsache, daß sich in kirchlichen Gruppen und nicht zuletzt auch in
kirchlichen Leitungsgremien ein nicht ganz geringer Prozentsatz von Menschen befindet, die in ihren eigenen Berufsgruppen durchaus am Rande
stehen, gibt sehr zu denken. Hier wird dann zu vorschnell gefolgert, daß
eben jener Betreffende „um seines Glaubens willen" in seinem Beruf oder
in seinem Freundeskreis keine Anerkennung finde, während es in Wirklichkeit nichts anderes ist als eine ausgesprochen frustrierte Haltung, die
ihn unfähig macht, sein Christsein in den ihm zugewiesenen Gruppen zu
verwirklichen. Die Regression gehört zu der großen Gruppe der Abwehrmechanismen, über die wir noch im einzelnen sprechen werden. Sie ist vielleicht die häufigste Form der Lebensverneinung und der Flucht, die dem
Pfarrer in der seelsorgerlichen Beratungsstunde begegnet.

2. Übertragung und Gegenübertragung

„Die Übertragung ist eine Kurzform für die durch Freud beschriebene
Übertragung von Gefühlen. Hierunter versteht man die Erscheinung, daß
der Mensch die Neigung hat, in einer neuen Begegnungssituation mit Ver-
haltens- und Gefühlsmustern zu reagieren, die aus einer bereits in der
frühen Jugend durchlebten Begegnungssituation mit Schlüsselfiguren stammen. So werden Menschen, die in ihrer frühen Jugend oft durch Schlüsselfiguren im Stich gelassen worden sind, Beziehungen anknüpfen in der Erwartung, wieder im Stich gelassen zu werden. Eine Person, die in früher

Jugend viel geplagt worden ist, z. B. durch einen älteren Bruder, kann leicht in einem ersten Gespräch eine Haltung einnehmen, in der die Erwartung liegt, wieder geplagt zu werden." (Musaph 1969, S. 76.) Wir könnten auch sagen, daß etwa vom 12. Lebensjahr an jede Begegnung, die ein Mensch im Gespräch hat, im Unbewußten eine Zweitbegegnung ist. Wir selbst erkennen diesen Tatbestand gelegentlich dann, wenn uns deutlich wird, daß unser Gegenüber uns an irgend jemanden oder an irgendein Ereignis erinnert, das uns ausgerechnet in diesem Augenblick wieder einfällt. Nun wird man zunächst sagen müssen, daß Übertragungen völlig normale Erscheinungen sind, und man wird behaupten können, daß ein echter Kontakt von Mensch zu Mensch ohne Übertragung gar nicht möglich ist, weil man fundamentale Eigenschaften der menschlichen Beziehungen mitüberträgt. Was Bowlby als basis security bezeichnet, also jene fundamentale Mutter-Kind-Beziehung der ersten Jahre, bestimmt die weitere Gefühlsentwicklung und damit die Kontaktfähigkeit des Menschen in jeder Richtung. Die Art, in der wir Urvertrauen oder Frustration erlebt haben, wie wir auf Störungen der mitmenschlichen Beziehungen in der Kindheit reagiert haben, welche Form von Vertrauen oder Mißtrauen uns in der Schulwelt entgegengeschlagen ist, werden wir als ewiges Besitztum in uns tragen und darum als ein grundsätzliches Mißtrauen oder als grundsätzliches Vertrauen auch in jede neue Begegnung mithineinbringen. Daher unterscheidet man negative und positive Übertragungen. Wenn positive Gefühle wie Sympathie, Zuneigung, Anhänglichkeit und Liebe unser Zusammenspiel in unseren Verhaltens- und Gefühlsmustern zu unserem Gegenüber bestimmen, werden wir von einer positiven Übertragung reden. Hingegen werden wir dann, wenn Antipathie, Abneigung, Mißtrauen und Haß unsere Kontaktfähigkeit stören, von negativen Übertragungen zu sprechen haben. Aber auch hier muß gesagt werden, daß es keine positiven Übertragungsgefühle ohne negative und umgekehrt gibt. Wir werden daher den Charakter der Übertragungserscheinungen als ambivalent bezeichnen müssen. Der seelsorgerliche Berater wird sich im klaren sein müssen, daß ein großes Maß an Zutrauen oder an Mißtrauen also nicht seiner Person gilt, sondern der Übertragungssituation, in die sein Gegenüber in der Kommunikation mit ihm hineingerät. Das wird um so stärker der Fall sein, je stärker der Berater Anlaß gibt, eine der Rollen zu verkörpern, die seinem Gegenüber von vornherein bekannt sind, also etwa eben die eines Lehrers, eines Vaters oder eben auch die eines Pastors, mit dem sein Gegenüber in früheren Zeiten positive oder negative Erfahrungen gemacht hat. „Die Pastoren — die Väter — Lehrer — Richter sind eben alle so!" Das kann sowohl positiv als auch negativ gedeutet werden. Übertragungen beziehen sich nicht nur auf eine Person, sondern auch auf die Situation. Der Treppenaufgang zum Zimmer des Pastors, das Haus, der Weg dahin, alles das kann mit Übertragungsphänomenen besetzt sein, die aus der Schulzeit oder aus der Kinderzeit positives oder negatives Vorzeichen haben können. Es ist daher gut zu wissen, daß weder Sympathie noch Antipathie in jedem Falle dem Versagen oder dem Können des Beraters zugerechnet werden müssen. Interessanterweise lassen sich diese Übertragungserscheinungen auch Dritten gegenüber aufspalten. So kann der Mechanismus der Übertragung auch gegenüber der Ehefrau des Pastors oder gegenüber der Gemeindehelferin oder der Sekretärin sich äußern. Die Psychotherapie nennt diese Erscheinung das Agieren. Der Besucher kann also seine Gefühle in stark positive Gefühle gegenüber dem Pastor und stark negative zugleich gegen die Gemeindehelferin oder die Ehefrau des Pastors richten. Solche Gefühlsaufspaltungen haben immer in den ersten Lebensjahren des Besuchers ihre Analogien. Der Psychotherapeut benutzt diese Situation zu seinem Vorteil. Der Berater wird nur von der Tatsache einer solchen Aktion und Reaktion seines Gegenüber wissen müssen. Der Psychotherapeut wird sämtliche „Agier-Adressen" kennen müssen, um die Hintergründe des Agierens zu erkennen. Der Berater wird genau diesen Weg nicht gehen dürfen. Jedoch wird er ebenso wie der Psychotherapeut in diesem Prozeß des Agierens sehr leicht zum Sündenbock, zum grausamen Schulmeister, zum Feldwebelvater, oder er bekommt das verklärte Bild eines „Halbgottes von Vater" übertragen. (Vgl. Bitter 1954, S. 98—121.)

Dieser ganze Prozeß wird dadurch erschwert, daß der Übertragung des Ratsuchenden auf den Berater die Gegenübertragung des Beraters auf den Ratsuchenden gegenübersteht. So wie der Partner sehr bestimmte und für unser eigenes Gefühlsleben spezifische Gefühls- und Verhaltensmuster mitbringt, so bringen wir das gleiche ihm entgegen. Wir erkennen das, wenn wir feststellen, daß wir mit einer bestimmten Gruppe von Menschen besondere Schwierigkeiten haben, seien es alte Menschen, seien es Frauen, sei es ein bestimmter Typ von Männern. Die Ursache ist wie immer in einer ungelösten Konfliktsituation zu sehen, die aus nichtgelösten Problemen der Kindheit oder der frühen Jugend herstammt. Man überträgt dann seine damaligen Gefühle unbewußt auf den Besucher oder man erinnert sich daran, daß „so eine Sache" einem schon einmal begegnet ist, daß man mit ihr nicht nur nicht fertig wurde, sondern durch diese Angelegenheit vielleicht Unannehmlichkeiten verschiedenster Art hatte. Das geschieht gerade auch mit Persönlichkeiten, die bestimmten Gruppierungen angehören, die unserer Lebensauffassung gegenüber sich abweisend oder feindlich verhalten. Jeder unter uns hat Vorliebe für bestimmte Besucher, die unsere

Hilfe anrufen. Auch diese Anti- und Sympathien sind durchaus Äußerung unseres normalen menschlichen Verhaltens. Doch muß sich der Berater gerade hier seiner „schwachen Stelle" bewußt sein, um nicht zu völligen Fehleinschätzungen seines Gegenübers zu kommen. „Wenn man bei sich selber ein ausgesprochenes Unvermögen bemerkt, einer bestimmten Kategorie von Menschen zu helfen, dann zögere man nicht, die Größe aufzubringen, dieser Menschengruppe durch jemand anderen helfen zu lassen. Es zeugt von weiser Einsicht, wenn man seine eigenen Grenzen kennt." (Musaph 1969, S. 77. Vgl. auch Jung 1946.)

Da der Berater im allgemeinen nicht durch eine Analyse seines Selbst erfahren hat, wo seine schwachen Stellen sitzen, wird er sich Rechenschaft geben müssen, warum und weshalb er bestimmten Menschengruppen gegenüber ablehnend oder besonders zuneigend reagiert, und er wird diesen Tatbestand zumindest in einer Beratergruppe ansprechen müssen, um von hier aus Deutung zu erfahren. Zeitweilig hat Freud gemeint, der Therapeut müsse sich angesichts dieser Situation verhalten „wie eine blankpolierte Spiegelfläche — ein lebloser Gegenstand". Michael Balint macht darauf aufmerksam, daß eine solche Haltung im Grunde nicht möglich ist. Und auch Freud hat die Tatsache hervorgehoben, daß eine Analyse nicht in einem luftleeren Raum stattfindet. Nämlich auch der Analytiker hat einen Namen, er ist männlich oder weiblich, er hat ein bestimmtes Alter, eine Familie und ähnliches; alles Tatsachen also, die zur Übertragung und zur Gegenübertragung herausfordern. (Balint 1966, S. 246 ff.) Wir kommen auch als Berater ein großes Stück weiter, wenn wir uns an Freuds technische Regel von der gleichmäßig freischwebenden Aufmerksamkeit halten, die uns zumindestens für unser Gegenüber die Möglichkeit eröffnet, seine Übertragungen bei uns nur zu einem gewissen Grad wirksam werden zu lassen, wenn uns nur gelingt, unsere eigenen Affekte „gelockert zur Verfügung zu halten, damit sie im Interesse des Patienten als wichtigstes Wahrnehmungsinstrument mitschwingen, und sie doch ständig so zu zügeln, zu ‚frustrieren', daß es nicht unkontrolliert in das affektive Spiel des Patienten eintritt". (Kemper 1955, S. 451 ff.) Wir sind eben Menschen in der Gesprächsführung, und zwar Menschen mit alledem, was an uns geschehen ist. Es ist nur notwendig, daß wir das auch wissen, und zwar nicht nur rational, sondern aus der Erfahrung und aus dem eigenen Erleben her. In der psychotherapeutischen Behandlung ist es nötig, die analytische Situation zwischen Patient und Arzt in regelmäßigen Abständen immer wieder zu kontrollieren, d. h. klarzustellen, wie der Patient seinem Arzt gegenüber wirklich steht. In einer länger dauernden Beratung wird es ebenfalls notwendig sein, gelegentlich seinen Besucher daraufhin anzusprechen, mit welchen Intentionen er heute in diese Beratungsstunden hineinkommt. Nur so wird der Berater den augenblicklichen Reifezustand seines Klienten erkennen können und wird sich dadurch selbst Rechenschaft geben können, wieviel er von sich aus auf sein Gegenüber aus seiner eigenen Gegenübertragung projiziert hat. Es ist aber dringend anzuraten, daß der nicht analytisch geschulte Berater eine solche Standortbestimmung nicht zu früh vornimmt und möglichst auch diese erst nach Rücksprache mit dem für jeden Berater unentbehrlichen Beraterkreis, in dem er seine eigenen Schwierigkeiten zur Sprache gebracht hat.

b) Die Abwehrmechanismen

Immer wieder begegnet dem seelsorgerlichen Berater im Gespräch die merkwürdige Tatsache, daß sein Gegenüber ihm eine Schilderung der Ehe, des Verhältnisses zu seinen Kindern oder zu seinen Arbeitskollegen vorträgt, die sich mit den realen Gegebenheiten nicht nur nicht deckt, sondern diesen geradezu widerspricht. Immer wieder entsteht dann auch die Gefahr, daß der Berater darauf verärgert reagiert und seinem Besucher auf den Kopf zusagt, daß er ihn anlüge und damit zu einer Heilung ebenso wenig beitragen könne wie zu einem wirklichen Kontakt zwischen ihm und seinem Gegenüber. Obwohl in der ganzen Gemeinde bekannt ist, daß Frau M. eine sehr unglückliche Ehe führt und von ihrem Mann sadistisch behandelt wird, erzählt uns eben diese Frau M., sie führe eine geradezu überglückliche Ehe und könne sich keinen besseren Mann wünschen. Herr S., der von seinen Kollegen als streitsüchtig und mißtrauisch bezeichnet wird, kommt mit der Klage zu uns, alle Kollegen haßten ihn und das geschehe nur aus dem Grund, weil alle Menschen, mit denen er zu tun habe, außerordentlich mißtrauisch und daher aggressiv und streitsüchtig wären. Frau K. hat durch einen tragischen Unglücksfall ihren Mann und ihre beiden Kinder verloren. Wir erwarten die Besucherin zur Anmeldung der Beerdigungsformalitäten und rechnen damit, einen völlig gedrückten, niedergeschlagenen Menschen vor uns zu sehen. In Wirklichkeit erscheint Frau K. geradezu heiter, gelöst, scheinbar ohne jede innere Rührung, und wir schließen eventuell daraus, daß es offensichtlich mit der inneren Bindung zwischen Frau K. und ihren Angehörigen gar nicht so gewesen sein könne, wie uns berichtet wird. Wir beobachten an uns oder an anderen ein nervöses Hüsteln immer dann, wenn wir in eine unangenehme Situation kommen, wir beobachten ein krampfhaftes Lachen, wenn uns eigentlich zum Weinen zumute ist, Blähungen bei unterdrückter Angst oder bei unseren Besuchern das Zupfen und Ziehen an den Kleidern, das Spielen am

Ehering oder den nervösen Griff nach der Zigarette, wenn das Gespräch
Punkte berührt, die unserem Gegenüber unsympathisch sind. Wir erleben
an uns, daß wir ein bestimmtes Wort oder den Namen einer Person während eines Gespräches krampfhaft suchen, ihn aber nicht finden können.
Wenn wir unser Gegenüber verlassen und die Treppe hinuntergehen, fällt
uns plötzlich der Name wieder ein, und wir sind versucht, zurückzugehen
und diesen nun wieder in das Gedächtnis zurückgekehrten Namen oder
Tatbestand unserem Gesprächspartner nachträglich mitzuteilen. In allen
diesen Fällen spricht die Psychotherapie von Abwehrmechanismen. Was
versteht man darunter?

„Abwehrmechanismen sind in der unbewußten Psyche verlaufende Prozesse, die bestimmte Gefühle, die ins Bewußtsein durchzubrechen drohen,
abzuwehren bestimmt sind. Diese Prozesse ermöglichen es uns, daß man
sich an die sozialen Spielregeln halten kann." (Musaph 1969, S. 87.) Als
wohl wertvollstes Werk aus der Zeit nach dem ersten Weltkrieg schrieb
Sigmund Freud seine Schrift „Hemmung, Symptom und Angst". Sie ist
die indirekte Fortführung seiner Gedanken aus der Schrift „Das Ich und
das Es", die im Jahre 1923 erschien. Diese erstgenannte Schrift, die ziemlich weitschweifig und keineswegs so prägnant formuliert ist, wie wir es
sonst bei Sigmund Freud gewöhnt sind, greift auf die frühesten Begriffe
zurück, die Freud zur Erkenntnis der Neurosen geprägt hat, nämlich die
Begriffe der Abwehr und den Begriff der Verdrängung. In späterer Zeit
gehen dann die Begriffe Abwehr und Verdrängung gelegentlich bei Freud
durcheinander und werden sogar für das gleiche Symptom wechselweise
verwendet. Der ganze Komplex ist ihm so wichtig, daß er zu Beginn des
Jahres 1925 ein Komitee „Hemmung, Symptom und Angst" gründet, dem
im Juli des gleichen Jahres seine Tochter Anna beitritt. Von ihr haben wir
dann die umfassende Arbeit über dieses Problem in ihrer Schrift „Das Ich
und die Abwehrmechanismen". (A. Freud 1936.) Abwehrmechanismen
sind gleichzusetzen mit Triebabwehr. Triebabwehr wiederum hat folgende
Gründe:

a) Abwehr aus Über-Ich-Angst
b) Abwehr aus Real-Angst
c) Abwehr aus Angst vor der Triebstärke.

Im weiteren Leben des Menschen kommen noch Bedürfnisse hinzu, die
dem Bedürfnis des Ich nach einer Synthese entspringen. „Das erwachsene
Ich verlangt, daß die in ihm vorhandenen Regungen irgendwie überein-
stimmen. Daraus ergeben sich alle die Konflikte zwischen gegensätzlichen
Strebungen wie Homosexualität und Heterosexualität, Passivität und

Aktivität." (A. Freud 1936, S. 48.) Hatte schon Sigmund Freud darauf hingewiesen, daß die Prozesse der Sexualtriebe im Laufe ihrer Entwicklung eine Umkehrung erfahren, die entweder die Verkehrung ins Gegenteil oder die Wendung gegen die eigene Person oder Verdrängung bzw. Sublimierung hervorruft, so zeigt nun Anna Freud in der Lehre von den Abwehrmechanismen auf, wie dies auch für alle menschlichen Verhaltensweisen überhaupt gilt. Abwehrmechanismen stehen immer in engster Verbindung zu Vorgängen in der frühen Kindheit. Unterbundene oder aus Angst vor Liebesentzug verdrängte Lusterfüllungen aller Art sind auslösende Wirkungen. Sigmund Freud hatte das in der „Analyse der Phobie eines fünfjährigen Knaben" eindeutig nachgewiesen. (Freud, Studienausgabe VIII.) Die Angst vor dem Vater, die man nicht auswirken darf, und sadistische Aggressionslust gegen die Mutter verwandeln sich in eine Pferdephobie. Der kleine Hans hat unendliche Angst vor einem weißen Pferd, von dem er fürchtet gebissen und erschlagen zu werden. Zugleich berichtet er im Gespräch mit seinem Vater, der auch Arzt war, wie er so gern ein Pferd schlagen wolle und wie er es geschlagen habe. Es ergibt sich aber, daß der Bericht, daß er ein Pferd geschlagen habe und — wie er es ausdrückt — geneckt habe, der Realität nicht entspricht. Er berichtet ausführlich, wie er den Kutscher um Erlaubnis gebeten habe, das Pferd aus dem Stall zu führen, damit er es auspeitschen könne. Er gibt Einzelheiten an, bis er plötzlich auf die Frage, „hast du es viel gepeitscht?" antwortet: „Was ich dir da erzähle, ist gar nicht wahr." Als er dann gefragt wird, „wen möchtest du eigentlich gerne schlagen, die Mami, die Hanna oder mich?", antwortet er „die Mami". (Freud, Studienausgabe VIII, S. 72.) Hans verleugnet also die Realität mit Hilfe seiner Phantasie. Er gestaltet das, was er gerne tun möchte, aber nicht tun darf, für seinen eigenen Gebrauch und nach seinen Wünschen und ermöglicht sich damit die Anerkennung dessen, was er nicht tun darf. Anna Freud setzt ein Parallelbeispiel ähnlicher Art daneben. Es handelt sich um einen siebenjährigen Knaben, der sich in seiner Phantasie damit beschäftigt, Besitzer eines zahmen Löwen zu sein. Der Löwe setzt alle Menschen in Angst, außer ihn, seinen Besitzer, dem er aufs Wort folgt und den er wie ein Hund überallhin begleitet. Einmal geht er in seiner Phantasie, die man als Tagtraum bezeichnen muß, auf ein Kostümfest und verbreitet dort, daß der Löwe, den er mitbringe, nur ein verkleideter Freund sei. Aber diese Mitteilung ist natürlich falsch, denn der angeblich verkleidete Freund ist ein wirklicher Löwe. Der Junge genießt nun die Vorstellung, wie sehr die Menschen sich fürchten würden, wenn sie hinter sein Geheimnis kämen, gleichzeitig aber empfindet er ihre Angst als grundlos, denn der Löwe ist harmlos, solange er ihn in seiner

Gewalt hält. Anna Freud berichtet nun, wie hier der Löwe der Vaterersatz ist, vor dem sich der Junge fürchtet, den er aber nicht fürchten möchte, weil er ja eben sein Vater ist, den er lieben will. So wird die Aggression gegen den Vater in Angst umgewandelt. (A. Freud 1936, S. 58 ff.)

Mit H. Musaph werden wir folgende Skala der Abwehrmechanismen annehmen können:

> Realitätsleugnung
> Projektion
> Introjektion
> Identifikation
> Unterdrückung
> Verdrängung
> Isolation
> Sublimierung
> Regression
> das Aufschieben
> die Substitution.

1. Realitätsleugnung

Wir setzen noch einmal bei dem ein, was wir bereits oben über die Motivation zur Wahl des Pastorenberufes gesagt haben. Ähnliche Motivationsprobleme treten bei der Berufswahl immer auf. Berufswahl und Realitätsleugnung sind häufig parallele Vorgänge. Dort, wo man sich nicht angenommen gefühlt hat in der Kindheit, wird man versuchen, diesen Tatbestand durch die Berufswahl zu korrigieren. Dabei werden Erfahrungen, die man auf dem Gebiet des angestrebten Berufes zu machen gedenkt oder schon gemacht hat, überschätzt und im Gespräch unterstrichen. Alle übrigen Bemühungen, die man in seinem Leben sonst angestellt hat, auch die Zeit, die man vielleicht einem anderen Ziel gewidmet hat, werden vergessen und oft für belanglos erachtet. Diese Hintergründe sind z. B. zu beobachten, wenn ein Student seinen Wunsch ausdrückt, sein Studienfach zu ändern. Wir werden dann erleben, daß er alles das, was er bisher gelernt, erlebt und erfahren hat, mit einer Handbewegung abtut, obwohl er zu bestimmten Zeiten eine erhebliche Menge an Energie gerade für diese erste Berufswahl eingesetzt hatte. Wichtig ist nun, daß wir eine solche Berichterstattung niemals mit Verdrehung der Wirklichkeit oder mit einem bewußten Vorspiegeln falscher Tatsachen in Verbindung bringen. Das Verleugnen von peinlichen oder unerwünschten Dingen, zu dem es dann bei diesen Gesprächen immer wieder kommt, hat eben mit der oben genannten Realitätsleugnung zu tun. Bewerbungsgespräche, die bei Personalreferenten geführt werden, sollten auf diesen Hintergrund Rücksicht nehmen. Man wird die Realitätsleugnung auch nicht nur negativ werten dürfen. Wahrscheinlich ist ohne Verleugnung schwieriger Situationen das Leben des Menschen in manchen Phasen gar nicht durchzustehen, so daß die Abwehr eines Teils der Lebensgeschichte für eine Zeit eine psychologische Notwendigkeit sein kann, um sich überhaupt noch freuen zu können. Wieweit allerdings ein gesundes psychisches Verhalten auf Lebensdauer unter einer solchen Abwehr möglich ist, hängt von der jeweiligen Labilität oder Flexibilität der jeweiligen Psyche ab. Darum ist es für den Berater sehr wichtig, daß er zumal im ersten oder im zweiten Gespräch weiß, daß kein Mensch genau imstande ist, exakte Angaben über seine Lebenssitutaion zu machen. Es hilft auch hier gar nichts, die „Maske herunterzureißen" oder seinen Besucher darauf aufmerksam zu machen, daß er ja offensichtlich die Unwahrheit spräche. Der Erfolg eines solchen methodischen Vorgehens würde nur eine tiefe Verstimmung oder eine Depression bei unserm Gesprächspartner sein, da dieser seine eigene Situation aufgrund der Realitätsleugnung im ersten oder zweiten Gespräch noch gar nicht einzusehen vermag. In der Verhaltenspsychologie wird nun heute gelegentlich gefordert, daß man eben genau diese Situation so schnell als möglich zu durchstoßen habe, um dem Patienten in der Haltung persönlicher Wärme und Zuneigung aufzudecken, wie falsch die Beurteilung seiner eigenen Lage ist. So „zwingt" man dort gelegentlich einen Menschen genau das zu tun, wovor er eigentlich Angst habe. Das äußere Ergebnis scheint in vielen Fällen zufriedenstellend zu sein. Aber diese Methode ist keineswegs neu. Sigmund Freud hat bereits davor gewarnt. (Jones 1960/2 II, S. 384 ff.) Bis heute liegen nämlich noch keine Ergebnisse darüber vor, inwieweit nicht diese überdeckte bzw. überspielte phobische Angst sich auf dem Wege der Verdrängung nach anderen Richtungen hin und vermutlich stärker als vorher ausbreiten wird.

2. Die Projektion

Dieser Abwehrmechanismus ist auch bei psychisch gesunden Menschen sehr häufig. Sie tritt uns gelegentlich als Charaktereigenschaft entgegen. So hat Karl Abraham 1916 bei einem depressiven Patienten beschrieben, daß dieser die Feststellung „ich mag die Menschen nicht, ich muß sie hassen" umändert und umarbeitet zu seiner Lebensweisheit „die Menschen mögen *mich* nicht, sie hassen *mich*". Dinge also, die wir an uns nicht wahrhaben wollen, also verdrängen, weil sie uns unsympathisch und charakterfeindlich zu sein scheinen, projizieren wir auf unsere nächste Umgebung. Dabei kann diese Projektion auch kollektive Züge tragen. So können

Charakterzüge, die wir an uns selbst nicht wahrhaben wollen, die uns aber das Leben schwermachen, projiziert auf ganze Strukturen übertragen werden. Dann ist eben „die" Kirche oder „der" Staat das Hassenswerte und das, was mich ablehnt. Menschen, die in übertriebener Weise alles schwarz oder weiß sehen, die scharf zwischen guten und schlechten Menschen unterscheiden, gehören fast immer in die Kategorie starker Projektionen. Sind diese Symptome außerordentlich gravierend, sind sie im Lauf einer längeren Gesprächsführung in keiner Weise korrigierbar und zeigt sich der Gesprächspartner auf lange Zeit hinaus uneinsichtig, so muß hier unter Umständen auf eine Paranoia geschlossen werden, die mit seelsorgerlichen Mitteln nicht angehbar ist. So ist z. B. das theologische Problem, warum Gott das Böse zulasse, wo er doch das Prinzip des Guten sei, bei Personen, die daran zerbrechen, sehr häufig ein solcher Vorgang einer paranoiden Projektion. Friedrich von Schiller ist hier ein typischer Beweis. Er projiziert in seinen Dramen sehr häufig genau die Situation, die er nicht verarbeitet hat, nämlich daß die Welt schlecht wäre und das Drama im Grunde ein notwendiger Ausweg ist, der aber unerklärlich bleibt. Menschen, die mit dem Theodizeeproblem ein ganzes Leben lang nicht fertig werden, tragen gelegentlich paranoide Züge.

3. Die Introjektion

Wir beobachten im Gespräch Menschen, die eine bestimmte Eigenschaft positiver oder negativer Art immer wieder hervorkehren, obwohl wir den festen Eindruck haben, daß gerade diese Eigenschaft nicht zu ihrem eigentlichen Wesen gehört. Der Mensch bekommt dann etwas Forciertes, etwas Krampfhaftes. Sehr häufig sind solche Verhaltensweisen nicht überwundene infantile Restbestände. Melanie Klein hat nachgewiesen, daß besonders bei kleinen Kindern bestimmte Eigenschaften auf eine Schlüsselfigur projiziert werden, um dann introjiziert zu werden. So, wie man eigentlich dem Bruder, der Schwester, Vater oder Mutter gegenüber handeln wollte, so handelt man jetzt gegen sich selbst. Es sind dies immer Abwehrformen, weil es sich um Verhaltensweisen handelt, die man dem andern gegenüber nicht durchsetzen kann oder darf. Tritt uns ein solches Verhalten im Gespräch gegenüber, so wird man bedenken müssen, daß hier bestimmte Eigenschaften von einem Menschen aus der Umgebung des Gesprächspartners gebraucht werden, damit man die eigene Person in das rechte Licht setzt oder aber auch — und den Begriff der Selbstzerstörung kennen wir ja — gegen sich selbst wendet.

Introjektion kann ebenso positive wie negative Züge tragen. Im Grunde aber ist Introjektion der Wunsch, ohne das Durchstehen der eigenen Lebenskonflikte gleichsam mit dem „Gesicht" eines anderen leben zu können. So sind Introjektionen häufig der Beweis für ein schwaches Ich. Introjektionen verraten, daß man die Anstrengung eigener ständiger Realitätsprüfung nicht durchstehen kann. (Balint 1966, S. 290 ff.)

4. Die Identifikation

Identifikation setzt in einer bestimmten Weise die Introjektion voraus. Jedoch ist Identifikation immer ein bewußter Nachahmungsvorgang, der allerdings nur dann stattfinden kann, wenn eine starke Bindung zu dem Identifikationsobjekt besteht. Wir kennen das kleine Kind, das eine Brille auf die Nase setzt, ein Buch verkehrt herum hält und dann wie der Vater arbeiten oder lesen will. Unser bekanntes Lied „Hänschen klein geht allein" ist in allen seinen Versen eine anschauliche Wiedergabe des Identifikationsprozesses. Eine solche Identifikation ist notwendig und dient zum Einleben in die Welt des Erwachsenen. Schwieriger wird der Identifikationsprozeß, wenn ihn z. B. Eltern verwenden, um die Erziehungsmaßnahmen ihrer Eltern zu rechtfertigen, die aber nun einem Kind zukommen sollen, das in einer völlig anderen Umgebung aufwächst. Dabei wird natürlich übersehen, daß die Schwierigkeiten, die die eigenen Eltern in der Zeit, als sie selbst erzogen wurden, mit ihren Eltern halten, längst verdrängt sind. Sigmund Freud schreibt dazu: „In der Regel folgen die Eltern und die ihnen analogen Autoritäten in der Erziehung des Kindes den Vorschriften des eigenen Über-Ichs. Wie immer sich ihr Ich mit ihrem Über-Ich auseinandergesetzt haben mag, in der Erziehung des Kindes sind sie streng und anspruchsvoll. Sie haben die Schwierigkeiten ihrer eigenen Kindheit vergessen, sind zufrieden, sich nun voll mit den eigenen Eltern identifizieren zu können, die ihnen seinerzeit die schweren Einschränkungen auferlegt haben. So wird das Über-Ich des Kindes eigentlich nicht nach dem Vorbild der Eltern, sondern des elterlichen Über-Ichs aufgebaut; es erfüllt sich mit dem gleichen Inhalt, es wird zum Träger der Tradition, all der zeitbeständigen Wertungen, die sich auf diesem Wege über Generationen fortgepflanzt haben." (Freud, Studienausgabe I, S. 505.) Es ist deutlich, wie gefährlich Identifikationen werden, weil sie einer wirklich zeitgerechten Erziehung entgegenstehen, von den Eltern jedoch in ihrer eigenen Identifikation gerechtfertigt werden. Neurotische Züge kann die Identifikation annehmen, wenn etwa die Bindung an einen wissenschaftlichen Lehrer oder an eine Vater- bzw. Muttergestalt so stark wird, daß man für längere Zeit deren Ansichten vertritt, ja sogar in deren Kleidung und deren psychischem Gehabe sich diesen Menschen anpaßt und dabei das eigene Ich immer stärker verdrängt.

5. Die Unterdrückung

Hier geht es im wesentlichen um äußere Symptome, an denen dieser Tatbestand festgestellt werden kann. Die Rolle der unterdrückten Sexualität wird hier besonders deutlich. Ferenzci hat uns wohl zuerst auf solche körperlichen Abwehrformen, vor allem auch bei allen Arten der Muskelspannungen, aufmerksam gemacht. (Ferenczi 1919.) Gerade Menschen, denen jeder Affektausbruch verhaßt ist und die zu den Menschen gehören, die häufig sehr stolz darauf sind, sich in besonderer Weise „zusammennehmen zu können", leiden an Unterdrückungserscheinungen dieser Art. Zu den schon oben genannten äußeren Symptomen dieses Abwehrmechanismus kommen in Augenblicken psychischer Hochspannungen besondere Entladungen hinzu. Michael Balint weist darauf hin: „Solche krampfbereiten Menschen können sich nur unter großen Widerständen den freien Assoziationen überlassen, können sich in der Liebe nie hingeben, kaum im Genuß aufgehen. Es ist dann eine Wiederkehr des Verdrängten, wenn krampfhaft frigide Frauen im Augenblick, wo der Orgasmus eintreten sollte, statt dessen krampfhaft lachen oder weinen müssen." (Balint 1966, S. 91.) Hierhin gehört auch der schon oben angesprochene Vorgang des Vergessens von Namen oder Bezeichnungen, die einem urplötzlich dann einfallen, wenn man dem Gesprächspartner nicht mehr gegenübersitzt.

6. Die Verdrängung

Wir stellten schon fest, daß Verdrängung ein Begriff ist, mit dem das ganze Wesen der Abwehrmechanismen als solches beschrieben werden könnte. Dabei kann Verdrängung immer partiell oder total geschehen. Vor allem aber ist anzumerken, daß verdrängte Lebenserinnerungen oder Lebenserfahrung in völlig gewandelter Form wieder an die Oberfläche treten können. Wir stellen das an einer Zeichnung dar:

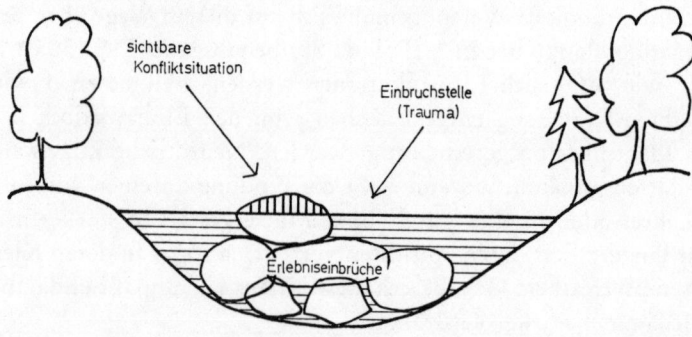

Wir haben hier die stille Oberfläche eines Waldsees darzustellen versucht. Kurz vorher noch hatte ein Junge einen Stein in diesen See geworfen. Die Oberfläche kräuselte sich zu Wellen, der Stein sank in die Tiefe. Kurze Zeit darauf war aber alles ruhig, und der nächste Besucher hätte feststellen können: was für eine schöne, unberührte Stille. Wenn wir dieses Bild auf unsere seelischen Vorgänge anwenden, dann haben wir festzustellen, daß mit dem Augenblick unserer Geburt unzählige positive und negative Einflüsse in uns einbrechen („Die Geburt ist ebenso die allererste Lebensgefahr wie das Vorbild aller späteren, vor denen wir Angst empfinden, und das Erleben der Geburt hat uns wahrscheinlich den Affektausdruck, den wir Angst heißen, hinterlassen." [Freud, Werke VIII, S. 76. In: Beiträge zur Psychologie des Liebeslebens]). Weil sie jeweils eine seelische Wunde (griech.: trauma) hinterlassen, nennt die Fachsprache solche Einbrüche Traumata.

Das Kind reagiert mit Weinen oder Lachen, das aber nach wenigen Minuten abklingt. Die unwissenden Erwachsenen sind über diese Reaktion des Kindes sehr froh und schätzen das Kind glücklich, weil es so schnell seinen kleinen Kummer vergäße. In Wirklichkeit sind alle diese Erlebnisse in uns eingebrochen und ruhen im dunklen Grund unseres Es. Kommt nun ein sehr großer Teil negativer Erlebnisse in unser Es hinein, so genügt oft ein letztes kleines Erlebnissteinchen, um die Oberfläche zu durchbrechen und als Konflikt sichtbar zu werden. Was wir also in der Konfliktsituation erleben, ist immer nur die äußerste und letzte Auswirkung eines sehr viel komplexeren Vorganges, den wir etwa in dem System des Eisberges sehen müssen, bei dem ja auch nur ein ganz geringer Teil seiner eigentlichen Größe aus dem Wasser hervorragt. Das ist aber nicht alles. Wie in einem Flußbett oder auf dem Meeresgrund die Steine sich gegenseitig bewegen, sich gegenseitig abschleifen und in völlig veränderter Form wieder an die Oberfläche treten, so treten auch unsere verdrängten Erlebnisse in völlig verwandelter Form wieder an die Oberfläche. Dort, wo sie nicht an die Oberfläche treten, ist es häufig der Traum, von dem Sigmund Freud bekanntlich sagt, daß er durch die Zensur des Unbewußten hindurch muß und darum uns Aufschluß geben kann über die unzähligen verdrängten Wunschbegierden aller Art, die in der Tiefe unseres Es ruhen. Vergessen bedeutet daher sehr oft auch Verdrängen und kann durchaus ein psychologisches Abwehrmotiv darstellen. Bei Menschen, die über starke Vergeßlichkeit klagen, wird man unschwer feststellen können, daß sie nicht etwa alles vergessen, sondern sich ihr Vergessen auf ganz bestimmte Lebensbereiche konzentriert. Das Aufspüren dieser Motive oder das Bewußtmachen dieser abgesunkenen, verdrängten Prozesse ist allerdings nicht Aufgabe des seelsorgerlichen Beraters. Hier ist einer der Punkte, wo er seine Grenze zu sehen hat. Würde dem Berater in der Gesprächssituation deutlich, daß ein sehr starkes Maß an Verdrängungsprozessen, die sich als Abwehrmechanismen äußern, bei seinem Besucher vorliegen, dann wird er seine Aufgabe darin zu sehen haben, seinen Besucher in eine fachgerechte psychoanalytische Behandlung zu überführen.

Das Wissen um die Verdrängung als Abwehrmechanismus bewahrt uns auch vor einer moralisierenden Beurteilung der Aussagen unseres Gesprächspartners. Gerade intelligente Menschen guten Glaubens sagen aus, was nicht der Wahrheit entspricht, eben vor allem deshalb, weil das ihrem Stolz widerspricht. Von Friedrich Wilhelm Nietzsche stammt folgender Satz: „Mein Gedächtnis sagt, das hast du getan, mein Stolz sagt, das kannst du nicht getan haben. Nachdem sich mein Stolz und mein Gedächtnis eine Zeitlang miteinander unterhalten haben, siegt immer mein Stolz." Ein klassisches Beispiel einer Verdrängung ist z. B. Johann Wolfgang Goethes dauerndes Herauskehren seiner Herkunft aus altem Frankfurter Patrizierhaus. Wo immer Goethe sich biographisch äußert, vergißt er nicht darauf hinzuweisen, daß er aus einem Frankfurter Patrizierhaus vieler Generationen stamme. Nirgends aber kommt vor, daß Goethes Großvater schlichter Damenschneider war. Als die englischen Literaturbiographen um die Jahrhundertwende diesen Tatbestand aufdeckten, ergab sich an den deutschen philologischen Fakultäten eine große Verwirrung. Nur Bismarck soll gesagt haben: „Goethe ist für mich immer ein Schneidergeselle gewesen . . .".

Für die Gesprächsführung ergibt sich daraus die Notwendigkeit, dort besonders aufmerksam zu werden, wo bei dem Gesprächspartner ein ganz wesentlicher Punkt irgendeines Ablaufes seines Lebens völlig aus der Erinnerung verschwunden ist. Man kann eigentlich sicher sein, daß es sich dann immer entweder um peinliche Inhalte handelt oder um Erlebnisse stark emotionalen Charakters. Wirklichkeit ist also stets erlebte Wirklichkeit und niemals reale Schilderung. Ein Teil unseres Ichs ist immer bedacht, bestimmte Impulse unserem Bewußtsein fernzuhalten. Es kann sich darum im Gespräch nicht darum handeln, in juristischer Weise eine Wirklichkeit aufzudecken, sondern der Sinn einer seelsorgerlichen Beratung kann nur darin liegen, gemeinsam mit dem Patienten zu fragen, ob es für sein Leben eine neue Sinngebung aus der bisherigen Situation heraus geben könne. Aber es bleibt die Abwehr, es bleibt immer auch die Angst vor dem zu erwartenden neuen Leben.

7. Die Isolation

Wir könnten auch von einer zeitweiligen Blockierung sprechen. Gemeint ist hier das, was wir oben bei dem Gespräch anläßlich einer Beerdigung aufzeigten. Man hat den Kontakt mit den zu dem Geschehen gehörenden Gefühlen verloren, man hat „die Gefühle von dem Ereignis isoliert" (Musaph 1969, S. 96). Daher kann unsere Besucherin in sehr sachlicher Weise die gesamte Organisation der Beerdigung mit uns durchsprechen. Daher kann sie scheinbar so unberührt sein. Aber diese Periode der Isolation ist meistens nur sehr kurz. Je stärker die Periode der Isolation ist, desto stärker pflegen später die Gefühle der Verzweiflung, der Wut, der Aufsässigkeit und der Verbitterung durchzubrechen. Dabei hat die Isolation auch eine positive Bedeutung. Nur durch die Anwendung des Abwehrmechanismus „Isolation" ist es z. B. im angeführten Fall der Frau K. überhaupt möglich, ihr Leben bis nach der Beerdigung ihrer Angehörigen fortzusetzen. Isolation ist also nicht zu verwechseln mit dem durch die Verdrängung entstehenden Erinnerungsdefekt, sondern Isolationen sind Defekte des Erlebens. Sie sind auch lebensnotwendig für Menschen in großen psychischen Anspannungen, wie etwa während des Krieges oder während einer langjährigen Haft. Nur die Tatsache einer Reihe von Abwehrmechanismen kann Menschen in solchen Situationen überhaupt am Leben erhalten. Wir werden im Gespräch daher die Isolation nicht vorschnell abzubauen versuchen, sondern wir werden zu warten haben, bis aufgrund des menschlichen Kontaktes Isolationen sich selbst lösen und das freigeben, was die Isolation blockiert hat.

8. Sublimierung

Sublimierung, das Aufschieben und die Substitution sind für die Gesprächsführung weniger ertragreich. Der Begriff der Sublimation ist von Sigmund Freud eingeführt worden. Er hat diesen Begriff besonders verwendet, wenn psychische Energie, die eigentlich auf ein sexuelles Ziel gerichtet war, für eine andere sozialgerichtete Aktivität in Anspruch genommen wird. Inwieweit Sublimierung nicht gleichgesetzt werden muß mit Verdrängung, ja inwieweit Sublimierung überhaupt möglich ist, ist durch die Arbeiten von Wilhelm Reich und Arno Plack in Frage gestellt worden. (Reich 1966; Plack 1967.) Sigmund Freud schreibt im dritten Teil seiner allgemeinen Neurosenlehre dazu folgendes: „Es kommt darauf an, welchen Betrag der unverwendeten Libido eine Person in Schwebe erhalten kann und einen wie großen Bruchteil ihrer Libido sie vom Sexuellen weg auf die Ziele der Sublimierung zu lenken vermag. Das Endziel der seelischen Tätigkeit, das sich qualitativ als Streben nach Lustgewinn und Unlustvermeidung beschreiben läßt, stellt sich für die ökonomische Betrachtung als die Aufgabe dar, die im seelischen Apparat wirkenden Erregungsgrößen (Reizmengen) zu bewältigen und deren Unlust schaffende Stauung hintanzuhalten." (Freud, Studienausgabe I, S. 365.) Es ist hier nicht der Platz, um sich über das Problem, wieweit Sublimierungen möglich sind und wo die Grenze ihrer Echtheit liegt, zu unterhalten. Festzustellen ist jedoch, daß entgegen heute vielfach vorgebrachten Meinungen die Sublimierung eine echte Möglichkeit darstellt. Während Arno Plack der Meinung ist, daß z. B. eine völlig ungehemmte Sexualität alle Komplexvorstellungen des Menschen und damit z. B. alle Aggressionen überflüssig mache, ist hier Sigmund Freud viel realer. In einem Brief schreibt er: „Der Mensch soll seine Komplexe nicht ausrotten wollen, sondern sich ins Einvernehmen mit ihnen setzen, sie sind die berechtigten Dirigenten seines Benehmens in der Welt." (Jones 1960/62 II, S. 203.) Freud versteht unter Sublimierung z. B. im Falle der Sexualität „sein nächstes Ziel gegen andere, eventuell höher gewertete und nicht-sexuelle Ziele zu vertauschen." (Freud, Werke VIII, S. 145.) Der Gesprächsleiter wird auf diese Möglichkeiten verweisen dürfen, jedoch gerade im Raum des christlichen Glaubens nur mit größter Vorsicht, denn Scharfenberg hat recht: „Äußerer Zwang oder die reine Forderung der Gesellschaft nach guten Handlungen erscheinen Freud solange sinnlos, als man sich nicht um die Triebbegründung kümmert. Dies erscheint vor allem im Blick auf die Aggressionsneigung des Menschen dringend notwendig. Auch sie kann nicht völlig beseitigt, sondern nur abgelenkt werden." (Scharfenberg 1971, S. 164.)

Von der *Regression* haben wir schon gesprochen. Was wir zur Substitution gesagt haben, wurde beschrieben, als wir vorhin von den Tierphobien der Kinder redeten. Bei Tierphobien von Kindern liegt dieser Abwehrmechanismus der Objektverschiebung eigentlich immer vor. Die Angst des kleinen Kindes vor dem Vater verschiebt sich dabei auf ein anderes Objekt, so wie wir es beim kleinen Hans gesehen haben, der seine Angst in eine Pferdephobie transponiert, oder des kleinen Jungen, der in den Tagträumen seinen Vater mit einem Löwen identifiziert.

Über die Wahl der Abwehrmechanismen gibt es eine Reihe sich widersprechender Anschauungen. Hermann Musaph nimmt an, daß Erblichkeit und Identifikation die Wahl der Abwehrmechanismen bestimmen. Carl Gustav Jung bringt die Verhaltensweisen in den Abwehrmechanismen mit den archetypischen Vorstellungen in Verbindung, die aus dem kollektiven Unbewußten des Menschen herüberschwingen. Für die Technik der seelsorgerlichen Gesprächsführung sind diese Ursachen im Grunde belanglos. Wichtig für den Gesprächsleiter ist es zu wissen, daß sein Gegenüber fast immer nur eine oder zwei Abwehrmechanismen anwendet, die während der ganzen Dauer des Kontaktes konstant bleiben. Werden also im ersten oder im zweiten Gespräch Abwehrmechanismen sichtbar, dann kann der Berater eigentlich überzeugt sein, daß diese Abwehrmechanismen im Verlauf der weiteren Gespräche in immer neuer Form sich ihm präsentieren. Es ist dem Menschen im allgemeinen nicht möglich, ohne schwere psychische Veränderungen seine Abwehrformen umzuändern. Abwehrmechanismen sind Teile unserer Charakterbildung und gehören damit zum Wesensmerkmal unserer Persönlichkeitsstruktur. Sollte sich allerdings in einem längeren Kontakt zwischen dem Berater und seinem Partner die Persönlichkeitsstruktur zu ändern beginnen, dann muß damit gerechnet werden, daß sich auch neue Abwehrmechanismen auftun. Da nun jedoch auch der seelsorgerliche Berater, wie wir sahen, über eine große Zahl eigener Abwehrmechanismen verfügt, so ist es auch an dieser Stelle noch einmal gut, an den Rat zu erinnern, den Gesprächspartner einem anderen Berater zu überstellen, falls es sich herausstellen sollte, daß die Problematik unseres Gesprächspartners genau in unsere eigenen Abwehrmechanismen hineinschlägt. Wenn der Tatbestand eintritt, daß wir den anderen „nicht verstehen können", und auch das kontrollierende Gespräch im Beraterteam solche Schwierigkeiten bei uns nicht zu lösen vermag, wird es immer notwendig sein, zu überlegen, ob nicht das Verhältnis zum Gesprächspartner in der Weise aufgelöst werden soll, daß man seinem Gegenüber sehr klar zu verstehen gibt, daß gerade ich nicht der geeignete Gesprächspartner bin, da meine Lebensumstände entweder genau die gleichen oder so diametral entgegengesetzt verlaufen sind, daß ich ihm zu einem Wegbegleiter nicht werden kann. So hilft uns auch die Kenntnis der Abwehrmechanismen und ihrer Funktionen zu dem, was den seelsorgerlichen Berater kennzeichnen sollte, nämlich seine verantwortliche Haltung. Diese aber findet ihre Grundlegung in den letzten Bindungen, die der Berater für sich in Anspruch nimmt.

c) Zur äußeren Situation des Einzelgesprächs

1. Der Ort

Gespräche kann man überall führen. Oft wird die Dringlichkeit der Situation die Überlegung nach der Frage des rechten Ortes hinfällig machen. Die Auswahl des rechten Ortes ist zudem abhängig von der inneren Einstellung des Gesprächspartners. Menschen mit starker Motorik werden den Spaziergang vorziehen, Menschen, die am Tag sehr viel schwere körperliche Arbeit leisten müssen, werden viel lieber sich zu einem Gespräch bereitfinden, in dem ihre Körperkräfte nicht mehr benötigt werden. Gespräche, die sich an einer Begegnung entzünden, werden im Eisenbahnabteil, an der Reling eines Schiffes oder im Flugzeugsessel stattfinden. Sie werden von ihrer Situation her alle Fragen nach der rechten Ortswahl ausschließen. Wo aber die Möglichkeit besteht, den Ort des Gespräches zu wählen, sollten auch hier ein paar nüchterne Gedanken durchgedacht werden. Der klassische Ort des Gespräches ist die Natur. „Die Ruhe und Gelassenheit in der Natur wirken beruhigend auf den vom Getriebe des Alltags verwirrten Menschen. Ihre Schönheit und belebte Stille schließen auf und entspannen. Das gilt für den Betreuten wie für den Seelsorger. Der Gleichnischarakter der Natur erleichtert die Erfahrung der Nähe Gottes." (Rensch ²1967, S. 25. Vgl. auch Balint 1957, S. 325 ff.) Den Realitäten gegenüber wird jedoch eine so malerische Schilderung der Natur nicht immer standhalten können. Die Störung durch den Verkehr, durch entgegenkommende Fußgänger, durch Mücken oder die Notwendigkeit, auf den Weg zu achten, können sich außerordentlich erschwerend auswirken. Natur kann auch ablenken und kann eine Fluchtmöglichkeit darstellen, um das Wesentliche des Gespräches zu verbergen. Der Gesprächspartner kann durch einen Hinweis auf eine Naturschönheit oder auf ein Stück Wild, das plötzlich aus dem Wald heraustritt, das Gespräch dann unterbrechen, wenn es ihm richtig erscheint. Dort, wo dann im Gespräch im Zimmer eine wichtige Gesprächspause eintreten würde, tritt im Gespräch in der Natur die Möglichkeit einer Flucht auch für den Gesprächsleiter auf. An wenigen Orten ist heute noch ein Spaziergang möglich, bei dem beide Gesprächsteilnehmer sicher sein können, niemandem zu begegnen. Das ist wichtig für emotionale Erschütterungen, die mit Rücksicht auf Begegnungen nicht ausbrechen können und darum wiederum das Gespräch ungünstig beeinflussen. Spaziergänge allein, als Vorbereitung oder zum Ausklingen eines Gespräches allerdings, können sehr fruchtbar sein. Auch der schweigende Spaziergang zwischen Gesprächspartnern in einer bestimmten Krisensituation der gegenseitigen Beziehung kann lösenden und befreienden Charakter haben.

In der herkömmlichen Seelsorge gilt der Besuch in der Wohnung des Gesprächspartners als die immer wieder angepriesene, ideale Möglichkeit der Kontaktaufnahme. Besuche dieser Art werden dem Vikar, dem Pastor und dem kirchlichen Mitarbeiter von seinen Dienststellen angeraten, und oft wird er genötigt, eine Liste über die Zahl der von ihm durchgeführten Besuche zu führen. Für den Pastor selbst ist die Zahl der abgeleisteten Besuche in einer Woche häufig so etwas wie ein Gradmesser seines Fleißes und seiner Wirksamkeit in der Gemeinde. Das gilt vor allem dann, wenn ein Pastor sich vornimmt, seine Gemeinde in der Weise durchzubesuchen, daß er sich nach einem wohlgeordneten Plan ein Haus nach dem anderen vornimmt, um es — gelegentlich nach vorheriger Anmeldung — vom Parterre bis zum Obergeschoß „durchzubesuchen". Die Problematik eines solchen Besuchsdienstes liegt auf der Hand. Da ist zunächst der so völlig verschiedene Tagesablauf in den einzelnen Familien. Will der Pastor ein einzelnes Familienglied antreffen, so kann er nur darauf hoffen, daß der restliche Teil der Familie zur Zeit nicht im Hause ist, und seine Besuchszeit danach einrichten. Kommt er aber dann z. B. am späten Vormittag, um die nicht im Arbeitsprozeß stehende Hausfrau allein zu sprechen, stört er diese in der Vorbereitung des Mittagessens. Am Nachmittag muß er mit der Gegenwart der Kinder rechnen, gegen Abend wird er einen von der Arbeit ermüdeten Mann und eine ebenso abgearbeitete Frau vorfinden. Am Abend hat der Pastor meist selbst wenig Zeit zu ausgedehnten Besuchen, oder aber er fällt in eine Fernsehsendung, wobei er nur die Möglichkeit hat, sich dazuzusetzen, mitzusehen und zu hören, um dann anschließend vielleicht ein Gespräch zu beginnen (eine nicht zu unterschätzende Möglichkeit, die aber viel Zeit erfordert), oder er fordert sehr zum Leidwesen der ganzen Familie mehr oder weniger freundlich, daß das Fernsehgerät abgeschaltet wird, damit er „zur Sache" kommen könne. Anders ist die Besuchersituation, wenn der Seelsorger ausdrücklich zu einem Hausbesuch von einem Familienglied eingeladen worden ist. Hier sind die Ansatzmöglichkeiten zu einem wirklich heilenden Gespräch schon bedeutend verbessert. Es entsteht aber die neue Schwierigkeit dadurch, daß hier eine Art Einladung vorliegt und der Seelsorger sofort in die Rolle des Gastes gedrängt wird. Das zeigt sich in der ihm angebotenen Bewirtung, das zeigt sich aber vor allem in seiner eigenen unbewußten Akzeption der Rolle des Gastes. Ist der Besucher seinem Gesprächspartner fremd, so wird er die Rolle des Gastes durch Höflichkeit besonders unterstreichen. Dies wieder ist einem Gespräch über die Realität der Konfliktsituation nicht dienlich. Ist der Besucher dem Hause bekannt, dann tritt in dieser Situation eine notwendige herzliche Vertraulichkeit ein, die in dieser Form dem Gespräch ebenso wenig dient. Die unabdingbare partnerschaftliche Situation, die jedes beratende Gespräch als Voraussetzung hat, kann auf diese Weise kaum hergestellt werden. Dazu kommen noch mögliche Störungen durch das Telefon, hereinkommende Kinder, unangemeldete Besucher, Lieferanten u. ä. Bei einem Besuch dieser Art ist auch die Weiterführung des Gespräches oft recht schwierig, weil der „eingeladene" Besucher nicht einfach fragen kann: „Und wann kann ich das nächstemal kommen?"

Der Hausbesuch ist dennoch unaufgebbar, wenn er zwei klar umrissene Aufträge erfüllen soll:

1. Hausbesuche sind unerläßlich als erste Kontaktaufnahme. Diese Besuche haben von vornherein nicht das Ziel, eine Konfliktsituation anzusprechen oder auch nur aufzudecken. Sie dienen dazu, eine gewisse Atmosphäre des Vertrauens zu schaffen, auf die der Besuchte zu einem späteren Zeitpunkt zurückgreifen kann. Daher wird bei solchen Gesprächen die Information des Besuchers über das, was er anzubieten hat, im Vordergrund stehen. Solche Besuche bei neu Hinzugezogenen, bei Gemeindegliedern, mit denen man aus einem speziellen Grunde Kontakt aufzunehmen wünscht, weil man sie für das Team der Gemeindearbeit an irgendeiner Stelle um Mitarbeit bitten will, Besuche bei Konfirmandeneltern kurz vor Beginn des Unterrichtes oder in den ersten Wochen der Unterrichtszeit sind notwendige Informationsbesuche, die für beide Teile der Anfang einer späteren Vertrauensbasis sein können.

2. Hausbesuche nach Kasualhandlungen. Hierüber wird noch ausführlich zu reden sein. Einem Kranken, der aus dem Krankenhaus entlassen ist, wird der nachträgliche Hausbesuch ein Stück Hilfe sein können, um die in jedem Fall neue psychische Situation nach seiner Rückkehr aus der Klinik zu bewältigen. Besuche bei bestimmten feierlichen Anlässen wie hohen Geburtstagen oder anderen Jubiläen sind üblich, aber gerade sie sind nicht unproblematisch. Der Seelsorger kann sie nur dann durchführen, wenn er gewiß ist, dabei keinen Parallelfall zu vergessen. Diese Art Besuche sind ebenfalls Besuche der Kontaktfindung oder der Wiederaufnahme von Kontakten. Sie können schon mit Rücksicht auf die vermutlich ebenfalls anwesenden Besucher ganz anderer Lebenskreise weder als Informationsbesuche, noch weniger als Besuche zwecks Beratung angesehen werden. Hier geht es wirklich nur um ein paar freundliche Worte, die nach Möglichkeit mit einem Dank für geleistete Arbeit oder geleistetes Vertrauen verbunden sein sollen. Auch diese Art von Besuchen ist nicht nach der Erfolgsskala zu messen oder nach einer klerikalen Einschätzung, die die beiden Pole „wichtig — unwichtig" in den Vordergrund stellt, sondern diese Besuche sind Ausdruck einer notwendigen Herzlichkeit zwischen zwei Menschen. Gelegentlich allerdings werden sich solche Besuche zur Informationsvermittlung gut eignen. Ein aktuelles Gemeindeanliegen, eine aktuelle kirchliche Situation oder ein anderes Vorkommnis können der Aufhänger dafür werden, daß der Besucher, um Rat gefragt, nun zur Informationsquelle wird. Es sollte nicht vergessen werden, daß der Hausbesuch ursprünglich visitatorischen Charakter hatte. Als solcher wird er auch heute noch gelegentlich empfunden. Die Eltern erwarten, daß der Pastor bei den Kindern

mal wieder „nach dem Rechten sieht". Auch die geschickteste psychologische Gesprächsführung und der redliche Wille des Besuchers, etwas ganz anderes zu tun als Visitation in irgendeiner Form, nehmen nicht das heimliche Mißtrauen auf der Seite der Besuchten hinweg. Gerade die häufig spontan geäußerte Freude, die Fülle der angebotenen materiellen Genüsse müssen als Abwehrmechanismus gegen diesen Besuch gewertet werden. Hinzu kommt noch die Tatsache, daß in unseren Tagen Besucher der verschiedensten Art in den Großstädten vor unseren Türen stehen. Der Besuch des Pastors kann dann in der Form des einschleifenden Reflexes nur zu leicht in den Ablauf solcher Vertreterbesuche unversehens hineinrutschen.

Wir halten also fest, daß der Hausbesuch unaufgebbar ist, sagen aber zugleich, daß er seine sehr deutlichen Grenzen hat und daß die Motivationen bei Besucher und Besuchten beim Hausbesuch nur in seltenen Fällen einem beratenden Gespräch förderlich sein werden.

So bietet die beste Voraussetzung zu einem Gespräch seelsorgerlicher Beratung das Gespräch im Sprechzimmer des Beraters. Dabei wurde das Wort „Amtszimmer" soeben bewußt vermieden. Unter dem Begriff Sprechzimmer wird ein Raum innerhalb der Wohnung des Beraters verstanden, sowohl getrennt von den Wohnräumen als auch dazugehörig durch die bauliche Verbindung. Dieses Sprechzimmer des seelsorgerlichen Beraters entspricht dem Behandlungszimmer des Arztes. Hier wird die genaue Zwischensituation erreicht, die dem Besucher sowohl das Gefühl vermittelt, zur Atmosphäre seines Beraters hinzugerechnet zu werden, als auch die notwendige Distanz, nicht einfach von der Familie oder von der Atmosphäre des Beraters aufgefressen zu werden. Gewiß können Sprechzimmer und Amtszimmer unter Umständen der gleiche Raum sein, aber die so wesentliche Zwischenatmosphäre zwischen Privatem und dem heute oft so beargwöhnten Amtlichen muß bestehen bleiben.

Dabei sei angemerkt, daß das liturgische Beichtgespräch noch immer am besten in der Sakristei der Kirche seinen Ort hat. Die Verlagerung der beratenden Seelsorge vom Hausbesuch als Vorstufe hin zum Gespräch im Sprechzimmer ist Konsequenz einer Entwicklung, die sich auch sonst in den Humanberufen durchgesetzt hat. Es sind nicht nur die technischen Möglichkeiten des ärztlichen Sprechzimmers, die den Hausbesuch des Arztes weithin eingedämmt haben — schon gar nicht die häufig vermutete Bequemlichkeit des Arztes —, sondern die Intensivierung des therapeutischen Gespräches, die im Sprechzimmer auch für wenige Minuten stärker gewahrt ist als in den Privaträumen des Patienten. Die Notwendigkeit des Arztes, seine Patienten zur Mitarbeit zu erziehen, ist nur durch den Besuch in der Sprechstunde des Arztes möglich, weil dort eben jene Atmosphäre herrscht, die — losgelöst von der privaten Umgebung — eine Verobjektivierung der Situation des Patienten ermöglicht. Eben jene Verobjektivierung, die möglichst wenig Fluchtmöglichkeiten für den Besucher zuläßt, spricht für die seelsorgerliche Praxis, die Beratung mit dem Patienten außerhalb seiner ihm vertrauten Atmosphäre zu führen. Eine ähnliche Situation hat sich in der Sozialarbeit ergeben. Während in früheren Jahren der Ermittlungsbesuch der Fürsorgerin im Haus des Antragstellers die beinahe einzig mögliche Art der Kontaktaufnahme war, hat heute die Sozialarbeiterin unserer Zeit neben dem gelegentlichen Hausbesuch vor allem Wert auf ein persönliches Gespräch mit den Klienten in einem Sprechzimmer gelegt. Dabei ist für die Sozialarbeit modernen Stiles (casework = vertiefte Einzelfallhilfe) eines der Hauptargumente, vom Hausbesuch abzugehen, dies, daß der Klient durch den Weg zur Sozialarbeiterin eine innere Selbständigkeit erhält, die ihn aus der Abhängigkeitssituation herausführt. Für die Kleinstadt kommt noch hinzu, daß der Besuch einer „Fürsorgerin" häufig diskriminierend wirkt, weil er von der Umgebung beobachtet wird. Das aber kann durchaus für den Besuch des Pastors angewendet werden. „Nach Einkalkulierung aller dieser Einschränkungen ziehen wir doch den Sprechzimmerbesuch vor. Es kann auch sein, daß sich der Klient im Anfang hier noch zu unsicher fühlt, daß er die Konzentration, die diese Situation von ihm verlangen wird, nicht besitzt. Der Caseworker muß stets sorgfältig erwägen, ob es auch richtig ist, daß er die Gespräche im Haus des Klienten führt, oder ob der Klient bereits so weit fortgeschritten ist, daß sich die Sprechzimmersituation für ihn eignet. Wenn der Caseworker nicht im rechten Augenblick hierzu übergeht, kann es sein, daß er dem Klienten eine Gelegenheit zum Selbständigwerden vorenthält. Ein Fortsetzen des Hausbesuches kann ein Fortsetzen der Abhängigkeitssituation mit sich bringen. Weiterhin ist es überraschend, festzustellen, wieviel lebendiger und inhaltsreicher die Gespräche oft werden, wenn sie vom Wohnzimmer in das Sprechzimmer verlegt worden sind." (Kamphuis 1963, S. 61 f.)

Diese Überlegungen, auf anderen Gebieten gewonnen, sollten uns nachdenklich machen. Die Bedenken gegen den Hausbesuch als alleinige und primäre Möglichkeit eines beratenden Gespräches gelten eben auch für die Situation des seelsorgerlichen Beraters. Auf das Gewicht der ihm aufgedrängten Rolle des Gastes wiesen wir schon hin, auf die notwendige Verselbständigung des Ratsuchenden müssen wir noch einmal zu sprechen kommen. Wir wiederholen, daß Seelsorge nicht darin besteht, daß wir unserem Gegenüber eine Entscheidung abnehmen, sondern daß wir ihn fähig machen, die für ihn und seine Situation notwendige Entscheidung im

Gespräch mit dem Berater zu finden und dann selbst durchzuführen. Eine solche notwendige Vorentscheidung liegt aber schon darin, daß der Ratsuchende den Berater aufsucht. Dieser Schritt jedoch bedeutet schon den ersten Schritt auf die Lösung einer Konfliktsituation hin. Was die Psychotherapie den Leidensdruck des Patienten nennt, der unaufgebbar dafür ist, daß überhaupt eine psychotherapeutische Behandlung beginnen kann, wird der Seelsorgeberater in der Tatsache sehen können, daß er aufgesucht wird. Eine Einschränkung ist allerdings bei Kernneurotikern oder bei Psychotikern zu machen, die aus ihrer psychischen Situation heraus von einem Sprechzimmer in das andere laufen. Aber in der überwiegenden Mehrzahl aller Fälle können wir davon ausgehen, daß der Entschluß, einen Berater aufzusuchen, bereits eine günstige Voraussetzung zu einer seelsorgerlichen und beratenden Hilfe darstellt. Notwendig hierfür ist allerdings — im strikten Gegensatz zur psychotherapeutischen Behandlung — die immerwährende Aufforderung zu einem solchen Gespräch. Es hat sich wirklich noch nicht herumgesprochen, daß der Pastor ein Mann ist, mit dem man seine Lebensproblematik durchsprechen kann. Entweder fürchtet man, daß die moralische Bewertung bei ihm vordringlich sei, oder aber man hält ihn einfach nicht kompetent für diese Fragen. Es muß daher als Voraussetzung geklärt werden, daß die Botschaft von Jesus Christus keine Morallehre ist, sondern das freie Angebot der Liebe Gottes, das sich dadurch realisiert, daß das Ja Gottes durch mich meinem Mitbruder weitergegeben wird. Es muß weiterhin deutlich werden, daß die „Kompetenz" des Pastors nicht nur darin besteht, daß er Fachmann für Ehe oder andere Konfliktfragen ist, sondern daß er der Begleiter sein kann, um in einem Gespräch sein Gegenüber zu neuen Einsichten und sich daraus ergebenden neuen Konsequenzen zu begleiten. Die Art, in der der Pastor seine Gemeindearbeit führt, die Art, in der er in der Diskussion Mitarbeiter und Besucher zu Wort kommen läßt, die Art, in der der Predigthörer spürt, daß die Ausarbeitung der Predigt in einem unablässigen Dialog mit seinen eigenen Fragen gestanden hat, wird ihm viel mehr die innere Möglichkeit zum Besuch des Pastors geben als ein Fachaushängeschild, das in unseren Tagen vom Pastor so vordringlich begehrt wird. Es ist also die seelsorgerlich-beratende Haltung, die unserem Besucher den Weg zu uns erleichtert. Ist diese Voraussetzung einmal erreicht, dann sind die immer wieder zu wiederholenden Angebote in den Abkündigungen nach der Predigt, in dem Gemeindeblatt und die Sprechstundenzeit an der Tafel am Eingang zum Pfarrhaus nur notwendige Hilfsmittel. Wer allerdings sich darauf beschränkt, am Ende der Predigt zu erklären: der Pfarrer dieser Gemeinde ist zu sprechen jeden Freitagabend von 18 bis 20 Uhr, wird schwerlich mit einem Besuch rechnen können. Sprechstundenzeiten sind zunächst so auszusuchen, daß sie den Berufstätigen und den Nichtberufstätigen in gleicher Weise Möglichkeiten bieten. Hier ist auf die örtlichen Gegebenheiten Rücksicht zu nehmen. Bei den Ankündigungen in schriftlicher oder mündlicher Form sollte immer wieder darauf hingewiesen werden, daß außer den angegebenen Zeiten selbstverständlich andere Sprechstundenzeiten durch vorherige Rücksprache möglich sind. Unabdingbare Notwendigkeit ist aber, daß der Pastor zu den von ihm angegebenen Sprechstundenzeiten auch wirklich zu Hause ist. Schon das Bewußtsein, ich könnte, wenn ich wollte, meinen Pastor jetzt besuchen, kann ein Stück Therapie sein. Es gibt viele Beweise dafür, daß ein Besucher wochen- und monatelang an dem Schild am Pfarrhaus vorbeigegangen ist, immer wieder sich die dort angegebenen Sprechstundenzeiten einprägend, bis dann in einem sehr langsamen Prozeß vom Unbewußten zum Bewußten der Entschluß gereift ist, jetzt gehe ich hin.

2. Der Raum

Die Lage des Sprechzimmers sollte nach Möglichkeit so sein, daß unser Besucher beim Verlassen des Sprechzimmers nicht mit Menschen zusammenkommt, die, vielleicht im Wartezimmer sitzend, unseren Besucher schon vorher gesehen haben. Es könnte sein, daß die emotionale Erregung unserem Besucher noch auf dem Gesicht geschrieben steht und er dadurch die Bereitschaft zu einem weiteren Gespräch einbüßt. Die ideale Lage eines Sprechzimmers ist so, daß ein Wartezimmer in unmittelbarer Nähe des Sprechzimmers liegt, der Besucher jedoch durch eine zweite Tür das Sprechzimmer wieder verlassen kann. In jedem Fall ist für die absolute Schalldichtheit des Sprechzimmers zu sorgen. Das geschieht am besten durch eine Doppeltür oder durch eine schalldichte Tür in der Art, daß Glaswollauspolsterungen oder sehr dickes, besonders hierfür geeignetes Holz verwendet werden. Am Problem der Schalldichtheit scheitert noch heute oft die Bereitschaft des Besuchers, sich bei uns auszusprechen. Während des Gespräches muß die absolute Möglichkeit gegeben sein, Störungen durch Telefon oder durch plötzlich hereinkommende Familienglieder oder andere Besucher zu unterbinden. Das Telefon wird auf Steckkontakt umgearbeitet und verschwindet vor Beginn der Sprechstunde aus dem Zimmer. Eine rote Kontrollampe, die außerhalb des Zimmers ein Schild aufleuchten läßt „nicht stören" oder einfach nur durch rotes Licht anzeigt, daß das Sprechzimmer besetzt ist, tut hier gute Dienste. Der Besucher ist nach Eintritt in das Sprechzimmer darauf hinzuweisen, daß er damit rechnen kann, weder durch ein Telefongespräch noch durch hereinkommende Personen gestört zu werden. Auch ein Hinweis auf die schalldichte Tür ist angebracht. Die Einrichtung des Sprechzimmers wird sehr verschieden beurteilt. A. Rensch meint: „Schlichtheit, Sachlichkeit und Ordnung sind Voraussetzungen für eine rechte Atmosphäre. Gegenstände persönlicher Erinnerung müssen auf *das* Mindestmaß beschränkt bleiben, das einem Raum eine warme Note gibt. Jedes Zuviel an Gegenständen — auch an Licht und Wärme — lenkt ab und stört; elektrisches Oberlicht wirkt kalt. (Rensch [2]1968, S. 26.) Ganz anders dagegen Hermann Musaph: „Keinesfalls sind wir mit denjenigen einverstanden, die meinen, ein Sprechzimmer solle so unpersönlich wie möglich sein. Wir befürworten das Gegenteil: der Besucher möge ruhig eine persönliche Note in dem Raum spüren. Eine zu sachliche, unpersönliche Atmosphäre des Sprechzimmers ist nach unserem Empfinden sogar eine Beleidigung für beide Gesprächspartner." (Musaph 1969, S. 23.) Die eben aufgeführte Meinung scheint die Situation besser wiederzugeben. Der Besucher kann sich ruhig hineingezogen fühlen in die Atmosphäre, die den Berater umgibt. Das gilt zumal für eine Zeit, in der mit wenigen Ausnahmen auch unsere Besucher über eine menschenwürdige Umgebung verfügen. Sparsamkeit in der religiösen Symbolik jedoch scheint dringend angeraten zu sein. Während Bücher, Bilder, farbige Tapeten, Anordnung der Stühle bzw. des Tisches eine persönliche Atmosphäre verraten, die der Besucher in irgendeiner Weise auch bei sich zu Haus hat, ist die religiöse Symbolik unter Umständen eine Hinderung für den Besucher. Sie stempelt gleichsam die Atmosphäre zu sehr ab. Wenn auch der glaubensmäßig gebundene Besucher von der religiösen Symbolik angesprochen sein wird, so ist doch rein rechnerisch die Zahl der Menschen, denen religiöse Symbolik fremd geworden ist, unter unseren Besuchern weit größer. Das wiederum aber bedeutet nicht, daß der Berater seine innere Gebundenheit kaschieren sollte. Aber vor jeder Aufdringlichkeit und von jedem Zuviel muß an dieser Stelle gewarnt werden. Der Besucherstuhl für den Ratsuchenden soll so bequem als möglich sein. Er muß sich in diesem Sessel wohl fühlen können, er muß Bewegungsfreiheit haben, und er muß die Möglichkeit der Entspannung in diesem Sessel besitzen. Das gilt vor allem für die große Zahl unserer Besucher, die körperlich ermüdet nach einem arbeitsreichen Tag zu uns kommen. Der Einwand, ein zu gemütliches Mobiliar könne das Gespräch unsachgemäß verlängern oder aber dem Ernst der Situation Abbruch tun, ist falsch. Je mehr Möglichkeiten der Entspannung angeboten werden, um so sachbezogener wird das Gespräch. Je gemütlicher die Atmosphäre des

Zimmers ist, um so deutlicher wird das Angebot des großen Ja meinem Partner gegenüber. Der Stuhl des Beraters und des zu Beratenden sollen in gleicher Höhe sein. Dabei soll der Stuhl des Ratsuchenden so stehen, daß er am Berater auch vorbeischauen kann. Es muß dem Ratsuchenden möglich sein, entweder dem Berater voll ins Gesicht zu schauen als auch an ihm vorbeizuschauen, ja sogar sich von ihm abzuwenden. Moderne Lehnstühle, die eine Drehmöglichkeit haben, sind hierbei recht geeignet. Noch immer ist es ratsam, zwischen dem Besucher und dem Berater einen Tisch zu haben, wobei dieser Tisch auch der Schreibtisch sein kann. Nicht durch den Schreibtisch wird eine Behördenatmosphäre vermittelt, sondern viel eher durch die Haltung des Beraters. Sind jedoch zwei oder drei Besucher gemeinsam im Beraterzimmer, dann sollte eine Sitzecke an einem kleinen Tisch angeboten werden. Der Schreibtisch hat übrigens auch den Vorteil, daß der andere nicht das Gefühl bekommt, vom Berater fixiert zu werden.

Die Beleuchtung darf nicht grell sein, sondern angenehm. Der Ratsuchende wird immer so sitzen, daß er nicht in das Licht hineinschauen muß. Die Lüftung des Zimmers muß leicht möglich sein, da vor allem der affektbetonte Ratsuchende leicht ins Schwitzen kommt. Blumen im Zimmer sind jedem Menschen angenehm. Hiervon muß auch das Sprechzimmer keine Ausnahme machen. Um der Praxis willen sei noch darauf hingewiesen, daß es für den Besucher gut ist, in unmittelbarer Nähe des Warteraums eine Toilette zu finden. Erregte Besucher haben häufig einen starken Urindrang, der vor Beginn des Gespräches befriedigt werden muß. Die Ausgestaltung unseres Beratungszimmers wird sich niemals nach schematischen Schablonen richten können. Sie wird mehr auf den Berater als auf die soziale Situation der zu erwartenden Ratsuchenden zugeschnitten sein müssen. Sie sollte in jedem Fall gut bedacht werden, und es sollte auch nach bestimmten Erfahrungen immer wieder eine Änderung vorgenommen werden, um die Atmosphäre des Sprechens durch den Raum so sehr als möglich zu erleichtern.

Nach der Darstellung einiger Grundphänomene menschlichen Verhaltens innerhalb eines Gespräches wird es nun darauf ankommen, diese Erkenntnisse in die Praxis umzusetzen und den Versuch zu unternehmen, ob so etwas wie ein Gesprächsschema aufgestellt werden kann. Da es Grundphänomene des Reagierens in der zwischenmenschlichen Kommunikation gibt, ist die Frage naheliegend, ob es nicht auch solche Phänomene für den Ablauf eines Gespräches geben kann. Dem ist in der Tat so. Aber diese Aussage gilt nur, wenn sofort hinzugefügt wird, daß keineswegs alle der nun aufzuzeigenden Gesprächsphasen in *einem* Gesprächsablauf abrollen müssen. Es ist auch an keine Gesetzmäßigkeit in der Art des „so und nicht anders" gedacht, sondern an ein Angebot eines Hilfsschemas, gewonnen an den Erkenntnissen der verschiedenen psychologischen und psychotherapeutischen Schulen, an der Technik der Verhandlungs- und Tagungsleitung des Alltags sowie an den Erfahrungen ärztlicher Exploration.

d) Gesprächsphasen und ihr Verlauf

1. Vor dem Gespräch

Lange Zeit bevor der Berater und sein Besucher das erste Wort wechseln, hat ein Vorgespräch stattgefunden, von dessen Tatsache der Berater zwar wissen muß, dessen Inhalt er aber im günstigsten Falle nur erahnen kann. Gemeint ist die schon angesprochene Situation, daß jedem Besuch beim Berater eine Zeit vorausgeht, in der die Entscheidung heranreift, einem anderen Menschen seine Konflikte anzuvertrauen. So ist der Besucher unter Umständen Wochen oder Monate bereits am Hause des Pastors vorbeigegangen und hat viel mehr unbewußt als bewußt das Schild zur Kenntnis genommen, auf dem zu lesen steht, daß der Pastor zu einer bestimmten Zeit an einem bestimmten Tag zu sprechen sei. Schließlich reift im Besucher die Frage, ob man da wohl einmal hingehen solle. In vielen Selbstgesprächen wird diese Frage je nach Stimmung oder innerer Argumentation mit ja oder nein beantwortet. In dieser psychischen Situation beginnt sich auch ein unbewußtes Bild vom Berater beim zukünftigen Besucher zu formen, wenn dieser den betreffenden Pastor entweder nur einmal sehr flüchtig oder vielleicht noch gar nicht gesehen hat. Die Assoziationen auf die Person des Pastors werden bestimmt sein von den Kindheitserfahrungen, die man mit seinem eigenen Pastor, mit einem Vater oder mit einem Lehrer gemacht hat. Sie können also positiv und negativ sein. Sind sie positiv, so ist die Erwartungshaltung des Besuchers unter Umständen so hoch, daß er sehr bald schon von seinem Gegenüber enttäuscht werden muß; sind sie negativ, dann steht der Besucher in einer Art Lauerstellung, in der er darauf wartet, der Berater möchte endlich durch eine Geste oder durch ein Wort die abwehrende Haltung des Besuchers bestätigen, der sich dann darin bestätigt weiß, er habe ja schon immer gewußt, daß solche Besuche, zumal bei einem Pastor, keinen Zweck hätten. Schließlich macht sich unser Besucher doch auf den Weg. Auch hier begegnet ihm eine Fülle von Assoziationen. Es schießt ihm plötzlich durch den Kopf, wie er als junger Mensch mit seiner Braut sich auf den Weg zum Pastor gemacht habe, um das Traugespräch zu führen. Oder er denkt daran, wie er das letztemal beim Pastor gewesen ist, um den Tod seines Vaters anzuzeigen. Oder aber er erinnert sich daran, wie er als Kind zu einem Lehrer gehen mußte, um sich bei ihm zu entschuldigen. Alle diese Möglichkeiten setzen unbewußte Abwehrmechanismen in Bewegung, so wie wir sie eben beschrieben haben. Natürlich können es auch positive Assoziationen sein. Es kann z. B. geschehen, daß der Besucher beim Heraufsteigen der Treppe sich daran erinnert, wie er im Haus seines Vaters die Treppe heraufgestiegen ist, wie er als Kind die Treppe angstvoll heraufgerannt ist, damit er den angreifenden Kindern auf der Straße entkommen konnte, wie er sich gefreut habe, beim Nachhausekommen aus der Schule plötzlich die Tür oben offen zu sehen, hinter der die Mutter mit ausgebreiteten Armen stand. Alle diese positiven Assoziationen sind also ebenso wie negative Assoziationen möglich. Dazu kommt noch ein Nachsinnen darüber, was der Berater wohl von einem wissen wolle, wie man empfangen würde und überhaupt „was das für ein Mensch ist". Je nach Alter, Geschlecht und Erwartungshaltung, je nach innerer Einstellung zum eigenen Vorhaben ist so ein festes Bild geprägt, ist eine bestimmte Gedankenreihe gedacht worden, die nicht unerheblich auf den Gesprächsverlauf einwirken wird, ohne daß der Berater davon etwas wissen kann.

Dieser Prozeß der Übertragung und Gegenübertragung — wir sprachen schon davon — ereignet sich nun in ähnlicher Form auch beim Berater. Wenn der Besucher sich vorher telefonisch angemeldet hat, dann ist die Stimme und die Art des Sprachductus ein Anhaltspunkt für das, was den Berater im nachfolgenden Gespräch erwarten kann. Auch bei ihm werden jetzt bestimmte Assoziationen lebendig, etwa an einen angeblich ganz ähnlich gelagerten Fall, an die Ähnlichkeit der Stimme eines Besuchers aus früheren Zeiten, oder aber es bilden sich beim Berater Aggressionstendenzen dadurch, daß die letzte freie Stunde nun auch noch besetzt wird, daß man einen bereits gefaßten Plan mit der Familie verschieben oder aufgeben muß und daß man sich bei der Erwartung ertappt, es möge alles so schnell wie möglich ablaufen, damit man endlich zu seiner so nötigen Freizeit auch einmal kommen könne. Die Tatsache, daß der Pastor als Berater ja kein Honorar entgegennehmen kann, könnte ein solches Unlustgefühl noch in stärkerem Maße aufkommen lassen als beim Psychotherapeuten oder beim Arzt, der zumindest im Hintergrund seines Denkens weiß, daß die geopferte Zeit für ihn sich finanziell bemerkbar macht. Der Berater kann sich aber auch auf seinen Besucher freuen. Sei es, daß dieser ihm aus früheren Begegnungen bekannt ist, sei es, daß er auf diesen Besuch hingearbeitet und ihn erwartet hat, sei es, daß er einfach durch die Tatsache beglückt ist, eine attraktive junge Frau oder ein junges Mädchen als Gesprächspartner zu haben. Wichtig ist nur, daß er sich über alle diese psychischen Abläufe in der Vorbereitung eines Gespräches im klaren ist, sie nicht verdrängt, sondern mit einem möglichst klaren und verobjektivierten Verhalten in das Gespräch hineingeht. In dem Maße, in dem sich der Berater die Vorsituation eines Gespräches bewußt gemacht hat, wird es ihm möglich sein, seine Gegenübertragungen auf den Patienten so zu kontrollieren, daß sie sich nicht schädigend auswirken müssen.

2. Der Empfang

Wenn möglich, wird der Besucher vom Berater persönlich an der Wohnungstür empfangen. Dabei geschehen die ersten Kontaktaufnahmen durch das gegenseitige Anschauen und durch den gegenseitig gegebenen Händedruck. Wir wollen dem Händedruck und seinen verschiedenen Spielarten keine zu große Bedeutung zumessen, wie es z. B. Hermann Musaph tut. (Musaph 1969, S. 32 ff.) Für den Berater, der weder psychiatrisch noch psychotherapeutisch ausgebildet ist, scheint uns nur wichtig zu wissen, daß sich Kontaktstörungen der verschiedensten Art auch im Händedruck ausdrücken können. Eine nur sehr schlaff und widerstrebend ergriffene Hand kann auf Kontaktarmut schließen lassen, eine feuchte Hand läßt es möglich erscheinen, daß beim Besucher Angstvorstellungen zu überwinden sein werden, ein zu starker Händedruck kann eine gewisse Aggressivität ebenso im Hintergrund haben wie auch den Wunsch, eine möglichst intensive und vertrauensvolle Atmosphäre hergestellt zu bekommen. Wir helfen dem Besucher beim Ablegen des Mantels (auch das im Gegensatz zum Patienten in der Psychotherapie) und geleiten ihn in das Sprechzimmer, indem wir vorausgehend ihm den Weg zeigen. An der Tür bleiben wir stehen, lassen dem Besucher den Vortritt und weisen ihn mit einer Handbewegung und einem freundlichen Wort auf den für ihn bereitstehenden Sessel: „Dort sitzen Sie wohl am besten." Mehrere Besucher bitten wir zur Sitzecke und achten auf die in den vorigen Kapiteln angegebenen Voraussetzungen eines geeigneten Raumes. Es ist gut, wenn auf dem Weg von der Wohnungstür zum Sprechzimmer dem Besucher eine andere Person nicht begegnet, es ist aber auch kein Schade, wenn die Sekretärin, eines von den Kindern oder die Ehefrau dem Besucher begegnet. Vorgestellt wird jedoch nicht, sondern der Besucher wird nur mit einem freundlichen Kopfnicken gegrüßt. Nach Eintritt des Besuchers in das Sprechzimmer und nachdem der Besucher Platz genommen hat, wird vielleicht bei ängstlichen Personen noch einmal ausdrücklich darauf hinzuweisen sein, daß der Raum schalldicht ist. Wenn am Schreibtisch eine Anlage in Betrieb genommen wird, die durch das Aufleuchten eines roten

Lichtes außerhalb der Sprechzimmertür deutlich macht, daß jetzt niemand das Zimmer zu betreten habe, muß dieser Mechanismus dem Besucher mit einem Satz erklärt werden: „Ich drücke jetzt auf diese Taste. Dann brennt draußen ein rotes Licht und Sie können sicher sein, daß uns jetzt niemand stört!" Wird diese Erklärung unterlassen, können Besucher auf den Gedanken kommen, man schalte heimlich irgendeine Abhöranlage ein. Weil es leider nicht mehr selbstverständlich ist, daß Tonbandgeräte aller Art in seelsorgerlichen Beratergesprächen ohne das Wissen des Besuchers nichts zu suchen haben, sei dies hier noch einmal ausdrücklich erwähnt.

3. Akzeption als Voraussetzung und Grundelement der seelsorgerlichen Beratung

Was hier gemeint ist, definiert der Psychologe wie folgt: „Nicht an Bedingungen gebundene Wertschätzung und Wärme ist eine einheitliche Dimension. Sie ist in hohem Ausmaß vorhanden, wenn der Psychotherapeut mit Wärme das, was der Klient erlebt und äußert, akzeptiert, ohne die Akzeptierung und Wärme von Bedingungen abhängig zu machen. Ein niedriges Ausmaß liegt vor, wenn der Psychotherapeut den Klienten oder dessen Gefühle wertet, Abneigung oder Mißbilligung ausdrückt oder Wertschätzung und Wärme in selektiver, bewertender Weise äußert. Nicht an Bedingungen gebundene, positive Wertschätzung und Wärme für den Klienten weist im allgemeinen eine Akzeptierung des Klienten als einer Person mit humanen Qualitäten auf. Es involviert ein nicht-besitzergreifendes Sorgen für den Patienten als einer eigenständigen Person und eine Bereitschaft, an den Erlebnissen des Patienten — Freude, Depression, Enttäuschungen oder Bemühungen — Anteil zu nehmen. Es involviert eine Wertschätzung des Patienten als einer Person, ohne daß sein Verhalten oder seine Gedanken bewertet werden ... Nicht an Bedingungen gebundene positive Wertschätzung und emotionale Wärme in seinem höchsten Ausmaß involviert ein nicht-besitzergreifendes Sorgen für den Patienten als einer autonomen Person mit der Erlaubnis, seine eigenen Gefühle und Erfahrungen zu haben, ein Wertschätzen des Patienten für ihn selbst, ungeachtet seines Verhaltens." (Tausch [2]1968, S. 115.) Für den Seelsorger hat das, was hier in der Gesprächstherapie „unconditional positive regard" genannt wird, noch einen anderen Hintergrund. Akzeption des Gegenübers ist für uns die Sichtbarmachung des in Christus an uns ergangenen Ja Gottes zu unserem So-Sein. Sie ist die reflektierte Bewegung durch Christus zu unserem Hörer hin, bei der wir deutlich machen, daß das Ja Gottes, gesprochen durch uns, unser Gegenüber nimmt, so wie er ist, und an keinem Punkte etwa so, wie wir ihn gern haben möchten. Akzeption ist für uns weder ein psychologischer Trick noch ausschließlich eine psychologische Methode der Gesprächsführung, sondern sie ist die Sichtbarmachung jenes immerwährenden Ja Gottes in einer ganz aktuellen, uns gegebenen Situation. In der Form, wie Akzeption verwirklicht wird, kann deutlich gemacht werden, was nun das wirklich christliche Spezifikum eines seelsorgerlichen Gespräches ist. Hier erleben wir wieder einmal, daß es bei dem, was wir als das „typisch Christliche" auszuweisen haben, nicht darum geht, daß bestimmte Vokabeln vorkommen, daß bestimmte Themen angeschnitten werden oder daß bekenntnismäßige Äußerungen gegeben oder provoziert werden, sondern in der Art, wie wir in der jeweiligen Situation die Hinwendung Gottes zu dem Menschen deutlich machen. Damit ist nicht gesagt, daß nur der Christ imstande sei, eine heilende Akzeption seinem Besucher gegenüber durchzustehen oder zu verwirklichen. Damit ist aber gesagt, daß Seelsorge im Auftrag Jesu Christi dort nicht ist, wo solche Akzeption nicht in der Tiefe der Verantwortung vor Gott und dem Bruder ernstgenommen wird. Akzeption als das große Jasagen zu meinem Gegenüber umfaßt die Totalität des Menschseins des anderen. Zu ihr gehört also das Durchdenken des Vorgespräches, die Art des Empfanges an der Wohnungstür und alles das, was wir über die Gestaltung des Raumes und des Ortes schon gesagt haben. Zur Akzeption gehört in der augenblicklichen Situation des von uns dargestellten Gespräches als Gesprächseröffnung vielleicht ein Hinweis darauf, daß man sich freue, daß der Besucher gekommen sei, und die schon oben gemachte Andeutung auf die Schalldichtheit des Raumes und eventuell auch eine präzise Zeitangabe in der Art: „Ich habe jetzt eine Stunde Zeit für Sie!" Zur Akzeption gehört weiterhin die Realisierung der körperlichen Verfassung unserer Besuchers. Haben wir also einen Menschen vor uns sitzen, der am Ende eines strapaziösen Arbeitstages steht, so wird es im Sommer immer gut sein, die Frage nach einem Getränk zu stellen und ein Glas Fruchtsaft oder eine Tasse Kaffee in erreichbarer Nähe bereitzuhalten. Allerdings soll man mit dem Angebot alkoholischer Getränke vorsichtig sein. Gerade bei Erstbegegnungen kann es sich um einen Süchtigen handeln, dem man auf diese Weise nur schadet. So gehört auch der Hinweis auf die bereitstehenden Zigaretten oder auf die vor dem Besucher stehende Dose mit Lutschbonbons zu den guten Mitteln der Akzeption. Es gibt eben eine große Zahl von Menschen, die in schwierigen Situationen sehr viel leichter sprechen können, wenn sie ihren oralen Lustbedürfnissen dadurch nachkommen, daß sie rauchen oder eine Süßigkeit im Mund haben.

Auch der Berater darf sich hier miteinbeziehen. Ist er Pfeifenraucher, dann sollte er die Pfeife als eine gute Möglichkeit benutzen, um ein Klima von Behaglichkeit zu schaffen, allerdings nicht ohne vorher den Besucher gefragt zu haben, ob ihn der Rauch etwa störe. Daß bei asthmatischen oder überhaupt schweratmenden Besuchern oder bei Besuchern, von denen man spürt, daß sie unmittelbar vor dem Ausbruch einer Affekthandlung stehen, das Rauchen sich für den Berater verbietet, sei nur der Vollständigkeit halber erwähnt. Die Pfeife, auch nicht in Brand gesetzt, gibt dem Berater außerdem die gute Möglichkeit, sein Mienenspiel, das er bei affektgeladenen Situationen unter Umständen nicht in der Gewalt hat, zu kaschieren.

Im Gegensatz zum psychoanalytischen Gespräch, in dem jede Einleitungsfloskel als Kunstfehler gilt, wird im Beratergespräch der Berater das Gespräch mit einer akzeptiv gefüllten Frage einleiten. Sie kann etwa lauten: „Was kann ich für Sie tun?", oder: „Wie meinen Sie, daß ich Ihnen helfen könnte?" Falsch jedoch wäre es, von einer dem Berater vielleicht bekannten Situation her zu argumentieren und zu sagen: „Ich kann mir schon denken, in welcher schwierigen Situation Sie sind", oder gar: „Liebe Frau M., Sie tun mir aufrichtig leid, an Ihrer Stelle würde ich noch viel verzweifelter sein, als Sie es sind". Solche Gesprächseinleitungen fixieren den Gang des Gespräches, sie sind keine Akzeption, sondern führen den Ratsuchenden bereits in eine bestimmte Richtung. Sie bestätigen ihn an der falschen Stelle und vermitteln den Eindruck, als ob eben der Berater schon alles wisse. Gerade dieser letzte Eindruck muß vermieden werden, da ohnehin der Ratsuchende die merkwürdige Auffassung gelegentlich mitbringt, als sei er für seinen Berater so etwas wie ein aufgeschlagenes Buch. Formulierungen wie „Herr Doktor (Herr Pastor), Sie wissen ja sicherlich schon längst alles über mich" sind immer ein gefährlicher Gesprächseinstieg. Hier muß mit einer Rückfrage geantwortet werden: „Wie kommen Sie auf den Gedanken, daß ich etwas von Ihnen weiß? Ich bin auch gar nicht dazu da, um etwas von Ihnen zu wissen, sondern ich möchte von Ihnen Ihre Sorgen deshalb erfahren, damit wir dann gemeinsam darüber nachdenken können, was sich aus Ihrer Lage ergibt."

Diese Stufe der Akzeption, von der wir im übrigen noch sehen werden, daß sie in immer neuen Formen dort im Gesprächsablauf wiederholt werden muß, wo der Ratsuchende aus irgendeinem Grund in eine Frustration oder in eine Angstvorstellung hineingerät, bereitet den Boden des Gespräches vor. Einen Boden eben, auf dem die gemeinsame Begleitung geschieht und zu einer gemeinsamen Entscheidung führt, die aber die Entscheidung des Ratsuchers, nicht die des Ratgebers ist. „Der Psychologe (und hier kann man überhaupt vom Berater als solchem das gleiche sagen) erteilt in den psychologisch-therapeutischen Gesprächen keine Ratschläge, Hinweise, Empfehlungen. Psychologen müßten übermenschliche Fähigkeiten haben, wenn sie für jeden Klienten in seinem jeweiligen Status wissenschaftlich begründete Verhaltensempfehlungen geben könnten. Außerdem würden auf die Dauer gesehen dem Klienten derartige Ratschläge kaum etwas nützen. Die Aufgabe des Psychologen ist vielmehr, dem Klienten diejenigen Bedingungen zu bieten, daß er selber seine Schwierigkeiten lösen kann, für sie die Verantwortung übernimmt und mehr die Person wird, die er sein möchte. Obwohl die Klienten keine Ratschläge usw. erhalten, brauchen sie nicht befürchten, in ihren Schwierigkeiten und Bemühungen alleingelassen zu werden." (Tausch ²1968, S. 48.) Dieses Klima also ist es, das der seelsorgerliche Berater vom Psychologen bzw. vom Psychotherapeuten zu lernen hat, denn allein in einem solchen Klima kann das wachsen, was lebensfähig machen kann.

4. Die Phase der Information

Nachdem der Besucher durch Akzeption verbaler und personaler Art in eine Vertrauensatmosphäre hineingebracht worden ist, wird er beginnen zu berichten. Dabei muß in Kauf genommen werden, daß unmittelbar vor dem Bericht eine kurze Pause stattfindet. Diese Pause bezeichnen wir als das sogenannte Initialschweigen. Gesprächspausen bedeuten im Ablauf eines Gespräches sehr Verschiedenes. Das Initialschweigen darf im psychoanalytischen Prozeß vom Psychotherapeuten niemals durchbrochen werden. Beim Berater ist die Situation anders. Dauert das Initialschweigen länger als zwei Minuten an — was übrigens eine sehr lange Zeit ist —, kann der Berater wiederum durch eine verbale Akzeption zum Reden auffordern. Beginnt dann der Besucher zu reden, so hat in dieser Stufe der Berater unter allen Umständen zu schweigen. Er enthält sich auch jeder emotionalen Zustimmung oder gar Ablehnung. Erlaubt und erwünscht können aber kurze Zeichen der Anteilnahme des Therapeuten sein. Hier bietet sich das leise „hm, hm" an, das im psychotherapeutischen Prozeß für das, was Sigmund Freud die schwebende Neutralität nennt, so bedeutsam ist. Über die helfende und heilende Wirkung solcher bestätigenden Umgebungsäußerungen liegen eine Reihe eindeutiger Untersuchungen vor. So hat z. B. im Jahre 1960 der amerikanische Psychologe Dinoff mit seinen Mitarbeitern Experimente über das Verhalten von Versuchspersonen angestellt, die in ihrem Gespräch durch bestätigendes Sprachverhalten zu höheren Informationsquoten veranlaßt wurden. Durch die hm-hm-Äußerung stieg das Sprachverhalten im positiven Sinne und die Mitteilungsfreudigkeit von 22% auf 47% an. (Dinoff etc. 1960, S. 70—73. Zit. nach Tausch 1968, S. 37.) Solche verbalen Zuwendungen machen deutlich, daß der Berater nicht einfach „abgeschaltet" hat, aber sie geben keine Wertein-schätzung und sind darum wertneutral, also Hilfe für die weitere Informa-tion. Das Ende dieser Stufe bahnt sich dann an, wenn der Besucher beginnt, seine Informationen zu wiederholen, wenn er ins Stocken gerät oder sicht-bar affektbetont reagiert. Es kann durchaus sein, daß ein Gespräch über-haupt nur bis zu dieser Informationsstufe gelangt. Es kann dann, wenn die Länge von etwa 55 Minuten erreicht worden ist, hier abgebrochen wer-den, allerdings unter der Voraussetzung, daß beide Gesprächsführenden sofort einen neuen Termin im Abstand von ca. 3 bis 4 Tagen miteinander vereinbaren. Keineswegs muß in jedem Gespräch alles gesagt werden. Gespräch verlangt eben immer nach Fortsetzung. Diese Fortsetzung kann aber nicht endlos sein. Die Erfahrungen der Psychoanalyse und der Psy-chologie haben eindeutig ergeben, daß Gespräche über die Dauer von einer Stunde hinaus nichts einbringen. In Ausnahmefällen, z. B. bei Erstbegeg-nungen, kann es sich ausnahmsweise ereignen, daß ein Gespräch $1^1/_2$ Stun-den läuft. Wir sollten als Berater von vornherein aber klarmachen, daß die Gespräche, die wir zu führen beabsichtigen, nach einer Stunde zunächst einmal an ein Ende kommen müssen. Die emotionale Erregung, vor allem auch die unbewußte Anteilnahme ist gerade dann, wenn der Ratsucher nichts davon zu verspüren meint, so groß, und die unbewußt reagierenden Abwehrmechanismen verdichten sich nach einer längeren Gesprächsdauer in so starkem Maße, daß das Gesprächsresultat bei Gesprächen, die über eine Stunde laufen, immer verzerrt wird. Aber auch der Aufnahmefähig-keit des Beraters sind Grenzen gesetzt. Es kann daher gut sein, bereits bei der Gesprächsanmeldung eine solche Terminierung ins Auge zu fassen: „Ich habe dann für Sie eine Stunde Zeit." Der Besucher weiß jetzt, daß er wirklich eine Stunde Zeit ausnutzen kann, und er weiß zugleich, daß er, auf diesen Zeitraum angewiesen, möglichst das sagen wird, was ihm am vordringlichsten und am wichtigsten erscheint. Festzuhalten bleibt, daß in dieser Stufe der Information der Ratsuchende nicht unterbrochen wird.

5. Die Gesprächspause

Das Schweigen des Besuchers ist an drei Stellen des Gespräches mit eini-ger Sicherheit zu erwarten: Am Beginn des Gespräches als sogenanntes Initialschweigen, in der Mitte des Gespräches als sogenanntes Symptom-schweigen und kurz vor Beendigung eines Gesprächsablaufes als Final-schweigen. Vom Initialschweigen hatten wir bereits einiges gesagt und wenden uns jetzt dem Symptomschweigen zu. Zunächst stellen wir fest, daß es Menschen gibt, die ein Gespräch begehren, aber dann psychisch so stark gestört sind, daß sie während des gesamten Gesprächsablaufes nicht zum Sprechen zu veranlassen sind. Ein solches Symptom nennt man „Autismus" und ist bei Kernneurotikern gelegentlich anzutreffen. Dort, wo das Schweigen zur Lebensgewohnheit wird, spricht man vom Mutismus. Dieses psychotische Symptom kann sogar über Jahre anhalten. Es gibt Patienten, die an Mutismus leiden und über Jahre hinaus sich mit ihrer Umgebung lediglich durch Zeichen, Bewegungen oder durch Grunzlaute bemerkbar machen, obwohl sie in keiner Weise die organische Sprachfähigkeit verloren haben. Beide Gruppen werden in der Sprechstunde des seelsorgerlichen Beraters kaum auftauchen.

Anders hingegen ist das Symptom-Schweigen zu beurteilen. Wir müssen es absetzen von jenen normalen Perioden des Schweigens, die als tiefe Übereinstimmung zwischen zwei Menschen angesehen werden können. Wenn zwei Eheleute oder zwei sehr vertraute Freunde miteinander über lange Perioden eines gemeinsamen Spazierganges schweigend nebeneinander hergehen, so ist dies weder ein Symptom noch eine Krisis, sondern eine Bestätigung der Entspannung und der psychischen Einheit dieser beiden Menschen. Symptomschweigen soll hier als eine Äußerung der heimlichen Abwehr, der Angst oder der Scham betrachtet werden. Der Berater darf ja nicht vergessen, daß es für seinen Besucher eine Reihe von Grenzen gibt, die durch die Peinlichkeit des verhandelten Gegenstandes gesetzt sind. Erst im Laufe der Zeit wird der Besucher innerlich akzeptieren können, daß sein Berater nicht die Funktion eines richtenden oder urteilenden Gewissens hat, sondern ihm Begleiter sein will. Ein Schweigen also, das von der Peinlichkeit des Stoffes herrührt, wird sich im Laufe der Beratungssituation langsam abbauen.

Schweigen kann durchaus auch Schutzmaßnahme gegen eintretende Ermüdung sein. Die innere Beteiligung ist besonders bei verkrampften Menschen oft nicht ohne weiteres vom Berater äußerlich zu erkennen. Der Berater soll darauf achten, ob sein Gegenüber im Verlauf des Gespräches immer häufiger zum Taschentuch greift, um sich den Schweiß abzuwischen, ob er Heiserkeitsanzeichen in der Stimme bemerkt oder ob Gesichtsblässe eintritt. Hier wird es dann angeraten sein, ein Glas Wasser anzubieten, Fenster zu öffnen oder, falls eine Liegemöglichkeit im Beratungszimmer besteht — was nach Möglichkeit der Fall sein sollte —, den Besucher aufzufordern, sich einen Augenblick hinzulegen.

Schweigen kann auch als Angriff verstanden werden und eine ausgesprochen feindselige Haltung an den Tag bringen. Diese feindselige Haltung wird nicht artikuliert, weil das Über-Ich des Besuchers eine offene

Aggression gegenüber dem Berater noch nicht zum Durchbruch kommen läßt. Aber auch dort, wo Schweigen als feindselige Haltung gewertet werden muß, darf nicht vergessen werden, daß ein starkes Kontaktbedürfnis unterhalb dieses Schweigens liegt. Wäre dem nicht so, würde der Schweigende ja das Gespräch von sich aus abbrechen oder es nicht aufgenommen haben.

Das Schweigen als Abwehrmechanismus, also als eine Äußerung des Unbewußten, ist die häufigste Form, die sich in der Situation des Beratungsgespräches ergibt. Sie ist dadurch gekennzeichnet, daß der Gesprächspartner gar nicht weiß, weshalb er eigentlich schweigt, und unter Umständen über sich selbst ärgerlich wird.

Im Gegensatz zu Hermann Musaph, Tausch und Faber/van der Schoot wird hier die Auffassung vertreten, daß der Berater mit einer einzigen Ausnahme, von der noch zu reden sein wird, das Schweigen als Symptom mitten in einem Gespräch von sich aus nicht durchbrechen soll. Während des Schweigens läuft der Gedankenablauf des Ratsuchenden weiter. Unterbricht der Berater das Schweigen, weil er dem Ratsuchenden Peinlichkeiten ersparen will in der Meinung, er wisse genau, was „nun eigentlich" kommen solle, lenkt er entweder den Gedankengang seines Gegenüber in eine falsche Richtung, oder aber er unterbricht den Augenblick, in dem der Ratsuchende gerade Mut faßt, das Entscheidende seiner Situation auszusprechen. In beiden Fällen wird dann die vermeintliche Hilfe zu einer ungewollten Manipulation oder zu einer Fluchthilfe für den Ratsuchenden. Es kann sein, daß nach einiger Zeit des Schweigens der Besucher bittet, das Gespräch für heute zu beenden. Dieser Bitte kommt man entgegen, nicht aber ohne einen neuen Termin angeboten zu haben. In der Schweigepause können sich auch Emotionen affektbetont manifest machen. Beginnt der Gesprächspartner zu weinen, so wird man auch dieses Weinen nicht durch irgendeine Bemerkung stören. Sind Taschentücher nicht zur Hand, so hat man Tempotaschentücher griffbereit vor jedem Gespräch sich ohnehin zurechtgelegt. Hält der Weinanfall längere Zeit an oder entschuldigt sich der Besucher dafür, daß er weint, so wird ihm eine Akzeption etwa in folgender Form gegeben: „Hier können Sie ruhig weinen, hier können Sie überhaupt alles das tun und sagen, was Sie sonst bisher noch nicht gesagt haben." In jedem Falle sind sogenannte Trostworte, auch biblischer Art, an dieser Stelle fehl am Platze. In der Mehrzahl aller Fälle jedoch wird der Besucher nach einiger Zeit des Schweigens das Gespräch wiederaufnehmen, und der Berater wird zu seiner immer neuen Verwunderung erfahren, daß nicht etwa der Gesprächsfaden wieder aufgenommen wird, der vor Eintritt des Schweigens ablief, sondern daß fast immer eine völlig neue Seite des Problems jetzt zum Ausdruck kommt. Als Beispiel aus einem viele Jahre zurückliegenden Gespräch sei folgendes zitiert:

Berater: Und Sie haben niemanden, der einmal mit Ihrem Mann sprechen könnte, so daß er wirklich auf ihn hören würde?

Klient: Nein, Verwandte oder Freunde kommen nicht mehr zu uns zu Besuch. Das will er nämlich nicht. Und wissen Sie, der Pfarrer..., der hört ja doch nur das, was er will. Wenn der Pfarrer ihm etwas sagen würde, so würde er auch nicht hin- 5 hören. (Kurze Pause) Ach wissen Sie, ich habe immer geglaubt, was Gott einem schickt, müsse man alles hinnehmen. Er lädt einem nicht mehr auf, als man tragen kann, so glaubte ich. Das stimmt ja alles nicht. Er hätte mich ja abberufen können, als ich im Krankenhaus lag, da war ich ja wirklich dem Tode näher als dem Leben. Ich denke, er weiß alles... (längere Pause, in der die Besucherin 10 offensichtlich damit rechnet, daß der Berater in die Pause hineinfragt. Als das nicht geschieht, geht es nach einer 2$^{1}/_{2}$-minütigen Pause wie folgt weiter): Ach, und dann ist noch etwas, das getraue ich mich gar nicht zu sagen. Mein Mann ißt immer am Kühlschrank, auch wenn ich richtig koche. Ich glaube, das ist aus Langeweile, und jeden Tag raucht er seine 5 bis 6 dicken Zigarren, das kostet ja 15 auch alles. Aber wenn ich da etwas sage, schreit er, ich vergönne ihm nicht einmal das Essen!

Hier haben wir den Kontrast zwischen zwei Gedankengängen, die durch eine Gesprächspause unterbrochen sind, in geradezu klassischer Weise. Niemals wäre der Berater darauf gekommen, daß die Gesprächspause einen Gedankengang über eine theologische Problematik zu einer so elementaren Äußerung über die Lebensgewohnheit des Ehemannes bringen könnte, die ein tiefes Licht auf die eigentliche psychische Situation der Besucherin wirft. Der Neid auf den Mann, der in seiner Weise eben nicht zu kurz kommt, sondern sich seine orale Befriedigung am Kühlschrank und an der Zigarre holt, weil er sie offensichtlich auf anderen Gebieten nicht erhalten kann, hat natürlich eine Verbindung zu der Anklage gegen Gott, der als nichts anderes angesehen wird als eben ein solches Über-Ich, das einfach über einen bestimmt und der einem „alles auflädt". Niemals wäre der Berater auf diese enge Projektion gekommen, die hier die Besucherin zwischen Gott und ihrem Mann vornimmt. Aller Haß und aller Groll, der auf den Mann zielt, dort aber aggressiv nicht zum Ausdruck gebracht werden kann, wird jetzt auf Gott projiziert, der eben auch alles das nicht tut, was man so gerne möchte. Erst von der Erhellung dieses Augenblickes her wurde es möglich, sowohl die Konfliktsituation als auch die Glaubensproblematik der Besucherin in den nächsten Gesprächen anzugehen.

Aus einem Konfliktgespräch in einer Sozialangelegenheit sei das andere Beispiel genommen. Es geht um die Frage, ob Frau M., die ein geistig zurückgebliebenes Kind in einem Kinderheim hat, von dessen Rückkehr in die Familie sie Schwierigkeiten in ihrer Ehe und mit ihrem anderen

Kind erwartet, innerlich bereit gemacht werden kann, dieses debile Kind
wenigstens versuchsweise in die eigene Familie zu integrieren. Dieses frag-
liche Kind ist übrigens unehelich gezeugt und steht dadurch in Spannung
zu dem von Frau M. später geheirateten Mann. Der Berater macht einen
Hausbesuch und wendet sich als Akzeption dem in der Wohnung spielen-
den ehelichen Kind von Frau M. zu und stellt fest, wie fröhlich und gesund
dieses Kind sei und wie zutraulich es ihm entgegenkomme. Er betont, daß
Frau M. doch eine gute Mutter sein müsse, denn dieses Kind sähe ja ausgesprochen gut aus. (Bang 1968, Bd. I, S. 84.)

Frau M.:   Es fehlt ihm ja auch nichts. Dieses Kind hat ja einen braven Vater.
Berater: Der Vater von Erwin (dies ist das debile Kind) hat Sie wohl sehr enttäuscht,
            Frau M.?
Frau M.:   Das kann man wohl sagen. Aber wozu darüber reden, das nützt ja doch
5   nichts. (Pause von ca. 2 Minuten.) Dann:
Frau M.:   Wie sieht denn der Erwin eigentlich aus?

Dies ist ein erneuter Fall, wo ein Schweigen die eigentliche Krisisfrage
überhaupt erst ans Tageslicht bringt. Frau M. hatte von ihrer Haltung zu
dem unehelichen Erzeuger ihres ersten Kindes gesprochen und sich dann
darüber ausgelassen, daß diese psychische Wunde noch nicht vernarbt sei.
Es war nun zu erwarten — und ein Eingriff in das Schweigen hätte dies
vermutlich noch gefördert —, daß dieses Thema weiter verhandelt werden
würde. Im Gegensatz dazu aber kommt Frau M. mit einer Hinwendung
zu eben diesem Kind, weil offensichtlich ihr Gedankengang in der
Gesprächspause in eine völlig unvermutete Richtung gegangen ist.

Die einzige Ausnahme, in der Schweigen als Symptom auch im Beratergespräch angegangen werden sollte, ist dort, wo der Gesprächspartner
offensichtlich sehr zornig darüber ist, daß er schweigen muß. Dort, wo ein
starkes Unbehagen am Schweigen beim Besucher spürbar wird, kann man
mit Sicherheit feststellen, daß hier die Motivierung des Schweigens aus
dem Unbewußten des Gesprächspartners kommt. Hier können wir mit
Musaph akzeptieren, daß eine Deutung gegeben werden kann, die jedoch
immer nur in fragender Form vorgenommen werden sollte. Eine solche
Formulierung könnte etwa sein: „Schweigen Sie vielleicht deshalb, weil
die Erinnerung an alle diese Dinge Sie so bedrückt?", oder: „Ärgern Sie
sich selbst darüber, daß Sie gerade jetzt nicht weitersprechen können oder
wollen?" In jedem Fall kann dann auch die Verneinung einer solchen
Frage das Vertrauensverhältnis zwischen Berater und Ratsuchenden verstärken. Wo aber der seelsorgerliche Berater erfahrungsgemäß und methodisch noch nicht genügend geschult ist, sollte er sich in jedem Fall an den
Ratschlag halten, ein Symptomschweigen mitten in einem Gespräch nicht
zu unterbrechen.

6. Situationsklärung

In dieser Stufe des Gesprächsfortganges, die nach einer durchgestandenen Pause des Symptomschweigens beginnt, geschieht nun die Rückfrage des Beraters an die ihm in der Informationsstufe bekanntgewordenen Sachverhalte. Sie gliedert sich in zwei methodisch voneinander unterschiedene Vorgänge, die jedoch nicht nacheinander zeitlich getrennt vorgenommen werden müssen, sondern innerhalb dieser Gesprächsstufe durchaus auch sich vermischen können. Im Bewußtsein des Beraters jedoch sind sie auseinanderzuhalten.

a) Klärungsfragen: Hierunter sind Rückfragen gemeint, die die Information hervorgerufen hat, z. B.:

„Sie haben also 1939 geheiratet, und 1941 wurde Ihr erstes Kind geboren. Habe ich das richtig verstanden?", oder: „Sie erinnern sich also, daß das erstemal, wo Sie vor dem Einschlafen nicht beten konnten, der Tag war, an dem Sie Ihren Mann mit Ihrer besten Freundin ertappt haben?"

Solche Fragen beinhalten ein Datum oder einen bestimmten Zeitpunkt oder das erste Auftreten eines Symptoms. In dieser Gesprächsphase wird auch die Frage akut, ob und in welcher Form sich der Berater Notizen machen solle. Hier wird abgeraten, von vornherein Papier und Bleistift bereit zu haben, um vielleicht schon in der Informationsphase mitzuschreiben. Vor allem bei der ersten Begegnung ist das Vertrauen des Ratsuchenden zum Berater noch nicht so stark, daß er sich durch Notizen nicht gehemmt fühlen würde. Außerdem kann er sich noch nicht vorstellen, daß diese Notizen in keiner Weise gegen ihn verwendet werden. Auch eine zu Beginn der Beratung gestellte Frage, ob der Besucher damit einverstanden sei, daß der Berater sich Notizen mache, kann über diese psychische Einstellung nicht hinweghelfen. Aus mangelnder Widerstandsfähigkeit wird der Ratsuchende eine solche Frage zwar meistens bejahen, zugleich aber wird sein Mißtrauen wachsen. Erst jetzt, nachdem ein bestimmter Prozeß in Gang gekommen ist, wird der Berater die Frage stellen, ob er sich zur Verdeutlichung der Situation Notizen machen dürfe. Dabei ist es gut, daß im Anfang das, was der Berater niederschreibt, gleichsam unbewußt halblaut wiederholt wird. Der Berater schreibt also und sagt dazu leise vor sich hin, jedoch so, daß es der Besucher hören kann: „Geheiratet am 28. 4. 1938, erster Sohn geboren am 17. 2. 1940 usw...." Dadurch bekommt der Ratsuchende die Sicherheit, daß hier wirklich nur Notizen gemacht werden, die Aussagen betreffen, die er, der Ratsuchende, selbst gemacht hat.

b) Das „feed-back" oder die Spiegelantwort: Man versteht unter diesen beiden sich nicht völlig deckenden Begriffen die Methodik, daß man die Frage des Partners nicht so beantwortet, wie der Partner es will, sondern daß man den Inhalt aufnimmt und ihn zurückspiegelnd dem Partner gegenüber verdeutlicht. Faber gibt 5 Möglichkeiten einer Rückspiegelung:

1. empathisch — spiegelnd
2. generalisierend
3. moralisierend
4. pushing, also vorantreibend
5. diagnostisch.

Wir entnehmen aus den von ihm angeführten Beispielen eine kurze Gesprächssituation:

Eine ältere, unverheiratete Frau bittet ein Jahr nach dem Tod ihres Bruders, für den sie die letzten Jahre gesorgt hat, um ein Gespräch mit dem Pastor. In diesem Gespräch drückt sie ihre Einsamkeit aus und sagt dabei: „Wenn man nach Hause kommt, fällt die Leere immer wieder auf einen." Die möglichen Antworten des Pastors können nun nach Faber so gegeben werden:

a) empathisch-spiegelnd: es ist dann so hohl im Hause, so ganz ohne warmes Leben.

b) generalisierend: Häuser können, wenn jemand, den man geliebt hat, nicht mehr da ist, solch einen leeren Eindruck machen . . .

c) diagnostisch: das kommt, scheint mir, weil Sie mit Ihren Gedanken zuviel bei Ihrem Bruder sind . . .

d) moralisierend: Sie müssen eben versuchen, etwas tapfer zu sein. (Faber/Schoot ³1971, S. 56 ff.)

Es ist deutlich, daß in dieser Situation vor allen Dingen die unter a) gegebene Antwort befriedigend ist und helfend weiterführen kann, während die diagnostische und die moralisierende Antwort im Grunde das Ende des Gespräches bedeuten. Das, was in der diagnostischen und moralisierenden Antwort an scheinbarer Klärung vorgebracht wird, ist nichts anderes als das, was sich die Besucherin selbst immer wieder gesagt hat und was sie eben aufgrund ihrer psychischen Situation von sich aus nicht fertigbringt. Sie weiß natürlich selbst, daß sie mit ihren Gedanken zuviel beim Bruder ist, und sie hat es sich tausendmal vorgeredet, daß sie tapfer sein müsse. Aber eben das geht nicht. Hier wird Klärung und Rat verwischt, und daher kommt beides nicht zum Zuge. Die empathisch-spiegelnde Antwort jedoch stellt einen Tatbestand fest und nimmt doch zugleich eine neue Situation hinzu. Der Tatbestand besteht darin, daß man mit der Besucherin übereinkommt, daß es im Hause hohl und leer sein kann, und es wird hinzugefügt, daß das „warme Leben" hier fehlt. Die spiegelnde Antwort des feed-back hat das Ziel, verschwommene Antworten einer

Klärung zuzuführen, aber nicht so, daß man dem Ratsuchenden seine eigene Ansicht zu dieser Sache vorsetzt, sondern durch eine spiegelnde Rückfrage ihn veranlaßt, sich in größerer Klarheit zu äußern.

Feed-back-Klärungsfragen können in dieser Gesprächsphase auch dort gestellt werden, wo die Frage der Information zu affektgeladenen Emotionen geführt hatte, die aber in der Informationsphase schweigend übergangen worden waren. „Sie sagten also vorhin: ich hasse meinen Mann und kann nicht mehr mit ihm leben", oder: „Das ganze Leben ist für Sie sinnlos geworden — so sagten Sie —, wenn dieses Mädchen Sie nicht heiraten will". Hier erhält der Ratsuchende Gelegenheit, sich entweder noch einmal genauso emotional zu äußern oder aber nunmehr ein klärendes Wort zu seiner affektgeladenen Antwort zu sagen. Der Berater muß jedoch dahinterhören können, ob die nunmehr ruhiger gegebene Antwort nur zu einer Beruhigung des Beraters führen soll, um nicht sein eigenes Image beim Berater zu verderben. Zum Stadium der Klärung gehört nicht — wie es gerade in der seelsorgerlichen Beratung häufig geschieht — der Hinweis auf eigene ähnliche Schicksalsschläge. Gelegentlich meint der Berater, er könne helfen, wenn er in einem tragischen Familienfall, etwa beim Tode eines sehnlich gewünschten Kindes, darauf hinweist, daß er und seine Frau das gleiche hätten durchmachen müssen. Er verspricht sich davon, daß sein Gegenüber daraus schließt, der Berater (Pastor) müsse nun eine größere Verstehensbreite für ihn haben. Das aber ist ein Irrtum. Entweder wird der Ratsuchende als eine Höflichkeitsgeste in Bedauern über die Situation des Beraters (Pastors) ausbrechen, oder aber er wird — wenn er ehrlich zu sein vermag — notwendigerweise sagen oder zumindest denken müssen: „Deine Situation und die meine sind nicht vergleichbar." Tatsächlich ist auch eine Leidenssituation der eigenen Erfahrung niemals vergleichbar mit einer an uns herangetragenen Leidens- oder Schicksalssituation. Das Wissen um das Leid des anderen vermag deshalb nicht zu trösten, weil die Krisenhaftigkeit der eigenen Lebenssituation niemals durch anderes Leid erhellt wird, sondern nur durch die Erhellung der eigenen Situation.

In der Stufe der Klärung hat der Berater sorgsam darauf zu achten, daß seine Rückkoppelungsfragen in keiner Weise inspizierenden oder spionierenden Charakter haben. Seelsorge und Seelenspionage sind voneinander getrennt wie Tag und Nacht! An der Methode, wie das System des feedback im Beratergespräch geübt wird, kann viel von der eigenen Situation des Beraters deutlich werden. Überall dort, wo er seine eigenen Übertragungen und Gegenübertragungen noch nicht unter Kontrolle hat, und dort, wo ihm sein Bewußtsein, Amnestierter Gottes zu sein, nicht in Totalität deutlich ist, wird er immer wieder in der Gefahr stehen, zum Visitator oder Inspizienten seines Besuchers zu werden. Der Berater prüfe sich auch mit ruhiger Sachlichkeit, wieweit sexuelles Interesse und sexuelle Neugier hinter seinen Klärungsfragen stehen. Dort, wo der Berater selbst in einem Kontrollgespräch mit einem Beraterteam stehen kann, wird es ihm nicht allzu schwer fallen, auch sexuelle Verhaltensweisen anzusprechen, die ja in einer viel größeren Zahl den Hintergrund gerade auch von Glaubenskonflikten bilden, als im allgemeinen angenommen wird.

Von der Frage nach den Träumen seines Ratsuchenden kann dem nicht psychotherapeutisch durchgebildeten Berater nur abgeraten werden. Denn sie bedeutet einen der tiefsten Eingriffe in die Psyche des Gegenüber. Weder der Ratsuchende noch der psychoanalytisch ungeschulte Berater und Seelsorger kann sofort erkennen, welche Gefahr es für den Gesprächsverlauf und für den weiteren Kontakt bedeutet, wenn Träume zur Sprache kommen und gedeutet werden. Für die psychologische und seelsorgerliche Beratung, die ja keine Psychoanalyse darstellen darf, ist die Frage nach dem Traum auch unwesentlich. Der nicht psychotherapeutisch durchgebildete Berater vermag nämlich mit einer Traumerzählung nichts Sachgerechtes anzufangen. Versucht er aber von sich aus zu deuten, kann er viel Unheil bei seinem Ratsuchenden und auf die Dauer bei sich selbst anrichten. In der Beratung kommt es ja im Gegensatz zur Psychoanalyse niemals darauf an, alle Hintergründe und alle Kindheitserlebnisse zu durchforschen und zu erfragen. Es kommt vielmehr darauf an, die Situation zu klären, wie sie hic et nunc sich darstellt, und nur dort Klärungsfragen nach der Vergangenheit zu stellen, wo sie zum realen Verstehen der augenblicklichen Situation notwendig sind. Dieses Verfahren, das also in der Psychoanalyse nach unserer Auffassung unzureichend und fehlerhaft wäre, ist für den Berater geboten. Nur dort, wo der Stand der Ausbildung und die Einbettung des Beraters in ein fachgerechtes Beraterteam weitergehende Fragen zuläßt, könnte gelegentlich von diesem Grundsatz abgewichen werden.

7. Die Deutung

Die Gesprächsphase der Deutung ist das schwierigste Stück aller seelsorgerlichen Beratung und zugleich jene Arbeit, die das, was wir beratende Seelsorge nennen, am gründlichsten von dem unterscheidet, was wir „moralisierende" Seelsorge nennen möchten. Es geht um die Tatsache, daß das, was der Besucher als Realität zu erkennen meint, nur in den allerseltensten Fällen seine Lebenswirklichkeit darstellt. Seine Erlebniswelt, seine augenblickliche Situation, noch mehr aber die in das Unbewußte

abgedrängten Erlebnisse der Vergangenheit lassen ihn das, was er als
Realität zu erkennen gibt, nur zu oft in grober Verzerrung wahrnehmen.
Für den Berater ergibt sich dabei die Schwierigkeit, daß er immer dann,
wenn er meint, die Situation besser zu durchschauen als sein Gegenüber,
und daraus folgert, er müsse nun mit aller Deutlichkeit seinem Gegenüber
seine eigene Auffassung auf dem Appellwege oder auf dem Wege der
Überredung beibringen, nicht nur Schiffbruch erleidet, sondern außer dem
Vertrauensschwund seines Besuchers auch die gegenteilige Wirkung dessen
erleben wird, was er sich erhofft hat. Da berichtet eine Frau von ihrer
angeblich überaus glücklichen Ehe. Sie schildert, wie ihr Mann sie ver-
wöhne, ihr jeden Wunsch von den Augen ablese und geradezu der ideale
Mann und Vater für die Kinder sei. Der Berater weiß sowohl von den
Äußerungen der Kinder als auch durch die Mitbewohner im Haus genau,
daß diese Frau ein wirkliches Martyrium erleidet. Sie ist dadurch in eine
immer größere Abhängigkeit zum Alkohol gekommen, vernachlässigt ihre
Arbeit und gefährdet damit sich und die seelische Gesundheit ihrer Kinder. Der Befund ist eindeutig. Mancher Seelsorger würde nun meinen, er
müsse dieser Frau auf den Kopf zusagen, daß sie sich „etwas vormache"
oder daß sie wie in einer „Traumwelt" lebe. Vielleicht meint er sogar, die
Frau belüge ihn oder verdrehe den offensichtlichen Tatsachenbefund aus
einer falschen Scham heraus. Von dieser Vermutung her versucht er auf
alle möglichen Weisen, der Frau ihre — nach Ansicht des Beraters —
„reale" Situation klarzumachen. Je mehr er das versucht, desto stärker
wird die Frau bei ihrer Auffassung beharren. Schließlich wird sie affektbetont reagieren und vermutlich sagen: „Schließlich weiß ich doch besser,
was in meiner Ehe los ist, als Sie." Dann aber wird sie darauf zu sprechen
kommen, daß sie nur deshalb gelegentlich so unglücklich sei, weil ihre
Kinder kein Vertrauen mehr zu ihr hätten, der älteste Sohn sich den
Erziehungsmaßnahmen der Mutter widersetze und vor allem ihr Arbeit-
geber sie in einer so entwürdigenden Weise behandle, daß sie einfach gar
nicht anders könne, als eben zum Alkohol zu greifen. Zu alledem wird sie
detaillierte Schilderungen bringen, aber sie wird mit allen Mitteln sich
dagegen wehren, ihre Reaktionen dahingehend zu korrigieren, daß ihr
Verhältnis zu ihrem Mann gestört wäre. Wir haben an anderer Stelle von
den Abwehrmechanismen gesprochen und dort erfahren, wie häufig
Schwierigkeiten, die man am eigentlichen Ort nicht lösen kann und nicht
verbalisieren will, auf andere Menschen projiziert werden. Dieser ganze
Vorfall hat etwas zu tun mit dem, was Sigmund Freud bei der Erfor-
schung der Traumwelt erfahren hat. Er hat von Anfang an darauf bestanden, daß es die besondere Technik der Psychoanalyse sei, sich die Lösung

der Probleme von den Analysierten selbst sagen zu lassen, und hat die Wahrheit dieser Technik zunächst an dem Phänomen des Versprechens und Verschreibens dargestellt. (Freud, Studienausgabe I, S. 50—80.) Er hat diese Entdeckung dann in seiner vielfachen Arbeit an der Traumdeutung weiter fortgeführt und gezeigt, daß der Gegensatz Traum — Wirklichkeit gar nicht besteht. Der Träumer soll selbst sagen, was sein Traum bedeutet, und der Psychotherapeut ist nur der Wegbegleiter oder der Geburtshelfer, der ihm die Möglichkeiten dazu eröffnet. Der Einwand, der hier kommen wird, ist dem, den der Seelsorger im obengenannten Fall der Frau gegenüber zur Hand haben wird, sehr ähnlich: man wird sagen, offensichtlich weiß der Träumer doch gar nicht, was sein Traum eigentlich zu bedeuten habe, so wie der Seelsorger vermutlich in dem oben angeführten Fallbeispiel klar zum Ausdruck bringen wird, daß die Frau scheinbar ihre eigene „Realität" einfach nicht sieht. Sie würde sonst ja — so wird man behaupten — deutlich sehen müssen, daß ihr Mann sie schlägt, betrügt und sie quält, aber aus irgendwelchen Gründen „will" sie das nicht einsehen.

Dem ist jedoch nicht so. Für die Träume sagt Sigmund Freud: „Ich sage Ihnen nämlich, es ist doch sehr wohl möglich, ja sehr wahrscheinlich, daß der Träumer es doch weiß, was sein Traum bedeutet, nur weiß er nicht, daß er es weiß, und glaubt darum, daß er es nicht weiß." (Freud, Studienausgabe I, S. 117.) Die ganze Technik der Deutung, die Freud besonders in den Jahren zwischen 1914 und 1918 bewegt, wird in einem sehr schwierigen, aber außerordentlich wichtigen Aufsatz deutlich, den er im Jahre 1914 unter der Überschrift „Erinnern, Wiederholen und Durcharbeiten" erscheinen läßt. Es geht ihm dabei um den ständigen Kampf, der sich in jeder Analyse abspielt und darin besteht, daß einerseits die Bemühungen des Psychotherapeuten, den Patienten zum Erinnern vergessener Erlebnisse und Impulse zu bringen und die Verarbeitung aller dieser Erlebnisse zu erreichen, der anderen Seite entgegensteht, wonach sich beim Patienten die Tendenz entwickelt, Erlebnisse im Handeln zu wiederholen, ohne daß er sich selbst darüber Rechenschaft ablegt, in welch starkem Maße er den Wiederholungszwängen hierbei unterliegt. (Jones 1960/62 II, S. 282.)

Wir können nun diese Erkenntnisse auf unsere alltäglichen Gesprächssituationen in der beratenden Seelsorge übertragen. Wir wissen also jetzt, daß das, was unser Gesprächspartner uns als Realitäten anbietet, sehr häufig nur Handlungsweisen sind, die entweder aus den Abwehrmechanismen heraus sich auf andere Beziehungspersonen projizieren als auf jene, die eigentlich Ursache des Konfliktes sind, oder aber, daß der Ratsuchende sich Wiederholungszwängen hingibt, in denen er in immer zuneh-

mender Verdichtung seine eigentlichen und wirklichen Konfliktursachen
überspielt. Dies geschieht aber nicht nur im Traum, sondern das geschieht
auch in der sogenannten realen Wirklichkeit. Im oben genannten Beispiel
würde das Eingeständnis der Frau, daß sie im Grunde in einer unerhört
unglücklichen Ehe lebt, vermutlich parallel gehen mit dem Eingeständnis
einer falschen Entscheidung, die sie im Leben nicht nur einmal, sondern
(siehe Wiederholungszwänge) sehr häufig getroffen hat. Sie ist aber im
gegenwärtigen Zeitpunkt psychisch gar nicht in der Lage, diese Realität zu
sehen, und — falls sie ihr brutal entgegengeschleudert würde — würde sie
entweder eine solche Pseudodeutung ablehnen oder aber mit verstärkter
Opposition reagieren. Sollte sie durch die Autorität des Beraters und durch
ihre unbewußten Beziehungen zu ihm in der Lage sein, dessen abrupten
Appell anzunehmen, würde sie voraussichtlich manifest neurotisch werden. Eine solche Entwicklung kann sehr ernste Konsequenzen haben. Wir
sehen also, daß es bei der Phase der Gesprächsdeutung um das schwierigste Stück seelsorgerlichen Bemühens überhaupt geht.

Nun ist immer wieder gefragt worden, ob es nicht vielleicht viel besser
sei, eine solche Deutung überhaupt nicht vorzunehmen. Ludwig Klages
hat darauf hingewiesen, daß ein zu weitgehendes Bewußtsein der Lebens-
funktionen auch im seelischen Bereich schädlich sein kann. Aus dem physischen Bereich wissen wir, daß jeder, der der Tätigkeit seiner Organe
unnötig viel Beachtung schenkt, nur deren Funktionsablauf stört. Könnte
man nicht vielmehr darum die Regel aufstellen: soviel Selbstvergessenheit
als möglich und soviel Selbsterkenntnis als nötig? (Egenter/Matussek 1965,
S. 58 ff.) Es geht hier in der Tat um eine sehr wichtige Frage. Sie wäre in
dem vollen Sinne des Fragers zu bejahen, wenn es darum ginge, die Selbsterkenntnis dem Patienten bzw. dem Ratsuchenden in irgendeiner Weise
aufzuzwingen. Im Vorgang der Deutung geschieht aber eben gerade dies,
daß der Ratsuchende unter der Mithilfe des Beraters seine Selbsterkenntnis von sich aus findet und diese nicht dazu verwendet, ständig um sich
herum zu kreisen, sondern um von hier aus die Freiheit zu gewinnen, aus
seinen Wiederholungszwängen herauszukommen, um überhaupt erst recht
zu leben. „Menschen werden aus ihrer reflektiven Eigenbezogenheit befreit
und gelangen zu einer Erweiterung ihrer spontanen, sinngerecht voll-
zogenen Lebensbezüge." (Egenter/Matussek 1965, S. 61.) Freud hat
zunächst die Deutung als das „Erraten des verborgenen Sinnes" bezeichnet. Dieses Geschehen kann aber nur mit Hilfe des Beraters ausgelöst und
zu Ende geführt werden. Es geht also dabei um einen unter Umständen
recht langwierigen Deutungsprozeß. Scharfenberg sieht dieses Geschehen
als einen Dreischritt an. Einmal kommt es ihm darauf an, den unbewuß-

ten Sinn der Manifestationen des Patienten aufzufangen. In der Haltung der gleichmäßig schwebenden Aufmerksamkeit, die vom Berater im Gespräch gefordert werden muß, wird er selbst häufig genug auf seine eigenen Einfälle angewiesen sein, die er dann mit dem, was er im Prozeß der eigenen Erkenntnis gelernt hat, zu verifizieren hat. Gerade dabei aber kommt es schließlich zum Schritt einer „Entautorisierung". Der Ratsuchende spürt immer deutlicher, daß er hier eigene Entdeckungen macht, so daß ihm schließlich selbst seine eigene Situation von Schritt zu Schritt einsichtiger und er selbst dabei immer freier und immer erkenntnisklarer wird. (Scharfenberg 1970, S. 249 ff.)

Machen wir uns alles dies, was wir soeben ein wenig theoretisch aufzuzeigen versuchten, zunächst an einem sogenannten „Antibeispiel" klar:

In der Familie L. gibt es 5 Kinder im Alter von 12, 9, 7, 5 und 2 Jahren. Die Frau hat ein körperliches Gebrechen: der Rücken ist etwas verwachsen. Es ist eine sanfte, gutmütige Frau. Sie stammt aus einer reichen Bauernfamilie. Der Mann ist ein verschlossener, schwieriger Mensch. Er sagt nur das Allernotwendigste. Früher war er Knecht auf dem Hofe der Eltern seiner jetzigen Frau. Trotz aller Warnungen der Familie hat die Frau diesen Mann geheiratet. Die Familie warnte vor seinem Charakter. Man kann dem Manne nichts nachsagen, er arbeitet tüchtig. Sich selbst und den Kindern gegenüber ist er hart.

Diese Familie wird — auf die Bitte der Verwandten der Frau — regelmäßig von dem Gemeindepastor besucht, weil die Erziehung der Kinder in vielen Dingen zu wünschen übrigläßt. Eines Tages erzählt die Frau die ganze Geschichte. Und schließlich sagt sie:

Frau L.: Ich weiß kaum, was ich mit den Kindern anfangen soll. Ich versuche es immer wieder mit guten Worten, aber dann wollen sie nicht hören. Immer soll man gröhlen und schimpfen, wenn man etwas von ihnen will, und schließlich machen sie doch nur, was ihnen paßt. Vor meinem Mann haben sie Angst, der flucht und schlägt, und deshalb versuche ich es immer wieder mit Güte, aber das geht auch nicht.

Pastor: Wäre es denn nicht möglich, daß Sie zwar gütig sagen würden, was sie tun sollen, daß Sie aber dann auch von ihnen fordern, daß sie es tun?

Frau L.: Freilich, aber wenn ich die Dinge drei-, viermal sagen soll, dann kann ich es schneller selber tun.

Pastor: Aber das ist nun Ihr Fehler. Wenn Sie Ihren Kindern einen Auftrag geben, müssen Sie von ihnen fordern, daß sie ihn auch ausführen. Sie müssen die Kinder lehren zu gehorchen. Wenn Sie den Kindern etwas auftragen und Sie machen es kurz nachher selbst, so meinen sie das nächstemal: „Na, die Mutter wird es doch gleich selbst tun."

Frau L.: Ich merke wohl, daß der Herr Pastor keine kleinen Kinder mehr hat.

Pastor: Nun vergessen Sie aber, daß ich selber auch Kind gewesen bin und daß meine Eltern es mich auch haben lehren müssen. Sie haben ja doch selbst auch lernen müssen zu gehorchen. Das sollen Sie Ihre Kinder auch lehren.

Frau L.:   Ja, aber mein Mann ist ganz anders.

Pastor: Sprechen Sie wohl mal mit Ihrem Mann über die Weise, wie Sie die Kinder erziehen?

Frau L.:   Wir machen es jeder auf seine eigene Weise, denn wir sind so verschieden.

Pastor: Ja, aber die Kinder gehören Ihnen beiden. Sie müssen am gleichen Strang ⁵ ziehen und die Sache zusammen besprechen.

Frau L.:   Aber ich werde ja so müde dabei, dann kann ich nicht mehr dagegen ankommen.

Pastor: Gerade deshalb sollten Sie die Dinge zusammen mit Ihrem Manne tun, dann helfen Sie sich ja doch gegenseitig. ¹⁰

Frau L.:   Ach ja, Herr Pastor, aber es ist so schwer, davon haben Sie wirklich, wirklich keine Ahnung.

Pastor: Liebe Frau, Sie brauchen ja außerdem wirklich nicht alles aus eigener Kraft zu tun. Wir wissen doch, daß Gott uns hilft, wenn wir darum bitten.

Frau L.:   Das habe ich schon oft versucht, Herr Pastor, aber immer hilft das auch nicht. ¹⁵

Pastor: Wir sollen aber nicht müde werden beim Beten und dann wirklich darauf warten, was uns Gott sagt.

Frau L.:   Ach ja (Pause), aber wissen Sie, dazu bin ich oft viel zu müde.

Pastor: Aber Sie dürfen auch nicht vergessen, was Gott Ihnen alles geschenkt hat. Sie haben einen guten Mann und fünf Kinder. Das ist doch etwas! Viele Frauen ²⁰ wären froh, wenn sie das alles haben könnten.

Frau L.:   Ach ja, das weiß ich auch. Aber wissen Sie, Herr Pastor, ich habe solche Angst, daß ich es nicht mehr schaffe.

Pastor: Das denke ich bei meiner Arbeit auch manchmal, aber es geht doch immer weiter. ²⁵

Frau L.:   Na, wollen wir es hoffen, Herr Pastor, aber ich glaube, Sie haben auch noch anderes zu tun.

Pastor: Da haben Sie recht, liebe Frau, auf Wiedersehen! Ich komme bald einmal wieder.

Es handelt sich bei diesem Gespräch nicht um eine Fiktion, sondern um das Gespräch eines jungen Pastors, der redlich bemüht war, sowohl von der menschlichen Seite als auch vom Auftrag seiner Verkündigung her zu helfen. Er sieht eine sogenannte Realität. Sie besteht anscheinend darin, daß Frau L. auf dem Bauernhof mit ihren Kindern nicht fertig wird. Dieses Problem versucht er anzugehen, und zwar dadurch, daß er Dinge sagt, die alle im Grunde völlig richtig sind, die aber — so scheint es jedenfalls — „merkwürdigerweise" von der Klientin weder akzeptiert noch viel weniger aber durchgeführt werden können. Der Pastor hat nur ein einziges Thema vor Augen, nämlich den Versuch, der Mutter bei der Erziehung ihrer Kinder zu helfen. Er meint vordergründig, daß er diese Schwierigkeit angehen müsse, und übersieht völlig die Tatsachen, die ihm bekannt waren und die der eigentliche Hintergrund der Schwierigkeiten in der Familie gewesen sind. Die Frau wiederum kann von sich aus unmöglich darauf kommen, daß ihre physische Situation (verwachsener Rücken) auf der einen Seite und die psychischen Schwierigkeiten ihres Mannes (Knecht, der die Tochter des Bauern heiratet) der eigentliche Hintergrund aller dieser Schwierigkeiten sind. Würde der Frau auf den Kopf hin gesagt, daß es sich ja eben um die Schwierigkeit der Beziehung zwischen ihrem Mann und ihr handele und die Erziehungsschwierigkeiten nur sekundäre Folgeerscheinungen seien, würde sie damit sofort zugeben müssen, daß der Rat aller ihrer Verwandten richtig gewesen sei. Sie entzieht sich aber damit den Boden, auf dem sie überhaupt noch psychisch existieren kann. Solange also hier der Berater an einer Therapie der Kindererziehung herumdoktert, wird er niemals zum Zuge kommen, er wird vielmehr die Schwierigkeiten der Frau nur vergrößern und deren Gefühl der Isolation steigern. Dazu kommt noch, daß die Ausgangssituation, in der dieses Gespräch geführt wird, das Gegenteil jeder wirklichen Beratersituation ist. Hier wird jemand in einem Auftrag geschickt, um ein ganz bestimmtes Ziel zu erreichen. Beide Ansätze sind für ein beratendes Gespräch unmöglich. Dieses Gespräch kann im Grunde gar nicht anders laufen, als es gelaufen ist, weil dem seelsorgerlichen Berater die Erkenntnis dafür fehlt, daß er hier nicht „Realitäten" anzugehen hat, sondern daß er im Prozeß der Deutung der Frau Klarheit über ihre eigene Situation geben müßte. Dort aber, wo er versucht, ein Gespräch zwischen der Frau und ihrem Ehemann zustande zu bringen (sprechen Sie wohl mal mit Ihrem Mann über die Weise, wie Sie Ihre Kinder erziehen?), kommt die resignierende Antwort darum, weil dieses Gesprächsthema ja gar nicht wirklich angeschnitten werden kann, ehe nicht der Frau ihre Situation erhellt worden ist und sie selbst Hilfe bekommen hat, ihre Stellung in der Ehe und ihren Kindern gegenüber zu deuten. Weil dies aber nicht geschieht, kann auch der gutgemeinte Hinweis auf Gottvertrauen und Gebet nur das Gegenteil bewirken. Die Flucht in die Müdigkeit ist dann der einzige reale Ausweg, der sowohl als Entschuldigung gegenüber dem aggressiven Bemühen des Pastors angewendet werden kann als auch die Frau vor sich selbst entschuldigt. Außerdem wird die Wirkungsweise des Wiederholungszwanges deutlich sichtbar. So, wie die Frau von ihren Verwandten „beraten" worden ist, so „berät" sie nun auch ihre Kinder. Wer also in der Beratung meint, sein Gegenüber müsse doch aus den eigenen schwierigen Erfahrungen, etwa der Kindheit oder der Lebenssituation, gelernt haben, nun alle diese Dinge in der Weitergabe der Lebensfähigkeit an Kinder und Umwelt besser zu machen, der übersieht das Phänomen der Wiederholungszwänge. In die gleiche Trotzhaltung, in die diese Frau durch ihre Verwandtschaft getrieben worden ist, treibt sie nunmehr ihre Kinder. Einen solchen teuflischen circulus vitiosus kann man nur durch eine Deutung durchbrechen. Es kann sich also im Endeffekt gar nicht darum handeln, daß der Pastor einmal mit der Frau spricht und damit den Auftrag der Verwandtschaft erfüllt, sondern daß eben diese Frau dadurch, daß ihre Lebenssituation ihr gedeutet wird, fähig werden kann, genau dieses Gespräch mit ihrem Mann und später mit ihren Kindern *selbst* zu führen.

Einen solchen Prozeß nennt die moderne Gesprächspsychotherapie den Prozeß der Selbstexploration. „Angst, Bedrohung, Versagen usw. scheinen häufig bei psychoneurotischen Personen ohne Psychotherapie eine angemessene, ruhige Selbstexploration persönlich-gefühlsmäßiger Erlebnisinhalte auszuschließen oder deutlich zu beeinträchtigen, was möglicherweise eine weitere Minderung der psychischen Funktionsfähigkeit und des Gefühles der Integration bewirkt. Wird derartigen Personen in der Gesprächspsychotherapie ein größeres Ausmaß an Selbstexploration ermöglicht, so könnte dies vermutlich eine generelle Gegenkontinuierung gegen Angst sein, die dem Klienten ein größeres Gefühl der Integration gibt, das wiederum zu weiterer Verminderung von Angst führt" (Tausch 1968, S. 250). Reinhard Tausch gibt am Beispiel eines 26jährigen Klienten mit einer Sprachhemmung dafür ein gutes Beispiel.

Klient: Könnte auch — könnte auch sein, daß ich die eben Dinge — ja, ich glaube, es war so vorwiegend bei den Dingen, wo ich also fürchtete, ich könnte jetzt doch nicht die richtige Antwort geben. Und weil ich das nicht weiß und auch mal — vielleicht darum, weil ich's nicht gelernt habe. Das kann ja auch sein. Ja, das ist richtig: unsicher und — ja, unfrei, ja, ja. Dagegen hier fühl ich mich freier oder 5 auch im Sportverein auch. Und zwar ist mir auch aufgefallen, ich stottere an und für sich nur — auch mal, wenn ich mit Ihnen spreche — über Gebiete, wo ich mir nicht so sicher bin, nicht wahr, was ich eigentlich sagen möchte, wo ich nicht so sicher bin, was ich jetzt ausdrücken möchte.
Berater: Wenn Sie sich unsicher fühlen, was Sie tun sollen oder was kommt, dann 10 merken Sie also, daß Sie dann mehr Sprachschwierigkeiten haben?
Klient: Ja — ja. Also ich denk gerade — in der Fachschule z. B., wie es im letzten Vierteljahr war bei einer Lehrerin. Da habe ich dauernd gequatscht, war vorlaut usw. und wußte mich übrigens ganz normal, wenn ich es so ausdrücken soll, zu benehmen, nicht wahr? Spontan sagte ich — genau so, wie ich es mir vorgestellt 15 habe, so habe ich auch geredet, nicht? Ich war also — ich war vollkommen sicher in diesem Stoff drin. Das war ja an und für sich sehr einfach, nicht wahr? Das ist ja keine Schwierigkeit. Aber — vielleicht kann ich so ausdrücken ... (Tausch ²1968, S. 245 ff.)

Deutung ist also eine solche Hilfe zur „Selbstexploration". Sie bedeutet, daß der Ratsuchende immer weniger über Tatbestände spricht, die unabhängig von seiner Person sind, und immer stärker über eigene Verhaltensweisen, eigene Vorgänge und eigene persönliche Schilderung seines Verhaltens oder äußere Ereignisse spricht. Im weiteren Verlauf bringt er dann diese seine eigenen Vorgänge in Verbindung zu persönlichen inneren Erlebnissen und wird dadurch immer stärker zur Deutung seiner eigenen Situation angeregt. In dem oben geschilderten Beispiel geschieht das dadurch, daß der Sprachgehemmte plötzlich seine Unsicherheit in Ver-

bindung bringt mit seinem fachlichen Nichtwissen und seine Sicherheit und
damit die Überwindung seiner Sprachschwierigkeiten in Verbindung zu
bringen vermag mit einem klaren bewußten Wissen in den Sachgebieten,
in denen er sich sicher fühlt.

Gerade in kurzen Seelsorgegesprächen ist die Gefahr besonders groß,
daß mein Gegenüber von mir im Grunde seine Lebenssituation nicht
gedeutet haben will, sondern sich schon längst für eine bestimmte Entscheidung entschieden hat, deren Richtigkeit er nur bestätigt haben
möchte. Wir halten also fest, daß gedeutete Konflikte nur im Rahmen von
mehreren Gesprächen überhaupt möglich sind. Wird aber nun ganz offensichtlich ein einmaliges Gespräch erbeten und hat der Berater den festen
Eindruck, daß sein Gegenüber auch nicht willens ist, weitere Gespräche
mit ihm zu führen, so wird er doch in jedem Falle dem Besucher mehrere
Lösungsmöglichkeiten anzubieten haben, wobei dann die Vor- und Nach-
teile der jeweiligen Lösungen miteinander erwogen werden müssen. Dabei
ist sorgfältig darauf zu achten, daß die Entscheidungsfreiheit völlig bei
dem Ratsuchenden liegt und weder durch Suggestivfragen noch durch die
Mimik des Beraters eine Entscheidung im Sinne des Beraters forciert wird.
Rogers hat die Aufteilung in kurzfristige und langfristige Therapie
immer wieder vorgeführt. Dabei gibt er für den Prozeß eines kurzfristi-
gen Dialogs verschiedene Verhaltensstufen an, bei denen er darauf aufmerksam macht, daß der Klient häufig am Ende der Beratung sagen kann:
„Ja eigentlich wollte ich gar nicht so sehr Ihren Rat, als eine Bestätigung
dessen, wofür ich mich im Grunde schon lange entschieden habe." (Stollberg ²1970, S. 302.)

Die Psychologie aller Schulen kennt das sogenannte „aha"-Erlebnis.
Man versteht dabei einen bestimmten Augenblick, in der eine unbewußte
Situation bewußt wird und dem Ratsuchenden plötzlich aufgeht, warum
er damals so und nicht anders gehandelt hat oder warum eine Entscheidung, die ihm zunächst unerklärlich war und unter der er heute leidet,
damals so und nicht anders getroffen worden ist. Zwar wissen alle Psychoanalytiker, daß der Prozeß des Bewußtwerdens noch nicht gleichzusetzen
ist mit dem, was in der Psychotherapie unter Heilung verstanden wird,
aber dem Berater muß es genügen, daß überall dort, wo seinem Gegenüber
eine Deutung gelingt und er sich daher eine Handlungsweise entweder
deuten kann oder aber sich nunmehr die Konsequenzen seines so oder so
gefaßten Entschlusses erhellt, ein ganz großes Stück innerer Hilfe bereits
eingetreten ist. Der Berater muß es sich ersparen, von der Bewußtmachung
her nun den Schritt anzustreben, der beim Psychotherapeuten darin
besteht, daß dieser die bewußt gewordenen Aggressionen, Sehnsüchte,

Verdrängungen oder Abwehrmechanismen der verschiedensten Art gleichsam auf sich übertragen läßt, um diese aufzufangen bzw. aufzuarbeiten. Wird also z. B. dem Berater die Frage vorgelegt, ob die Besucherin sich scheiden lassen solle oder nicht, so wird der Berater nicht auf die vielfach vorgebrachten Gründe mit ja oder nein antworten, sondern er wird zunächst im Sinne des oben beschriebenen feed-back zurückfragen: „Was meinen *Sie* dazu?" Er wird dann in einem weiteren Gesprächsgang alle weiteren Konsequenzen klarzulegen haben, die sich aus dem Weg nach rechts oder nach links voraussichtlich ergeben werden.

Der gleiche Prozeß der Deutung wird sich auch bei Fragen rein geistlichen Inhaltes vollziehen müssen.

Klient: Herr Pastor, helfen Sie mir, daß ich wieder beten lerne.

Pastor: Warum möchten Sie denn gern beten lernen?

Klient: Weil ich in früheren Zeiten daraus soviel Kraft geschöpft habe und einfach besser leben konnte und auch viel ruhiger war, auch schlafen konnte ich besser, und die Menschen um mich herum, mit denen konnte ich viel besser auskommen 5 als jetzt.

Pastor: Und Sie meinen also, wenn Sie das gleiche wieder tun könnten wie früher, dann würde auch zwischen Ihnen und Ihrer Umgebung alles wieder in Ordnung kommen?

Klient: Vielleicht nicht sofort, aber ich hätte dann doch mit den Leuten gar keinen 10 Ärger mehr und vor allen Dingen, ich wüßte genau, daß Gott mir hilft.

Pastor: Und warum möchten Sie eigentlich keinen Ärger mit anderen Menschen haben? Im Leben wird es immer Auseinandersetzungen geben, und die Menschen in der Bibel, die alle gebetet haben, wurden dadurch nicht frei von Auseinandersetzungen mit ihren Mitmenschen. 15

Klient: Aber das finde ich doch so schrecklich und — ich kann mich ja dann auch nicht durchsetzen, und dann gebe ich sowieso nach, oder ich werde so wütend, daß alles dabei kaputtgeht.

Pastor: Sie haben also Angst davor, eine falsche Entscheidung zu treffen, und meinen nun, das Gebet würde Sie davor bewahren? 20

Klient: Selbstverständlich, Herr Pastor, ich habe überhaupt soviel Angst, daß ich mich im Leben nicht behaupten kann.

Pastor: Haben Sie schon einmal daran gedacht, daß Gott Ihre Gebete nicht immer so erhört, wie Sie es sich vorgestellt haben?

Klient: Das ist es ja gerade. Darum habe ich ja aufgehört zu beten, denn es hat doch 25 keinen Zweck. Ich habe als Kind gebetet und als junger Mann auch noch, aber dann habe ich gemerkt, daß ich ja im Leben doch nicht besser vorankomme, und meine Angst und meine Wut bin ich auch nicht losgeworden.

Pastor: Könnte es also sein, daß Sie gar nicht deshalb gebetet haben, um mit Gott zu sprechen, sondern deshalb, weil Sie Angst vor sich selber hatten? 30

Klient: Aber selbstverständlich habe ich Angst vor mir, ich sagte es Ihnen doch schon, und vor den Menschen um mich habe ich auch Angst.

Pastor: Sie haben recht, wenn Sie meinen, daß das Gebet eine große Hilfe gegen die Angst ist, aber Sie müssen sich darüber klarwerden, vor wem Sie Angst haben, und vor allen Dingen, warum Sie eigentlich Angst haben. 35

Klient: Ach, Angst hatte ich schon immer. Erst vor meinem Vater und dann vor meinem Chef, und schließlich vor meiner Frau und heute auch vor meinen Kindern. Aber ich hab immer gemeint, durchs Beten müßte das weggehen, und als ich dann merkte, daß es so nicht ging, da habe ich plötzlich auch Angst vor Gott bekommen, und schließlich habe ich gemeint, mit Leuten, vor denen man Angst hat, hat Beten ja doch keinen Zweck . . .

Dieses Gespräch wurde aufgezeichnet, nachdem der Besucher seine volle Zustimmung gegeben hatte und weitere Gesprächsprozesse dazu führten, ihm seinen Angstzustand zu deuten und von dort her im Anschluß an ein gemeinsames Durcharbeiten des Gethsemane-Berichtes eine neue Einstellung zum Gebet zu bekommen. Das sogenannte aha-Erlebnis wurde zwar hier nicht deutlich artikuliert, aber der Prozeß der Deutung bestand in dem Bewußtwerden des Ratsuchenden über die Hintergründe seines Betens und über die Hintergründe darüber, warum das Gebet in der bisherigen Motivation für ihn nicht mehr annehmbar war. Deutung ist also Hebammendienst bei der Geburt. Geburt aber erzeugt immer Schmerz. Gerade im Prozeß der Deutung wird der Ratsuchende das völlige Gefühl der Sicherheit, das Wissen um die absolute Verschwiegenheit und die neutrale Zugewendetheit seines Beraters spüren müssen. Deuten ist ebenso ein Vorgang behutsamen Tastens als auch des kritischen Dahinterhörens gegen die Motivationen, die mein Gegenüber mir für seine Handlungsweise oder für seine Gedanken vorträgt. Deutungen, die vom Berater ausgehen, kann der Ratsuchende sowieso nur in dem Maße annehmen, als er die damit verbundenen Vorgänge und Ängste entsprechend seiner jeweiligen psychischen Situation ertragen kann. Der Berater wird daher außerordentlich vorsichtig sein, mit Deutungen zu früh zu beginnen. Erst wenn ihm die ganze Breite des in der Information und in der Klärung vorgelegten Tatbestandes wirklich so bekannt ist, daß er sich mit dem Sachverhalt vertraut gemacht hat, wird er anfangen können, sein Gegenüber zu Deutungen zu ermutigen oder selbst Deutungen anzubieten. Überall dort, wo der Ratsuchende Deutungen emotional und affektbetont zurückweist, wird darin ein Beweis dafür gesehen werden müssen, daß der augenblickliche Gesprächsstand Deutungen noch nicht zuläßt. Jede schablonenhafte Deutung ist eine Gefahr für das Vertrauensverhältnis zwischen Ratsuchendem und Berater. Es gibt keine geistliche oder persönliche Konfliktsituation, die „genau so schon einmal dagewesen ist". Es gibt nur die jeweils neue Konfrontation mit einem Menschen in einer jeweils neuen Gegebenheit. Die äußerliche Gleichheit der Bestandsaufnahme oder des „Lebenssignals" darf in keinem Fall den Berater veranlassen, Standarddeutungen anzubieten. Nicht jede Heirat eines um viele Jahre älteren Partners ist darum schon aus der Situation einer Vater- oder Muttersehnsucht erklärbar, nicht jede Aggression ist begründet in einer falschen Erziehung in der Kindheit, und schon gar nicht kann jedes Fehlverhalten auf die so viel zitierte mangelnde Nestwärme schematisch zurückgeführt werden. Liebe, Einfühlungs-vermögen, Fachwissen, Erfahrung und vor allem die dauernde eigene Rückkontrolle in einem Beraterteam sind unerläßliche Voraussetzungen, um im Prozeß der Deutung wirklich Hilfe bringen zu können.

8. Die Endphase

Das Ende eines Gespräches kann durch verschiedene Faktoren bestimmt sein. Es kann vor Gesprächsbeginn eine gewisse zeitliche Terminierung vereinbart worden sein, auf die der Berater ca. 10 Minuten vor Ablauf der Zeit hinweist, oder das Ende des Gespräches kann sich im Verhalten des Ratsuchenden abzeichnen. Abzulehnen sind alle künstlichen Eingriffe, die als Tricks verstanden werden müssen und den Ratsuchenden verletzen, wenn nicht sogar beleidigen. Das für diesen Zeitpunkt erbetene Telefon-gespräch der Sekretärin in das Arbeitszimmer hinein oder gar eine plötz-lich geöffnete Tür mit dem Hinweis, man werde erwartet, oder ein charmant-maliziös lächelndes Gesicht, das die Frage ausspricht: „Ich störe doch hoffentlich nicht?", um sich dann zurückzuziehen, sind ebenso un-möglich wie etwa ein dem Besucher sichtbar werdendes Klingel- oder Lichtzeichen, das das Ende eines Besuches anzeigt. Unsere Gespräche sollen ebenso gezielt enden, wie sie begonnen haben. „So, wie ein Gespräch be-wußt beginnt, soll es auch bewußt abgeschlossen werden. Wir hören nicht an einem beliebigen Punkt auf, sondern wählen eine Stelle, die für die gesamte Gesprächsführung konstruktiv ist. Wir brechen ein Gespräch denn auch nicht kurzerhand ab, sondern erklären dem Klienten vom Anfang unserer Gesprächsführung an diesen Verlauf. Übrigens wird er sich schnell hierauf einstellen. Jeder Abschluß ist gleichzeitig die Vorbereitung für ein folgendes Gespräch." (Kamphuis 1963, S. 82 ff.)

Es ist einhellige Überzeugung in der psychotherapeutischen Arbeit, daß ein Gespräch die Dauer von 50 Minuten bis höchstens einer Stunde nicht überschreiten soll. Wir wenden das auch auf unser Beratergespräch an. Die psychische, aber oft auch die physische Situation beider Gesprächs-partner übersteht nicht gut eine längere Gesprächsdauer. Es dient außer-dem der Konzentration des Ratsuchenden sehr, wenn er sich im Laufe des Gesprächsprozesses auf eine bestimmte Zeit der Gesprächsdauer einstellen kann. Auch bei einem viel redenden Besucher ist es durchaus möglich, unter der eben erwähnten vorherigen Ankündigung dann zu sagen: „Wir sollten wohl jetzt Schluß machen." Allerdings ist dieser Bemerkung in jedem Fall — und hiervon, so meinen wir, darf es keine Ausnahme geben — immer die Bemerkung anzuschließen: „Wann können wir uns das nächstemal spre-chen?" Jedes Gespräch verlangt nach Fortführung. Der neue Termin wird

dann vor den Augen des Besuchers im eigenen Terminkalender einge-
schrieben, und gegebenenfalls wird der Besucher aufgefordert, das gleiche
zu tun. Damit werden Verärgerungen vermieden, die durch Mißverständ-
nisse der Terminierung entstehen. Anzustreben ist, daß in der beratenden
Seelsorge jede Woche ein Kontakt zwischen Berater und Ratsuchendem
vorgesehen wird. Diese Zeiträume können im Laufe einer Beratung vergrößert werden. Es ist aber nicht zweckmäßig, von Anfang an einen Zeitraum von vier Wochen zu wählen, weil die Kontaktfähigkeit für beide
Gesprächspartner durch einen zu großen Zwischenraum erschwert wird.
Der Ratsuchende soll auch darauf hingewiesen werden, daß er bei Ver-
hinderung von sich aus Bescheid geben muß, wenn er den vereinbarten
Termin nicht einhalten kann oder einhalten will. Die Frage nach dem
rechten Zeitraum stellt sich auch dort, wo ein Erstgespräch telefonisch
angemeldet wird oder wo der Ratsuchende zwischen den vereinbarten
Terminen telefonisch ausnahmsweise ein weiteres Treffen erbittet. Es ist
gute psychiatrische Praxis, einen Patienten niemals am gleichen Tag zu
sich zu bestellen, an dem die telefonische Bitte um ein Gespräch erfolgt
ist. Es darf nicht dazu kommen, daß der Klient den Berater „terrorisiert".
Ein Zwischenraum von zwei Tagen zwischen der Bitte um ein Gespräch
und dem Treffen der beiden Gesprächspartner hat sich im allgemeinen als
günstig erwiesen. Natürlich gibt es hiervon Ausnahmefälle. Wenn z. B.
aus der Familie des Ratsuchenden ein begründeter Verdacht auf eine Fehlhaltung geäußert wird, die unmittelbar bevorstünde, kann ein solches
Treffen — wenn es auch vom Klienten erbeten wird — kurzfristig ange-
setzt werden. Aber wir möchten darauf hinweisen, daß der Berater in
diesen Fällen sehr vorsichtig sein muß und wirklich prüfen muß, ob eine
so kurzfristige Bestellung wirklich unaufgebbar ist oder ob nicht die sich
sehr schnell in der Beratersituation einstellende Übertragungssituation
dem Berater die Terminierung aufzwingen will. Hier wird erst eine gewisse Praxis und Erfahrung nötig sein, um in jedem Einzelfall die richtige
Entscheidung zu treffen.

Auch die Gesprächssituation als solche läßt Momente erkennen, die zur
Beendigung des Gesprächs führen. Die emotionale Bewegtheit des Ratsuchenden kann so stark sein, daß eine Fortführung des Gespräches im
augenblicklichen Zustand nicht mehr sinnvoll ist. Man wird dann das
Ende des Affektausbruches (Weinen, Lachanfälle) abwarten, um ihm dann
vorzuschlagen, das Gespräch vielleicht an dieser Stelle zu beenden. Auch
wenn eine sehr entscheidende Sache zur Sprache gekommen ist, die den
Ratsuchenden stark belastet, und z. B. an der Blässe des Gesichtes, am
Zittern der Hände oder an der Bitte, austreten zu dürfen, deutlich wird,

daß der Patient an den Rand seiner psychischen Möglichkeiten gekommen ist, sollte das Gespräch für heute mit dem Hinweis beendet werden, daß vermutlich der Patient jetzt lieber das Gespräch abbrechen möchte. Eine Schweigepause — so sagten wir bereits — ist kein Grund zum Gesprächsabbruch. Nach Möglichkeit sollte am Gesprächsende eine positive Verständigung über irgendeinen Punkt stattgefunden haben oder ein gewisses Ergebnis erzielt worden sein. Wenn man miteinander gelacht oder ein bestimmtes Ergebnis erzielt hat, wird auch die Willigkeit zur Fortsetzung des Gespräches beim Ratsuchenden größer sein, als wenn man im Augenblick einer negativen Gesprächsphase das Gespräch abbrechen muß. Ob am Ende eines jeden Gespräches eine Zusammenfassung des Besprochenen stattfinden muß, wie z. B. Hermann Musaph vorschlägt, ist fraglich (Musaph 1969, S. 102). Es kann gut sein, vor allen Dingen bei dem ersten und zweiten Gespräch, eine nochmalige Erwähnung der Punkte zu geben, die man miteinander angesprochen hat. Die Ergebnisse aber gleichsam abzustimmen und somit eine Art Verhandlungsergebnis festzustellen, ist bedenklich. Der Ratsuchende könnte zu leicht zu der Überzeugung kommen, es sei eigentlich schon alles geschehen, was geschehen müsse, und der Berater wird zu leicht dazu verführt, bei einer solchen Zusammenfassung Deutungen zu geben, die er seinem Gegenüber aufzwingt, weil er sie gern in dieser Weise bestätigt haben möchte.

Für den Berater sind die letzten Minuten des Gespräches oft am wesentlichsten. Kommt doch bei vielen Menschen jener merkwürdige Mechanismus zum Vorschein, erst im allerletzten Moment des Gespräches noch einen Gesichtspunkt zur Sprache zu bringen oder ein Motiv zu nennen, das während des ganzen Gespräches nicht auftauchte, aber nun gleichsam „heraus" muß, weil der Ratsuchende eigentlich die ganze Zeit schon versucht hat, diese seine Motivation zu verbalisieren. Das, was der Ratsuchende in den letzten Sätzen sagt, ist mit besonderer Aufmerksamkeit zu hören. Dieses Phänomen geht so weit, daß häufig auf dem Weg vom Sprechzimmer zur Wohnungstür oder im Augenblick des Aufstehens und der Verabschiedung überhaupt das Wichtigste gesagt wird, was in diesem Gespräch zu erwähnen gewesen wäre. Der Berater soll nun nicht an dieser Stelle zum Hinsetzen auffordern, um das Gespräch weiterzuführen, sondern er soll sich diesen Punkt und die Motivation, die er in der letzten Minute gehört hat, nach Rückkehr in sein Arbeitszimmer niederschreiben und ungefähr im ersten Drittel der nächsten Begegnung sein Gegenüber nach jener Bemerkung fragen, die in dieser Abschiedssituation gemacht wurde. Musaph gibt als Erklärung dieses Mechanismus' die Tatsache an, daß ein guter Teil von Krampfhaftigkeit und Blockierung während der

Unterredung abgebaut worden ist und man nun am Ende der Unterredung deshalb den Mut findet, das Eigentliche zu äußern, weil man nicht mehr befürchten muß, jetzt eine Rückfrage gestellt zu bekommen. Ähnliches gilt auch für bestimmte äußere Symptome, die sich erst beim Hinausgehen des Ratsuchenden aus dem Sprechzimmer zeigen. Während des Gespräches konnten wir vielleicht kein einziges Symptom einer Aufregung, einer Unsicherheit oder der Angst bemerken, während jetzt plötzlich der Patient scheinbar unmotiviert über den Teppich fällt, zu zittern beginnt oder in irgendeiner anderen Weise auffällig wird. Zu diesen Beobachtungen gehört auch die Form, in der die Hand beim Abschied ergriffen und gedrückt wird. Die innere Erregung des Klienten können wir an einer Feuchtigkeit der Hand erahnen, oder ein auffällig derber Händedruck kann ebenso das Vertrauen zum Berater bekunden als auch latente Aggressionen gegen ihn sichtbar machen (siehe oben). Ob wir unserem Besucher die Wohnungstür öffnen sollen, ist innerhalb der psychotherapeutischen Technik eine oft behandelte Frage. In der psychotherapeutischen Behandlung wird man alles unterlassen, was zu sehr nach Übernahme einer aufgedrängten Rollensituation aussieht. Der Psychotherapeut wird beim Ankommen seinem Besucher nicht aus dem Mantel helfen, und er wird auch nicht die Tür zur Wohnung öffnen, ja in manchen Fällen ihn auch nicht bis dahin begleiten. Das anders geartete Vertrauensverhältnis zwischen Berater und Ratsuchendem kann solche Distanzierungen schwerlich zulassen. Beim Kommen des Besuchers wird wohl in jedem Fall die der Höflichkeit entsprechende Form gewahrt werden, während beim Verlassen des Besuchers die Öffnung der Wohnungstür vom Besucher auch so gedeutet werden kann, daß der andere froh sei, ihn endlich losgeworden zu sein.

Nicht selten erleben wir, daß der Besucher noch auf der Treppe oder von der Straße aus umkehrt, um noch einmal zu klingeln. Sei es, daß er einen Gegenstand liegen gelassen hat, sei es, daß er meint, er müsse noch etwas ganz Wichtiges mit einem Satze sagen. In beiden Fällen gilt das, was wir an anderer Stelle über Abwehrmechanismen gesagt haben. Bewußt liegen gelassen hat unser Besucher vermutlich nichts, aber im Unbewußten hat er durchaus die Situation einkalkuliert, durch das Vergessen eines Gegenstandes die Möglichkeit zu haben, das Zusammensein mit dem Berater zu verlängern. Auch die plötzlich noch hervorgestoßene neue Argumentation oder in vielen Fällen eine Entschuldigung dafür, daß man dem Berater dieses oder jenes gesagt habe, daß man so aggressiv geworden sei oder daß man „sich so vergessen habe", sind Zeichen einer schwierigen psychischen Situation unseres Klienten. Hier werden auch Verbindungslinien zu dem allgemeinen Symptom des „Nicht-Abschiednehmen-Könnens" zu suchen sein. Unser Klient wird vermutlich beim Auftreten eines solchen Symptoms auch Schwierigkeiten haben, von seiner eigenen Situation, seinem eigenen Konflikt oder seiner Zwangsvorstellung Abschied nehmen zu können. Außerdem unterliegt diese Symptomatik dem Zwang des Zwangsneurotikers, der ja bestimmte Handlungen immer wieder tun muß (Hände waschen, nachschauen, ob das Licht abgestellt ist, einen Platz in einer ganz bestimmten Richtung zu überqueren und vieles andere).

Hat der Besucher den Berater verlassen, so beginnt für diesen ein wichtiges Stück Nacharbeit. Zunächst ist die Arbeit zu nennen, die darin besteht, daß man das soeben geführte Gespräch kurz skizziert. Während des Gespräches Notizen zu machen — wir sagten es schon an anderer Stelle —, ist nicht unproblematisch und sollte in den ersten Gesprächen unterbleiben. Nun aber ist die Skizzierung des Gesprächsverlaufs unerläßlich. Die eigene psychologische Schwierigkeit besteht darin, daß wir selbst unter der Befangenheit eines solchen Gespräches stehen und darum nur zu häufig Selbsttäuschungen unterliegen. Mit der Aufzeichnung jedoch zu warten und sie vielleicht erst am nächsten oder übernächsten Tag vorzunehmen, wird durch den Arbeitsablauf unmöglich gemacht. So empfiehlt es sich, auch die Nachskizzierung eines Gespräches nach einer bestimmten Schablone vorzunehmen, die folgende Fragenkreise umfaßt:

1. Was weiß ich?
2. Was vermute ich?
3. Wie war meine erste Reaktion?
4. Wo liegen meine Sympathien?
5. Wo liegen meine Antipathien?
6. An welchen früheren Besucher und welchen früheren Fall werde ich hier erinnert?
7. Welche Symptomatik wird vermutet?
   (ethische, theologische, psychologische oder soziologische Symptomatik)

Die Punkte 1 und 2 sind schriftlich zu fixieren und deutlich voneinander zu trennen. Sehr bald wird der Berater merken, wie schwierig es oft ist, die erhaltenen Informationen in das, was der Berater fest weiß, in das, was er vermutet, und in das, was er an Informationen gewünscht hätte, zu trennen. Eine solche Trennung aber ist für die eigene Realisierung und für das Erkennen der sich anbahnenden Gegenübertragungen dringend wichtig. Auch dort, wo der Berater die Absicht hat, dieses Gespräch im Beraterteam kontrollieren zu lassen, wird er auf eine solche fixierte Unterscheidung nicht verzichten dürfen. Die Frage nach der Spontanreaktion soll dem Berater auch helfen, seine eigenen Gegenübertragungen abzuklären. Weil im allgemeinen der seelsorgerliche Berater nicht durch eine Psychoanalyse gegangen ist, wird er wenig über die Hintergründe seiner Reaktionen wissen. So ist es schon ein Stück Hilfe, wenn er im Laufe seiner Beraterpraxis vielleicht feststellt, daß ihm häufig die gleichen Erstreaktionen begegnen. Er wird im Laufe einer gewissen Zeit feststellen, daß ganz bestimmte Gruppen von Menschen seine Sympathien und seine Antipathien erregen. Es sind dies entweder Gruppen jener Menschen, denen er gern zugehören möchte, oder aber auch die Altersgruppen oder die soziologischen Schichten, mit denen er sich in seiner wissenschaftlichen oder in seiner übrigen Berufstätigkeit am meisten zu befassen hat. Jedoch ist die Frage nach der eigenen Spontanreaktion nicht identisch mit den nachfolgenden Fragen über die Sympathien und Antipathien. Diese Fragen wollen differenzierter beantwortet werden. Es geht jetzt nicht mehr um eine Spontanreaktion, sondern es geht um die Gesamteinstellung des Beraters zu seinem Klienten, die von Gespräch zu Gespräch wechseln kann. Ist das Gespräch in eine Krisensituation hineingekommen, wird es für den Berater besonders nützlich sein, die Kontrollbemerkungen der vorhergegangenen Gespräche gerade an diesem Punkte zu lesen.

Galten die ersten Punkte vor allem dem noch wenig erfahrenen Berater, so gilt die Frage nach scheinbar ähnlich gelagerten Fällen dem Berater, der in der Gefahr der Routine steht. Wir hören immer dann nicht mehr dahinter, wenn in uns die eingeschliffene Reflexspule rollt, bei der wir schon wissen, wie es nun weitergeht. Eingeschliffene Reflexe bewegen unsere Verhaltensmuster nach vielen Richtungen hin. Sie prägen aber vor allem auch die Berufsabläufe und die Methodik unserer Berufsausübung. Das ist auch der Grund, weshalb in einer Personalabteilung soviel schablonenmäßige Beurteilungen abgegeben werden, weshalb der Lehrer vor der Klasse, der Pastor vor seiner Gemeinde, überhaupt jeder Gruppenleiter vor einer permanenten Gruppe immer wieder in die Gefahr gerät, zu pauschalisieren. Von Rogers wird berichtet, daß er eine Reihe von Pastoren aufgesucht habe, denen er jeweils den gleichen Fall vorgetragen hat. Er hatte dabei eine Stoppuhr in der Tasche und drückte diese, wenn der Pastor ihn das erstemal unterbrach. Er soll angeblich nicht über eine Zeitdauer von 3 Minuten hinausgekommen sein. Diese Unterbrechungen geschehen nicht aus Lieblosigkeit, auch keineswegs immer darum, weil die Methodik der Gesprächsführung unbekannt ist, sondern deshalb, weil man dem Gegenüber Zeit ersparen will und der eigene eingeschliffene Apparat des „ich weiß schon, was nun kommt" abzulaufen beginnt. Im Verlauf einer sich durch viele Beratungsstunden hindurch ziehenden Beratung kommt immer einmal das Mißfallen und die Aggression des Beraters gegenüber seinem Klienten zum Durchbruch. Das Reagieren des Beraters gegen das Agieren des Patienten stellt sich ein und kann die Gesprächsatmosphäre so belasten, daß eine wirkliche Hilfe nicht mehr möglich ist. Dem allen vorzubeugen dient die Frage nach der Erinnerung an einen scheinbar ähnlichen Fall. Taucht nämlich der scheinbar ähnliche Fall auf, wird der Berater unschwer erkennen, wie unähnlich eben gerade der frühere Fall oder der frühere Klient gegenüber dem ist, was er im Augenblick zu beraten hat.

Mit der Frage nach der Symptomatik darf nicht eine irgendwie geartete Zielsetzung oder Zielrichtung verwechselt werden. Es geht hier vor allem darum, zu erkennen, wo der Hintergrund dessen liegt, was der Ratsuchende eigentlich ansprechen will. Es geht also um eine Hilfe für die Stufe der Deutung. Im seelsorgerlichen Gespräch wird hier anzumerken sein, daß die uns aus dem Neuen Testament bekannten Kategorien von Sünde, Schuld, Gnade, Gerechtigkeit heute uns fast immer in der Verfremdung begegnen. Die Gefahr beim Berater ist allerdings hier besonders groß, wenn er nun unversehens doch bei der Beurteilung des Symptoms, also auch bei einer Art geistlicher Diagnose, in das Schablonisieren verfällt. Aus diesem Grunde steht diese Frage auch an letzter Stelle und darf auch im Denkablauf des Beraters nicht heimlich vorgezogen werden.

Eine solche katanamnestische Erhebung ist nur sinnvoll, wenn sie regelmäßig geführt wird und während des gesamten Beratungsprozesses erfolgt. Sie ist dann aber eine kaum abzuschätzende Hilfe sowohl für den Berater selbst, für die Kontrollgespräche im Beraterteam als auch für die Atmosphäre zwischen dem Klienten und dem Berater. Sie dient auch zur Selbstanalyse und zur selbstkritischen Erkenntnis über die Weiterentwicklung der inneren Haltung des Beraters zu seinen Ratsuchenden.

Schließlich stellt sich noch die Frage, was nach Beendigung der Beratung und nach Auflösung des beratenden Verhältnisses mit den Unterlagen zu geschehen habe. Hier differieren die Ansichten erheblich. Einen guten Vorschlag macht John Sutherland Bonnell. Er fragt am Ende der Beratersituation sein Gegenüber, ob er die Notizen, die er sich über den Verlauf der Beratung gemacht hat, behalten dürfe, um daraus zu lernen und anderen Menschen besser helfen zu können. „Zuweilen sagten mir Gemeindeglieder bei Abschluß der sich über einen längeren Zeitraum hinziehenden Beratung etwa: ‚Wenn das, was mir zugestoßen ist, Menschen helfen kann, die ähnlichen Problemen gegenüberstehen, so können Sie bitte mein Material dabei verwenden. Natürlich rechne ich damit, daß dies ohne Namensnennung geschieht.‘" (Bonnell 1959, S. 59 ff.) Es kann aber auch sein, daß der Klient wünscht, daß die Unterlagen ihm ausgehändigt werden. Einer solchen Bitte habe ich mich bisher verschlossen und dabei den Gegenvorschlag gemacht, in der Gegenwart des Klienten alle Unterlagen, die ich hatte, vor seinen Augen in einem „großen Freudenfeuer" zu verbrennen. Da nach Ablauf einer längeren Beratung über viele Stunden hinweg die Vertrauensbindung meist so gut ist, daß Mißtrauen über ein Zurückbleiben von Notizen nicht vorliegt, ist mir hier niemals Widerspruch entgegengetreten. Unnötig zu erwähnen, daß dann auch wirklich alles vernichtet werden muß, was der Berater sich an Notizen über den Beratungsablauf mit diesem Klienten gemacht hat. Ein kleiner, aber vielleicht nicht unwichtiger Hinweis darauf, daß ein solches „Freudenfeuer" natürlich auch einen tiefenpsychologischen Hintergrund hat. Der Klient fühlt sich nach vielen Seiten hin erleichtert. Es ist seine eigene leidvolle Vergangenheit, die er hier in Flammen aufgehen sieht und so zu einem Erlebnis der Befreiung noch einmal wird. Wurde während der Beratung die Person des Beraters gewechselt, so darf eine Übergabe der bereits aufgezeichneten Notizen an den neuen Berater nur mit ausdrücklicher Zustimmung des Klienten vorgenommen werden. Eine Übergabe an einen Amtsnachfolger kommt in keinem Falle in Frage. Dr. Samuel Mc. Comb gab nach seinem Wegzug aus Boston, wo er eine große Beratungsstelle unterhielt, öffentlich in der Zeitung bekannt, daß er am heutigen Tag sämtliche Karteikarten und Unterlagen seiner Patienten und Klienten vernichtet habe. Man wird solches Tun vielleicht nicht in dieser Form, wohl aber in der Sache für richtig halten müssen.

Es kann sich auch die Situation ergeben, daß die Beratung vom Berater her langsam abgebaut werden muß. Das geschieht dann, wenn der Berater den Eindruck hat, es sei nun an der Zeit, daß sein Gegenüber wirklich wieder selbst sein Schicksal in eigene Hände nehme, weil sonst ein Vater-Kind-Verhältnis eintritt, das zu einer neuen Konfliktsituation führen könne. Heigl-Evers nennt folgende Punkte, die für die Beendigung einer Psychotherapie beachtet werden müssen und die auch für das Ende einer Beratersituation ihre Bedeutung haben:

a) Gemeinsame Entscheidung beider Partner für eine Beendigung.

b) Fähigkeit zu größerer Selbsterkenntnis.

c) Durchstehen von Versagungssituationen.

d) Verändertes Verhalten des Patienten in seinen realen Beziehungen.

e) Stabilere intra-psychische Struktur.

f) Einordnung in eine neue Gruppenbeziehung.

(Unveröffentlichtes Podiumsgespräch der 20. Lindauer Psychotherapie 1970)

Für die Beratungssituation werden vor allem die Punkte a), b), c) und f) eine Rolle spielen, weil sie auch vom nicht psychoanalytisch ausgebildeten Berater zu überschauen sind. Der Abbruch sollte dann nicht abrupt erfolgen, sondern es sollte zunächst immer im Einverständnis beider Partner die Distanz zwischen zwei Gesprächen größer werden, um dann vielleicht sich auf einen Zeitraum von 3 Monaten auszudehnen. Bleibt der Partner dann weg, so wird nicht schriftlich oder mündlich die Frage zu stellen sein, warum er denn nun weggeblieben wäre, sondern das Faktum muß in Kauf genommen werden, daß nunmehr die Beratung beendet ist. Problematisch wird die Frage, ob eine Beratung erst dann abgebrochen werden kann, wenn der Zustand eingetreten ist, den sich der Ratsuchende bei Aufnahme der Beratung gewünscht hat. Professor Bodenheimer hat darauf hingewiesen, daß es nicht Heilung schlechthin gibt, sondern daß es sich nur immer um „adäquate" Heilungsprozesse handeln kann. (Annelise Heigl-Evers und Aaron Ronald Bodenheimer auf der 20. Lindauer Psychotherapiewoche 1970.) Der Patient, der in ein Krankenhaus eingeliefert wird, weil er Schmerzen am Bein hat, und dann erleben muß, daß eine Amputation des Beines notwendig ist, wird nun nicht verlangen können, daß er hinterher so weiterleben könne, als habe er eben noch beide Beine, sondern die Aufgabe wird sein müssen, daß er nun sein Leben mit der Tatsache, nur noch ein Bein zu haben, sinnvoll und erfüllt weiterleben kann. Das ist das, was unter adäquater Heilung zu verstehen ist. *Niemand kommt aus einem Behandlungsprozeß medizinischer, psychologischer oder beratender Art genauso heraus, wie er hineingegangen ist.*
Heilung kann im besten Fall die Aufhebung des störenden Symptoms und die Befreiung davon bedeuten. Hilfe kann aber auch schon darin bestehen, daß ich es gelernt habe, mit dem Abbau meiner Symptomschwierigkeiten nun besser zu leben. Es gibt also so etwas wie eine Aussöhnung mit dem Symptom. Sie ist zweifellos viel besser als die so häufig beobachtete Symptomwandlung, die als Heilung ausgegeben wird. Darunter versteht man z. B. im psycho-somatischen Bereich, daß wohl das Asthma mit einigem Erfolg behandelt worden ist, sich aber einige Monate später eine Leberschädigung oder Magenbeschwerden einstellen. Solche Symptomwandlungen finden wir auch im psychischen Bereich. Sie sind nicht selten getarnt durch eine scheinbare Hinwendung zum Glauben. Die Aufnahme einer Glaubensbeziehung kann ebenso Symptomwandlung sein, nämlich Flucht aus der notwendig zu bestehenden Realität der eigenen Existenz. Wo ein Klient sich aus allen weltlichen Gruppen z. B. zurückzieht, um im Männerkreis und im Missionskreis aufzutauchen, weil er meint, nun habe er das „Eigentliche" gefunden, kann das Ganze nichts anderes sein als eine

Flucht aus einer Gruppe, die ihn real fordert und deren Forderungen er nicht standzuhalten vermag. „Aussöhnung mit dem Symptom" (Ausdruck stammt von Rechenberger — formuliert in Lindau 1970) kann eine erhebliche Befreiung für das weitere Leben darstellen.

Ein weiteres Problem ergibt sich aus der Frage, ob Berater und Klient nach Beendigung des Beratungsprozesses irgendwelche persönlichen oder freundschaftlichen Beziehungen unterhalten sollen. Prinzipiell wird zu sagen sein, daß dies möglichst nicht geschehen soll. Ausnahmen werden aber hier immer wieder vorkommen. Es sollte jedoch darauf geachtet werden, daß eine freundschaftliche Bindung zwischen Berater und Ratsuchenden sich nicht unmittelbar nach Beendigung der Beratung anzubahnen beginnt. Während der Beratung ist sie, was persönliche Kontakte, Besuch im Haus des Ratsuchenden, gemeinsamer Besuch von Sport- und Theaterveranstaltungen anbetrifft, zu unterlassen. Jedoch sollte auch bei der freundschaftlichen Beziehung späterer Zeiten vermieden werden, daß der Berater auf Probleme oder Situationen aus der Beratungszeit zurückkommt. Jeder Spontankontakt etwa in der Art, daß der Berater einen Klienten aus früheren Tagen auf der Straße trifft und ihn dabei nach seiner früheren Problematik fragt, muß vermieden werden. Nicht auszuschließen ist jedoch, daß der gleiche Klient nach einigen Jahren wiederkommt, um mit einem neuen Problem fertigzuwerden. In der Psychoanalyse hat es Fälle gegeben, in denen Patienten über 7 und 10 Jahre mit jeweils verschiedenen Symptomen zum Arzt gekommen sind. Das typischste Beispiel ist der sogenannte „Wolfsmann", den Sigmund Freud über 8 Jahre behandelt hat und dessen Symptomatik sich während dieser Jahre immer erneut veränderte.

Wer mit Illusionen in eine methodisch und fachlich verantwortbare seelsorgerliche Beratung hingeht, wird sehr bald resignieren müssen. Wer meint, daß die fachliche Ausbildung genüge, um den Wirklichkeiten unseres Gegenüber stets in vollem Maße zu begegnen, wird sich sehr bald enttäuscht sehen. Aber alles das entläßt uns nicht aus unserer Verpflichtung, in der Dimension des Heilens fachgerecht und verantwortlich zu handeln. „Es ist wahr, unser Wissen um die psychischen Wirklichkeiten des Menschen ist nach wie vor begrenzt, aber sollten wir warten mit unserem Bemühen um Verstehen und Helfen, bis wir mehr oder alles wissen? Wir meinen, es ist schon viel, was uns an Kenntnissen auch heute schon zur Verfügung steht. Ist es nicht Pflicht und Recht dem Nächsten gegenüber, den Mut aufzubringen, sie zu nutzen — bei allem Wissen um die Unzulänglichkeit unseres Tuns?" (Bang 1960, S. 157.)

II. TEIL: KASUALHANDLUNGEN
ALS BERATENDE SEELSORGE

3. Kapitel: Das Taufgespräch und die Predigt zur Taufe

a) Der pastoral-psychologische Ort der Kasualhandlung als beratende Seelsorge

Der Ort, an dem die theologische Grundlegung und die Methodik seelsorgerlicher Beratung konkret wird, ist die Kasualhandlung. Darunter verstehen wir hier die Amtshandlungen der Taufe, der Trauung und der Beerdigung. So eindeutig die Beziehung zwischen beratender Seelsorge und diesen Kasualien erscheint, so wenig ist sie in der bisher in Deutschland zu diesem Fragenkomplex erschienenen Literatur vermerkt. Als Begründung der Kasualhandlungen wird sie — soweit wir sehen — nirgends aufgefaßt (Mezger 1963 I; Bürki 1969; Evang. Oberkirchenrat Stuttgart 1962; Baden 1968.) Auch in den Seelsorgebüchern, in denen die Autoren ganz offensichtlich weites Verständnis für seelsorgerliche Beratung erkennen lassen, taucht eine methodische Besinnung über das Kasualgespräch und dessen theologische Lokalisierung nicht auf. (Trillhaas 1958; Biasley-Murray 1968.) Auch Otto Haendler erwähnt die Seelsorge zwar in Verbindung mit den Kasualhandlungen, gibt aber keine ausreichende Definition für deren Ort und deren Methodik. (Haendler 1957.)

Vermutlich hängt dieser Befund damit zusammen, daß die Kasualhandlung in direkte Nähe zum Amtsbegriff und der Theologie des Amtes gebracht wird. Nun ist dem an sich nicht zu widersprechen. Aber nicht vom Amt des Amtsträgers her ist Seelsorge geordnet und angeordnet, sondern von dem Auftrag des Christen in der Nachfolge Jesu. Wer hier zu frühzeitig vom Amt redet, begrenzt schon wieder seelsorgerlichen Dienst in unzulänglicher Weise und verkürzt den Begriff der Verkündigung auf Lehre und Anrede hin, so wie wir es an anderem Ort dargestellt haben. „Das Amt des Neuen Testaments ist seinem Inhalt nach Verkündigung der Heilsbotschaft, seiner Gestalt nach ist es Dienst. Es *predigt* die Versöhnung, die durch Jesus Christus geschehen ist, als eschatologisches Ereignis, das Glauben fordert: Kreuz und Auferstehung sind ‚Gegenwart‘ in dem Augenblick, ‚da das Wort den Hörer trifft‘. Dieser absolute Moment der Begegnung ist Aufhebung des Vergangenen, Freiheit zur Zukunft, schöpferisches Wort und herrscherliche Tat Gottes: ‚Siehe, neues ist geworden.‘" (Mezger 1963, Bd. I, S. 25.)

Hier wird der Hinweis auf 2. Kor 5, 17—18 gleichgesetzt mit der Verkündigung, d. h. also mit der „Predigt" der Wahrheiten des Evangeliums. Voraussetzungslos wird das „deus dixit" zum Inhalt des Amtes des Neuen Testaments. Gewiß weist Mezger darauf hin, daß die Vollmacht weder in einem Amt noch in dessen Wesenscharakter, sondern in der freien Gnade des Herrn liege, aber er weist mit keinem Wort auf die subjektive Situation des Hörenden und des Redenden hin. Otto Haendler führt hier weiter: „Seelsorge ist sowohl konstitutives Element und Legitimation, wie zentrale Verkündigungskraft der Kirche. In der geistig-seelischen Situation der Zeit hat sie die Aufgabe und die Möglichkeit, die theologische Grundlage der Anthropologie unter Beweis zu stellen. Ihr Dienst am Menschen ist immer zugleich ganzheitlich personal und speziell problemgerecht." (Haendler 1957, S. 309.) Damit ist erneut die Subjekt-Objekt-Frage für das kirchliche Handeln in der Seelsorge gestellt. Man kann den Ausweg aus dieser Problematik so sehen, daß „das Subjektive umschlossen (ist) vom Objektiven". (Mezger 1963.) Hieran ist viel Wahres. Denn es ist in der Tat unbestritten, daß das, was im Kasualgespräch und der Kasualpredigt geschieht, in vollem Umfange eine Tat der „Kirche" ist. Aber eben nicht jener Institution und auch nicht gebunden an ein von dieser Kirche mit geistlicher Vollmacht offener oder verdeckter Art ausgestattetem Amt, sondern als ein Dienst der Glieder Jesu Christi, die in der fachlichen Ausrüstung und im Auftrag eben dieser „Kirche" ihren Dienst tun. So klingt es auch sehr verständlich, wenn von der Wohlausgewogenheit zwischen Subjektiven und Objektiven geredet wird und man mit Schleiermacher formuliert, daß keines der beiden Momente „auf null gebracht werden" darf. Uns scheint aber, daß das Bild der Umschlossenheit des Subjektiven vom Objektiven nicht zureichend ist. Wo das Faktum der Inkarnation zu Ende gedacht wird, ist auch die Trennung von Objektivem und Subjektivem nicht mehr zulässig, weil sie im Dienst am Subjekt Mensch, der *zugleich* Objekt Gottes ist, zur Deckung gebracht wird. Wenn auch der eine Teil sich als Glied seiner Kirche versteht, so ist doch — will man nicht klerikale Formalitäten zum Ausgangspunkt nehmen — das Gegenüber des Seelsorgers keineswegs immer anzusprechen als ein Teil der Gemeinde Gottes. So hören wir skeptisch, wenn Mezger formuliert: „Wir sollen also nicht meinen, und wir dürfen nicht so tun, als ob die Menschen, die bei den Amtshandlungen in ihrer bestimmten Lage angeredet werden sollen, um des Kasus willen etwas anderes wären als Gemeinde Gottes. Wir sollen auch nicht so tun, als wäre irgendein möglicher Fall menschlichen Geschicks in Freude oder Unglück, nicht im Wort Gottes bedacht, vorgesehen und darum von ihm erreichbar in seiner

Tiefe und Höhe." (Mezger 1963 I, S. 55.) In der augenblicklichen volkskirchlichen Praxis jedenfalls wird eine solche Festlegung nicht akzeptabel
sein können. Der Grund, warum Kasualien erbeten werden, ist so vielgestaltig und variiert in seinen bewußten und unbewußten Motivationen
so stark, daß wir weder von einer Bereitschaft zu christlicher Verkündigung reden können noch von einer ganz besonderen seelischen Bereitschaft,
hier als „Ackerfeld des Wortes Gottes" benutzt zu werden. (Hier z. B.
Haack 1952.) So wäre also zu untersuchen, welche Motivationen heute im *Motivation*
Hintergrund stehen, wenn Kasualien erbeten werden.

Es geht zunächst immer um einen Kasus, um einen ganz speziellen Fall.
Dieser Fall ist nicht etwa *die Trauung* oder *die Taufe* oder *das Begräbnis*,
sondern es ist der Kasus *dieser* beiden Menschen, die miteinander die Ehe
eingehen wollen, *dieser* Eltern, die ihr Kind zur Taufe bringen, *dieser*
Hinterbliebenen, die einen Menschen zu Grabe geleiten. An diesem speziellen Fall menschlicher Situation will das Wort Gottes sich als Kraft,
als Hilfe und als Trost erweisen, und zwar in gerade dieser Stunde an
eben diesen Menschen, an eben diesem Ort. Darum reden wir lieber von
Kasualien als von Amtshandlungen, weil uns die Einmaligkeit jedes Falles
so grundlegend für das Verständnis unseres Tuns zu sein scheint. Kasualien
werden erbeten an bestimmten Schnittpunkten unseres Lebens. Ob es sich
dabei um eine Begegnung mit einem unabwendbaren Fatum, mit einer
rächenden Grausamkeit, mit einem natürlichen, rational erfaßbaren Vorgang oder um die Begegnung mit dem Vater Jesu Christi handelt, ist in
der Mehrzahl der Fälle, in denen heute Kasualien begehrt werden, unklar.
Häufiger als wir meinen, werden alle diese Motivationen im Hintergrund
eines Kasualbegehrens stehen. Es ist z. B. ein langer Weg in der Kultur-
geschichte der Menschheit gewesen, ehe erkannt wurde, daß die körperliche Vereinigung von Mann und Frau der Grund für neues Leben ist
(Mead 1963, S. 44 ff.). Die Kenntnis fast völlig sicherer Mittel zur
Schwangerschaftsverhütung und Geburtenregelung hat aber bestimmte
Angstreaktionen unbewußter Art, die sich auf das Gesamtverhalten zwischen Mann und Frau erstrecken, ebenso wenig verhindern können wie die
Aufdeckung aller biologischen und psychologischen Gegebenheiten der ?
Geschlechter. Die mythischen Vorstellungen, die heute ohne Unterschied
der sozialen Struktur immer wieder an die Taufe geknüpft werden, wobei
die Meinung mitschwingt, es könne eben einem getauften Kind doch nicht
„alles Böse widerfahren", was einem ungetauften Kinde passieren könne,
sind nicht dadurch vom Tisch zu wischen, daß man rationale Erklärungen
zum Taufgeschehen abgibt und die Kindertaufe mit Hinweis auf theologische Bedenken als erledigt ansieht. So lange noch auch Kinderärzte und

Erziehungsberater ihre Kinder in einem kirchlichen Akt getauft oder gesegnet wissen wollen, wird die Transparenz der totalen Abhängigkeit auch im Zeitalter der totalen Technisierung sichtbar. Wenn wir statistisch feststellen, daß in allen Ländern, in denen es christliche Kirchen gibt, die Sitte der kirchlichen Bestattung am wenigsten angefochten ist, dann ist diese Tatsache sicherlich nicht mit liturgischen Sehnsüchten zu begründen, nur teilweise mit der Sehnsucht nach Feierlichkeit oder standesbewußtem Gruppenverhalten zu erklären, sondern die Realität der schlechthinnigen Abhängigkeit wird auch dadurch nicht aufgehoben, daß der Mensch in Zukunft 50 oder 60 Jahre älter werden kann oder durch neue Organe „lebensfähig" gemacht wird. Im Hintergrund dieses Kasualbegehrens steht die Unsicherheit und die Frage nach den letzten Entscheidungen und nach der letzten Instanz. Daß das Interesse an lehrmäßiger Verkündigung dabei nur gering ist, wird jeder zugeben müssen, der längere Zeit sich mit Kasualhandlungen befaßt hat. Gerade darum ist die Resignation der Pfarrer gegenüber den Kasualhandlungen so groß. Die Angst, als „Lorbeerbaum" zur Verschönerung und Erfüllung kultischer Bedürfnisse zu dienen, ist überall verbreitet. Sie wird dort besonders genährt, wo der Pastor erfährt, wie wenig das begehrt wird, was er meint, als „das Eigentliche" anbieten zu müssen: die lehrmäßige Aussage über Taufe, Eheschließung und Tod, wobei es dem protestantischen Theologen besonders schwerfällt, lehrmäßige Formulierungen über die Ehe so zu predigen, daß er seine Worte als lehrgerechte Verkündigung ausgeben kann.

Damit sind wir erneut bei dem Problem angelangt, was Verkündigen innerhalb der seelsorgerlichen Beratung eigentlich bedeutet. „Martyrein" ist jener Ausdruck von Verkündigung, bei dem eben nicht der Heroldsruf des „keryssein" ertönt, sondern eine Bezeugung auf dem Hintergrund jenes kerysseins durch das Tun erfolgt. Kasualgespräch und Kasualpredigt werden darum weniger in der Form des kerysseins als eben vielmehr in der Form des martyrein zu erfolgen haben. Das heißt, daß die in Jesus Christus dem Menschen angebotene Liebe realisiert und dargestellt wird. Es muß klar werden, wie eine solche Liebe in der nun geschlossenen Ehe oder an dem von Gott geschenkten Kind ebenso realisierbar wird, wie die große Botschaft vom Gehalten- und Getragenwerden in Zeit und Ewigkeit bei der Kasualhandlung der Beerdigung. Damit ist jener Schritt vollzogen, der uns grundsätzlich ein neues Verständnis der Kasualhandlung zu eröffnen scheint: *von der Lehrverkündigung hin zur Lebensdeutung.*

Hier ist von einem Schritt gesprochen und nicht von einer Alternative des einen zugunsten des anderen. Wilhelm Stählin ist es gewesen, der immer wieder auf den Prozeß hingewiesen hat, den der Begriff der reinen

Lehre durch die Hinführung zum Begriff der gesunden Lehre im Dienst der Kirche zu durchschreiten habe. Um so ein schrittweises Vorgehen wird es auch hier gehen müssen. Deutung des Lebensablaufes heißt, die Folgerungen aus dem, was die lehrmäßige Verkündigung aufzuweisen hat, durch die Methode der beratenden Seelsorge zu ziehen. Das homiletische Prinzip des „vom Worte her" würde also umzukehren sein in ein poimenisches Prinzip „zum Worte hin". Es ist also im beratenden Seelsorgegespräch vor der Kasualhandlung als erste Stufe der nachfolgenden Kasualpredigt deutlich zu machen, was es praktisch heißt, wenn bei uns „Liebe und Geduld der Heiligen" sein soll und dies sich in einer Kinderstube ebenso realisieren lassen muß wie in der Ehe. Es ist also zu deuten, was die Frage nach dem Bruder Abel beinhaltet, wenn zwei Menschen sich heiraten. Es wäre z. B. mit den Erkenntnissen auch der Psychohygiene aufzuweisen, was es heute heißt, wenn zwei Menschen „ein Fleisch" sein wollen. Deutung des Lebens also so, daß in der Verantwortung, die sich aus der Nachfolge Jesu ergibt, dieser neue Lebensabschnitt und die übernommene Verantwortung praktikabel gemacht wird. Wenn wir Lebensdeutung zum Prinzip der Kasualhandlung machen, müssen wir die Dimensionen aufzeigen, in denen solche Deutung möglich ist.

Die erste Dimension ist die des Gespräches. Von ihr haben wir gesprochen, und sie hat ihren Platz im Kasualgespräch, das der Kasualhandlung vorausgeht oder ihr folgt. Die zweite Dimension ist das gesprochene Wort, von dem wir soeben sagten, daß es einen Weg von außen nach innen nehmen müsse. Die dritte Dimension ist die des Symbols oder des liturgischen Vollzugs. Die Grenzen des gesprochenen Wortes sind uns vor allem deutlich geworden, seitdem wir wissen, auf welche unbewußten Tiefenschichten das gesprochene Wort fallen kann und wie es dort in sein Gegenteil verkehrt werden kann. Da die Ratio des Menschen ein komplizierter Vorgang ist, einem Eisberg zu vergleichen, dessen eigentliche Ausmaße im Unbewußten des Es liegen, ist es unkontrollierbar, ob und in welcher Form das gesprochene Wort, bezogen auf das rationale Erkennen, das Objekt seines Gegenüber überhaupt erreicht. „Das Wort, das zum Träger des göttlichen Geistes geworden ist, ergreift nicht ein Objekt, das dem sprechenden Subjekt gegenübersteht, sondern es bezeugt die Transzendierung des Lebens, jenseits von Subjekt und Objekt. Es bezeugt das, was Subjekt-Objekt-Struktur transzendiert, es drückt es aus, es verleiht ihm Stimme. Das kann durch die Schaffung von Symbolen geschehen. (Tillich 1964 III, S. 291.)

Wilhelm Stählin hat darauf hingewiesen, daß im Sprachzusammenhang das Wort Symbol mit dem griechischen Verbum symballein zusammenfällt. „Das Wort symbolon ist abgeleitet von dem Verbum symballein und dieses heißt zusammensetzen, zusammenfügen, und zwar etwas zusammensetzen, was von Hause aus zusammengehört ... Darum gehört mit absoluter Notwendigkeit zu dem Begriff des Symbols auch eine Gemeinschaft von Menschen, für die dieses Symbol Träger und Verkörperung überpersönlicher Sinngehalte ist. Keine Gemeinschaft, nicht einmal eine Familie, kann ohne solche verbindenden und verbindlichen Symbole existieren; ja das Symbol in diesem Sinn ist gerade das verbindende Zeichen einer Gemeinschaft, die um dieses Symbol herum lebt. Immer wird im Symbol der Inhalt, der Sinngehalt gleichzeitig und gemeinsam mit der sinnlichen Erscheinung erkannt." (Stählin 1958, S. 331 ff.) Menschliche Reaktionen zeigen uns sehr deutlich, wie sie das Unaussprechbare symbolisch deuten und von daher die Einbrüche in ihre eigene Existenz durch das Symbol verbalisieren. Was steckt dahinter, wenn eine Gemeinde eine Wandlung im Verkündigungsinhalt ihres Pastors nahezu unbeteiligt zur Kenntnis nimmt, aber lautstark protestiert, wenn im gewohnten liturgischen Ablauf — etwa zu Weihnachten oder am Erntedankfest — Änderungen im Symbolgehalt der Liturgie auftreten? Ist es hier wirklich nur kulturprotestantische Sentimentalität, die das Eigentliche übersieht? Warum sind Brautpaare besonders darauf bedacht, daß der Pfarrer ihre Hände ineinanderlegt, daß sie sich selbst die Ringe anstecken können und daß das Kreuzeszeichen über ihnen geschlagen wird? Gewiß kann man darauf antworten, dies alles sei nichts anderes als eine Sucht nach Magie, und man kann behaupten, daß gerade Mystik und Magie es seien, die vor dem Lichte des Wortes Gottes nicht bestehen könnten. Man kann aber auch nicht nur vom tiefenpsychologischen Denken her, sondern von der eigenen Erfahrung ausgehend, zu dem Ergebnis kommen, daß die ungedeuteten Dinge durch das Symbol anders und klarer deutbar gemacht werden können als durch das reflektierend und rationalisierend gesprochene Wort. Es wird also darum gehen, die Strukturelemente unseres Seins zu erkennen und sie nicht jenseits allen Wissens über die Ganzheit des Menschen nur auf das rationale Erfassen zu beschränken. Die Symbolik der Liebe in den zärtlichen Gesten des Nehmens und Empfangens vermag eindeutiger auszudrücken, was zwischen diesen beiden Menschen hin- und herschwingt, als rationalisierte Liebesbeteuerungen. Damit ist nichts gegen die notwendige Nüchternheit in der Kontaktaufnahme zwischen Menschen gesagt, aber es ist herausgestellt, daß Lebensdeutung sich nicht ausschließlich auf Rationalität wird einlassen können.

Theologisch haben solche Erwägungen noch eine andere Tiefenschicht. Die Grundelemente der Seinsstruktur erkennen heißt zugleich den Weg zu

Gott antreten. Denn Paul Tillich hat recht, wenn er feststellt, daß Gott die Struktur des Seins *ist* und es unmöglich sei, über ihn zu sprechen, es sei denn eben unter dieser Struktur und den sich daraus ableitenden menschlichen Strukturen. „Der Zugang zu Gott muß dadurch errungen werden, daß man die Strukturelemente des Seins — selbst erkennt. Diese Elemente machen Ihn zu einem lebendigen Gott, einem Gott, der den Menschen konkret angehen kann. Sie ermächtigen uns, Symbole zu gebrauchen, von denen wir wissen, daß sie auf den Grund der Wirklichkeit hindeuten." (Tillich 1964 I, S. 276.) Damit ist noch einmal festgehalten, was wir nun als den Ausgangspunkt unserer Überlegungen zur Gestaltung der beratenden Seelsorge in den Kasualhandlungen ansehen möchten: *Es geht um die Deutung des Grundes der Wirklichkeit.* Die Wirklichkeit des Menschen ist aber die Frage nach seinem Woher und Wohin, also jene Problematik, die mit Geburt, Liebe, Zeugung, Siechtum und Tod verbunden ist. Dabei sind die Realitäten dieses Lebensweges allen deutlich. Die konkrete Deutung dessen, was diese Stufen des Lebensweges für mich beinhalten und wie sie für mich praktikabel werden, und dies alles unter der Botschaft des Neuen Testamentes: Das ist der Auftrag der beratenden Seelsorge in der Pastoraltheologie der Kasualien. Kasualhandlungen werden also nicht erbeten, um den Pastor zum Lorbeerbaum zu degradieren, auch wenn dies nach außen hin in nicht gerade wenigen Fällen so aussieht, sondern aus jenen tiefen unbewußten Hintergründen des Wissens um die letzten Abhängigkeiten unseres Menschseins. Daher haben Kasualhandlungen ihr besonderes seelsorgerliches Schwergewicht für die Stellung des Menschen zum Menschen, für seine Stellung im Kosmos und für seine Verantwortung vor Gott.

b) Von der äußeren und inneren Situation der Taufeltern

„Mit der heiligen Taufe beginnt die Seelsorge, die Besorgung des Leibes Christi in seinen Gliedern. Wie die Kirche die heilige Taufe behutsam üben muß, so muß sie die heilige Taufe auch groß machen, ihren Verpflichtungscharakter für sich selbst wie für den Getauften deutlich machen und dem Geheimnis Gottes im Sakrament trauen. Sie wird selbst den Abgefallenen gegenüber nie deren Taufe vergessen dürfen." (Trillhaas 1958, S. 130.) Dort, wo die einschlägige Literatur zur Taufe sich über deren Bedeutung als seelsorgerliches Handeln klar ist, wird die Verantwortung in den Vordergrund gestellt, die mit der Taufe des Kindes für die Eltern und für die Gemeinde erwächst. „Ausgangspunkt ist die Verantwortung der Eltern". (Baden 1968, S. 31 ff.) Das ist richtig, führt aber zur Ein-

seitigkeit und zum Moralisieren innerhalb der beratenden Seelsorge. Es
wird dabei auch gelegentlich übersehen, daß die Taufe ein Zeichen ist,
das vor allem und unentrinnbar dem Getauften gilt. (Trillhaas 1958,
S. 133 ff.) Das Verantwortungsgefühl der Eltern zum Ausgangspunkt des
Taufgespräches zu machen, ist in unserer Zeit deshalb nicht unbedenklich,
weil ein Teil der Eltern eben aus solcher Verantwortung heraus meint,
Kinder gar nicht haben zu dürfen. Die Angst und die Unsicherheit vor
dem, was mit dem Eintritt dieses Kindes in das Leben auf die Eltern
zukommt, die Frage, ob man es überhaupt verantworten könne, in diese
Welt Kinder „hineinzusetzen", ist vor allem bei der jungen Generation
unüberhörbar. Damit ist freilich nicht ausgeschlossen, daß das, was Eltern
unter Verantwortung verstehen und was unter Verantwortung im Angesicht christlicher Verkündigung gesagt werden muß, oft recht unterschiedlich, ja gelegentlich gegensätzlich ist. Der Hinweis auf die Verantwortung
als solche kann den heimlichen Wunsch der Eltern verstärken, aus dem
Kind genau das zu machen, was sie sich an heimlichen Wünschen für ihr
eigenes Leben vorgestellt hatten. Es kann dann mit dem Appell an die
Verantwortung gerade jene frustrierend wirkende Erzieherhaltung
erreicht werden, die dem Kind nicht gestattet, sich zu entfalten und seinem
schöpfungsgemäßen Auftrag, Mensch vor Gott zu sein, nachzukommen.
Verantwortung ist außerdem kein absoluter Begriff, sondern er sieht in
den einzelnen Reifestadien der Ehe der Eltern sehr verschieden aus. Eine
solche Differenziertheit des Begriffes „Verantwortung" macht auch dort
nicht halt, wo wir zu vorschnell von der Verantwortung der Eltern vor
Gott sprechen. Wenn dieser Begriff für die Eltern mehr sein soll als eine
Leerformel, so müßte im Gespräch deutlich werden, was sich Eltern unter
einer solchen Verantwortung vor Gott vorstellen. Auch hier ist nicht auszuschließen, daß mit einer Absolutsetzung des vierten Gebotes z. B. eine
christliche Erziehung unter Umständen nichts anderes tut, als mit christlicher Bemäntelung eigene Erziehungsvorstellungen besser durchsetzen zu
können. Der in der Kindererziehung so häufig auftretende Popanz Gott,
der immer dort strafend und sühnend einspringen muß, wo die Erzie-
hungskunst der Eltern versagt, der gleichsam als ewiger Aufpasser das
über dem Kind bedrohlich wachende Auge ist, hat gewiß das Gegenteil
von dem zur Folge, was an wirklicher Verantwortung im Sinne Jesu
Christi gemeint ist. Nun wird aber das Taufgespräch unmöglich eine
christliche Laiendogmatik anbieten können. Weil es das aber nicht kann,
ist dieser Ausgangspunkt in jedem Falle problematisch. Dazu kommt noch
die allgemeine volkskirchliche Situation, in der zumindest in der Stadt
der um die Taufe gebetene Pastor oft kaum mehr weiß als Namen und

Beruf der Taufeltern, vielleicht noch die Tatsache, daß diese gelegentlich zum Gottesdienst kommen, ein paar Teilaspekte des Berufes der Eheleute oder ein wenig Gemeindeklatsch, der die Taufeltern in positiver oder negativer Weise abstempelt. E. Baden gibt daher drei Möglichkeiten des Einsatzes für das Taufgespräch an:

1. Das Gespräch orientiert sich am Aufbau der Taufhandlung (Agende III);
2. das Gespräch geht vom Kasus aus;
3. das Gespräch geht von der Beteiligung der Gemeinde aus.

Auch wir sind der Meinung der Verfasserin, daß alle drei Wege „niemals chemisch rein" vorhanden sind, meinen aber, daß der zweite Fall in der Mehrzahl aller Fälle der beste Einstieg sein wird. Allerdings werden wir nun nicht vorschnell davon reden dürfen, daß unsere Taufeltern überzeugt sind, dieses Kind sei Gottes Schöpfung, er sei sein Vater, der es liebt und bewahrt, viel mehr als wir selbst es lieben und bewahren können. Es wird im Gegenteil recht häufig ein Gefühl der Angst und der Hilflosigkeit die neue Situation mitbestimmen. Diese merkwürdige, sehr ambivalente Haltung der Eltern, die jedem Geschenk Gottes, ja jeder im Leben erfahrenen Wohltat skeptisch und zugleich dankbar gegenüberstehen — wir werden bei den Brautpaaren ein Ähnliches feststellen können —, wollen wir näher beleuchten.

S. Freud hat im Jahre 1919 eine kleine Arbeit geschrieben, die den Titel trägt „Das Unheimliche". (Freud, Studienausgabe IV, S. 243 ff.) Er konstatiert innerhalb des Ängstlichen den Begriff des Unheimlichen. „Man kann nur sagen, was neuartig ist, wird leicht schreckhaft und unheimlich; einiges Neuartige ist schreckhaft, durchaus nicht alles. Zum Neuen und Nichtvertrauten muß erst etwas hinzukommen, was es zum Unheimlichen macht." Die Ambivalenz des Gefühles der beschenkten oder auch von dem Geschenk überraschten Eltern wird sprachlich klargelegt durch die Tatsache, daß das Wort „heimlich" den gleichen Sinn annehmen kann wie das Wort unheimlich. So kann es in Schillers „Tell" heißen: „Links am See liegt eine Matte heimlich im Gehölz." Und in „Wallensteins Lager" heißt es in der 2. Szene: „Merkst du wohl? Sie trauen uns nicht, fürchten des Friedländers heimlich Gesicht." Heimlich kann also einmal heißen: zum Hause gehörig, nicht fremd, vertraut, zahm, traut, anheimelnd, und es kann zugleich bedeuten: verschlossen und undurchdringlich in Bezug auf das, was erforscht werden soll. Das also, was als Geschenk und als Zeichen der Güte und der Gnade bezeichnet wird, weckt zugleich auch das Unheimliche, von dem her es seine Existenz haben könnte. Das wird sichtbar in Schillers Dichtung vom „Ring des Polykrates". Der Gast wendet sich ja nur deshalb mit Grausen, weil er merkt, daß jeder Wunsch des Freundes sofort in Erfüllung geht und jede Sorge unverzüglich aufgehoben wird. Freude und erfüllte Hoffnung wecken also zugleich auch Ahnungen, die Angst erregen. Im allerhöchsten Grade unheimlich — so argumentiert Sigmund Freud weiter — erscheint nun vielen Menschen alles, was mit Geburt, mit Tod, also mit Sterben und mit Wiederkehr überhaupt zusammenhängt. Mag dieser Tatbestand beim Sterben eines Menschen sich noch viel stärker äußern und leichter ansprechbar sein, so müssen wir doch wissen, daß solche unbewußten Ahnungen, Zweifel und Ängste gerade auch mit der Geburt eines Menschen zusammenhängen können. Aus der Neurosenlehre ist uns bekannt, daß eine junge Mutter schwere Angstzustände bekommen kann, sie könne durch eine Ungeschicklichkeit ihr Kind fallen lassen, es mit einer Nadel verletzen oder aber es durch eigenes Verschulden zu Tode bringen. Die psychotherapeutische Behandlung einer solchen Neurose deckt dann häufig auf, daß ambivalent zu der großen Freude, ein Kind zu besitzen, das andere Gefühl des Unheimlichen mitschwingt, das ganz tief im Unbewußten darauf bedacht ist, eben dieses „Geschenk des Polykrates" wieder loswerden zu wollen. Nun könnte man meinen, daß unsere so rationale und aufgeklärte Zeit solchem Denken weit entfernt sei. Aber Sigmund Freud sagt in seiner kleinen Schrift etwas über die Bedingungen aus, unter denen das Gefühl des Unheimlichen entsteht: „Wir — oder unsere primitiven Urahnen — haben dereinst diese Möglichkeiten für Wirklichkeit gehalten, waren von der Realität dieser Vorgänge überzeugt. (Gemeint ist der Fluch der Götter, die Wiederkehr der Toten, die Angst vor dem Beschenktwerden.) Heute glauben wir nicht mehr daran, wir haben diese Denkweise überwunden, aber wir fühlen uns dieser neuen Überzeugungen nicht ganz sicher. Die alten leben noch in uns fort und lauern auf Bestätigung. Sowie sich nun etwas in unserem Leben ereignet, was diesen alten abgelegten Überzeugungen eine Bestätigung zuzuführen scheint, haben wir das Gefühl des Unheimlichen." (Freud, Studienausgabe IV, S. 270.) Vielleicht sollte noch erwähnt werden, daß Sigmund Freud mit dieser Meinung weder allein steht und sie auch nicht entdeckt hat. 1906 hat E. Jentsch eine Schrift zur Psychologie des Unheimlichen geschrieben, in der alle die Fragenkreise angedeutet werden, die Freud dann später präzisiert. Für uns sind diese Untersuchungen deshalb wesentlich, weil wir davon ausgehen können, daß überall dort, wo eine Amtshandlung erbeten wird, deren Hintergrund scheinbar eindeutig Freude oder Trauer zu sein scheint, in jedem Fall ambivalent und spannungsgeladen der unbewußte Gegenpol mitschwingt.

Solche Feststellungen bedeuten nicht, daß wir die klaren Zeichen von Freude bei der Anmeldung einer Geburt mißtrauisch beargwöhnen müßten. In der Mehrzahl der Fälle ist gerade heute, wo die Technik der Schwangerschaftsverhütung so selbstverständlich geworden ist, die Tatsache der Geburt eines gewünschten Kindes zunächst ein Stück echte Freude für die Eltern. Dort allerdings, wo das erwartete Kind der eigentliche Anlaß zur Eheschließung gewesen ist oder aber wo aus sozialen oder gesundheitlichen Gründen die Geburt dieses Kindes unerwünscht gekommen ist, wird das Gefühl der Freude auch im Bewußtsein der Eltern gebrochen sein. Die Schwierigkeit besteht nun darin, daß der Seelsorger auf eine gezielte Frage in dieser Richtung fast immer eine ausweichende oder unwahre Antwort bekommt. Es gehört eben zur Schablone hinzu, daß „man" sich über die Geburt eines Kindes freut. „Man" freut sich zunächst auch wirklich schon deshalb, weil jedes gesunde Kind und jede überstandene Geburt auch im Zeitalter der vervollkommneten medizinischen Kunst durch Augenblicke der Angst und der Sorge hindurchgeführt hat. So wird der Hinweis darauf, daß es hier nicht um eine Selbstverständlichkeit gehe, wenn eine Mutter wohlbehalten ein lebensfähiges und gesundes Kind zur Welt gebracht habe, in den allermeisten Fällen akzeptiert werden. Der Hinweis darauf, daß es eben nicht eine der großen Selbstverständlichkeiten ist, wenn gesundes Leben geschenkt wird, kann ein Einstiegspunkt sein. In unserem Falle heißt das also: Wir halten daran fest, daß unser Gespräch mit den Taufeltern vom Kasus ausgeht. Aber wir gehen nicht vom Begriff der Verantwortung aus, sondern von einem verfremdeten Begriff der Dankbarkeit, der sich ambivalent äußert.

Auffällig ist, daß wir so oft bei der Schilderung der Verhaltensweisen eines Säuglings bei beiden Eltern ein Staunen heraushören. Man empfindet auch in unserer Zeit die Geburt eines Säuglings und dessen scheinbar so selbstverständliche Verhaltensweisen als „Wunder". „So ein Baby ist schon ein Wunder", diese Worte aus dem Mund von Menschen, die keinerlei kirchliche oder christliche Bindungen haben, sind nicht selten. Nur ist gerade auch diese Äußerung vieldeutig. So wagt es der Vater oft nicht, sein Kind in den Arm zu nehmen, weil er Angst hat, es könne zerbrechen, oder die Mutter ist voller Ängstlichkeit, wenn eine kleine Unregelmäßigkeit sich im Ablauf des Kleinstkindverhaltens einstellt. Augenscheinlich ist auch, daß im Kleinstkindalter beide Elternteile im allgemeinen liebevolle Eltern sind. Gerade sehr junge Eltern haben hier einen Nachholbedarf und betrachten ihr Kleinstkind als eine Art Puppe. Die Schwierigkeiten, die gerade in der Bundesrepublik zu den entsetzlichen Kindesmißhandlungen führen, entstehen dann, wenn das Kleinstkind in das Stadium des Kleinkindes überwechselt und seine eigene Aggressivität gegen die einengenden Wünsche der Eltern setzt. In die Situation also, daß ein Baby nicht das Spielpüppchen bleibt, als das es die Eltern im Augenblick ansehen, müssen wir uns hineindenken.

Jedes Nachdenken über Erziehungsfragen und jede Verantwortungsbereitschaft für solches Tun löst zugleich Erinnerung an die eigene Kindheit und an die Erziehungsmaßnahmen aus, die die Eltern bei uns angewendet haben. Junge Eltern sehen ihre Verantwortung gegenüber der Erziehung ihres Kindes oft in radikalen Gegensätzen: wir werden alles anders machen, oder wir werden unser Kind genauso erziehen, wie wir erzogen worden sind. Es ist nicht schwer, klarzulegen, warum beide dieser Anschauungen falsch sind und zu Schädigungen der kindlichen Psyche führen können. Verständnis dafür zu wecken, daß dieses Kind ein eigenes Wesen ist, ein eigener Wurf Gottes, eben den Eltern in den Arm gelegt, um es zu einem solchen eigenen Wesen zu erziehen, wäre ein wesentlicher Teil unserer seelsorgerlichen Verantwortung gegenüber den Eltern in Kasualgespräch, Taufpredigt und nachgehender beratender Seelsorge.

Alle diese Argumente treffen für die uneheliche Mutter zunächst ebenso zu. Sie akzentualisieren sich nur dort, wo neben der Furcht vor der Verantwortung die bange Frage nach der Zukunft des Kindes und der eigenen Existenz mit hinzukommt. Zunächst wird in unserer Zeit die Tatsache, daß diese uneheliche Mutter ihr Kind geboren hat, anzuerkennen sein, wenn auch nicht übersehen werden darf, daß mit der Geburt des Kindes in manchen Fällen nachträglich noch eine Heirat mit dem Kindesvater erzwungen werden soll. Bringt aber eine uneheliche Mutter ihr Kind zur Taufe, so ist damit ein weiteres Stück Mut in der Öffentlichkeit bewiesen, das von uns anerkannt werden sollte. Diese Anerkennung geschieht u. a. wohl auch dadurch, daß man eine solche Taufe nicht zusammen mit zwei oder drei anderen Taufen vollzieht, bei denen beide Elternteile anwesend sein können. Es muß alles geschehen, um die Diskrimierung der unehelichen Mutter nicht auch noch in der Kirche fortzusetzen.

Natürlich ist das Kasualgespräch vor der Taufe immer auch ein Stück Lehrgespräch. Jedoch ist diese Seite des Taufgespräches gleichsam einzubetten in die offene Situation, die bewußt oder unbewußt von dem Elternpaar uns angeboten wird. Freude und Sorge der Eltern sind die Ansatzpunkte, an denen der Lehrcharakter des Taufgespräches seinen Ausdruck finden kann.

c) Inhalt, Form und Analyse des Taufgespräches

Nachdem wir uns entschieden haben, vom Kasus auszugehen und die psychische und physische Situation der Taufeltern gleichsam als ein Vorzeichen vor der Klammer zu sehen, in der der Inhalt des Taufgespräches zum Ausdruck kommen muß, wenden wir uns nun der Methodik zu. Dabei soll klar werden, daß der Lehrcharakter des Taufgespräches nicht verschwindet, jedoch eben integriert ist in die aktuelle Gegebenheit des Kasus. Wir ziehen damit die Konsequenz aus unserer Auffassung, wonach das „Wort an sich" seinen Wirkungscharakter nicht entfalten kann, wenn nicht der Mensch als das Subjekt des Sprechens und als Objekt des Angesprochenwerdens zugleich verstanden wird. Auch das Kasualgespräch ist also ein Gespräch zwischen zwei gleichwertigen Partnern und kein Gespräch zwischen Lehrer und Schüler. Die Taufeltern bringen in dieses partnerschaftliche Gespräch ihre eigene Situation, die den Kasus bestimmt, der Pastor sieht sein Aufgabe darin, daß er diese ihm angebotene Situation aufnimmt und sie auf die Taufhandlung hin zu deuten versucht. Damit ist der enge Zusammenhang angesprochen, der zwischen Taufgespräch und Taufpredigt bestehen soll. Die Taufpredigt ist die Fortsetzung dessen, was im Gespräch vorbereitet oder angedeutet wurde. Sie bezieht sich auch formal auf Dinge, die im Taufgespräch angesprochen wurden, allerdings nur soweit, als sie die seelsorgerliche Verschwiegenheit und das Taktgefühl nicht verletzen. Wird also das Taufgespräch als Antwort auf das Angebot der Taufeltern stärker Lehrcharakter gehabt haben, so wird die Taufpredigt klarzumachen haben, was im Vollzug der Lebensexistenz Taufe in der Führung dieses Kindes und in der Verantwortung vor Gott praktisch, existentiell bedeutet. Hat das Taufgespräch hier eine Klärung dieser Fragen gebracht, so wird die Taufpredigt sich stärker und ausschließlicher der Tauflehre zuwenden können. Wir geben damit eine Absage an die Auffassung, wonach die zu einem Kasualgottesdienst erschienene Gemeinde Missionsobjekt sei. Es geht uns in der Taufpredigt zu allererst um die, die von dieser Situation in ihrer speziellen Existenz angesprochen sind. Es geht uns also um die Taufeltern, es geht uns um die Paten, und es geht uns erst dann um die außerdem anwesenden Besucher dieses Gottesdienstes. Es geht uns im Taufvollzug ausschließlich um den Täufling und um die Deutung und die Transparenzfähigkeit des sakramental-liturgischen Tuns. Eine solche Entscheidung beinhaltet auch eine Absage an den Taufvollzug innerhalb des sonntäglichen Gemeindegottesdienstes. Wer die Kasualhandlung primär als seelsorgerliches Handeln an eben diesen Personen betrachtet, die die Kasualhandlung erbitten, kann unmöglich

einen solchen Auftrag vereinen mit dem ebenso wichtigen seelsorgerlichen
Auftrag, den der Pastor am Sonntag in seiner Predigt hat. Entweder kann
die Sonntagspredigt auf das Wesen der Taufe ebensowenig eingehen wie
auf das vorher geführte Taufgespräch, oder aber sie wird zur Taufpredigt,
unabhängig und nicht bezogen zu dem, was vorher zwischen den Taufeltern und dem Seelsorger besprochen worden ist. Das Bemühen des
Pastors, durch die Taufe innerhalb eines Gemeindegottesdienstes deutlich
zu machen, daß hier ein Kind in die Gemeinde aufgenommen wird, ver-
flüchtigt sich im Bewußtsein der Eltern und Paten bestenfalls zu einer
Integration in eine unbekannte Menge. Sehr kleine, geschlossene Dorf-
gemeinden könnten hier allenfalls eine Ausnahme bilden. Der Bezug zur
großen Gemeinde Jesu Christi, der selbstverständlich einer der Wesens-
züge der Taufhandlung ist, kann im Taufgespräch transparent gemacht
werden und erhält Symbolcharakter im oben angegebenen Sinne durch die
Abkündigung am Sonntag darauf und durch die Nennung des Kindes, der
Eltern und der Paten im Fürbittengebet am Altar vor der gottesdienstlichen Gemeinde.

Nachfolgend soll an zwei Modellen gezeigt werden, was gemeint ist,
wenn wir davon reden, daß Kasualhandlung gedeutetes Leben sei, und
welche Beziehungen Taufgespräch und Taufpredigt zueinander haben. Es
handelt sich dabei nicht um gestellte Gespräche, sondern es handelt sich
um Taufgespräche, die im vollen Einverständnis mit dem Gegenüber aufgezeichnet wurden und vor der Drucklegung den Gesprächspartnern noch
einmal zugestellt worden sind. Es handelt sich um keine Musterbeispiele,
sondern um Modelle von Taufgesprächen, in denen zwar die Grundsätze
einer beratenden Seelsorge sichtbar werden, ohne jedoch frei von methodischen Fehlern zu sein. Die Analyse der Gespräche wird aufzeigen müssen, an welcher Stelle die Fragezeichen an Methodik und vor allem an
Verständnis für die Deutungssituation gesetzt werden müssen.

1. Taufgespräch, entwickelt aus einer angebotenen erzieherischen Situation

Großstadtsituation. Der Besuch der beiden Eltern ist dem Pastor telefonisch angemeldet worden. Diese erkundigten sich, zu welcher Gemeinde
sie gehören und wann das Kind getauft werden könne. Der gegebenen
Auskunft gegenüber, es werde um ein Taufgespräch gebeten, verhielt sich
die Anruferin abwartend und erstaunt. Erst als der Pastor am Telefon den
Termin für das Taufgespräch und die Uhrzeit der Anruferin freistellt,
wird die Stimme deutlich entspannter und freundlicher. Die Anruferin
fragt, ob der Mann „mitkommen dürfe". Als sie erfährt, daß der Pastor

ausdrücklich darum bittet, wird zurückgefragt: „Aber dann kommen wir doch erst nach Dienstschluß zu Ihnen, Herr Pastor?" Sie ist offensichtlich verwundert, daß das Gespräch auf ihre Bitte hin um 19 Uhr stattfinden kann. Es handelt sich um einen Elektrotechniker, 28 Jahre alt, und eine Kosmetikerin, 26 Jahre alt. Sie sind kirchlich getraut, haben einen Jungen von $3^1/_2$ Jahren und das zweite Kind, das zur Taufe angemeldet werden soll und sechs Wochen alt ist. Das Ehepaar ist neu zugezogen, hatte aber auch am früheren Wohnort keine Bindung an die Kirchengemeinde. Der Zuzug erfolgte vor allem, weil ein Teil der Familie in A. wohnt. Das Elternpaar erscheint mit 20 Minuten Verspätung ein wenig atemlos. Die Begrüßung an der Wohnungstür ist von seiten des Elternpaares steif und förmlich. Er hilft ihr schweigend aus dem Mantel und beantwortet die Einladung, mit dem Pastor ins Arbeitszimmer zu kommen, mit schweigendem Kopfnicken. Im Amtszimmer ist ein kleiner Tisch mit 3 Stühlen vorbereitet, Tassen, Kaffee und Zigaretten stehen bereit.

(Der Kommentar zum folgenden Gespräch beginnt auf Seite 127.)

Herr X. (beim Eintritt in das Arbeitszimmer, ehe er sich hinsetzt): Entschuldigen Sie, Herr Pastor, daß wir uns verspätet haben, aber Oma kam nicht rechtzeitig, und wir wollten den Jungen nicht allein lassen. Man weiß ja nie, was ein Bengel heute so anstellt. Bei uns früher war das anders, da hat keiner nach gefragt. (Während dieser Worte haben alle drei Platz genommen, die Frau fällt dem   5
Mann ins Wort.)

Frau X.: Ja, wenn wir Oma nicht hätten, ich wüßte gar nicht, wie dann alles weitergehen sollte, denn schließlich muß ich ja auch noch berufstätig sein. So ein Umzug kostet ja eine Menge Geld, und wir hatten auch ein paar Neuanschaffungen. Nun hatte sich Oma aber eben doch verspätet — sie hörten es ja gerade —, und nun   10
sind wir hier. Es ist eben alles noch ein wenig eine Hetze. (Lächelt leicht, aber etwas verkrampft.)

Herr X.: Ja, wissen Sie, früher hatten es die Leute eben doch leichter. Die Frau konnte zu Hause bleiben, wenn der Mann nach Hause kam, war sie für ihn da, und die Kinder hatten eben ihre Ordnung. Manchmal beneide ich meine Eltern, denn es   15
war doch einfacher für sie.

Pastor: In welcher Hinsicht meinen Sie das, Herr X?

Herr X.: Na ja, die Hetze heute und dann der Mangel an Arbeitskräften. Sehen Sie mal, ich bin der einzige Elektrotechniker zusammen mit dem Inhaber. Der Lehrling ist uns vor drei Wochen weggelaufen, bloß weil man ihm mal gesagt hat,   20
daß er schludere. Einen neuen zu kriegen, hat gar keinen Zweck. Da macht man schon lieber seine Sache alleine. Die Menschen waren eben anders früher. Ich glaube, viel ruhiger, und da wurden die Kinder eben auch anders groß. Wir sehen das ja an unserem Jungen, wie nervös der Kerl schon heute ist. Dabei tut man   25
alles, was man kann.

Pastor: Wenn ich Sie recht verstanden habe, dann meinen Sie also vor allem, daß in den früheren Jahren der Lebenslauf ruhiger und geordneter war als heute.

Herr X.: Ja, genau, das ist es. Heute weiß man ja nicht, wo einem der Kopf steht und was morgen sein wird.   30

Frau X.: Ob man es überhaupt dann noch verantworten kann, in diese Zeit Kinder hineinzusetzen, das haben wir uns schon oft gefragt. Aber ich denke, gerade für unsern Klaus (Name des 3½jährigen Jungen) wird es sicher einfacher werden, wenn er später eine Spielgefährtin hat, und er liebt sie heiß und innig.

5 Pastor: Ob das mit der heißen Liebe zu dem Schwesterchen immer so bleiben wird, ist allerdings fraglich. Zunächst empfindet jedes Kind sein Geschwisterchen als einen Nebenbuhler bei der Liebe der Eltern. Das zeigt sich zwar nicht gleich, weil man erst einmal mit dem kleinen Geschwisterchen spielen kann wie mit einer Puppe, aber später, wenn Schwesterchen laufen kann, einem die Spielsachen kaputt-
10 macht oder den Turm einreißt, dann wird die Eifersucht schon deutlicher, und die Eltern brauchen viel Geduld, um das zu verstehen und damit fertig zu werden.

Herr X.: Na, damit hat es hoffentlich noch Zeit. Vorläufig ist er von dem Korb der Kleinen gar nicht wegzukriegen. Wir müssen nur immer aufpassen, daß er es nicht vor Liebe totdrückt. (Kleine Gesprächspause)
15 Nun wollen wir mal zur Sache kommen, Herr Pastor. Das ist der Geburtsschein, und das ist das Familienstammbuch. Paßt es Ihnen am Sonntag in acht Tagen gegen ½ 12 Uhr?

Pastor: Ich glaube, Herr X., bei der Sache waren wir die ganze Zeit. Sie haben doch netterweise mir davon berichtet, welche Fragen Sie haben und welche Sorgen Sie
20 sich machen, und ich habe Sie doch wohl recht verstanden, wenn Sie und Ihre Frau meinten, daß Kindererziehung gar keine so einfache Sache wäre?

Herr X.: Ja, vollkommen, das ist es auch wirklich nicht.

Pastor: Wollen wir also schnell die Formalitäten erledigen, damit wir uns dann noch ein wenig über wichtigere Dinge unterhalten können. (Es folgt das Festlegen des
25 Tauftermines, die Angabe der Namen der Eltern, Wohnung und Beruf und der Name des zu taufenden Kindes.
Pastor bemerkt, daß er im Gesprächsverlauf vergessen hat, Kaffee oder Zigaretten anzubieten, und wendet sich den beiden zu.)

Pastor: Sehen Sie, unser Gespräch war so interessant, da habe ich doch direkt ver-
30 gessen, Ihnen den bereitstehenden Kaffee anzubieten. Mögen Sie welchen?

Frau X.: Wenn Sie es nicht gesagt hätten, hätte ich Sie darum gebeten. Ich bin von der Lauferei heute so müde und trinke recht gern einen guten Kaffee.

Pastor: Das ist nett, daß Sie von selbst draufkommen. Die Dinge stehen ja auch nicht nur zum Anschauen da, und entschuldigen Sie bitte, daß ich es bisher vergessen
35 habe, aber Sie sehen: es war eben so interessant, das Gespräch mit Ihnen. (Er schenkt ein, bietet die Zigaretten an, Herr X. raucht nicht, Frau X. nimmt sich eine Zigarette, Herr X. gibt Feuer.)

Pastor: Es hat mich als etwas älteren Menschen doch nachdenklich gemacht, als Sie beide vorhin sagten, es sei früher für die Eltern leichter gewesen. Wahrscheinlich haben
40 Sie recht. Aber so leicht, wie Sie es sich vorstellen, war es wahrscheinlich auch wieder nicht.

Herr X.: Das mag ja sein, aber wenigstens wußte man damals noch, wo es längs ging. Wenn mein Vater etwas sagte, dann wußte ich, was er sagt, das stimmt, und wenn ich eben nicht parierte, dann gab es welche hinter die Ohren. Das war zwar
45 nicht immer schön, aber geschadet hat es mir auch nicht. Und ich meine schon, das geht heute nicht mehr so. Aber wie ich es nun machen soll, das weiß ich nicht.

Pastor (zu Frau X. gewendet): Was sagen Sie denn dazu?

Frau X.: Na ja, bei mir war es wohl etwas anders. Ich hatte sehr verständnisvolle Eltern, wir sind eine große Familie, und die Mutter war immer zu Hause. Ich
50 wünschte, es könnte bei uns auch so sein.

Herr X. (etwas verärgert): Aber von Wunschbildern wird man ja nicht satt. Wir müssen nun eben mal mit der Welt fertig werden, und es ist eine harte Welt.

Schließlich soll aus den Kindern ja mal etwas werden, und man kann ihnen keinen größeren Gefallen tun, als sie eben auf diese harte Welt vorzubereiten.

Pastor: Wie meinen Sie das?

Herr X.: Mit den Jugendlichen machen sie heute viel zu viel Gedöns. Man kann ja abends nicht mal mehr in Ruhe auf die Straße gehen. Wenn ich mich so benommen hätte, und meinem Vater wäre das zu Ohren gekommen, na, ich kann Ihnen sagen, Herr Pastor, das hätte ich ein zweites Mal nicht getan.

Pastor: Und Sie meinen, das geht noch ganz genau so, Herr X.?

Herr X.: Natürlich, warum denn nicht? Schließlich sind die Menschen ja dieselben geblieben.

Pastor: Insofern haben Sie recht, daß Menschen immer aufeinander angewiesen sind. Man muß eben lernen, miteinander auszukommen und nicht sich gegenseitig totzuschlagen. Aber ich meine, das muß man zu Hause lernen, in der Kinderstube, in der Verbindung mit den Eltern und mit den Geschwistern.

Frau X.: Das war bei uns leichter. Wir waren 6 Geschwister, und da lernte man das ganz von selbst. Deshalb meine ich ja auch, daß es gut war, daß der Klaus jetzt ein Schwesterchen bekommen hat.

Herr X.: Na, das wird sich noch herausstellen. Wenn man so sieht, was heute wirtschaftlich los ist, kann einem ja angst und bange werden. Hoffentlich kann man seine Kinder später mal ernähren.

Pastor: Ich glaube, wir müssen uns alle daran gewöhnen, daß man vergangene Zeiten nicht wiederholen kann, daß man nicht wie starr auf seine eigene Kindheit zurückschauen darf, um nun sich zu zwingen, entweder alles genau so zu machen, wie es die Eltern getan haben, oder in jedem Punkt genau das Gegenteil zu tun. Wir müssen uns ein wenig die Welt ansehen, in die hinein wir unsere Kinder zu erziehen haben.

Frau X.: Wenn man das nur so genau wüßte. Ich hab vor kurzem einen Vortrag gehört und danach ein Buch gelesen, was dort angeboten wurde. Aber in dem Buch stand genau das Gegenteil von dem, was der Mann sagte.

Pastor: Haben Sie an dem Abend denn auch miteinander über das Vorgetragene noch diskutiert?

Frau X.: Nein, es hat sich niemand zu Wort gemeldet. Das war ein Professor, der da sprach, und es hat sich wohl niemand so recht getraut.

Pastor: An dem Punkt könnte ich Ihnen beiden schon einen Weg zeigen. Wir kommen mit einem Kreis von jungen Ehepaaren so alle vier Wochen einmal zusammen, manchmal auch sogar in einem unserer Häuser, und dann werden keine Vorträge gehalten, sondern irgend jemand packt seine Sorgen mit den Kindern aus, und wir andern versuchen dann, gemeinsam die Fragen zu beantworten. Meistens ist auch noch ein Arzt dabei oder die Leiterin unseres Kindergartens, so daß jeder sagen kann, was er will.

Frau X.: Das ist eine gute Sache, und wenn wir mehr Zeit hätten, würden wir an so etwas auch teilnehmen. (Gesprächspause)

Pastor: Eines der wichtigsten Dinge, die wir lernen müssen, ist wohl das, daß keiner mehr alles allein weiß, sondern daß wir uns gegenseitig brauchen, daß wir uns beraten müssen und daß wir miteinander reden müssen, wenn wir wieder wissen wollen, wo es längs geht, wie Sie, Herr X., vorhin sagten.

Herr X.: Ich hab' bloß immer Angst, es wird über alles viel zu viel geredet. Die einfachsten Dinge bei solchen Zusammenkünften werden oft dramatisiert, und so schlimm ist es ja nun auch alles wieder nicht.

Frau X (etwas verlegen und schüchtern): Aber gut tut es doch, mal mit jemandem reden zu können, der vielleicht die gleichen Sorgen hat. Wissen Sie, einesteils freut man sich ja doch, daß man Kinder hat und daß wir alle gesund sind und daß es einem geschäftlich auch ganz gut geht, und zugleich immer die Sorge, wie es denn nun weitergeht. (Gesprächspause) Oma meint dann, wir sollten uns nicht soviel Gedanken machen. Sie habe ihre Kinder ja auch groß bekommen und schließlich (die Stimme von Frau X. wird merklich leiser), Gott gibt's ja auch noch.

Pastor: Hm, hm. (Pastor steckt sich seine Pfeife wieder an und bietet wortlos Kaffee
5 zum Nachschenken an.)

Herr X.: Große Kirchgänger sind wir wirklich nicht, Herr Pastor, das müssen wir Ihnen gleich sagen, damit Sie keinen falschen Eindruck von uns bekommen. Aber irgendwas Höheres muß es ja doch geben. Wenn ich mir so ansehe, wie so ein Mensch von klein auf alles hat, was er braucht, da kann man nur staunen. Man
10 kann nur hoffen, daß das alles weiter gut geht.

Pastor: Ist es richtig, wenn ich Ihren Worten entnehme, daß Sie deshalb Ihr Kind auch taufen lassen wollen?

Herr X.: Genau das ist es, Herr Pastor. Man weiß ja doch nie, was kommt. Das geht alles so schnell. Sehen Sie, da habe ich vorige Woche hier einen Kollegen in einem
15 anderen Geschäft erlebt. Das war ein ganz ausgezeichneter Techniker. Aber plötzlich hatte er eine Leitung in einem Badezimmer zu reparieren, kommt an den falschen Draht, fällt um, tot. (Streicht sich durch die Haare.)

Herr X.: So schnell geht das also. Und da ist man ganz machtlos. Man kann ja doch nicht immer aufpassen, und alles vorausberechnen kann man auch nicht.

20 Pastor: Sie sagten vorhin, Herr X., wir sollten zur Sache kommen, und ich sagte Ihnen, wir wären die ganze Zeit dabei. Aber jetzt verstehe ich Sie — glaube ich — besser. Denn mit alledem, was Sie da gerade so anschneiden, hat die Taufe wirklich eine Menge zu tun. Sie werden z. B. während der Taufhandlung erleben, daß ich Sie am Taufstein nach dem Namen ihres Kindes frage und wenn Sie mir diesen
25 Namen genannt haben, werde ich sagen: „Kerstin, ich taufe dich im Namen des Vaters und des Sohnes und des Heiligen Geistes. Nimm hin das Zeichen des Kreuzes an Kopf und Brust zum Zeichen, daß dein Herr Jesus Christus auch für dich gestorben und auferstanden ist." Dabei werde ich das Kreuzeszeichen an Stirn und Brust Ihres Kindes machen, nachdem ich vorher den Kopf Ihres kleinen
30 Mädchens dreimal mit Wasser leicht übergossen habe. Dann werde ich sagen: „Legt mit mir eure Hand schützend und segnend auf dieses Kindes Haupt." Dann legen Sie und Ihre Frau und die Paten — und wenn Ihr Klaus etwas größer wäre, würde ich ihn auffordern, es auch zu tun — mit mir die Hand auf den Kopf Ihres kleinen Mädchens, und ich spreche dazu dasselbe Segenswort, das
35 der Pastor auch bei Ihrer Trauung gesagt hat. Ich werde sagen: „Kerstin, der Herr segne dich und behüte dich. Der Herr laß leuchten Sein Angesicht über dir und sei dir gnädig, der Herr erhebe Sein Angesicht auf dich und gebe dir Frieden, Amen."

Herr X.: Sagen Sie das bitte doch noch mal im einzelnen. Das will ich mir merken.
40 Bei unserm ersten Kind ist es nicht ganz so gewesen bei der Taufe.

Pastor: Zunächst also frage ich Sie nach dem Namen Ihres Kindes. Ich möchte nämlich, daß Sie den Namen Ihres Kindes aussprechen. Das Kind gehört Euch beiden. Es ist Ihnen geschenkt worden. Es ist nun kein namenloses Wesen mehr. Warum es das nicht ist, das möchte ich Ihnen in der Taufpredigt klarmachen. Dann sage ich
45 die Worte, die im Neuen Testament stehen. Warten Sie, ich lese Sie Ihnen schnell mal im Zusammenhang vor. (Pastor steht auf und liest Mt 28, 20 ff.)

Frau X.: Ja, und mit dem Wasser, da sollen die Sünden abgewaschen werden, nicht wahr?

Pastor: Zunächst bedeutet das Wasser etwas anderes. Früher wurden bei der Taufe
50 die Täuflinge — meist waren es gar nicht Kinder, sondern Erwachsene — ganz im Wasser untergetaucht. Damit sollte klargemacht werden, daß ein Mensch, der Christ wird, mit seinem bisherigen Leben und allem, was er bis dahin gesagt und gedacht und getan hat, nichts mehr zu tun hat. Er sollte gleichsam dem alten

Leben absterben und in diesem Augenblick ein neues, anderes Leben unter einem anderen Vorzeichen beginnen. Er sollte nun wissen, daß er zu Jesus Christus gehört, d. h. zu den Menschen, die sich zu ihm bekennen und die im Leben das nachvollziehen wollen, was Jesus Christus selbst gesagt und getan hat. Dann aber — in einem weiteren Sinne — hat allerdings das Wasser noch weitere, zusätzliche Bedeutungen bekommen, und eine davon ist auch die, daß Jesus Christus uns zugesichert hat, Gott streicht dem, der seine Sünden aufrichtig bereut, auch alles durch, was ihn von dorther belastet.

Herr X.: Na ja, Herr Pastor, aber was so'n Kind für Sünden hat, das weiß ich nicht, und schließlich: Sünder sind wir doch wohl alle.

Pastor: Ich hab mich wohl eben nicht ganz richtig ausgedrückt: Es geht gar nicht um die Sünden, die das kleine Kind getan haben könnte oder nicht getan haben könnte, sondern es geht um das Schuldkonto, das wir mit uns rumschleppen. Sehen Sie, als in Deutschland damals eine Reihe böser Dinge geschahen, lernten Sie gerade laufen und sprechen. Kein Mensch also kann Sie dafür verantwortlich machen. Wenn Sie aber heute als junger Mensch nach Dänemark oder Holland oder nach Israel kommen, dann sind Sie eben nicht nur der Herr X., sondern Sie sind zugleich einer von den Deutschen, bei denen eine ganze Reihe böser Dinge nun einmal eben geschehen sind. Sie werden damit darunter gerechnet, ob Sie das wollen oder nicht. Nur vor Gott, da ist es anders. Da fängt jeder Mensch seine eigenen weißen, unbeschriebenen Seiten gleichsam in einem Lebensbuch an. Bei den Menschen und innerhalb unserer Familie tragen wir immer ein Stück von dem mit im Guten und im Bösen, was die getan haben, die vor uns gelebt haben. Vor Gott ist das anders. Da fängt jeder neu an.

Frau X. (zerknüllt nervös das Stück Tischdecke, das herunterhängt, und sieht den Pastor beim Sprechen nicht an): Und das ist dann bei allen Menschen so, und das gilt auch für alles, was man im Leben dann sonst noch tut?

Pastor (sehr ruhig sie anschauend): Ja, darauf können Sie sich verlassen. Dort, wo ein Mensch das, was er gesagt oder getan oder auch nur gedacht hat, aufrichtig bereut und darum bittet, daß es endgültig vorbei sei, dort ist alle frühere Schuld aufgehoben.

(— Pause — Pastor fährt fort): Das gilt übrigens zwischen zwei Menschen ganz genauso. (— Pause —)

Frau X. (mit einem etwas gequälten, aber freundlichen Lächeln): Wenn das nur immer so einfach wäre, daran zu glauben. Man macht sich manchmal das Leben so schwer mit den Dingen, die irgendwann einmal passiert sind.

Pastor: Das Kreuzeszeichen, von dem ich vorhin sprach, können Sie vergleichen mit dem Augenblick, wo Sie in ein schönes Buch Ihren Namen hineinschreiben. Das Buch gehört nun Ihnen, ob Sie es einmal verlegt haben oder ob Sie es verborgen, auch dann sogar, wenn Sie das Buch verkaufen sollten, kann man zwar den Namen ausradieren, aber die Tatsache, daß der Name einmal daringestanden hat, die kann man nicht ungeschehen machen. So ist Ihr Kind nun Eigentum Gottes. Das bedeutet natürlich nicht, daß im Leben dieses Kindes alles so geht, wie wir uns das wünschen. Aber das bedeutet schon, daß im dunklen und im hellen Leben auch im Sterben Gott niemanden allein lassen will.

Herr X.: Aber manchmal sind die Menschen doch verdammt einsam ...

Pastor: Ob das wohl zum Wesen unserer Zeit besonders dazugehört?

Herr X.: Sicherlich. Das meinte ich ja auch, als ich vorhin sagte, die hätten es früher immer leichter gehabt. Da kannte man sich noch, und da ging man miteinander aus und besuchte Freunde, aber heute gibt's das ja alles nicht mehr. Man muß mit allem selber fertig werden. (Bei den letzten Worten schaut Frau X. ihn erstaunt und auch ein wenig traurig an. Herr X. bemerkt diesen Blick und fährt etwas konsterniert fort): Aber das wird ja jetzt wohl besser werden. Deshalb sind wir ja nach A. gezogen, damit wir nun mehr Menschen um uns haben, die uns kennen.

Pastor: Ich meine oft, uns fehlt der Mut dazu, sich jemandem wirklich anzuvertrauen. Wir haben so oft Angst, daß der andere uns nicht versteht oder uns vielleicht auslacht, wenn er meint, wir hätten etwas Dummes gesagt oder gedacht.

Frau X.: Das war bei mir zu Hause oft so. Wissen Sie, meinen Brüdern gegenüber habe ich schließlich gar nichts mehr gesagt. Bloß zu meiner Mutter, zu der konnte man kommen.

Pastor: Und manchmal denkt man dann, die Männer seien alle so wie die Brüder früher gewesen sind . . .

Herr X.: Ja, und das mit den Händen auf den Kopf des Kindes legen, das habe ich noch nie gehört. Wie war das eigentlich?

Pastor: Wenn wir wissen, daß Gott für uns da ist, dann kann das ja nur die Konsequenz haben, daß wir füreinander auch da sind. Und deshalb legen wir miteinander, die Eltern und die Paten und der Pastor — und wenn es geht, auch die anderen Geschwister — eine Hand auf den Kopf des Kindes zum Zeichen des Beschützens, des Behütens und der Nähe, und zugleich bringen wir damit das zum Ausdruck, was man „Segen" nennt. So wie Gott das Kind nicht allein lassen will, so versprechen wir ihm mit diesem Symbol des Segnens, daß wir es auch nicht allein lassen wollen.

Frau X.: Aber irgendwann laufen sie einem ja doch weg, und meine Mutter sagte immer, das wäre das Schlimmste für sie gewesen.

Pastor: Und, liebe Frau X., man muß sie dann sogar laufen lassen. Man kann nicht ewig Kind bleiben, und man darf es auch nicht. Wir müssen den Kindern nur, solange sie bei uns sind, zeigen, wie man verantwortlich seine eigene Welt sich aufbaut und gestaltet. Das nennt man reif werden. Übrigens heißt es auch in der Bibel nicht nur, daß wir die Kinder Gottes sind, sondern da steht auch etwas davon, daß wir die Erben Gottes sein sollen. Das bedeutet, wir sollen das, was Gott uns in unsere Hand legt — das kann der Ehepartner, das kann die Arbeit, das Geschäft, das Haus, aber auch alle anderen Dinge sein —, in eigene Regie nehmen und so verwalten, daß wir einmal darauf Antwort geben können, wenn wir gefragt werden, was wir mit alledem, also auch mit unseren Kindern gemacht haben.

Herr X.: Aber jetzt muß ich doch sagen, Herr Pastor, wir haben allerhand bei Ihnen gelernt.

Pastor: Aber meinen Sie nicht auch, daß ich eine Reihe Dinge von Ihnen gelernt habe?

Frau X. (sehr erstaunt): Wieso?

Pastor: Nun, Sie haben mir angedeutet, welche Sorgen und welche Fragen, aber auch, welche Hoffnungen Sie für die Zukunft haben. Das ist doch wichtig für mich, da erfahre ich doch, wie es in anderen Menschen aussieht, und kann dabei für mein eigenes Leben und für die andern Menschen, die zu mir kommen, meine Lehren daraus ziehen. Ich sagte Ihnen ja schon vorhin, wir brauchen alle irgend jemanden, von dem wir lernen können. Sie ganz genau so wie ich auch.

Herr X.: Müssen Sie eigentlich auch die Paten wissen, Herr Pastor?

Pastor (ein wenig lächelnd): Wie kommen Sie jetzt plötzlich auf die Paten, Herr X.?

Herr X.: Na ja, das sind doch wohl auch Leute, die dem Kind dann später helfen sollen.

Pastor: Meine Meinung ist das auch. Und wenn ich Ihnen auch nicht hineinreden möchte, aber es wäre schon gut, wenn Sie deshalb Paten nehmen würden, die nicht zu alt sind, um dem Kind auch wirklich später zur Seite zu stehen, und daß es Menschen sind, die auch wirklich wissen, *warum* sie das Patenamt über dieses Kind annehmen.

Frau X.:   Also nicht meine Mutter und den Vater meines Mannes?

Pastor: Das entscheiden Sie. Aber ich meine nur, Sie sollten sich vielleicht doch einmal überlegen, warum ich der Meinung bin, andere, jüngere Leute wären besser dafür geeignet. Und darf ich Sie daran erinnern, daß die Paten zugleich mit Ihnen während des Taufgottesdienstes versprechen müssen, für die christliche Erziehung 5 dieses Kindes zu sorgen? Deshalb müssen sie auch Glieder einer christlichen Kirche sein, denn es wäre von uns Kirchenleuten eigentlich eine Unverschämtheit, wenn wir diese Frage an Leute richten, die vielleicht aus sehr ernsten Gründen mit der Kirche und mit dem christlichen Glauben nichts zu tun haben wollen.

Herr X.:   Dann möchte ich gern wegen der Paten nochmal mit Ihnen telefonieren. Ich 10 will das mit meiner Frau noch einmal bereden.

Pastor: Gern, Herr X.

Herr X.:   Ich glaube, das wäre zunächst einmal alles, aber wir können Sie ja auch noch weiterfragen.

Pastor: Gerade das wollte ich Ihnen anbieten. So, wie wir jetzt miteinander gesprochen 15 haben, können Sie es jederzeit tun. Möglichst rufen Sie aber bitte vorher an, damit ich mir dafür genügend Zeit nehmen kann. Aus diesem Zimmer kommt nichts heraus. Ich kann Ihnen zwar nicht versprechen, ob ich alle Ihre Fragen immer beantworten kann, aber ich kann Ihnen nur zusagen, daß ich zusammen mit Ihnen versuchen will, eine Antwort auf unsere gemeinsamen Fragen zu 20 finden. Deshalb möchte ich Ihnen auch gern als Erinnerung an diese Stunde noch etwas schenken. (Pastor nimmt aus dem Regal ein kleines Handbuch der Kindererziehung und schreibt vor den Eltern als Widmung hinein: Zur Erinnerung an unser Taufgespräch am . . . . Unterschrift: Pastor Y.) —
(Inzwischen sind Herr und Frau X. aufgestanden, der Pastor gibt das Buch 25 Frau X.)

Herr X.:   Das finde ich aber nett, Herr Pastor. Übrigens würden wir uns freuen, wenn Sie am Tauftag nachmittags vielleicht zusammen mit Ihrer Frau bei uns eine Tasse Kaffee trinken könnten.

Pastor: Ich will mit meiner Frau gern darüber reden. Ich sage es Ihnen noch einmal 30 genau, weil ich heute noch nicht übersehen kann, was bis dahin alles noch auf mich zukommt. (Pastor geleitet das Elternpaar bis zur Wohnungstür, hilft Frau X. in den Mantel und verabschiedet beide mit Handschlag.)

Gesprächsanalyse:

Das vorgelegte Gespräch ist insofern typisch, als es die Situation eines jungen Ehepaares zeigt, das nicht mit der Kirche gebrochen hat, aber vom inneren Verständnis kirchlicher Amtshandlungen kaum einen Begriff zu haben scheint. Die Einstiegssituation wird dadurch erleichtert, daß die Besucher eine bestimmte Thematik anbieten, die sich in zwei Linien durch das Gespräch hindurch zieht. Es ist einmal die im Hinblick auf die Erziehung des $3^{1}/_{2}$jährigen Jungen gewonnene Erfahrung, daß die Gefühle Freude, Ohnmacht und Angst sich im Erziehungsprozeß verstärken, und es ist zum anderen die Verhaftung in eine Familiensituation. Dabei wird deutlich, daß die Elternbindung bei den Taufeltern verschieden ist. Während Herr X. offensichtlich eine autoritäre Erziehung genossen hat (S. 122, Zeile 42 ff.), ist es bei Frau X. (S. 122, Z. 48 ff.) anders gewesen. Gemeinsam aber scheint das Erziehungsideal zu sein (S. 122, Z. 52 ff.), das nicht darin besteht, die dem Kind zugewiesenen Gaben zu entwickeln, sondern es auf „die harte Welt vorzubereiten". Daraus ergibt sich für den Vater die Konsequenz einer ebenso harten Erziehung, während sich für die Mutter aus dem Kindheitserlebnis eines großen Geschwisterkreises die Konsequenz der gegenseitigen Führung und Erziehung ergibt. Aus dem Kindheitserlebnis äußert der Vater auch eine stärkere Lebensangst (S. 123, Z. 19 ff.), während die Mutter eher eine Erziehungsunsicherheit (S. 123, Z. 27 ff.) an den Tag legt. Sicherlich haben beide Elternteile von dem, was Sigmund Freud über das Unheimliche geschrieben hat, nie etwas gelesen, aber sie demonstrieren dieses Verhalten augenfällig.

Die theologische Reflexionsfähigkeit der Elternteile erweist sich an den symbolhaften Aussagen des Taufgeschehens. Die Symbolhandlung des Segnens und Behütens ist dem nichtkirchlichen Vater immerhin so wichtig, daß er sich — aus welchen Gründen auch immer — diesen Teil des Taufablaufs noch einmal ausführlich wiederholen läßt (S. 124, Z. 39 ff.). Offensichtlich sind seine Tiefenschichten hiervon so stark berührt, daß er noch ein zweites Mal (S. 126, Z. 12) diesen Punkt der Taufhandlung anspricht. Es geht aus dem Gespräch nicht deutlich hervor, ob er den Pastor bei dessen ersten Erklärungen nicht verstanden hat oder ob er das ganze Problem des Behütet- und Beschütztwerdens in Verbindung mit der symbolträchtigen Geste des Segnens so entscheidend findet, daß der Vorgang bis zu diesem Punkt des Gespräches in ihm unbewußt mitgeschwungen hat. Die kirchlichen Reminiszenzen der Mutter aus dem Konfirmandenunterricht sind lehrmäßiger geprägt (S. 124, Z. 47 ff.). Aber auch hier schwingt vom Psychologischen her eine Vorstellung von Angst mit, die das Kind „rein erhalten" wissen möchte. Die gegebene Deutung des Pastors bezieht sich auf Römer 6 und wird dann zu der Fragestellung Taufe — Sündenvergebung erweitert (Gäumann 1957, S. 36 ff.).

Zur Gesprächsmethodik:

Die Gesprächsführung wird vom Pastor nicht von vornherein übernommen. Dabei kommt ihm die hier angebotene Situation allerdings zu Hilfe. Es ist anzumerken, daß sein erster Einsatz (S. 121, Z. 17) eine Verstehensfrage ist. Er bezieht nicht Stellung und lenkt dadurch das Gespräch nicht in eine von ihm angesteuerte Richtung. Die Technik der Spiegelfrage, die der Verdeutlichung und damit der Deutung dient, erleben wir S. 121, Z. 27 ff. und können aus dem nachfolgenden Gesprächsablauf ablesen, wie unvermutet Herr X. in eine ganz neue Richtung des Gesprächs hineinsteuert. Eine Sachdeutung wird dann von S. 122, Z. 5 an gegeben, die Herrn X. entweder unverständlich oder unsympathisch ist, denn die Bemerkungen auf S. 122, Z. 12 sind aggressiv abwehrend. Wahrscheinlich kommt hier die Angst vor dem nicht Überschaubaren der Zukunft auf Herrn X. zu, so daß er nun meint, man müsse „zur Sache" kommen. Der Pastor weist darauf hin, daß man die ganze Zeit „bei der Sache" gewesen wäre, und verwirklicht damit das, was wir in der Einleitung meinten, wenn wir den Kasus zum Ausgangspunkt dieses Taufgespräches gemacht haben wollten. Die Einbeziehung der Taufmutter in das Gespräch ist bisher nicht gelungen. Der Pastor versucht es mit einer Hinwendung zu ihr (S. 122, Z. 47), die aber eine latente Spannung in dieser Ehe sichtbar macht. „Ich wünschte, es könnte bei uns auch so sein" ist ein deutliches Zeichen bestehender Schwierigkeiten. So reagiert der Ehemann denn auch leicht aggressiv, ohne vorschnell vom Pastor deshalb ermahnt zu werden. An dieser Stelle zeigt sich gute Gesprächsmethodik. Es hätte sehr nahe gelegen, auf die Erziehungsauffassung des Taufvaters mit einer positiven oder negativen Antwort zu reagieren. Damit wäre aber entweder zugunsten oder zuungunsten eines der Gesprächsteilnehmer Stellung bezogen worden, oder die Frau bzw. der Mann hätte sich in die Verteidigung gedrängt gesehen. Daher sind auch die kurzen Fragen in S. 123, Z. 3 methodisch bedeutsam. Erst in S. 123, Z. 21 ff. gibt der Pastor seine Neutralität auf und formuliert in der unpersönlichen „man"-Ansprache seine eigenen Vorstellungen. Der Mehrzahl aller Seelsorger würde die Bemerkung der Frau X. (S. 124, Z. 3) der richtige Augenblick gewesen sein, nun zum „Eigentlichen" zu kommen. Bei dem Hinweis der Frau auf die Existenz und die Hilfe Gottes wird aber offensichtlich ein Problemkreis berührt, der zwischen beiden Eheleuten strittig ist. Setzt der Pastor hier mit dem seelsorgerlichen Akzent oder einem Hinweis auf den Lehrinhalt der Taufe an, dann wird er der Frau zwar ihre Position stärken, den Mann aber in seiner Antihaltung noch verfestigen. Er nimmt eine psychoanalytische Haltung an, indem er die Meinung der Frau mit schwebender Neutralität zur Kenntnis nimmt. Nur so ist es möglich, daß der Mann zum gleichen Problem auch Stellung nimmt und in S. 124, Z. 6 ein Stück seines religiösen Credo ausbreitet. Die darauf gegebene fragende Deutung ist eine Weiterführung der Gedanken des Vorredners. Methodisch falsch wäre gewesen: „Also deshalb wollen Sie Ihr Kind taufen lassen." Oder: „Wir Christen glauben nicht an etwas Höheres, sondern an den Vater Jesu Christi." Ebenso falsch, weil unwahrhaftig, wäre eine totale Zustimmung des Pastors zu den Worten des Taufvaters etwa in der Weise gewesen: „Ich bin ganz Ihrer Meinung, aber Sie können versichert sein, es wird alles gut werden, denn wir befehlen Ihr Kind in die Hände Gottes." — Der Pastor formuliert hier sehr vorsichtig, sehr deutend, aber auch im besten Sinne des Wortes begleitend und bekommt so eine ungebrochene Weiterführung des Gespräches. Dabei wird an einem Fall akuter Existenzangst vom Vater zum Ausdruck gebracht, wie er die Unheimlichkeit der Welt und sein Abhängigkeitsgefühl realisiert sieht. Allerdings ist der nachfolgende Abschnitt des Pastors (S. 124, Z. 20 ff.) etwas zu lang geraten. Ob diese Länge der Grund für die Bitte des Taufvaters ist, das Ganze noch einmal im einzelnen zu wiederholen, ob es die theologischen Formulierungen sind oder ob ein direktes Bewegtsein im emotionalen Bereich Hintergrund der Bitte ist, die an anderer Stelle noch einmal vorgebracht wird, kann nicht klar ausgesagt werden.

Eine weitere seelsorgerliche Zuspitzung erfährt das Gespräch von S. 125, Z. 25 an. Wäre es ein Gespräch zwischen dem Pastor und der Taufmutter allein gewesen, dann wäre eine Frage nach dem Hintergrund der von der Taufmutter vorgelegten Äußerung auf S. 125, Z. 25 dringend nötig. Weil der Pastor aber die Gesamtsituation der Ehe nicht übersieht und sie auch in diesem einen Gespräch unmöglich klären könnte, nimmt er lediglich die Sorge der Frau zur Kenntnis und verkollektiviert sie. Der Grundsatz, daß in einem Gespräch nicht alles gesagt werden darf, erweist sich auch hier als richtig. Der Dissensus, der aus den Kindheitserlebnissen beider Eltern hervorkommt, bricht sich noch einmal in S. 126, Z. 7 Bahn. Offensichtlich hat die Mutter das Erlebnis der überlegenen Brüder noch nicht verarbeitet. Diese Situation ist als Übertragung in ihre Ehe eingegangen und macht nun ein offenes Gespräch mit ihrem Mann schwierig. Jetzt wird auch die passive Rolle im Gespräch erklärbar, die von Anfang an bei der Frau bestanden hat. Wieder verkollektiviert der Pastor diesen Tatbestand, den er erkennt, mit der methodisch klugen Bemerkung von S. 126, Z. 10. Die Situation der Mutter wird immer deutlicher. Sie ist in ihrer Ehe allein; vermutlich ist sie es auch, die den Wunsch nach den beiden Kindern gehabt hat, um dieses Alleinsein zu überbrücken. Nun steht vor ihr die Angst, wieder allein zu sein, wenn die Kinder aus dem Haus gehen. So ist ihre Bemerkung in S. 126, Z. 22 f. geradezu ein Aufschrei. Ob die etwas affektbetonte Antwort des Pastors von S. 126, Z. 24 ff. der Situation hier ganz gerecht wird, ist fraglich. So ist es auch nicht die Frau, die ihrer Freude darüber Ausdruck gibt, vom Pastor viel gelernt zu haben, sondern bezeichnenderweise der Ehemann der Frau (S. 126, Z. 35). Für die Situation der Frau ist wiederum bedeutsam, daß sie es sich nicht vorstellen kann, daß der Pastor — der ja ein Mann ist — von der Gesprächssituation etwas gelernt haben könnte. Sie beteiligt sich erst wieder am Gespräch, als das Patenamt für die eigene Mutter fraglich wird.

Hierbei ist die Wortstellung, wonach zuerst die eigene Mutter und dann der Vater des Ehemannes genannt wird, nicht unwichtig. Der Berater, der nicht berät, sondern zur Entscheidung hilft, wird in der vom Pastor S. 127, Z. 2 gegebenen Antwort gut sichtbar. Vermutlich ist dem Pastor aufgefallen, daß er der Frau gegenüber noch eine Akzeption nötig hat. So ist es richtig, daß er (S. 127, Z. 25) das Erziehungsbuch in die Hände der Frau legt, die diese Akzeption auch annimmt. Als „Erfolg" ist zu werten, daß der Mann anbietet, mit seiner Frau gemeinsam das Paten-problem noch einmal zu besprechen. Die notwendige Distanzsituation wahrt der Pastor dadurch, daß er die Einladung zwar akzeptiert, aber noch nicht endgültig beantwortet. Er darf sich auch durch dieses Gespräch nicht unmittelbar in den Kreis der Eheleute so hineinziehen lassen, daß er zum Partner des Mannes wird –– der ja die Einladung aussprach — und damit die an sich schon schwache Position der Frau noch stärker unter-höhlen könnte. Zu Beginn des Gespräches hatte der Mann seiner Frau aus dem Mantel geholfen. Jetzt hilft der Pastor der Frau in den Mantel, um auf diese Weise noch einmal eine Akzeption zu bieten.

Gesprächsmethodisch ist dieses Gespräch im ganzen richtig geführt worden. Es hat zu einem gegenseitigen Kontakt geführt, der an einigen Stellen schon Anzeichen von Vertrauensbildung aufweist. Der Pastor hat eine gewisse Situationsschilderung der Ehe dadurch erhalten, daß er beide Gesprächspartner hat frei reden lassen, die Informationsphasen nicht ab-gebrochen und nur Klärungsfragen gestellt hat, ohne zu werten. Die Aus-gangssituation für die Taufpredigt und eine nachgehende Seelsorge ist nicht ungünstig. Die Taufpredigt könnte damit beginnen, daß der Pastor die von dem Mann geschilderte Existenzbedrohung, die einem Arbeits-kollegen widerfahren ist, aufnimmt und von daher den Begriff der neu-testamentlichen Agape deutet, die im Leben und im Sterben den Menschen umgibt. Es wäre dann sicherlich von der notwendigen Reifung der Kinder als Schöpfungsauftrag Gottes zu reden, um der Frau zu helfen, ihre Kin-der „gehen zu lassen". Gerade dort, wo das Taufgespräch aus seelsorger-lichen Gründen nicht nachgefragt hat, können jetzt vorsichtige Deutungen in der Taufpredigt gegeben werden. Die zugesagte Einladung zu dem Diskussionskreis junger Ehepaare muß baldmöglichst erfolgen, damit bei beiden Gesprächspartnern nicht der Eindruck entsteht, hier sei wieder einmal ein Angebot nicht beantwortet worden. Die Unsicherheit der Welt gegenüber, in die diese Kinder hineinwachsen sollen, bringen ja beide Elternteile eindeutig zum Ausdruck (S. 122, Z. 1 und Z. 51 ff.). Nur darf diese Unsicherheit nicht zu Antworten mißbraucht werden, die als biblische Schablonen die Unsicherheit erschlagen, sondern Taufpredigt und nachgehende Seelsorge müsse Deutungen des begleitenden Weges Jesu Christi mit den Menschen sein.

2. Taufgespräch, entwickelt als Lehrgespräch innerhalb einer psychologischen Situation

Großstadtsituation. Die Mutter meldet das Kind zur Taufe an, da sie im Bezirk des Gemeindepastors wohnt. Sie sind aus einem andern Stadtteil verzogen. Zu dem Pastor, der sie dort kirchlich getraut hat, besteht keine Verbindung. Die Mutter kommt in die an der Tür des Pastorates angeschlagene Sprechstunde ohne vorherige telefonische Anmeldung. Das zu taufende Kind ist eine Erstgeburt, es ist 8 Wochen alt. Beide Elternteile sind berufstätig. Der Vater arbeitet als Techniker in einer Druckerei, die Mutter ist Lagerverwalterin in einem Lebensmittelgeschäft. Sie ist 22 Jahre alt, schick angezogen, aber nicht übertrieben. Da sie im Wartezimmer einige Minuten hat warten müssen, ist sie sichtbar ungehalten, aber zugleich erstaunt über den „Betrieb", den sie bei einem Pastor nicht erwartet hat. Noch auf dem Weg vom Wartezimmer zum Sprechzimmer des Pastors sagt sie: „Na, bei Ihnen geht's ja zu wie beim Zahnarzt. Das hätte ich mir bei einem Pastor aber so gar nicht vorgestellt." Der Pastor bittet sie ins Arbeitszimmer und läßt sie an einem kleinen runden Tisch Platz nehmen.

(Der Kommentar zu dem Gespräch beginnt auf S. 139.)

Frau X.: Sie werden wohl jetzt wenig Zeit für mich haben, Herr Pastor, und da draußen warten auch noch Leute. Es geht auch ganz schnell. Ich wollte Ihnen bloß mein Kind zur Taufe anmelden. Das geht doch am nächsten Sonntag?

5 Pastor: Ich habe wirklich soviel Zeit, wie Sie wollen. Sie haben leider ein wenig warten müssen, aber eben auch nur deshalb, weil vorher jemand bei mir war, für den ich eben auch Zeit haben mußte. Wenn Sie später wieder einmal mit mir sprechen möchten, worüber ich mich sehr freuen würde, sind Sie nicht auf den Donnerstagnachmittag angewiesen, sondern wenn Sie mich anrufen, bin ich gerne bereit, auch jede andere Zeit Ihnen anzubieten, wo Sie dann bestimmt nicht

10 mehr zu warten brauchen.

Frau X.: Na ja, es dauert ja auch nicht lange, wie gesagt, ich wollte bloß das Kind zur Taufe anmelden, den Geburtsschein habe ich gleich mitgebracht.

Pastor: Es gibt hier doch eine ganze Reihe Dinge mehr zu besprechen als nur die formale Anmeldung zur Taufe. Denn ein Kind taufen, das ist ja nicht so, wie

15 wenn man zum Zahnarzt geht und schnell mal sich einen Zahn ziehen läßt, und dann ist alles vorbei. Wäre es vielleicht möglich, daß Sie noch einmal zu mir kämen, damit auch Ihr Mann mithört, was wir zusammen besprechen?

Frau X. (plötzlich sehr kleinlaut und nervös): Das geht sicherlich nicht, Herr Pastor. Ich habe schon lange reden müssen, bis er endlich einverstanden war, daß wir

20 das Kind überhaupt taufen lassen. Mein Mann hält nämlich nichts von der Kirche, aber austreten auch nicht, hat er gesagt. Damals, als wir uns kirchlich trauen ließen, war es auch schon so.

Er hat es bloß mir zuliebe getan. Wissen Sie, ich hab ja einen sehr guten Mann, aber es gibt so bestimmte Dinge, über die kann man mit ihm nicht reden.

Pastor: Das verstehe ich schon, Frau X., und ich kann mir auch vorstellen, daß das für Sie nicht ganz einfach ist (Frau X. nickt zweimal sehr bedeutungsvoll), aber dann werden wir beide eben miteinander bereden, was Sie alles wissen sollten, 5 und auch über alles, was ich wissen muß, wenn wir Ihr Kind taufen.

Frau X.: Ach ja, da braucht man ja wohl auch Paten zu. Das habe ich jedenfalls im Konfirmandenunterricht bei Pastor Z. gelernt.

Pastor: Das ist ja fein, daß Sie das aus Ihrem Konfirmandenunterricht noch wissen. Sicher ist das nicht das Einzige, was Sie von Ihrem Konfirmandenunterricht be- 10 halten haben.

Frau X.: Na ja, Sprüche und Liederverse, die weiß ich gar nicht mehr, weil man davon soviel auswendig lernen mußte, was mich übrigens immer so geärgert hat. Aber sonst weiß ich vor allem noch, daß unser Pastor ein sehr netter Mann war, und ich weiß genau, wenn ich was hätte, zu dem würde ich schon gehen. 15

Pastor: Wollen Sie dann Ihr Kind nicht lieber bei dem Pastor taufen lassen, der Sie getraut hat, denn es ist doch sehr wichtig, daß Sie auch für spätere Zeiten dann jemanden haben, der Sie getraut hat, Ihr Kind getauft hat und der vielleicht auch einmal Ihr Kind konfirmieren wird?

Frau X. (sehr gedehnt und unsicher): Ach, das ist ja jetzt so weit weg, und nun 20 wohnen wir nun man ja hier in der Innenstadt, da ist es schon besser, ich komme zu Ihnen, und außerdem hat man mir unten im Büro gesagt, Sie wären für uns zuständig.

Pastor: Das stimmt schon, und selbstverständlich taufe ich Ihr Kind gern, wenn Sie es wollen. Nur Sie müssen nicht meinen, daß wir Pastoren uns untereinander 25 Konkurrenz machen. Ich jedenfalls bin der Auffassung, daß man sich seinen Pastor ebenso selbst wählen darf, wie man z. B. seinen Arzt sich wählt. — Aber Frau X., erlauben Sie mir mal eine etwas merkwürdige Frage (Frau X. sieht den Pastor erwartungsvoll und auch etwas spöttisch an). — (Pastor fährt fort): Sagen Sie, liebe Frau X., warum wollen Sie Ihr Kind eigentlich taufen lassen? 30

Frau X. (sichtlich verärgert, mit einem kindlich-trotzigen Gesichtsausdruck): Na, das müßte Sie ja doch eigentlich freuen, wenn man jemanden taufen läßt, wo doch heute soviel Leute aus der Kirche austreten. Und ich meine, schließlich muß ja so ein Kind getauft werden. Es könnte ja doch später Unannehmlichkeiten haben, und ich will mir auch von meinem Kind später mal keine Vorwürfe machen 35 lassen. Später kann das Kind ja immer noch tun, was es will.

Pastor: Könnten Sie sich vorstellen, daß Ihr Kind gerade deshalb einmal später Schwierigkeiten bekommt, *weil* es getauft worden ist?

Frau X.: Nee, das ist doch gar nicht möglich. Ich hab es doch gesehen, als ich damals in die Lehre ging. Das Erste, wonach mich mein Meister fragte, war, ob ich kon- 40 firmiert worden bin.

Pastor: Ich muß Ihnen gestehen, daß ich das von dem Meister gar nicht nett finde. Wenn er Sie nach Ihren Schulzeugnissen gefragt hätte, das kann ich einsehen, aber warum er Sie nach Ihrem Konfirmationsschein fragt, das verstehe ich nicht. War er denn ein sehr kirchlicher Mann? 45

Frau X.: Das glaube ich nicht. In die Kirche ging er nie, und geflucht hat er wie ein Rohrspatz.

Pastor: Wir müssen uns doch darüber klar sein, daß man ein sehr anständiger Mensch sein kann und daß Ihr Kind zu einem sehr anständigen Menschen aufwachsen kann, wenn es nicht getauft wird. Und — es ist ja doch auch nicht so, daß ge- 50 taufte Kinder vielleicht weniger krank werden als ungetaufte oder später braver und fügsamer sind als ungetaufte Kinder. Das alles ist doch ganz gewiß nicht so. Meinen Sie das nicht auch, Frau X.?

Frau X.: Na ja, aber schließlich will man doch auch nicht, daß das Kind so ein kleiner Heide bleibt.

Pastor: Auch Heiden sind keine schlechten Menschen. So ein großer und berühmter Mann wie Mahatma Gandhi, dessen Namen sie sicher einmal gehört haben, war kein Christ, er war auch nicht getauft, er gehörte einer ganz anderen Religion als dem Christentum an. Vielleicht hat er aber in seiner Arbeit für den Frieden und für die Verständigung unter den Menschen viel mehr getan, als mancher Christ es tut, auch als mancher christlicher Politiker.

Frau X.: Jetzt müßte mein Mann Sie hören. Das sagt er nämlich auch immer. (Lächelt leise vor sich hin.)

Pastor: Vielleicht unterhalten wir uns einmal so über den Sinn der Taufe, daß wir miteinander besprechen, wie denn so eine Taufe verläuft. (Pastor stellt die Frage nach Datum und Uhrzeit, die gewünscht wird, und trägt sie in seinen Terminkalender ein. — Dann fährt er fort): Sie müssen bitte mit Ihrem Mann und natürlich Ihrem Kind und den beiden Paten — davon sprechen wir noch — ungefähr 5 Minuten vor 12 Uhr an der Kirchentür sein. Aber, daß Ihr Mann mitkommt, darauf muß ich leider bestehen.

Frau X.: Doch, das hatte er auch vor. Aber muß er wirklich dabei sein?

Pastor: Es gibt viele Gründe, warum er das wirklich muß. Für mich ist im Augenblick der wichtigste der, daß bei allen wichtigen Ereignissen, die in einer Familie geschehen und die das Leben des Kindes bestimmen, beide Elternteile gemeinsam entscheiden und — wenn irgend möglich — auch gemeinsam dabei sein sollten. Wenn Ihr kleines Mädel eines Tages heiratet, dann werden Sie doch auch gewiß beide dabei sein wollen und bei der Konfirmation sicher auch.

Frau X.: Ja, aber mein Mann sagt, Kindererziehung bis zum vierten Jahr oder bis das Kind in die Schule kommt, das sei meine Sache, da kümmere er sich nicht drum.

Pastor: Zu schade, daß Ihr Mann nicht mit hier sein kann. Hier müßte ich ihm nämlich wirklich widersprechen. Sie haben sicher auch schon einmal gehört, daß die ersten 4 Lebensjahre im Leben eines Kindes ganz besonders wichtig sind. Wir können heute wirklich nicht mehr sagen, ein Kind dürfe allein von seiner Mutter oder allein von seinem Vater erzogen werden. Was ein Kind gerade in den ersten 4 Lebensjahren an Lebenseindrücken von beiden Eltern bekommt, das ist sein ganzes Leben lang wichtig und prägend.

Frau X.: Nein, da brauchen Sie auch keine Angst zu haben. Das hat er mir versprochen, in die Kirche zur Taufe wird er mitkommen. Das tut er schon mir zuliebe.

Pastor: Wird Ihr Mann denn auch einverstanden sein, wenn Sie Ihr Kind vielleicht später in den Kindergottesdienst schicken und wenn es zum Religionsunterricht geht und später zur Konfirmandenstunde?

Frau X.: Das ist er ganz bestimmt. Er ist ja selber auch in den Konfirmandenunterricht gegangen, und von Bibelversen weiß er viel mehr als ich. Wissen Sie, gegen Gott ist er gar nicht, bloß gegen die Kirche hat er viel ... Er sagt immer, irgend etwas Höheres muß es ja geben, und neulich, als ich kurz vor der Geburt noch sehr krank war, meinte er: „Da sieht man doch, die Menschen können eben doch nicht alles."

Pastor: An diesem Punkte wäre ich mit Ihrem Mann ganz bestimmt einig. — Darf ich noch einmal zurückkommen auf den Verlauf der Taufhandlung? Ich hole Sie also an der Kirchentür ab. Sie oder einer Ihrer Paten trägt Ihr Kind auf dem Arm, und dann gehen Sie als Eltern voran mit dem Kind und der Pate vielleicht hinter Ihnen. Dann kommen die Großeltern oder wer sonst noch da ist, und ich führe Sie unter Orgelbegleitung vor zum Altar. So ein Weg von der Kirchentüre zum Altar bedeutet eben, daß wir Ihr Kind hin zu Gott bringen. Denselben Weg wird es hoffentlich einmal gehen, wenn es konfirmiert wird, und später bei der Trauung, und wenn wir alle einmal aus dem Leben gehen müssen, dann steht unser Sarg wieder unter dem Kreuz. So hat der Weg von der Kirchentüre zum Altar schon einen guten Sinn. Übrigens: darf ich fragen, mit wieviel Leuten bei der Taufe Sie etwa rechnen?   5

Frau X.:   Also, na ja, meine Eltern kommen bestimmt, und die Mutter meines Mannes kommt auch, und dann werden noch ein paar Leute aus dem Hause kommen. Ich denke, wir werden so 12 bis 15 Personen sein.

Pastor: Ich habe Sie nur deshalb gefragt, weil ich wissen wollte, ob wir nicht doch miteinander gemeinsam etwas singen sollten. Das ist bei der Taufe eigentlich 10 immer so, und wir haben ja auch schöne und bekannte Lieder dafür. Sie sagten mir eben, Sie seien kurz vor der Geburt noch recht krank gewesen. Das war ja doch eine Zeit der Sorge, nicht?

Frau X.:   Das war es ganz gewiß, Herr Pastor, und ich hatte mich ja auch auf das Kind so gefreut.   15

Pastor: Dann schlage ich vor, wir singen das Lied „Lobe den Herren, den mächtigen König der Ehren". Da gibt es einen Vers, der ganz besonders davon spricht, daß man für die Gesundheit, die Gott uns schenkt, dankbar sein soll.

Frau X.:   Ja, das wäre das richtige Lied, und das können wir — glaube ich — auch alle.   20

Pastor: Wissen Sie eigentlich, Frau X., warum wir Kinder überhaupt taufen? (Pastor läßt keine Zeit zum Antworten, sondern fährt gleich fort, um Frau X. nicht in Verlegenheit zu bringen.) Jesus Christus, nach dessen Wort und dessen Tun wir ja so gerne als Christen leben wollen, hat es einfach uns so befohlen. Er hat gesagt: Gehet hin in alle Welt... Deshalb taufen wir Kinder. Also nicht, weil 25 die Kirche gerne einen Steuerzahler mehr haben will, und auch nicht, weil es so schön fromm ist oder weil man im Leben dabei Schwierigkeiten haben kann oder auch, wie im Augenblick, weil einem das vielleicht irgend etwas erleichtert, sondern eben bloß aus diesem einen Grunde.

Frau X.:   Ja, mit der Kirchensteuer ist das auch so eine Sache. Das müßte auch mal 30 geändert werden. Mein Mann ärgert sich da jedes Monatsende drüber.

Pastor: Sehen Sie, das ist wieder eine Sache, über die ich mich mit Ihrem Mann gern einmal unterhalten möchte. Ich sehe schon, Sie müssen beide doch noch einmal herkommen.

Frau X.:   Wenn ich das meinem Mann so sage, kann es schon sein, daß er mal mit- 35 kommt — aber versprechen kann ich Ihnen das nicht.

Pastor: Ich habe von Ihnen kein Versprechen verlangt, und ich werde auch kein Versprechen dafür verlangen. Aber freuen würde ich mich schon, wenn ich Sie beide noch einmal sehen würde. (Pause)

Pastor (fährt fort):   Dann werden wir miteinander beten, Gott dafür danken, daß er 40 Sie hat gesund werden lassen, daß Sie ein gesundes Kind haben und daß Sie in Frieden beisammen sein können. Und dann werde ich Ihnen eine kurze Taufpredigt halten. Dabei werde ich den Taufspruch nehmen, den Ihr Kind bei der Taufe bekommen soll. Wissen Sie, das ist nicht nur so ein Bibelwort für diese eine Stunde bei der Taufe, sondern soll gleichsam eine Art Überschrift für das ganze 45 Leben Ihres Kindes sein.

Frau X.:   Herr Pastor, da werden Sie sicher schon das Geeignete finden. Wir kennen uns doch in der Bibel nicht so aus wie Sie.

Pastor: Das mag schon sein. Dafür weiß ich wieder vieles nicht, was Sie wissen. Aber ich meine, das ist doch *Ihr* Kind, und deshalb habe ich eigentlich kein Recht, 50 Ihnen einen Taufspruch so einfach zu verpassen. Ich schlage Ihnen lieber vor, daß ich Ihnen eine Reihe von geeigneten Bibelworten für die Taufe mitgebe. Sie lesen sich die einzelnen Worte mal zu Hause durch, und dann rufen Sie mich wieder an und sagen, welches Wort Sie haben wollen. (Überreicht ihr ein Blatt mit geeigneten Taufsprüchen.)

Frau X.: Aber kreuzen Sie mir doch wenigstens die an, die Sie für besonders gut halten.

Pastor: Das tue ich eigentlich ungern, denn es könnte sein, daß ein Wort des Neuen Testamentes mir sehr viel bedeutet, Ihnen aber gar nichts sagt. Es wäre schon ganz gut, wenn Sie das mit Ihrem Mann selbst täten.

Frau X.: Ich weiß schon, was mein Mann dazu sagen wird. Er wird sagen, mach du das man, das ist deine Sache. (Sie blickt etwas traurig und mit einem leichten wehmütigen Lächeln vor sich hin. — Gesprächspause.)

Frau X.: Manche Frauen beschweren sich, daß der Mann ihnen in alles reinredet, aber bei mir wäre es ganz gut, wenn mein Mann mal etwas mehr sagen würde zu dem, was uns doch beide angeht. — Pause.

Pastor (sehr vorsichtig, sehr fragend): Darf ich davon in meiner Predigt irgend etwas sagen? Nicht etwa so wörtlich, wie Sie es mir gesagt haben, aber doch so, daß Mann und Frau eine gemeinsame Verantwortung für das Kind haben?

Frau X.: Ach ja, Herr Pastor, das tun Sie mal ruhig. Das täte ihm ganz gut.

Pastor: Schön, wenn Sie einverstanden sind, will ich das gern tun. Aber das, was eigentlich bei der Taufe passiert, das kommt jetzt erst nach der Predigt. Ich werde nämlich Sie mit Ihrem Mann und Ihren Paten vor zum Altar bitten, und dann sollten Sie Ihr Kind in den Arm nehmen, wenn es nicht eins Ihrer Paten zur Taufe halten will, und dann kommt das, was man eigentlich unter Taufe versteht. Das heißt, ich werde das Köpfchen Ihres Kindes dreimal mit Wasser ein wenig besprengen und dazu die Worte sagen: „Ich taufe dich im Namen des Vaters und des Sohnes und des Heiligen Geistes." Bitte verstehen Sie das nicht als irgendeine Zauberformel, so, als ob nun in Zukunft diesem Kind nichts mehr passieren könnte. Durch Jesus Christus wissen wir, daß Gott den Menschen ja nicht verspricht, daß sie keine Sorgen mehr haben, wenn sie an ihn glauben, sondern dies geschieht, weil Sie sich fest darauf verlassen können, daß wir in allen Sorgen und allen Ängsten und allem Ärger, den wir haben, niemals allein sind. Und — Angst haben wir ja als Erwachsene ebenso oft wie die Kinder. Vor allem dann, wenn wir das Gefühl haben, ganz allein zu stehen.

Frau X. (nickt leise und kaum bemerkbar und sieht den Pastor fragend an)

Pastor: Taufe bedeutet also, daß Sie der festen Überzeugung sein können, Ihr Kind ist nicht mehr allein. Gott läßt es nicht allein, und Menschen übernehmen bei dieser Taufe die Verpflichtung, Ihr Kind nicht mehr allein zu lassen. Und das gilt nicht nur für die Eltern, sondern das gilt für die Paten auch.

Frau X. (etwas bitter lächelnd): Das hätten Sie meinen Paten mal sagen sollen. Einen habe ich überhaupt nie gesehen, und der andere, der kennt mich kaum.

Pastor: Über den Sinn des Patenamtes wollte ich Ihnen sowieso noch etwas sagen. Wir können es auch gleich tun. Wen wollen Sie denn als Pate haben?

Frau X.: Ja, also — (etwas zögernd) vielleicht meine Mutter und dann noch meine Tante.

Pastor: Da muß ich noch zwei Fragen dazu stellen. Einmal, wissen Sie, daß die Paten unserer evangelischen Kirche angehören sollen oder wenigstens überhaupt irgendeiner christlichen Kirche?

Frau X. (sichtlich verärgert): Na, Kirchensteuer haben sie immer bezahlt, darauf können Sie sich verlassen.

Pastor: Liebe Frau X., darauf kommt es jetzt wirklich nicht an, ob die Leute Kirchensteuer bezahlt haben oder nicht. Es geht vielmehr darum, daß ich vor Beginn der Taufe noch etwas tue, wovon ich bisher noch gar nicht gesprochen habe. Ich werde nämlich die Eltern und die Paten fragen, ob sie wollen, daß dieses Kind christlich getauft wird, und ob sie bereit sind, für die christliche Erziehung des Kindes, d. h. also für das, was ich vorhin von Kindergottesdienst, Konfirmandenunterricht und auch für das Gebet zu Hause sagte, wirklich sich einzusetzen, zumindest das nicht zu verhindern. Verstehen Sie, es wäre doch eigentlich sehr hinterlistig von der Kirche, wenn wir Leute fragen würden, die vielleicht aus sehr ernsten Grün- 5 den aus der Kirche ausgetreten sind und nun mit alledem nichts mehr zu tun haben wollen. Darf ich es noch einmal sagen: Leute, die aus der Kirche aus- getreten sind, sind keineswegs schlechtere Menschen oder bessere Menschen als die andern, nur man kann sie dann nicht zu etwas verpflichten, wozu sie innerlich gar keine Lust haben. 10

Frau X.: Das verstehe ich allerdings sehr gut, Herr Pastor. Aber Oma und meine Tante gehören beide der Kirche an, und sie gehen auch viel öfter in die Kirche als wir.

Pastor: Meine zweite Frage wäre aber die: Halten Sie es für richtig, für die Paten Menschen zu nehmen, die vermutlich viel früher sterben müssen als Sie z. B.? 15 Paten sollten ja dann, wenn den Eltern etwas passiert, an die Stelle der Eltern treten. Wenn uns etwas passiert, dann sollten die Paten für uns eintreten. Das kann soweit gehen, daß sie das Patenkind zu sich aufnehmen. Das Patenamt entstand ganz zu Anfang der Christenheit, als die Eltern damit rechnen mußten, wegen ihres christlichen Glaubens verfolgt oder sogar getötet zu werden. Dann 20 suchten sie sich in der Gemeinde meistens zwei Leute, einen Mann und eine Frau aus, von denen sie wußten, die werden nicht nur für mein Kind sorgen, wenn mir etwas passiert, sondern sie werden sie auch in unserem christlichen Glauben erziehen. Das ist der Sinn des Patenamtes.

Frau X.: Da muß ich noch mal mit meinem Mann drüber reden. Hoffentlich schnappt 25 Oma aber nicht ein.

Pastor: Ich glaube, wenn Sie Ihrer Frau Mutter erklären, warum Sie sie nicht nehmen, dann wird sie das vielleicht ganz gut verstehen. Auch zu dem Wasser möchte ich noch etwas sagen. Meist denken die Leute ja, das sei vor allen Dingen deshalb, weil von dem Kind damit die Sünde abgewaschen wird. Nun, damit hat es auch 30 etwas zu tun. Vor allen Dingen aber hat es damit zu tun, daß früher einmal die Menschen bei der Taufe — meist waren es allerdings Erwachsene — in einem Bach oder in einem Fluß ganz untergetaucht wurden. Das hatte die Bedeutung, daß man so eine Art geistlichen Tod durchstehen mußte. Alles, was an einem Menschen böse und falsch und gegen Gottes Willen ist, sollte absterben, und ein 35 ganz neuer und anderer Mensch sollte aus dem Wasser herauskommen. Wir haben leider heute weithin vergessen, daß Christen in der Verantwortung vor dem leben müssen, was Jesus Christus gesagt und getan hat. Das würde z. B. heute bedeuten, daß man dort nicht mitschimpft, wo die andern alle schimpfen, Men- schen dort in Schutz nehmen, die die andern alle verdammen oder verlachen, 40 das würde bedeuten, daß man in seinem kleinen Bereich zu Hause, aber auch im Betrieb alles tut, was zum Frieden und zur Versöhnung getan werden muß. Sie wissen ja wahrscheinlich ganz genau, wie man dann angeschaut wird, wenn man dann nicht zu allem ja und amen sagt.

Frau X.: Und ob ich das weiß, Herr Pastor, aber das ist so maßlos schwer bei der 45 Arbeit.

Pastor: Das verstehe ich gut, und, bitte, glauben Sie nicht, daß es etwa dem Pastor soviel anders geht, wenn er es auch sicher in manchen Dingen leichter und ein- facher hat als Sie. Da braucht man eben Menschen, die einen gelegentlich auch mal beraten und die genau so denken, wie man selbst. Deshalb würde ich mich 50 sehr freuen, wenn ich Sie mit Ihrem Mann auch ab und zu mal zu unserm Kreis von jungen Taufeltern einladen darf. Ob Sie kommen oder nicht kommen, das ist ganz Ihre Sache. Wir treffen uns jeden Monat einmal und besprechen dann eine

ganze Reihe von Fragen. Da geht es um Erziehungsfragen, um Ehefragen, aber
da geht es natürlich auch darum, wie man als Christ zu Hause und in der Familie
und auch in der großen Politik heute leben kann.

Frau X.:   Sie können uns gern eine solche Einladung schicken, und vielleicht komme ich
5   mal. Aber (sie zögert) Sie wissen ja, wenn man mal abends zu Hause ist, dann
macht man sich nicht so gern wieder frei.

Pastor: Und nun geschieht mit Ihrem Kind noch etwas, was ich für sehr wichtig
ansehe. Ich werde nämlich Ihrem Kind an der Stirn und an der Brust mit meinem
Finger ein Kreuzzeichen machen. Auch das hat wieder nichts mit Zauberei zu tun
10   und ist nicht so etwas wie ein Talisman oder ein Amulett, sondern das bedeutet
ungefähr dasselbe, als wenn Sie in ein Buch Ihren Namen reinschreiben. Sie tun
das, weil Sie damit sagen wollen, dieses Buch gehört nun unwiderruflich mir.
Es kann sein, daß dieses Buch verlorengeht oder Sie es jemandem verborgen,
aber das ändert alles nichts daran, daß dieses Buch Ihr Eigentum ist. Und so ist
15   es nun mit Ihrem Kind und Gott auch. Wir alle kennen ja in unserem Leben
Augenblicke, in denen wir uns einsam und verlassen vorkommen, auch gerade
von Gott. Und selbst Jesus hat am Kreuz ausgerufen: „Gott, mein Gott, warum
hast Du mich verlassen!" Aber zuletzt konnte er doch sagen: „Vater, in Deine
Hände befehle ich meinen Geist!" Sehen Sie, mit der Taufe ist das auch so, daß
20   man schon, wenn man wieder mal ganz fertig und ganz am Ende ist, sagen
kann: ich weiß ganz genau, daß du mich nicht verlassen hast, und ich kann auch
ganz genau wissen, daß ich dir gehöre. Ich bin getauft. —

Frau X.:   Sagen Sie das auch so ähnlich in der Taufpredigt? Ich kann mir schon denken, daß mein Mann darauf hört. Er hat nämlich eine sehr einsame Kindheit
25   und Jugend gehabt, und mir tut so leid, wenn er immer so schlecht von der Kirche
redet.

Pastor: Ich will's versuchen, aber wie das, was ich sage, ankommt, kann ich nicht
voraussagen. — Dann werde ich Sie und die Paten bitten, mit mir die Hand auf
das Köpfchen Ihres Kindes zu legen, und wenn ich den Segen spreche, dann ist
30   das eben nicht nur der Segen, den der Pastor spricht, sondern dann ist es das
Gebet zu Gott um Schutz und Hilfe für dies Kind, was wir alle gemeinsam miteinander für dieses Kind aussprechen. Schließlich beten wir dann noch gemeinsam
das Vaterunser vorn am Altar, und dann nehmen Sie Ihr Kindchen und gehen
bitte zurück auf Ihre Plätze.

35 Frau X.:   Und wie ist das, Herr Pastor. Da hab ich mal gesehen, wie die Mutter
hinterher mit Ihrem Kind eingesegnet wird. Geschieht das bei uns hier auch?

Pastor: Ja, das geschieht auch, aber wenn Sie es aus irgendeinem Grunde nicht
gewünscht hätten, hätte ich darauf nicht bestanden. Sinnvoll, meine ich, ist es nur,
wenn ich nicht nur Sie und Ihr Kind am Altar segne, sondern wenn auch Ihr
40   Mann bereit ist, mit an den Altar zu kommen. Ich würde dann Ihren Mann
bitten, hinter Sie zu treten, Sie würden mit Ihrem Kind am Altar knien; wie der
Vater im Leben hinter Frau und Kind stehen soll, so würde dann der Mann
hinter Sie beide treten, und ich würde über Ihnen allen den Segensspruch sagen.
Aber bitte, bereden Sie das erst mit Ihrem Mann.

45 Frau X.:   Das will ich gerne tun. Ich würde es mir schon von ihm wünschen, denn —
(merkwürdig längeres Zögern) — das ist doch was... (Gesprächspause)

Pastor: Nun habe ich noch einen wichtigen Bestandteil aus dem Taufgottesdienst mit
Ihnen zu besprechen. Kurz ehe ich die Paten und Sie frage, ob Sie das Kind
wirklich taufen lassen wollen und auch die Verantwortung dafür übernehmen,
50   werden wir miteinander unser Glaubensbekenntnis beten. Warum wir das tun,
hat eine sehr lange Geschichte. In früheren Zeiten, wo die Gottesdienste der
Christen noch geheim waren und man mit Verfolgung rechnen mußte, wenn man
einen christlichen Gottesdienst besuchte, war der Augenblick, wo ein Täufling

kurz vor der Taufe vor der gesamten Gemeinde aufstand und seinen Glauben bekannte, zugleich auch der Augenblick, wo er bereit war, alle Konsequenzen zu tragen. Das ist im Augenblick nicht so. Aber wenn Sie an die Zeiten zurückdenken, die kurz vor Ihrer Geburt zu Ende gegangen sind, da könnten Ihnen einige Leute schon etwas davon erzählen, was es manchmal für ein Risiko war, sich 5 taufen zu lassen. Und ich könnte mir schon vorstellen, daß so etwas irgendwann einmal wiederkommen könnte. Jedenfalls ist das Glaubensbekenntnis, das wir gemeinsam beten, in irgendeiner Form eine Zusicherung, daß wir von der Kirche etwas halten. Ich weiß, da gibt es im Glaubensbekenntnis Sätze, die sind sehr schwer verständlich, so z. B. „geboren von der Jungfrau Maria" oder „nieder- 10 gefahren zur Hölle", und ich bin gerne bereit, später Ihnen einmal mehr zu sagen, was wir übrigens auch oft in unseren Gemeindeabenden tun. Sie sollen nur wissen, warum das Glaubensbekenntnis, das in einer Sprache formuliert ist, in der unsere Vorväter einmal gesprochen und gedacht haben, gerade an dieser Stelle im Taufgottesdienst erscheint. So. Frau X., nun wüßte ich gern, ob Sie zu alledem 15 noch etwas zu fragen hätten?

Frau X.: Ach, sicherlich schon, aber im Augenblick fällt mir nicht viel ein. Das war alles so neu für mich, aber meinem Mann werde ich ganz gewiß davon erzählen. Ich bin gespannt, was er dazu sagt.

Pastor: Vor allem vergessen Sie bitte nicht, mit ihm gemeinsam den Taufspruch aus- 20 zusuchen. Er kann mich ja dann anrufen und mir die Stelle angeben. Und ganz herzlich lade ich Sie zum Gottesdienst am Sonntag, den (folgt Datum) ein. Dort halten wir die Abkündigung. Das heißt, wir nennen den Namen Ihres Kindes und schließen es am Altar in das Fürbittengebet ein. Dadurch erfährt die ganze Gemeinde, daß nun auch Ihr Kind nicht nur zu der Gemeinde hier in B. gehört, 25 sondern zu der großen Gemeinde der Christenheit überall auf der Welt.

Frau X. (sieht plötzlich sehr erschrocken auf die Uhr und springt geradezu aus dem Stuhl hoch): Das war ja bald eine Dreiviertelstunde, die ich bei Ihnen gesessen habe. Was werden denn die Leute draußen sagen, und mein Mann wird schimpfen, wenn ich so spät nach Hause komme.   30

Pastor: Wenn Sie ihm sagen, was wir zu bereden hatten, wird er vielleicht nicht mehr schimpfen, und wenn es sehr viel Krach gibt, rufen Sie mich doch bitte an. Ich komme gern mal bei Ihnen vorbei und erzähl Ihrem Mann selbst etwas.

Frau X.: Herr Pastor, das würden Sie tun?

Pastor: Aber selbstverständlich gern, nur ich müßte wissen, wann ich Ihren Mann auch 35 antreffe.

Frau X.: Ach wissen Sie, ich sag Ihnen bestimmt mal einen Termin, wann es paßt, denn so einfach Sie kommen lassen, das gibt bloß Ärger. Aber Sie können sich darauf verlassen. Ich sag Ihnen einen Termin.

Pastor (erhebt sich): Recht schönen Dank, Frau X., das will ich sehr gerne tun. Einen 40 recht herzlichen Gruß an Ihren Mann und auch an Ihre kleine Puppe. Auf Wiedersehen bis zum übernächsten Sonntag. (Pastor verabschiedet sich, geleitet Frau X. zur Wohnungstür, hilft ihr in den Mantel und geleitet sie aus der Tür heraus.)

Zur Analyse

Der Charakter des Lehrgespräches wird von der Besucherin angeboten. Von S. 132, Z. 18 an wird eine kirchliche Thematik sichtbar, die aufgenommen werden muß. Es ist auch anzunehmen, daß die Mutter das Gespräch in diese Richtung haben wollte, da sie so plötzlich (S. 133, Z. 9) auf ihren Konfirmandenunterricht zu sprechen kommt. Außerdem geht

aus den Einleitungssätzen hervor, daß an der Frage nach der kirchlichen
Einstellung ein Dissensus zwischen ihr und ihrem Mann besteht, der schon
bei der kirchlichen Trauung akut geworden ist. Es wäre also nicht richtig,
dieses Angebot der Besucherin auf einen existenziellen Kasus der Lebens-
bewältigung abdrehen zu wollen. Der Pastor handelt richtig, wenn er die
kirchlich-theologische Problematik aufnimmt. Fraglich ist jedoch, ob er
sich dabei die psychische Situation der Frau klar macht. Diese Frau steht
in dauernder Auseinandersetzung offener oder latenter Art über kirchliche
Dinge und wird nun auf S. 133, Z. 30 mit einer bewußt provokativen Frage
überfallen. An sich kann eine provokative Fragestellung gerade beim
Taufgespräch notwendig sein, um die nur traditionelle Seite eines solchen
Taufbegehrens herauszustellen und abzubauen. Anders aber ist die Situation hier. Man hat den Eindruck, daß der Pastor hier nach einer Schablone
vorgeht. Es scheint so zu sein, daß er diese an sich richtige Fragestellung
schablonemäßig aufgreift, ohne zu bedenken, daß sie in dieser Situation
nicht angebracht ist. Wir erleben hier die Notwendigkeit, jeden Kasus als
den einen Kasus dieser einen Situation zu betrachten und gerade dann,
wenn bestimmte Erfahrungen aus der Gesprächstechnik vorliegen, nicht
auf frühere Fälle zu reflektieren. Die sonst lehrmäßig sehr sicher vorgebrachten Meinungsäußerungen des Pastors deuten darauf hin, daß er
hier eine eigene, nicht verarbeitete theologische Situation im Taufgespräch
auf seine Gesprächspartnerin überträgt. So wird denn auch seine Provo-
kation aggressiv beantwortet, und es ist nicht zu sehen, wie diese Aggressivität durch eine Akzeption aufgenommen wird. Provokationen stellen
ja auch die Fragen auf S. 133, Z. 37 und 52 und die Bemerkungen
ab S. 134, Z. 6 dar. Ohne es zu merken, manövriert sich damit der
Pastor für seine Besucherin in die Rolle des Ehemannes der Besucherin
hinein. Das führt zwar zu einer gewissen Kontaktaufnahme der beiden
Gesprächspartner, nicht aber zu einer Vertrauenssituation zwischen
Besucherin und Pastor. Auf S. 134, Z. 47 identifiziert sich der Pastor
geradezu mit dem Ehemann, ohne daß er viel über die Situation der Ehe
weiß. Daß dieses Gespräch dennoch im ganzen gut verläuft, verdankt der
Pastor den zu Anfang gegebenen starken Akzeptionen auf S. 132, Z. 4
bis 10. Allerdings wird hier mehr zugesagt, als gehalten werden kann.
Äußerungen wie: „soviel Zeit, wie Sie wollen" oder „jede andere Zeit
Ihnen anzubieten, wo Sie dann bestimmt nicht mehr zu warten brauchen"
sind darum gefährlich, weil Zeitumstände eintreten können, die diese
Zusage widerlegen. Verständlich werden solche überzogenen Akzeptionen
durch die ausgesprochene Distanzhaltung, die die Besucherin auf S. 134,
Z. 1 bis 3 an den Tag legt. Eine solche Haltung aber hat der Pastor schon

mehrfach erlebt. Er kann aggressiv reagieren oder emotional-akzeptiv. Er entscheidet sich unbewußt für das zweite und überzieht die Akzeptionen. Damit gibt er zu erkennen, wie wenig er seine eigene Problematik zu diesem Punkte verarbeitet hat.

Sehr bald wird klar, daß der Pastor mit einem bestimmten Ziel in das Taufgespräch hineingegangen ist. Er will am Vollzug der Taufliturgie lehrmäßig den Sinn der Taufe entwickeln. Dieser Weg ist nicht abzulehnen, aber er bedarf besonderer Vorsicht im Hinblick auf die Aufnahmefähigkeit des Gegenübers und im Hinblick auf dessen kirchliche Vorbildung. Er verlangt Rücksicht auf die psychische Situation, aus der heraus die Kasualhandlung erbeten wird. Auf S.134, Z.9 deutet die Frau ihre Eheschwierigkeiten an. Dabei kann das leise Lächeln so verstanden werden, daß sie den ihr gegenüber sitzenden Gesprächspartner mit ihrem eigenen Mann identifiziert. Es ist also zu vermuten, daß sie im weiteren Gesprächsverlauf so reagieren wird, wie sie in den Gesprächen mit ihrem Mann reagiert. Also entweder teil-aggressiv, aus Klugheit nachgebend oder aber mit defensivem Schweigen. Daß diese Haltung dennoch hier an einigen Punkten unterbrochen wird, spricht für die Methodik der Gesprächsführung, aber gegen die Anlage des Gespräches, bei dem der Pastor sich nicht bewußt gemacht hat, daß er durch die Ausgangssituation zu stark in seine eigene Aggressivität zurückgeworfen wurde. So bricht er auch das Angebot, über die Situation im Hause der Frau mehr zu erfahren, auf S.134, Z.25 ab und steuert nun *sein* Ziel an. Der aggressive Ton wird dabei beibehalten. „Darauf muß ich doch leider bestehen." Noch einmal breitet die Frau verfremdet ihre Ehesituation auf S. 134, Z. 41 bis 46 aus. Aber wiederum geht der Pastor darauf nicht ein, sondern besteht auf dem Fortgang des Gespräches in *seiner* Richtung. Dabei werden praktische und theologische Anliegen miteinander vermengt (S. 134, Z.48 ff.). Weil praktische Anweisungen und theologische Argumentation gleichzeitig angeboten werden, kommt es zu den etwas blamablen Vorgängen auf S. 135, Z. 9 ff. Die Kindesmutter spricht von der Sorge, die sie um das Kind gehabt hat, und von der Freude, nun ein gesundes Kind zu haben. Als Antwort kommt der Hinweis auf das Lied „Lobe den Herren, den mächtigen König der Ehren". Zwar wird dieses Angebot akzeptiert, aber die Möglichkeit, hier zu klären, was Dankbarkeit und Freude für die Taufe als Voraussetzung und als Deutung bedeuten, wird verpaßt. Eine positive Wendung nimmt das Gespräch, als die Frau ihrerseits dem Pastor eine Akzeption anbietet (S.135, Z.35 ff.). In diesem Augenblick baut der Pastor seine emotionalen Affekte endlich ab und reagiert richtig damit, daß er das Versprechen ablehnt und den Kontakt aus nichtamtlichen Gründen unterstreicht. Aber gleich ist er wieder „im Geschäft". Das zielgerichtete Gespräch geht weiter und führt bis zur Wahl des Taufspruches. Erst als die Frau sehr konkret ihre Schwierigkeit zu erkennen gibt, daß sie in allen geistigen und geistlichen Dingen eine so offensichtliche Führungsrolle übernehmen muß, unter der sie leidet, reagiert der Pastor beratend-seelsorgerlich (S. 136, Z. 15 bis 17). Aber wiederum wird die gemeinsame Verantwortung für das Kind nicht zur Grundlage des weiteren Gespräches gemacht, sondern es geht dort weiter, wo das Gespräch offensichtlich gegen den Willen des Pastors (S. 135, Z. 30) den von ihm eingeschlagenen Weg verlassen hat. Alles, was jetzt gesagt wird, ist richtig und in der Formulierung erfreulich unklerikal. Als der Pastor auf die Angst des Menschen zu sprechen kommt, bekommt er eine erneute Akzeption (S. 136, Z. 34), die er aber erneut nicht annimmt. Ein entscheidender methodischer und seelsorgerlicher Fehler liegt nun dort vor, wo die Frau Patenvorschläge macht, die der Pastor zwar ablehnt, aber diese Ablehnung in ausgesprochen unpartnerschaftlicher Weise verbalisiert. Es kommt denn auch auf S. 136, Z. 48 ff. zu einer erheblichen Affektentladung der Frau. Wäre auf den Vorschlag, Mutter und Tante als Paten zu nehmen, eingegangen worden und später erst die Frage nach der kirchlichen Zugehörigkeit so gestellt worden, wie sie im ersten Gespräch anklang, hätte man diese Entladung vermeiden können. Allerdings ist die auf der S. 137, Z. 14 ff. gegebene Erklärung positiv und seelsorgerlichberatend. Die Eingliederung der Taufeltern in die Gemeinde wird vom Pastor auf S. 137, Z. 50 ff. mit einigem Geschick versucht. Dabei begeht er allerdings den Fehler, seine eigene innere Situation, von der ja so viel sichtbar wird, auf die seines Gegenübers wiederum zu übertragen. Auch wenn er darauf hinweist, daß er es „sicher in manchen Dingen leichter und einfacher" habe, so identifiziert er sich doch zu schnell mit der eben doch ganz anderen psychischen Situation seiner Partnerin. Deshalb kommt auch die Einladung zum Kreis der jungen Taufeltern nicht an. Wenn das „Besprechen der Erziehungsfragen" in der gleichen Weise im Kreis vor sich geht, wie es die Frau hier teilweise im Gespräch erlebt, wird sie schwerlich ihre Hemmungen überwinden können. Aber schon wieder wird der Gedanke der Eingliederung in die Gemeinde abgebrochen und das vorgesetzte Ziel aufs neue anvisiert. Ab S. 138, Z. 7 wird der liturgische Vorgang des Kreuzeszeichens auf Stirn und Brust beschrieben. Das geschieht aber nicht auf dem Wege der symbolhaften Deutung, sondern auf dem Wege des Reflektierens über bestimmte Bibelstellen, von denen der Pastor nicht überzeugt sein kann, daß sie seinem Gegenüber gegenwärtig sind oder daß seine Partnerin eine innere Beziehung zu den zitierten Bibelworten herzustellen vermag. Immerhin bekommt er eine beziehungsträchtige Antwort, in der ihm mitgeteilt wird, daß der Ehemann bestimmte Reminiszenzen seiner eigenen Kindheit noch nicht verarbeitet hat. Hier wäre nun eine erneute Möglichkeit gegeben, die psychische Situation der Frau anzusprechen, wenigstens ihr in der nun so deutlich werdenden Einsamkeit eine Akzeption anzubieten. Aber schon wieder wird unter Opferung der beratenden Seelsorge allein das lehrmäßige Ziel anvisiert. Jetzt endlich wird dem Pastor klar, wie die Frau innerlich und äußerlich nun nicht mehr in der Lage ist, die Fülle der lehrmäßigen Aussagen aufzunehmen. Auf S. 138 Z. 36 bis 46 antwortet sie auf die gemeinsame Einsegnung des Elternpaares, die in recht guter Weise vom Pastor angeboten wird, mit einem „merkwürdig längeren Zögern". Es ist ganz evident, wieviel ihr diese gemeinsame Einsegnung mit ihrem Mann bedeutet. „Das ist doch was . . ." Gegen alle Gesprächsmethodik wird die darauf eintretende Gesprächspause nicht durchgestanden, sondern der Pastor verfolgt das ihm gesteckte Ziel beharrlich weiter. Dabei bringt er die Frage nach der Verantwortung, deren Vielschichtigkeit wir an anderer Stelle angesprochen haben, in enge Verbindung zum Glaubensbekenntnis. Auch das geschieht methodisch nicht ungeschickt. Der Hinweis auf die Stellung des Credo im Taufgottesdienst wird bildhaft an den Gottesdiensten der ersten Christenheit gedeutet. Das ist vorstellbar. Aber schon schwächt er die eigene Position dadurch ab, daß er auf die schwere Nachvollziehbarkeit der verbalisierten Wahrheiten des Credo hinweist. Nun erweist sich, welcher Unterschied zwischen Deutung und reflektierender Verbalisierung besteht. Die Deutung hätte das Bild des urchristlichen Taufgottesdienstes fortführen müssen in eine Situation unserer Zeit. Wenn schon die Kirchenkampfsituation aus dem Dritten Reich angeführt wird, dann mußte sie auch durchgeführt werden. Man kann aber nicht mit symbolhafter Deutung beginnen und reflektierend-rational abschließen. So wirkt denn die Schlußfrage an Frau X., ob sie „zu alledem noch etwas zu fragen hätte", beinahe erheiternd. Es ist nur der an sich guten Gesprächsatmosphäre zu verdanken, daß sie darauf hinweist, im Augenblick fiele ihr zwar nichts ein, aber sie werde ihrem Mann ganz gewiß davon erzählen. Was sie allerdings erzählen soll, bleibt unklar. Denn es ist einsichtig, daß sie die rationalisierenden Vorstellungen des Pastors schon deshalb so nicht weitergeben kann, weil ihr dafür das innere Verständnis und auch die verbalen Möglichkeiten fehlen. Was wäre wohl aus diesem Gespräch noch geworden, wenn der Pastor die Gesprächspause durchgestanden hätte, und Frau X. wieder zu Wort gekommen wäre? Wenn wir uns an den Gesprächsumbruch erinnern, den das in der

Gesprächsmethodik beim Problem der Gesprächspause angeführte Gespräch gehabt hat, und wenn wir beachten, was vom Symptomschweigen an anderer Stelle ausgeführt wurde, könnten wir uns vorstellen, daß hier der Pastor „das Eigentliche" wirklich erfahren hätte, auch wenn es sicherlich nicht kirchlich-theologisch formuliert worden wäre.

Die Beendigung des Gespräches ist dann erfreulich, wenn auch die Aufhebung aller Distanz von S. 139, Z. 31 bis 41 recht ungewöhnlich ist. Vermutlich ist der Pastor durch die freudige Akzeption von S. 139, Z. 39 emotional so bewegt worden, daß er den Gruß „an Ihre kleine Puppe" formulieren kann. Hier wird allerdings der Ton — wie in so vielen Fällen — die Musik gemacht haben. Da ja auch die Frau emotional ansprechbar ist, muß diese Distanzaufhebung der letzten Gesprächsphase nicht unbedingt schlecht angekommen sein.

Die Analyse zeigt zwei Gespräche, die einige Parallelen, aber auch große Abweichungen voneinander haben. Sie liegen nicht so sehr in der theologischen Unterschiedlichkeit beider Pastoren, die fast die gleichen theologischen Bilder anwenden und sich durch ihre gemeinsame lutherische Prägung voneinander nicht unterscheiden. Wohl aber ist die Haltung gegenüber dem Besucher sehr unterschiedlich. Im ersten Gespräch wird darauf geachtet, daß keine Gegenübertragungssituation entsteht, weil der erste gesprächsführende Seelsorger über die Konsequenzen von Übertragung und Gegenübertragung sich im klaren ist. Im zweiten Gespräch wird zur Übertragung die Gegenübertragung geradezu angeboten. Identifikationen mit der Meinung des Mannes, mit der psychischen Situation der Frau, Projektionen der eigenen Situation auf die Situation der Taufeltern, alles das macht das Gespräch schwierig. Dabei ist nicht zu verkennen, daß beide Pastoren eine gewisse Ausbildung auf dem Gebiet der beratenden Seelsorge erhalten haben. Aber man erkennt, daß nicht nur die methodische Ausbildung und nicht nur die theologische Haltung die unterschiedlichen Ergebnisse hervorbringen, sondern der Grad der Erhellung der eigenen psychischen Existenz entscheidend den Ausgang der Gespräche beeinflußt. Schon die Erkenntnis darüber, welchem Typ dieser beiden Pastoren wir selbst zuneigen, würde ein Stück Hilfe für uns selbst sein. In unseren Tagen will die Verhaltenspsychologie und die aus den USA gekommene Gesprächstherapie in der emotionalen Zuwendung zum Gegenüber den ausschließlichen Weg zum Kontakt und zur psychischen Heilung sehen. Emotionale Zuwendung ist ein nicht zu unterschätzender Faktor innerhalb des Gesprächsprozesses. Er allein aber reicht nicht aus, um für sich und den Partner die zu deutenden Hintergründe einer Konfliktsituation zu erkennen. Gewiß ist im Gegensatz zum psychoanalytischen Gespräch die augenblickliche Situation, das hic et nunc im Vordergrund. Aber nur dort, wo der Hintergrund des eigenen „hic et nunc" erhellt ist oder sich — wenn auch nur zu einem Teil — erhellen läßt, geschieht Heilung durch Gespräch. Es ist nicht damit getan, daß emotionalisierte Erlebnisinhalte verbalisiert werden und positive Wertschätzung und emotionale Wärme entgegengebracht werden. (Tausch ²1968, S. 46.) Je mehr ich von den unbewußten Abwehrmechanismen bei mir und meinem Gegenüber weiß, je mehr mir selbst klar geworden ist, „warum" ich so reagiere, und meine Erfahrung sich nicht im „wie" meines Reagierens erschöpft, desto mehr Möglichkeit des Dahinterhörens und des sich daran anschließenden Deutens tun sich auf. Balint-Gruppen, Selbsterfahrungsgruppen und besonders die an sich selbst erfahrene Analyse sind für solche Prozesse der beste Weg. Aber auch Ausbildung im „Pastoral Clinical Training" oder im „Pastoral Counseling", ja schon die regelmäßige Arbeit in der Fallbesprechungsgruppe eines Beraterteams vermittelt unumgänglich notwendige Erkenntnisse. (Stollberg ²1970 [II], S. 19 ff.)

d) Der Taufgottesdienst in poimenischer Sicht

Die Vielfalt dessen, was in der Taufe geschieht, stellt denjenigen, der Taufe vollziehen soll, vor die Notwendigkeit der Auswahl. Es ist unmöglich, in einer Taufpredigt die gesamte Tauflehre zu entfalten. Die Berufung des Täuflings durch Gott, die Verleihung des „Bürgerrechtes im Himmel" (Phil. 3, 14), die Annahme des Sünders und die Vergebung aller Schuld (Kol. 1, 13; Kol. 2, 13 ff.), die Gründung der Taufe in Christus (Röm. 6, 4; 2. Kor. 6, 15), die Gemeinschaft der Getauften als Glieder der Kirche (Eph. 4, 15), die Wiedergeburt durch den Heiligen Geist (Joh. 1, 13; 3, 3 ff.), um nur einige der theologischen Wesensmerkmale der Taufe zu nennen, können unmöglich alle im Taufgeschehen verbalisiert oder symbolisch gleichzeitig sichtbar gemacht werden. Dennoch liegt hier das Problem der homiletischen und liturgischen Gestalt des Taufgottesdienstes. Es gehört zwar zum guten Ton, sich in der Predigt gegen jeden Symbolismus abzugrenzen, aber zugleich formuliert man: „Die Taufe ist sichtbares Panier" (Mezger 1963, Bd. I, S. 160). Was aber heißt das praktisch? Was steht eigentlich dahinter, wenn Mezger schreibt: „Die Taufe ist nicht ‚Sinnbild', sondern ein Akt: der Täufling geht hinab in den Tod; da bleibt nichts als Sterben. Und der Täufling wird ‚aus der Taufe gehoben' und läßt sein Grab hinter sich zurück." (Mezger 1963, Bd. I, S. 161)? Das sind doch eben Symbolhandlungen! Denn das, was hier von der Taufhandlung im liturgischen Vollzug ausgesagt wird, geschieht doch als Symbol. Wir sehen eben die Taten Gottes „jetzt wie durch einen Spiegel" (1. Kor. 13, 12), wir können das letzte geheimnisvolle Tun Gottes stets nur im Spiegel erkennen und nur am Symbol ablesen. Dabei darf man dann allerdings Symbol nicht als ein Sinnbild oder als „ein Bildchen verstehen, das man wieder einmal zur Hand hat" (Mezger 1963, Bd. I, S. 168), sondern muß schon beim Symbolbegriff Paul Tillichs ansetzen, um zu erfassen, inwieweit Symbol und Wirklichkeit einander entsprechen. Das, was wir den seelsorgerlichen Akzent der Taufhandlung nennen, wird sich also vor allem an den Aussagen von Jes. 43, 1 (Ich habe dich erlöset, ich habe dich bei deinem Namen gerufen, du bist mein), an der Manifestierung der Neuwerdung (2. Kor. 5, 17 und Gal. 6, 15) und der Zusage der Gotteskindschaft (Röm. 8, 16) in Verbindung mit dem Auftrag, Erbe zu sein (Gal. 3, 29; Gal. 4, 7 und 1. Petr. 3, 9), anschließen müssen. Die zugesagte Begleitung auf dem Weg des Lebens, die nicht auf die Stunde der Taufe beschränkt bleibt, das Wissen für die Eltern, ein verpflichtendes Geschenk erhalten zu haben, und die Notwendigkeit der Eingliederung in die Gemeinde Jesu Christi als existentiell sichtbar werdendes Handeln in der Erziehung und Begleitung dieses Kindes wird verbunden sein müssen mit der Verkündigung der Tatsache, daß dies alles jetzt und hier gerade diesen Menschen an diesem Ort zugesagt wird und sich ereignet. Das nennen wir den seelsorgerlich-beratenden Akzent der Taufe. Verkündigung, Versichtbarmachung, Deutung, das sind die menschlichen Möglichkeiten, die uns hierfür gegeben sind.

Die Taufhandlung sollte mit dem Einzug der Taufgemeinde und des Taufenden beginnen. Der gemeinsame Weg, den Gott mit uns und wir miteinander zu gehen haben, muß sichtbar werden. Das allerdings bedarf der Deutung, um nicht von vornherein einem Mystizismus das Wort zu reden oder „Feierlichkeit" zu provozieren. Es scheint daher gut, den vom Küster geordneten Taufzug mit einem Wort willkommen zu heißen. In geringer Abweichung von Formulierungen, die Ordnungen liturgisch geprägter Gruppen in unserer Kirche entnommen worden sind, kann z. B. gesagt werden: „Der Friede des Herrn sei mit uns allen. Kommt und laßt uns zum Altar Gottes gehen (zum Taufstein gehen), daß wir Ihm danken, euer Kind und euch Ihm anbefehlen und Ihn bitten, daß Er uns begleiten und segnen möge in Zeit und Ewigkeit. Kommt, der Herr harret eurer." Es gehen zuerst die Eltern, wobei die Mutter ihr Kind auf dem Arm hält, neben den beiden geht der Pastor, hinter den Eltern gehen die Paten, dann die Großeltern und die übrigen Angehörigen und die Glieder der Gemeinde, die sich zur Taufhandlung eingefunden haben. Es ist nicht unbedingt nötig, daß die Orgel diesen Zug begleitet. Das schweigende

Nebeneinander-Hergehen, das im Taufgespräch gedeutete Symbolgeschehen, das in dem Tragen des Kindes und in der Begleitung durch Vater, Großeltern, Geschwister und Pastor deutlich wird, kann ein Stück der Hinführung zu dem bedeuten, was dann in Wort und sakramentalem Vollzug geschieht. Es folgt die Lesung. Dabei sollte man sich nicht auf Mt. 28, 18 b—20 und Mk. 16, 16 beschränken. Mt. 28 wird unaufgebbar sein, aber es ist durchaus zu erwägen, ob nicht eine Lesung aus der Trauhandlung hier wiederholt werden könnte, z. B. 1. Mos. 2, 24 oder 1. Mos. 1, 26—28. An die Lesung schließt sich ein Gebet. Hier ist nicht zu empfehlen, ein agendarisch vorformuliertes Gebet zu verwenden, sondern der Pastor soll in jedem Fall ein kurzes Eingangsgebet aus der Situation des Taufgespräches heraus schriftlich formuliert bei sich haben und dieses dann beten. Dieses Gebet beginnt sinnvollerweise mit dem Dank für die Gabe Gottes. Es kann, aber es muß nicht auf die Freude reflektiert werden, wohl aber darauf hin, daß wir die guten Gaben Gottes mit Selbstverständlichkeit zu empfangen pflegen, ohne daß wir darüber nachdenken, woher und warum sie uns zukommen. Der Schlußsatz sollte eine Wiederaufnahme des Dankes für unsere eigene Taufe sein, der wir uns erinnern, wenn dieses Kind getauft wird: „Wir bitten Dich, beginne Du mit einem jeden von uns in jeder Stunde neu, so wie Du mit diesem Kinde jetzt ein Neues beginnst. Wir bitten Dich durch unsern Herrn Jesus Christus. Amen." Die Agende der VELKD sieht das Kreuzeszeichen an Stirn und Brust des Täuflings zwischen den Lesungen und diesem Gebet vor. Das ist zwar altkirchlich bezeugt und in der liturgischen Tradition verankert, aber es ist an dieser Stelle nicht durchsichtig für den Sinn dieser Handlung. Wir sehen daher dieses Kreuzeszeichen an Stirn und Brust des Täuflings als Teil der eigentlichen Taufhandlung am Taufstein vor.

Dieser erste Teil kann durch Liedstrophen, die dann zugleich den Charakter eines Eingangslieds hätten, abgeschlossen werden, will man nicht die Liedstrophen eines Eingangsliedes unmittelbar vor die Lesungen setzen. Die nun nachfolgende Predigt soll so gehalten werden, daß der Pastor in möglicher Nähe der Taufeltern und der Taufgemeinde steht. Es ist unerträglich, wenn in großen Stadtkirchen eine solche räumliche Distanz zwischen der Taufgemeinde und dem Pastor besteht, daß schon von hier aus die Kontaktaufnahme fast unmöglich wird. Die Anrede könnte heißen: „Liebe Taufgemeinde und besonders Sie, liebe Taufeltern und Paten!" Damit wird der Akzent deutlich, der der Predigt gegeben werden soll. *Wir vertreten also die Meinung, daß die Kasualpredigt in einem untrennbaren inneren Zusammenhang mit dem Kasualgespräch zu stehen habe.* Das bringt die methodische Schwierigkeit mit sich, daß ein Teil der Taufgemeinde, die ja beim Taufgespräch nicht anwesend war, in ein Geschehen einbezogen werden muß, dem sie nicht von Anfang an beigewohnt hat. Wir verzichten also auf das „Holen" der ganzen Gemeinde und beschränken es auf die Taufeltern. Dabei ist eine unmittelbare Anknüpfung an das Taufgespräch sinnvoll. „Als Sie vor ein paar Tagen bei mir waren, haben wir uns unter anderem auch darüber unterhalten, ob es eigentlich verantwortbar sei, in dieser so kompliziert und oft so drohend gewordenen Welt Kinder aufwachsen zu lassen. Uns bewegten dabei folgende Gedanken . . ." Mit einer solchen Einleitung ist einmal die Anknüpfung geschehen, zum anderen ein Problem angesprochen, von dem man annehmen kann, daß es auch für die Anwesenden allgemein eine Fragestellung ist, die auch sie bewegt hat oder noch bewegt. Wir beginnen also nicht mit einer Textverlesung, sondern führen zu diesem Text hin. In der Mitte der Taufpredigt wird dann der Taufspruch gleichsam herausgearbeitet und in der zweiten Hälfte mit einem der Lehrinhalte der Taufe unter Bezugnahme auf eine existentielle Situation hin gedeutet. Die letzten Sätze der Taufpredigt gelten den Paten. Es muß vermieden werden, daß diese von der nachfolgenden Patenfrage so überfallen werden, daß die Antwort nur Sache des Augenblicks ist. Ist schon im Taufgespräch gesagt worden, daß die Paten innerhalb des Taufgottesdienstes eine bestimmte Funktion zu übernehmen haben, wird hier noch einmal darauf verwiesen. Die von der Agende III der VELKD angebotene Formulierung ist gut: „Darum sollt Ihr für die christliche Gemeinde Euch seiner annehmen, den Eltern bei der Erziehung helfen und darauf achten, daß es die zehn Gebote, den christlichen Glauben und das (heilige) Vaterunser lerne. Seid Ihr dazu bereit, so sprecht: ja, mit Gottes Hilfe." Es ist gut, dieses Taufversprechen wirklich so zu sagen, damit der Wortlaut dann bei der liturgischen Handlung des Patenversprechens nicht zum erstenmal fällt. Ergänzt werden könnte diese Formulierung nach der Seite des Kontaktes zwischen Paten und dem Patenkind. Dabei kann darauf hingewiesen werden, daß ein solcher Kontakt vor allem in den Jahren der Vorpubertät besonders benötigt wird. Dann, wenn das Verhältnis zu den Eltern als Vorgang natürlicher psychischer Entwicklung problematisch wird, wird dem Verhältnis zu einem Paten besondere Bedeutung zukommen. Allerdings muß ein solches Vertrauensverhältnis von klein auf aufgebaut werden und kann sich nicht auf eine Geburtstagsspende oder einen jährlichen Brief beschränken. In manchen Fällen wird es nötig sein, den Paten klarzumachen, daß sie hier keine Kontrollfunktion ausüben, aber daß es auch keine Höflichkeitspflicht ist, die ihnen das Patenamt angetragen hat. Notwendig und gut scheint in der Taufpredigt auch ein Hinweis an Paten und Eltern zu sein, der klarstellt, daß vom Pastor nicht angenommen wird, es handele sich bei ihnen um perfekte Christen ohne Problematik und ohne eigenen Zweifel. Gerade am Eltern- und Patenversprechen kann aufgezeigt werden, wie man nun in einem gemeinsamen Prozeß mit den Fragen des Kindes und der hier aufgenommenen Führung die eigenen Probleme neu durchdenken kann. Wer seinem Kind keine Schablonenantworten geben will und keine Atmosphäre religiösen Kitsches aufbauen möchte, wird die Antworten, die er zu geben hat, die Hinführung zum Gebet und zur abendlichen Erzählung der biblischen Geschichte für sich selbst neu durcharbeiten und neu durchdenken müssen.

Nachdem also die Taufpredigt das nachfolgende liturgische Handeln transparent gemacht hat, geschieht stufenweise der liturgische Vollzug. Dem gilt zuerst das gemeinsam gesprochene apostolische Glaubensbekenntnis. Es kann durch ein gesungenes Glaubensbekenntnis aus dem Gesangbuch ersetzt werden, es kann auch eine zeitgemäße Neuformulierung des christlichen Glaubens Verwendung finden, wenn hierfür in der Taufpredigt eine Hinführung und Begründung gegeben worden ist. Im allgemeinen werden trotz aller theologischen und nicht zuletzt psychologischen Bedenken die Formulierungen des Apostolicums die angemessene Form des Glaubensbekenntnisses sein. Die Kontinuität des Taufgeschehens wird durch das Glaubensbekenntnis in der allen Beteiligten zumindest in der Erinnerung bewußten Form bedeutsam. Danach kommen die Fragen an Eltern und Paten und anschließend ein kurzes Gebet etwa folgenden Wortlauts: „Herr, Du hast das Ja der Lippen gehört. Wir bitten Dich, laß es ein Ja der Herzen sein und bleiben." Es schließt sich daran eine Fürbitte für das nun zu taufende Kind an. Die Taufhandlung vollzieht sich in der üblichen Form, wobei — wie schon erwähnt — nach der Taufe die Bezeichnung mit dem Kreuzeszeichen an Stirn und Brust des Täuflings erfolgt. Daran anschließend fordert der Pastor Eltern, Paten und anwesende Geschwister auf: „Legt mit mir eure Hand schützend und segnend auf dieses Kindes Haupt. N. N. Der Herr segne und behüte deinen Ausgang und Eingang von nun an bis in alle Ewigkeit. Amen."

Das aktive Mittun beider Elternteile, ihre Einbeziehung in die Taufhandlung ist immer wieder angesprochen worden. Auch dies soll das Taufgeschehen transparent machen. Darum wird angeraten, daß auf dem Weg in die Kirche die Mutter ihr Kind selbst trägt und dies nicht einem Paten überläßt. Die Mutter sollte auch am Taufstein ihr Kind selbst im Arm halten, wenn nicht die örtliche Sitte so stark ist, daß es hier einem der Paten übergeben werden muß. Nach der Taufe aber wird das Kind von der Mutter wieder auf den Arm genommen, damit sie es nun zur

Einsegnung der ganzen Familie — denn um eine solche nur kann es sich handeln — mit ihrem Mann und ihren übrigen Kindern zum Altar bringt. Die Einbeziehung des Vaters erfolgt am Taufstein dadurch, daß der Pastor ihn nach dem Credo und unmittelbar vor der Taufhandlung anredet: „So frage ich Sie als den Vater dieses Kindes: Wie soll Ihr Kind heißen?" Vater: „NN." Pastor: „NN, ich taufe dich ..." Hiermit wird abgewehrt, daß die Taufe zur Namensverleihung wird. Der Name wird vorher genannt. Er ist Sache der Eltern. Getauft wird auf den Namen Jesu Christi bzw. in den Namen Jesu Christi hinein. Das aber muß unterschieden werden von der Namensgebung durch die Eltern. Anstatt einer Predigt über diese Dinge besagt hier der symbolhafte Vollzug mehr als die rationalisierende Reflexion. Weil weder der Täufling noch die Eltern, sondern allein Jesus Christus im Mittelpunkt der Handlung steht und weil die Einsegnung allein der Mutter Restritual jüdischen Reinigungsgesetzes ist, kann es sich nur um eine Einsegnung der ganzen Familie handeln. Diese wird vom Pastor zum Altar eingeladen: „Der Herr, unser Gott, hat euch bisher geführt und geleitet. Er will dies auch weiterhin tun. Darum tretet zum Altar und empfangt den Segen Gottes als Zeichen Seiner immerwährenden Güte." Die folgende Anordnung ist vorher im Taufgespräch besprochen worden und wurde vor Beginn der Taufe vom Pastor noch einmal an der Kirchentür wiederholt: Die Mutter kniet mit ihrem Kind auf einer Stufe des Altars, der Vater steht mit den übrigen Kindern hinter der Mutter, damit seine ihm zugewiesene Rolle symbolisierend, die er als Schützer der Familie auch in unserer partnerschaftlichen und arbeitsteiligen Welt behalten hat. Welche Segensformel der Pastor jetzt wählt, ist ihm überlassen. Allen Familiengliedern werden für einen kurzen Augenblick die Hände aufgelegt. Danach erhebt sich die Mutter. Alle bleiben vor dem Altar stehen, und der Pastor fordert die ganze Gemeinde auf, miteinander und gemeinsam das Vaterunser zu beten. Dann gehen Eltern und Kinder zu ihren Plätzen zurück. Die Gemeinde singt Schlußverse und schließt den Taufgottesdienst mit dem Segensgebet: Und der Friede Gottes, der höher ist als alle Vernunft ... Danach geleitet der Pastor die Taufgemeinde in der gleichen Weise, wie er sie in die Kirche hineingeführt hat, aus der Kirche wieder hinaus.

Die Frage, ob mit solchem Tun nicht einer Verwahrlosung liturgischer Sitten das Wort geredet wird, kann gestellt werden. Weil aber der Inhalt immer die Form bestimmt und nicht umgekehrt, weil uniforme Riten nicht zu heilbringenden Kräften umgedeutet werden dürfen, ist es notwendig, hier von den Erkenntnissen aus zu denken, die wir in den vorherigen Kapiteln gezogen haben. Es ist Manfred Mezger zuzustimmen, wenn er zu diesem Problem sagt: „Die Beobachtung, die man freilich nur im Pfarramt selbst machen kann und wird, daß gerade unter der Schutzwehr jahre- oder jahrzehntelanger formularstrenger und agendentreuer Amtshandlungen das Sakrament verdorrt und sein evangelischer Sinn unbekannt bleibt bei der Gemeinde, inauguriert uns, liturgisch wieder persönlicher zu werden und viel mehr vom Menschen als von den Kirchengesetzen her zu denken. Ist die Wissenschaft vom Gottesdienst auf der einen Seite eine streng historische, systematische und allzu methodisch-theoretische, die sich nicht stören lassen darf von den Tagesfragen, so ist sie doch andererseits in beständiger Kommunikation mit den lebendigen Formen und Erfordernissen des Gottesdienstes der Gemeinde." (Mezger 1963 I, S. 213.) So sind die hier angegebenen Anregungen keine Formulare. Sie sind die Konsequenz der allerdings aufgestellten Behauptung, daß Taufgespräch, Taufpredigt und Taufhandlung ineinander zu verzahnen sind, um den Sitz der Taufe in der Existenz des Menschen durch die Güte Gottes transparent zu machen.

4. Kapitel: Das Traugespräch und der Gottesdienst zur Trauung

a) Von der äußeren und inneren Situation des Brautpaares

Es gehört zu den Banalitäten unserer Tage, davon zu reden, daß die Ehe einem Wandel unterworfen ist. Auffallend ist nur, daß sich angesichts dieser Tatsache unsere Rollenerwartungen, die wir als Seelsorger und Berater an Verlobte stellen, noch kaum gewandelt haben. Erstaunlich ungebrochen wird von der glücklichen Braut geredet, die gleichsam erlöst aus der Fron des Berufsalltages nun in den Stand der Ehe tritt, dem zukünftigen Ehemann wird augenzwinkernd bescheinigt, daß er ein Recht habe, nun in „geordneten Verhältnissen" leben zu können, und im übrigen verdiene er doch genug, um als Haupt der Familie die Rolle des Ernährers übernehmen zu können. So sehr sich auch junge Eheleute gegen solche Schablonen wehren, so unsicher sind sie zugleich über die ihnen neu zufallenden Rollen innerhalb der Ehe. Die Eheschließung als Augenblick beginnender Geschlechtsgemeinschaft steht noch häufig hinter den Traugesprächen, obwohl auch hier jeder weiß, daß der Prozentsatz solcher Ehen, in denen beide Ehepartner vor der Ehe keinerlei geschlechtlichen Verkehr gehabt haben, außerordentlich gering ist. Da aber Ehe gerade in unseren Tagen häufig mit Geschlechtsgemeinschaft gleichgesetzt wird, begehen die angehenden Ehepartner nun sofort den nächsten Fehler, indem sie meinen, daß sich eigentlich nur ein Zustand legalisiere, den sie mit viel Freude und einem gewissen Maß an technischem Können und sich daraus ergebender mechanischer Verantwortung nur fortzusetzen brauchten. Schließlich ist noch die Frage zu bedenken, ob Ehe als solche nicht eine höchst problematische Einrichtung geworden sei, bei der insonderheit die Verpflichtung auf Lebenslänglichkeit innere Zweifel und Unsicherheiten auslöst, die nur selten ausgesprochen werden. Wer dazu noch die täglichen Berichte über Ehescheidungen, Eheskandale und Ehezerrüttungen liest, kann der Meinung sein, es könne sich bei der Ehe heute überhaupt nur noch um ein Wagnis ungeheuren Ausmaßes handeln, das nur mit großer Skepsis, einem nahezu vollständigen Wissen, angereichert durch eine Vielzahl von Ehebüchern, und der Unterbrechung durch Seitensprünge auf geistig-seelisch-körperlichem Gebiet durchzustehen sei. Die Realität sieht aber auch im Jahre 1971 ganz anders aus. Auf die Auflösung der Ehe deutet im Augenblick nichts hin. Aus den Statistiken der westlichen Industrieländer geht eindeutig hervor, daß die Heiratsfrequenz allgemein zugenommen hat und sich noch im Steigen befindet. In einer Meinungsumfrage des Allensbacher Instituts vom Jahre 1967 halten 89 % der Befragten die Einrichtung der Ehe für grundsätzlich notwendig, 7 % sind unentschieden, und nur 4 % halten die Ehe für eine veraltete Institution (Barczay 1967, S. 94). In einer *englischen Untersuchung* aus dem Jahre 1956 bezeichnen von 3777 Frauen 36 % ihre Ehe als außerordentlich glücklich, 35 % als sehr glücklich, 23 % als ziemlich glücklich, nur 4 % als unglücklich und 2 % als sehr unglücklich (The Sexual Marital and Family Relationship of the English Women, London 1956). Allerdings sind diese Angaben vorsichtig zu verwerten, weil das Rollenbewußtsein, nach dem eine Frau in ihrer Ehe glücklich zu sein habe, jenen Abwehrmechanischmus auszulösen vermag, den wir unter dem Stichwort Projektion an anderem Ort beschrieben haben. Immerhin ist die Zahl der Scheidungen im Vergleich mit der Bevölkerungszahl im Wachsen begriffen. Die Problematik der Ehe dürfte also im wesentlichen darin zu suchen sein, daß die Rollenverteilung und die Rollenerwartung in einer Ehe unserer Tage nicht klar sind. Gewiß freut sich die Frau darüber, daß ihr die Stellung, die sie heute in der Welt genießt, erlaubt, aus ihrer bisherigen Welt herauszutreten, in die sich ihre Vorfahren eingeschlossen sahen. Das gilt sowohl für die Freiheit vor der Angst des Empfangen- und Gebärenmüssens als auch für das Ghetto der täglichen Hausarbeit, von der ihre Vorgängerinnen in früheren Jahren ständig in Trab gehalten wurden. Der gelernte Beruf verschafft ihr eine viel größere Teilhabe an Verantwortung und Autorität sowohl ihrem Mann als auch gegenüber ihrer eigenen Familie und der Familie ihres Mannes und bringt ihr zumindest nach außen und im Grundsatz die von ihr gewünschte Gleichstellung. Aber hier beginnt die Schwierigkeit, die zu einem unsicheren Verhalten führt und die in den Gedankengängen der jungen Verlobten eine wesentliche Rolle spielt. „Während sie in der neuen Stellung, die ihr die Gesellschaft einräumt, sicheren Tritt zu fassen beginnt, lebt in ihrem Inneren doch noch das Bild von der Frau, wie es durch die Tradition geprägt wurde und ihr in Gestalt der Mütter oder der Großmütter begegnet. Und da die neuen Ansprüche mit diesen Vorbildern schwer zu vereinen sind, gerät die Frau in einen inneren Zwiespalt … Kaum bewußte Schuldgefühle — nämlich anerzogene Regeln mit Füßen zu treten — machen der Frau heute und wohl noch längere Zeit zu schaffen!" (Lemaire 1968, S. 40 ff.)

Dieser Rollenunsicherheit der Frau entspricht eine ähnliche psychische Situation des Mannes. Die Notwendigkeit eines partnerschaftlichen Verhältnisses einer jungen Ehe ist im allgemeinen heute unbestritten. Verstandesgemäß bringt der junge Mann auch alle Voraussetzungen mit, um sich auf eine partnerschaftliche Ehe in vollem Umfang einzulassen. Er ist nicht nur bereit, sondern er fordert die Mitsprache seiner Frau bei seinen persönlichen Entscheidungen, er ist bereit, einen Teil der Hausarbeit mit zu übernehmen, um dadurch gemeinsame Freizeit zu ermöglichen. Er weiß durchaus, daß das patriarchalische Verhältnis, das er aus der Ehe seiner Eltern im allgemeinen kennt, auf seine Ehe nicht zu übertragen sein wird. Er will, daß seine Frau sich um seinen Beruf, um seine gesellschaftlichen Interessen, ja auch um sein Hobby kümmert. Er bejaht, daß seine junge Frau ihre früheren Bindungen zu Freundinnen und Freunden nicht abbricht, und verlangt nicht, daß sie in seiner Familie aufgeht. Und dennoch ... „Und dennoch fühlt sich der Mann irgendwie aus dem Geleise geworfen. Die Entwicklung trifft ihn unvorbereitet. Er ist groß geworden mit der Vorstellung, eines Tages Familienoberhaupt zu sein wie sein Vater. Manchmal schien ihm zwar dieses Modell vielleicht fragwürdig, besonders während der Adoleszens, wo Beziehungen zu den Mädchen, Berufs-, Schul- und Studienkolleginnen in ihm ein anderes Idealbild des Verhaltens zwischen Mann und Frau formten. Aber sobald er heiratet, gewinnen — ohne daß er es ahnt — die alten Vorstellungen wieder die Oberhand und wirken nun als Vorbild oder als ‚abschreckendes Beispiel'". (Lemaire 1968, S. 43.)

Problemloser als die ältere Generation annimmt, erscheint dem jungen Paar seine sexuelle Bezogenheit. Die Sicherheit der ovulationshemmenden Mittel wird in zunehmendem Maße die Aufnahme geschlechtlicher Beziehungen vor der Ehe selbstverständlich machen. Es ist unsinnig, eine Sexualerziehung für die Ehe im Augenblick der Eheschließung beginnen zu wollen. Eine solche Beratung hat früher einzusetzen. Der Eheberater weiß aber, daß die sexuelle Harmonie, die während der Verlobungszeit bestanden hat, nicht unbedingt nach der offiziellen Eheschließung ungebrochen weiterlebt. Der Arbeitsrhythmus des Tages, der so völlig verschieden ist von dem Urlaubsrhythmus oder von der Begegnung am Feierabend, auf die man sich den ganzen Tag gefreut hat, psychische Verstimmungen oder nervöse Gereiztheit, die beim täglichen Zusammensein gerade in den ersten Ehejahren nicht ausbleiben, können die sexuelle Harmonie in den Intimbeziehungen empfindlich stören. Eingeschliffene Angstreflexe, insonderheit bei der jungen Frau, die während der Verlobungszeit verdrängt wurden, können jetzt, wo nach alten Begriffen „nun alles erlaubt ist", zum Durchbruch kommen. Die verdrängte Angst, es könne eben doch in der Verlobungszeit „etwas" passieren, der Verlobte könne sich einer anderen Partnerin zuwenden, man könne beobachtet oder gestört werden, können sich jetzt, wo alle diese Voraussetzungen hinfällig geworden sind, gerade erst Bahn brechen. Die Häufigkeit der Scheidungen nach dem dritten Ehejahr wird von seiten des Mannes oft damit begründet, daß seine junge Frau sich so ganz anders verhalte, als er es aus der Verlobungszeit gewöhnt sei. Psychotherapeutisch sind solche Schwierigkeiten im allgemeinen zu beheben. Es könnte aber notwendig sein, auf Möglichkeiten sexueller Orgasmusstörungen hinzuweisen, die gerade dann auftreten, wenn in vollem Einverständnis beider Teile oder auch mit der unbewußten Hemmung des einen Partners während der Verlobungszeit Intimverkehr stattgefunden hat.

Eine ernste Frage gerade auch bei kirchlich gebundenen jungen Eheleuten stellt die Problematik der Ehe auf Zeit dar. Wir würden sehr vorschnell und sehr uninformiert urteilen, wenn wir solche Fragestellungen deshalb ablehnen, weil sie „unmoralisch" zu sein scheinen. Vor den beiden Brautleuten steht das Bild der Ehe ihrer Eltern, die in so vielen Fällen stumm und inhaltlos geworden ist. Man sieht um sich die Ehen der Kolleginnen und Kollegen, die schon nach kurzer Zeit mit den Klagen mangelnden seelischen und körperlichen Verständnisses zu ihren Freunden kommen und damit deren entstehende Ehe belasten. Der Zerfall der Großfamilie, die in früheren Jahren die Möglichkeit des seelischen Ausgleiches für beide Ehepartner gab, begünstigt den Zerfall unserer Ehen im augenblicklichen Stadium durchaus. Die angebotenen Lösungsversuche in Gemeinschaftsehen oder Ehekommunen sind bisher nicht eindeutig zu beurteilen. Das Gespenst von der Ehe als Zwangsanstalt steht vor den angehenden Eheleuten. Daher wird in der heutigen Ehesituation „die konsekutive Polygamie" (Comfort 1967) gefordert. Dabei darf nicht übersehen werden, daß die sich an diesen Problemen bildende sogenannte „neue Moral" als Konsequenz dieser Situation nicht die Scheidung, wohl aber die Freiheit in sexuellen Kontakten außerhalb der eigenen Ehe fordert. Alex Comfort gibt als einzige Begründung der Unauflöslichkeit der Ehe den moralischen Anspruch der Kinder an, „in der nötigen Geborgenheit aufzuwachsen". Für ihn muß jede Ehe, aus der Kinder hervorgegangen sind, als unauflöslich betrachtet werden. (Comfort 1967, S. 148 f.) Dies bedeutet aber nicht, daß Geschlechtsgemeinschaft und Ehegemeinschaft unbedingt zusammenfallen. „Im Gegenteil, wenn Ehegatten sich gegenseitig die Freiheit zu außerehelichem Geschlechtsverkehr zugestehen, dann zeugt dies von einer höheren Ehemoral, einer fundierteren und besseren Beziehung zwischen den beiden, von einem höheren Grad der gegenseitigen Achtung der individuellen Freiheit." (Barczay 1967, S. 84.) Allerdings soll solche außereheliche Beziehung innerhalb der Ehe unter ausdrücklicher Genehmigung und Zustimmung des anderen Ehepartners jeweils stehen.

Phyllis Kronhausen formuliert das so: „Niemals würde ich daran denken, ein Geheimnis in einer Eheangelegenheit vor meinem Mann zu haben, weil ich denke, daß Aufrichtigkeit und Wahrheit die Grundlage guter Beziehungen sind, die notwendig für jede Ehe sind. So meine ich, daß es wichtig ist, meinem Ehemann davon Kenntnis zu geben, daß ich mit jemand anderem im Bett war und mit wem. Außereheliche Erlebnisse scheinen mich auch geistig jünger zu halten und machen mich offensichtlich zu einer anziehenderen Persönlichkeit und zu einem besseren Geschlechtspartner. Ich weiß, je mehr Intimbeziehungen ich habe, desto besser wird meine Liebesfähigkeit. Was die außerehelichen Erlebnisse meines Ehemannes angeht, habe ich den Eindruck, daß sie eine gute Wirkung für seine eigene Persönlichkeitsstruktur und auch für unsere Ehe haben. Seine außerehelichen Affären erschüttern meine Sicherheit in keiner Weise, und ich weiß, daß die meinen ihn ebensowenig erschüttern. Wir wissen zu gut, was wir an unserer gegenseitigen Liebe haben." (Kronhausen 1956. Übersetzt vom Verfasser.)

Man wird bei dem, was die neue Moral hier vorträgt, nicht sagen können, daß es sich um einen Betrug des Ehepartners handelt. Hier wird deutlich, daß der lutherische Ansatzpunkt, wonach zwar Ehe notwendig sei, aber eine unglückselige Notwendigkeit darstelle, weit überholt ist. Für Luther ist die geschlechtliche Betätigung ein „Heilmittel", ein geringeres Übel als die Unzucht. Gott hat die Leidenschaft des Fleisches auf den Pfad der Ehe und der Elternschaft geleitet. Hier ist er ganz einer Meinung mit Augustin und Thomas, denen es das höchste Gut der Ehe ist, die Kinder im rechten Glauben aufzuziehen. Der Begriff der sexuellen Freude, der Lust aneinander ist Luther fremd. Die Scham über die sexuellen Funktionen des Körpers, die Freude, die Lust, die Unterwerfung der Frau unter den Mann, die Schmerzen der Geburtswehen, das alles sind für ihn Symptome der Sünde, Folgeerscheinungen der inneren Verderbtheit, aber nicht die Krankheit selbst. (Cole 1969, S. 84 ff.) Von hier aus haben wir uns dann gemäß unserer juristischen Rechtsprechung daran gewöhnt, Ehebruch und sexuelles Verhalten gleichzusetzen. Hier redet die neue Moral und ihre Literatur von dem Begriff der sozialen Treue. Fehlendes Verständnis, fehlende Rücksichtnahme oder Mangel an seelischem Einfühlungsvermögen eines der beiden Ehepartner wird bis zur Stunde in unserer Gesellschaft keineswegs in gleichem Maße als ehezerstörende Möglichkeit angesehen wie der Intimverkehr, denn die Gesellschaft ist noch immer der Meinung, mit so etwas müsse der Mann, meistens allerdings die Frau, eben fertig werden. Der andere sei nun eben mal so, und man müsse sich daran gewöhnen. Aber wir verlieren aus den Augen, daß „alles, was die Lebensgemeinschaft der Eheleute schwächt, zum Ehebruch werden kann, und sei es ein an sich noch so harmloses Verhalten. Der Begriff ‚gebrochene Ehe' muß viel weiter gefaßt werden als die Verletzung der Ehegemeinschaft durch den außerehelichen Geschlechtsverkehr". (Barczay 1967, S. 149.)

Aus alledem geht hervor, daß der Eintritt in die Ehe keine zwangsläufige Harmonisierung oder Nivellierung der Sexualproblematik darstellt, sondern daß der Eintritt in die Ehe die Frage nach der Sexualität und der Triebhaftigkeit nur in anderer Situation aufs neue stellt. Das, was aber in einer christlichen Ehe unaufgebbar hinzutritt, ist die Frage nach dem Bestand der Ehe, ist die Frage nach der Treue. „Die Ehe bedeutet vor allem keine Verharmlosung der Geschlechterproblematik, sondern ihre Verschärfung. Sie radikalisiert die Geschlechtsproblematik deshalb, weil sie die Liebe, das Zueinandergehören von Mann und Frau auf Dauer einstellt. Die Ehe stabilisiert und nimmt damit in Anspruch, dieses Zueinandergehören von Mann und Frau allen Krisen und Zufälligkeiten ihres gemeinsamen Lebens überlegen zu machen. Nimmt man diese Einstellung auf Dauer von der Ehe weg, dann ist sie keine Ehe mehr." (Trillhaas [2]1970, S. 82.) Dieser Auffassung schließen wir uns an. Sie wird außerdem gestützt von dem Wissen unserer Gesellschaft, daß soziale Sicherheit ein Faktor ist, der für das ganze Leben gilt. Negativ gesehen bedeutet dies, der Staat muß den einzelnen gegen alles abschirmen, weil man das persönliche Risiko scheut. So ist also ein Widerspruch festzustellen, wenn man auf der einen Seite vom Staat Sicherheit für das ganze Leben verlangt und andererseits die Formen, die größte und längste Sicherheit bieten, auflösen will, um sehr viel fragwürdigere Strukturen wie die einer konsekutiven Polygamie an ihre Stelle treten zu lassen. Die vorgeschlagene Form der sogenannten konsekutiven Polygamie würde nichts weiter bedeuten, als die grenzenlose Verlassenheit, in der sich der Mensch heute befindet, noch zu vervielfältigen. Die Sehnsucht, einen Menschen neben sich zu wissen, der bedingungslos und ohne Zeitbegrenzung zu mir ja sagt, ist tief verankert. So werden wir zu den Entwürfen einer neuen Ehekonzeption vom seelsorgerlichen, aber auch vom psychotherapeutischen Standpunkt festzustellen haben:

1. Es gibt trotz aller Versuche bisher keinen Alternativvorschlag zur monogamen Ehe, der bessere Chancen für ein lebenslanges, befriedigendes Zusammenleben der Geschlechter bietet,

2. deshalb müssen wir uns um die biblische Ehe bemühen, damit sie trotz aller Probleme, die heute so viel größer geworden sind als früher, besser gelingt, und

3. es gibt durchaus Möglichkeiten zur Verbesserung unseres Eheklimas, über die es lohnt, sich Gedanken zu machen. (Vgl. dazu Thilo 1969.)

Nun wird der Weg frei zur Erhellung einer psychischen Symptomatik junger Brautleute, die noch kaum beachtet worden ist. In der Aufzählung der Ehenöte und der Ängste vor einer Ehe zählt die Problematik der Einsamkeit innerhalb einer Ehe als wesentliches Faktum. Die Erlösung vom Alleinsein mitten in der Massengesellschaft unserer Zeit wird gelegentlich zu einer Flucht in die Ehe als Allheilmittel. Das fehlende „Wir" einer individualistisch organisierten westlichen Gesellschaft zeigt hier seine Problematik auf. Eheschließungen aus Überdruß am Alleinsein, aus dem Leiden an der Einsamkeit werden immer häufiger. Wir können aber nicht sagen, daß dieser Grund ausreichend für den Bestand einer Ehe sein kann. Damit wird nur eine bestimmte Erwartungshaltung gesetzt, die Männer und Frauen in die Ehe mitbringen und die in der gewünschten Form nur selten erfüllt werden kann. Gerade im Sterben der Normen entsteht beim jungen Mann, der ohne besondere Nötigung durch die Konvention und ohne eine besondere Beziehung zum Kind um des Kindes willen eine Ehe eingeht, eine neue psychische Konstellation. Es zeigen sich aus den Ordnungsbereichen der Psyche nun plötzlich Triebregungen, die erst jetzt — gerade im Sterben aller Normen — sichtbar zu werden beginnen. Der Wunsch, mit sich und seinem Leben in Ordnung zu kommen — eine Formulierung, der wir in der Eheberatung häufig begegnen —, kulminiert in der Flucht in die Ehe. Für die Frau waren solche Verhaltensmuster schon lange bekannt. Daß sie ausgerechnet heute auch beim Mann sichtbar werden, scheint uns neu. Wir können hier geradezu von einer Regression in ein versunkenes Kulturgut sprechen. Es werden heute viele Heiraten mit einer großen Nüchternheit geplant, so daß diese Nüchternheit — allerdings nur dann, wenn sie weder berechnend noch resignierend ist — ein neuer, wirklich ehefördernder Faktor werden kann. So weit nämlich hier das Verblassen einer Illusion aufgezeigt wird, zeigt diese Nüchternheit an, daß uns dadurch ein Stück tragfähigen Bodens für die Ehe wiedergegeben worden ist. Aber das Verlangen, Ehe als Erlösung vom Alleinsein zu stiften, ist in einem Maße unter uns vorhanden, wie wir es in der Vergangenheit bisher nicht gekannt haben. Die verschiedensten Gründe für eine Eheschließung haben in Vergangenheit und Gegenwart Ehe konstituiert. Das Moment der Erlösung vom Alleinsein ist in diesem Umfang neu. (von Graevenitz 1969, S. 363.)

Auf dem Boden solcher psychologischen Tatbestände befassen wir uns im Hinblick auf das Traugespräch nun mit den biblischen Voraussetzungen für die Ehe. Theodor Bovet gibt biblisch drei Hauptgründe an:

1. Vater und Mutter verlassen, d. h. sich klar und unwiederbringlich von der bisherigen Familie lösen;

2. seinem Gatten anhangen, d. h. der Bindung an die elterliche Familie die persönliche Liebe zum Ehepartner entgegensetzen und diese Liebe wirklich ausreifen lassen;

3. ein Leib werden, d. h. das körperliche Einswerden, die Gemeinschaft aller Güter und schließlich auch das gemeinsame Kind. (Bovet 1958, S. 101 ff.)

Zu 1. Die Loslösung von der Familie scheint vordergründig in vielen Fällen bereits gegeben zu sein und scheint — etwa im Hinblick auf das, was wir soeben von der Überwindung des Alleinseins als Ehegrund sagten — heute unproblematischer zu sein als in früheren Jahren. Jedoch ist dies nur in der Bewußtscheinsschicht so. Gerade darum, weil die Loslösung von der Familie so oft aus Enttäuschung, Bitterkeit oder Resignation erfolgt, besteht in der Tiefenschicht die Sehnsucht nach Familienbindung bzw. speziell nach Vater- oder Mutterbindung häufig stärker als früher. Gerade dort, wo man eine solche Bindung nicht gehabt hat, wird sie auf den Partner projiziert. Die falschen Erwartungshaltungen dem Partner gegenüber projizieren diesen in vielen Fällen in eine Vater- bzw. Mutterrolle hinein, die der Partner zunächst willig übernimmt, weil sie seinen eigenen, unbewußten Regungen entgegenkommt, später aber immer lästiger empfindet und vor allem nun aber, wenn diese Rolle gerade akzeptiert worden ist, vom Projizierenden nicht mehr gewünscht wird. Hier liegt einer der Scheidungsgründe für die Scheidungen nach der Silbernen Hochzeit. Man ist es leid, ewig einen Ersatzvater oder eine Ersatzmutter zum Partner zu haben, und man möchte nun den Partner, der in einer ganz neuen Form Geliebter ist, und zwar Geliebter auf der Ebene des Psychischen, der seelisch-geistigen Verbindung, weil die genitale Sexualität nachzulassen beginnt. Diese genitale Sexualität überspielte ja zunächst die Vater- bzw. Mutterprojektion und ließ zu, daß der Partner zugleich Ersatzmutter und zugleich Geliebte war. Läßt sie aber in der Lebensmitte nach, wird plötzlich die Ersatzmutter sichtbar, die nun auch psychisch nicht „Geliebte" sein kann.

Zu 2. Die Schwierigkeit, Familienbindungen in der notwendigen Form zu lösen, was ja nicht Mißachtung oder Herabsetzung bzw. Vernachlässigung der biologischen Eltern sein soll, geht aber häufig von den Eltern selbst aus. Die Pseudo-Opferhaltung der Mütter, die gluckenhaft die Liebe zum Sohn entweder gegen die Aufnahme der Tochter setzen oder aber ihre Opferhaltung nun bereitwillig beiden gegenüber zum Ausdruck bringen, verhindert die Loslösung von der Familie ebenso wie die Bindung des Vaters an die Tochter, bei dem ja im Unbewußten noch die Rivalität zum Schwiegersohn als Geschlechtspartner hinzukommt. Weil prinzipiell jeder Mann in seiner Tochter seine Frau und jede Ehefrau im Sohn ihren Mann noch einmal wiederliebt, darum sind es häufig die Elternteile, die die Loslösung des jungen Paares und deren Ehewerdung verhindern. Dazu gehören auch die Voreingenommenheiten eines Elternteiles gegenüber dem vom Kind gewählten Partner. Dem seelsorgerlichen Berater kann eine solche Situation z. B. dadurch bewußt werden, daß er die Bitte eines Elternteils erhält, den Kindern im Traugespräch oder in der Predigt noch einmal gründlich die Meinung zu sagen. Ja, er erhält auch handfeste Bitten, dem Sohn oder der Tochter den Partner auszureden. (Thilo 1969, S. 48 ff.)

Junge Brautleute stehen gelegentlich vor der bangen Frage, ob ihre gegenseitigen Beziehungen so bleiben würden, wie sie im Augenblick sind. Dabei wird darauf hingewiesen, daß man ja älter werde, daß das genitale Sexualverlangen abnehme (wobei man diesen Tatbestand niemals so präzis fixieren kann), und ob man sich nicht zu schnell gegenseitig satt haben würde. Hier liegen ja die ernstesten Einwände der neuen Moral, die die Ehe auf Zeit proklamieren. Es muß deshalb davon geredet werden, daß Ehe ein ständiger Reifungsprozeß ist. Ehe wird in ihren verschiedenen Stadien sehr verschieden aussehen. Die junge Ehe wird anders aussehen als die reife Ehe, und diese wieder wird sich von der Ehe im Abschnitt des ausklingenden Lebens zu unterscheiden haben. Ehe ist also nicht in allen Lebensabschnitten das gleiche, und die Formen der Zärtlichkeit, der Zuwendung, aber auch die der Aggression wandeln sich mit der Reifung der Ehe. Das ist jungen Menschen nur selten klar. Der geheime Gedanke, man werde den Partner schon noch dorthin bringen, wo man ihn gerne haben möchte, wird nicht nur gedacht, sondern auch schon in der Verlobungszeit ausführlich praktiziert. Aber ein solches Denken widerspricht der Auffassung der partnerschaftlichen Ehe. Sie widerspricht vor allem im tiefsten dem, was im neutestamentlichen Sinne unter Liebe verstanden wird. Liebe ist das Ja-sagen zu dem anderen so, wie er ist, und nicht so, wie ich ihn haben möchte. Unter dem Geschenk des Ja wandelt sich der Angesprochene und findet ebenso zum anderen, wie der, der das Ja ausgesprochen hat, dem anderen entgegenkommt und ihn begleitet. Ehe wird nur dann langweilig oder nur dann gefüllt vom Ekel, wenn ich in allen Abschnitten der Ehe die gleichen „Ehespiele" in körperlicher, geistiger oder seelischer Hinsicht spielen möchte, ohne zu bedenken, daß jeder Reifungsgrad der Partner ein immer „neues Spiel" verlangt.

Zu 3. Wir stellten schon fest, daß die Mehrzahl der die Trauung begehrenden jungen Paare Intimverkehr miteinander oder mit anderen Partnern gehabt haben. Aber Intimverkehr haben und ehelich miteinander leben ist keineswegs das gleiche. Ein Leib werden ist die Gemeinschaft der Ganzheit des einen Menschen mit der Ganzheit des anderen Menschen. Geschlechtsverkehr ist durchaus nicht in jedem Falle das totale Einswerden zweier Menschen. Wenn die Bibel für den ehelichen Verkehr das Wort „erkennen" gebraucht, dann deutet sie damit das, was mit ein-Leib-werden gemeint ist. Wenn behauptet wird, daß die Ehe die sexuelle Freude aneinander töte, dann stimmt das nur insofern, als die beiden Partner noch nicht erfahren haben, daß eheliche Gemeinschaft nicht das gleiche ist wie vorehelicher Verkehr. In dem Ahnen um diesen Tatbestand liegt die merkwürdige Angst junger Paare, die zwar den Intimverkehr kennen, ihn auch lustvoll vollzogen und erlebt haben, aber nun sich darüber Gedanken machen, wie das alles innerhalb der Ehe aussehen werde. Wir brauchen daher eine neue Besinnung über das, was die Fruchtbarkeit der Ehe eigentlich bedeutet. Jede Ehe muß fruchtbar sein. Dieser Satz ist aber nur richtig, wenn wir ihn nicht einseitig materialistisch-biologisch verstehen. „Um die Entwicklung nach vorwärts in Gang zu halten, ist es zweifellos notwendig, der menschlichen Sexualität noch deutlicher einen Sinn zu verleihen, der sich nicht auf die physische Fortpflanzung beschränkt, sondern auch die geistige Fruchtbarkeit miteinbezieht. Nur in dieser Sicht kann sich auch die Ehe entfalten. Ohne diese Form der Fruchtbarkeit verliert sie ihren Sinn, stellt sie nur ein inhaltloses Gefäß, einen allegorischen Mythos dar oder auch das Merkmal einer im Verfall begriffenen Gesellschaft — und wäre kaum der Erhaltung wert. Ist aber die Ehe — wie wir meinen — der Ort, wo sich diese innere Umwandlung der Sexualität vollzieht, wo Geist und Fleisch in eins verschmelzen, wo die Menschwerdung des Kindes geschieht, wo die Menschheit ihre erneuernden Kräfte gewinnt — dann verdient sie es voll und ganz, daß wir uns mit Eifer bemühen um ihre gesunde Entfaltung und um die Abwehr schädigender Abirrungen." (Lemaire 1968, S. 202.)

Die Evangelische Landeskirche in Württemberg hat 1962 eine Handreichung für das Traugespräch herausgegeben (Evang. Oberkirchenrat Stuttg. 1962). Es ist unseres Wissens der einzige mutige Versuch, eine praktische Anleitung zu verbinden mit einem Überblick über die bestehende Ehegesetzgebung, über die agendarischen Bestimmungen einer Landeskirche, über die Bestimmungen zur Mischehe und über den Inhalt des Traugespräches bzw. der Traupredigt. Was wir jedoch vermissen, ist der hier aufgezeigte Hintergrund der psychischen Grundeinstellung, mit

der Brautleute heute die Ehe begehren. Da wird darauf hingewiesen, daß
das Traugespräch „nicht versäumen dürfe, darauf hinzuweisen, daß die
Bibel dem Mann in der Ehe eine führende Aufgabe zuspricht". Die text-
kritische Arbeit an den hier in Frage kommenden Stellen ist so differen-
ziert, daß man in dieser Eindeutigkeit wird nicht mehr formulieren
können. Unser Anliegen wird aufgenommen mit der Forderung, daß im
vorausgehenden Gespräch die konkreten Verhältnisse der beiden Partner
so deutlich geworden sein müssen, daß die Rede (gemeint ist das Traugespräch) nicht in unverbindlichen Allgemeinwendungen steckenbleibt.
Nur gerade diese unverbindlichen Allgemeinwendungen können Platz
greifen, wenn dem Rat gefolgt wird, daß „das aufgeschlagene Neue Testament das Herzstück des Gespräches" sei. Hier verbirgt sich der theologisch
nicht zu haltende Standpunkt: „Die Ordnung Gottes sagt deutlich, wie in
allem Gestaltwandel und trotz aller Probleme die eine und unauflösliche
Ehe eines Mannes und seiner Frau die beste Ausformung des geistlichen
Miteinanders schenkt". (Rundfunkpredigt von Bischof Hermann Dietz-
felbinger am 21. 6. 1970 im Bayerischen Rundfunk.) Die Kenntnis über
die „Ordnung Gottes" wird ja dadurch gewonnen, daß man die Heilige
Schrift darauf befragt, was sie in der aktuellen Situation anzubieten habe.
Nun ist aber — wie wir als Theologen ja längst wissen — die aktuelle
Situation der Bibel keineswegs in allen Stücken übertragbar auf unsere
Situation. Wie problematisch das für die Ehe ist, hat Martin Luther selbst
feststellen müssen. Im Januar 1521 beantwortet Luther die Frage eines
Freundes, ob er eine zweite Frau nehmen dürfe, da bei seiner kranken Frau
kein Geschlechtsverkehr möglich sei, er habe nichts dagegen einzuwenden,
wenn ein Mann mit mehreren Frauen leben wolle, da die Heilige Schrift
es nicht ausdrücklich unter Verbot gestellt habe, nur — so fährt er fort —
er sehe es sehr ungern, „wenn diese Sitte allgemein üblich würde, weil
Christen nicht alles gierig an sich raffen müßten, was ihnen in Freiheit zu-
stünde". (Cole 1969, S. 98.) Die gleichen Schwierigkeiten, das Verhalten
des Christen in ethischen Situationen am biblischen Text wortwörtlich zu
interpretieren, zeigt Luthers Stellung zur Ehe seines Kurfürsten Philipp
v. Hessen, dem er ja die Zustimmung zu einer zweiten Frau gibt, allerdings
mit der Bedingung, die ganze Angelegenheit müsse geheim bleiben. Noch
schwieriger wird es, als im Jahre 1531 er um Rat gefragt wird, wie sich
Heinrich VIII. bei seiner beabsichtigten Eheschließung mit Anna Boleyn
verhalten solle. Hier rät er zunächst, Heinrich VIII. solle heiraten, da die
Bibel zwar die Scheidung, jedoch nicht die Polygamie verwerfe. Schon
5 Jahre später kommt er zu einer anderen Lösung. Weil Katharina die
Witwe von Heinrichs älterem Bruder Arthur war und für ihre Vermählung

mit Heinrich einen päpstlichen Dispens hatte einholen müssen, stellt er nun fest, daß die Bibel ja die Ehe mit der Frau des toten Bruders verbiete. Darum könne die Ehe Heinrichs mit Katharina nie gültig gewesen sein. Wir haben also im Traugespräch gewiß vom Wort Gottes her zu raten. Aber wir vergessen Ebelings Mahnung nicht, wonach Wort Gottes sich an dem erweise, was es ausrichtet. Darum stimmt es traurig, wenn in der verantwortlichen seelsorgerlichen Beratung die notwendigen psychologischen und methodischen Kenntnisse so abgewertet werden, daß es in dieser Anweisung der Württembergischen Landeskirche heißt: „Nicht Gesprächskunst, sondern Gehorsam in der Nachfolge hat hier Verheißung!" (Evang. Oberkirchenrat Stuttg. 1962, S. 79.)

Die psychologische Situation beim Traugespräch ist vielschichtiger als die beim Taufgespräch oder bei der Anmeldung zu einer Beerdigung. Eine Vielzahl von Möglichkeiten, von unbewußten Inhalten, von Verdrängungen und Abwehrmechanismen stehen hier an. Der Seelsorger wird sie nicht alle analysieren können noch dürfen. Er hat nur auf die Signale zu achten, die ihm im Gespräch gegeben werden. Er hat dahinterzuhören, wenn jene psychischen Symptome angesprochen werden, von denen hier die Rede ist, und er hat sie im Traugespräch oder in der nachfolgenden Traupredigt in taktvoller und vor allem in liebevoller Weise zu verbalisieren. Traugespräch, Trauung und nachgehende Seelsorge in Form der Ehe- und der Erziehungsberatung bedingen sich gegenseitig. Die Notwendigkeit der Deutung hintergründiger Lebensvorstellungen als Lebenshilfe macht sich hier unabweislich bemerkbar. Neutestamentliche Forderung ist, daß wir leben sollen, weil Jesus lebt. Beratende Seelsorge an der Ehe hat hier ihre schwere, aber auch schöne Aufgabe.

b) Inhalt, Form und Analyse des Traugesprächs

Er: 30, Akademiker, Managertyp, sorgfältig gekleidet, auffallend gute Manieren. Vater gefallen, keine Geschwister.

Sie: 29, Lehrerin, fraulicher Typ, bestimmt, aber zurückhaltend. Vier weitere, jüngere Geschwister, beide Elternteile leben.

Trauung und Termin für das Traugespräch wurden von der Mutter des Bräutigams mit dem Pastor abgesprochen. „Mein Sohn ist ja nie zu Hause, da muß ich eben das alles für ihn in die Hand nehmen." Das Brautpaar ist dem Pastor von gelegentlicher Teilnahme am Gottesdienst und an Diskussionsgruppen im Anschluß an den Gottesdienst bekannt.

Situation: mittlere Kreisstadt, bürgerlich geprägt mit vielen Neuansiedlern. Im Sprechzimmer des Pastors ist ein kleiner Tisch mit drei Stühlen

11*

bereitgestellt, Kaffee, Tassen, Milch, Zucker, Zigaretten, Aschbecher. Das Brautpaar erscheint zehn Minuten vor der angegebenen Zeit, aufgeschlossene Heiterkeit, die aber nicht ganz echt wirkt. Noch auf dem Weg von der Garderobe im Flur zum Amtszimmer beginnt das Gespräch: (Kommentar zu dem Gespräch beginnt auf S. 170.)

Herr X.: Entschuldigen Sie bitte, Herr Pastor, daß meine Mutter angerufen hat. Wir hatten das gar nicht verabredet, aber es ist schon richtig, denn ich bin in der letzten Zeit nicht viel zu Haus gewesen, und so war es mir ganz lieb, daß meine Mutter den Termin mit Ihnen verabredet hat.

5 Frl. Y. (noch auf dem Weg zum Sprechzimmer): Davon weiß ich ja gar nichts. Ich dachte, das hättest du verabredet. Aber das hättest du mir ja auch sagen können. Wir hätten dann gemeinsam einen Termin verabredet. Ich hätte das schon ganz ordentlich erledigt. (Die letzten Worte nicht ohne Ironie)

Pastor (weist auf den Tisch und die bereitgestellten Stühle): Hier sitzen wir wohl am
10 besten und am gemütlichsten. Darf ich Sie bitten, Platz zu nehmen.

Frl. Y. (greift ohne Aufforderung zu den Zigaretten, hält eine Zigarette in der Hand und schaut erwartungsvoll ihren Bräutigam an. Dieser greift erst nach Sekunden in die Tasche und bietet ihr Feuer an, das Frl. Y. wortlos annimmt. — Gesprächspause —)

15 Herr X. (leicht verlegen lächelnd): Da haben Sie schon etwas von unseren Problemen mitbekommen, Herr Pastor. Aber das wird sich ja alles geben, wenn wir erst verheiratet sind. Mir ist fest zugesichert worden, daß ich dann nicht mehr so viel im Außendienst zu tun haben werde, kann häufiger zu Hause sein, und wir haben dann sicherlich mehr Zeit, miteinander alles zu besprechen, was so der Tag bringt.

20 Frl. Y.: Du, darauf freue ich mich heute schon, aber ich werde dich auch beim Wort nehmen. (Sie strahlt ihn an.)

Pastor: Das bedeutet also, es wird sich bei Beginn Ihrer Ehe nicht nur die Tatsache ergeben, daß Sie nun immer beieinander sind, sondern auch Ihre berufliche und wohl auch Ihre persönliche Situation wird anders werden.

25 Herr X.: Das hoffe ich sehr. Wissen Sie, einmal hat man es ja satt, dauernd draußen herumzureisen und für andere die Kohlen aus dem Feuer zu holen. Schließlich wird man ja auch nicht jünger. Meine Frau muß zwar leider noch ein wenig berufstätig bleiben, aber ich hoffe, daß sie Ihren Beruf auch bald aufgeben kann. Wir haben zwar einiges gespart, aber man braucht doch mehr, als man so denkt.

30 Frl. Y.: Ich bin gar nicht so scharf darauf, meinen Beruf jetzt schon aufzugeben. Schließlich hat man ja eine Reihe von Jahren studiert, und mir macht die Arbeit eigentlich viel Freude. Bloß, immer möchte ich sie auch nicht tun. Wenn mal Kinder da sind, dann ist es ganz selbstverständlich, daß ich aufhöre. Aber vorläufig werde ich schon noch ein bißchen weitermachen. (Zu Herrn X. gewandt):
35 Und da hast du doch wohl auch nichts dagegen?

Herr X.: Wir haben das ja schon häufig miteinander besprochen, und du weißt, daß ich nun nichts mehr dagegen habe. Ich kann dich ja auch ganz gut verstehen. (— Gesprächspause —)

Herr X. (erneut): Bloß meine Mutter, die mag das gar nicht. Sie hat so Angst, daß
40 sich dann niemand mehr so recht um mich sorgt und ich meine Ordnung nicht habe. Da kann man reden, was man will, aber sie kann sich eben in unsere Verhältnisse recht schlecht hineindenken.

Frl. Y.: Du wirst schon nicht verhungern. Da kann deine Mutter ganz beruhigt sein. (Zum Pastor gewendet): Bisher habe ich neben meinem Beruf noch meine vier jüngeren Geschwister ganz gut versorgt, denn meine beiden Eltern sind nicht recht gesund.

Pastor: Das sind ja doch eine Reihe Fragen, die Sie im Augenblick bewegen und die Sie nicht nur miteinander, sondern wohl auch mit Ihren jeweiligen Eltern klären müssen. Es ist ja heute nicht ganz selten, daß junge Menschen eine andere Vorstellung von der Ehe haben als die älteren. Das verlangt manchmal viel Geduld von beiden Seiten. 5

Frl. Y.: Ja, Herr Pastor, aber eben von beiden Seiten. Sie kennen meine Eltern und auch meine Schwiegermutter leider nicht, wir haben manchmal versucht, sie mit in den Gottesdienst zu bringen, aber das gelang nicht. Wenn wir von den Predigten und von den Diskussionsabenden zu Hause erzählten, habe ich den Eindruck gehabt, meine Eltern und auch die Mutter von Werner halten Sie für ein 10 wenig zu modern.

Pastor: Was würden sie denn unter „modern" verstehen?

Herr X. (lächelnd): Das kann ich Ihnen in diesem Fall ganz genau sagen, Herr Pastor. Wir haben einmal nach einer Predigt zu Hause beim Mittagessen davon berichtet, daß Sie gesagt haben, Mann und Frau seien gleichberechtigte Partner. 15 Da hat meine Mutter gesagt, das sei eben so ein moderner Schnack. Eine Ehe könne eigentlich nur gut gehen, wenn die Frau wisse, daß sie für den Mann dazusein habe. Denn schließlich sei er ja der Verdiener und Ernährer. Als ich meiner Mutter dann sagte, daß meine Braut ja schließlich auch verdient, und zwar gar nicht schlecht, hat sie zwar nichts gesagt, aber nur mit dem Kopf geschüttelt. 20

Pastor (zu Frl. Y. gewendet und sie anschauend): Wahrscheinlich ist das für Sie gar keine so leichte Situation, Frl. Y.?

Frl. Y. (schweigt und verkrampft die Finger ineinander. Nach wenigen Sekunden): Ach, Herr Pastor, das habe ich längst aufgegeben. Meiner Schwiegermutter werde ich das nicht klarmachen, wie es heute in einer Ehe aussieht. Sie war erst einmal 25 dagegen, daß Werner eine Studierte nach Haus brachte, und als sie auch noch hörte, daß ich nicht sofort meinen Beruf an den Nagel hängen will, ist seitdem die Atmosphäre zwischen uns leider recht gespannt.

Herr X. (legt beruhigend seine Hand auf die Hände seiner Braut): Na ja, Herr Pastor, so schlimm ist das ja auch alles nicht, und ich bin völlig überzeugt, daß sich 30 das alles geben wird, wenn wir erst einmal verheiratet sind und — (leise lächelnd) — wir ein Kind haben werden.

Pastor: Sind Sie fest davon überzeugt, daß sich das alles so von selbst lösen wird? Schließlich ist ja der Weggang des Sohnes aus dem Haus der alleinstehenden Mutter eine ernste und für Ihre Frau Mutter wirklich schwer zu verkraftende 35 Angelegenheit.

Frl. Y. (ziemlich affektbetont): Ich verstehe nur nicht ganz, warum man immer nur auf die eine Seite Rücksicht nehmen muß. Schließlich lasse ich ja meine kranken Eltern mit den vier kleinen Geschwistern auch allein zurück. Aber danach scheint eben niemand zu fragen. 40

Pastor: Darf ich einmal versuchen, Ihnen die Situation Ihrer beiden Eltern klarzumachen? Nicht etwa, daß ich Ihnen damit etwas Neues sage, aber ein Außenstehender vermag Dinge manchmal objektiver zu sehen, einfach deshalb, weil er selbst nicht mit seinen Gefühlen daran beteiligt ist. Sie, liebes Frl. Y., bedeuten doch für die Mutter Ihres Herrn Verlobten eine Rivalin. 45

Frl. Y. (fällt dem Pastor ins Wort): Das ist doch töricht, schließlich will ich ja von meinem zukünftigen Ehemann etwas anderes, als was die Mutter von ihm will.

Pastor: Ist das wirklich so? — Ich meine, von Ihrer Frau Schwiegermutter aus gesehen?

Herr X.: Das habe ich ja meiner Mutter auch schon 100mal gesagt. Die Liebe eines 50 Sohnes zu seiner Mutter oder zu seiner Frau sind doch zwei völlig verschiedene Dinge. Aber wenn ich davon anfange, bekomme ich von meiner Mutter schon seit langem keine Antwort. Sie wird nur immer schweigsamer und scheinbar auch verbitterter.

Pastor: Vielleicht ist das eben doch ein Zeichen dafür, daß Ihre Frau Mutter in Ihrem Frl. Braut eine Rivalin sieht. Nicht auf dem Gebiet des Verstehens und des Liebhabens, wie es zwischen zwei Ehepartnern gut und notwendig ist, sondern auf dem Gebiet des Umsorgens, des Ratgebens, Ihre Frau Mutter hat noch nicht einsehen können, daß mit Ihrem Weggang von ihr das Leben für sie nicht zu Ende ist.

Herr X.: Genau das sage ich ihr ja auch immer, und das sage ich auch Gerda immer wieder: Mutter weiß eben doch manches besser. Und Gerda muß sich da auch nach der Mutter richten. Ich will auch in Zukunft auf den Rat meiner Mutter nicht verzichten. Aber meine Mutter befürchtet eben, daß ich das gar nicht mehr *kann*, wenn wir verheiratet sind. (— Gesprächspause — Dann Herr X. wieder etwas leiser): Man hängt ja doch auch an der Mutter, und sie hat eben in manchen Dingen wirklich mehr Erfahrung.

Pastor: Zu Beginn unserer Trauhandlung werde ich Ihnen aber unter anderem das Wort aus dem ersten Buch Mose vorlesen, wo es heißt, daß ein Mensch Vater und Mutter verlassen müsse und deshalb mit seiner Frau eine Einheit von Körper, Seele und Geist bildet, um das zu sein, was die Bibel „ein Fleisch" nennt. Diese innere Loslösung, besser gesagt: das völlige Selbständigwerden, damit man ganz für den Ehepartner dasein kann, bedeutet gewiß nicht, daß Sie die Mutter aufgeben müssen, aber bedeutet für Sie die Notwendigkeit, auch in dem Verhältnis zu Ihrer Mutter ein Stück reifer und selbständiger zu werden. Die Erfahrung der Mutter sollen junge Ehepaare natürlich anhören, aber die Entscheidungen, die sie treffen, sind ihre gemeinsamen Entscheidungen. D. h. also, daß eine Entscheidung von Ihrem Frl. Braut und Ihnen gefällt wird und von keiner dritten Person.

Herr X.: Ich glaube, Sie haben mich nicht richtig verstanden, Herr Pastor. Ich will ja gern in Zukunft auf meine Frau mehr hören als auf meine Mutter. Ich weiß ganz genau, daß ich vieles gar nicht selber entscheiden kann, und habe das auch schon in manchen Fällen an mir selber erfahren, daß der Rat, den mir meine Braut gegeben hat, viel besser war als der von meiner Mutter. Ich muß ganz ehrlich sein und feststellen, daß ich im Beruf manchmal besser gefahren wäre, wenn ich nicht auf meine Mutter, sondern auf meine Braut gehört hätte. Aber da müssen Sie sich gar keine Sorgen machen, Herr Pastor. Hier ist alles klar. Ich will wirklich in Zukunft auf meine Frau hören.

Pastor: Heißt das nicht, lieber Herr X., daß Sie drauf und dran sind, in Ihrer Ehe einfach Ihre zukünftige Frau an die Stelle Ihrer Mutter zu setzen?

Frl. Y.: Davor hat ja Werners Mutter gerade solche Angst! Aber ich will ihr doch wirklich nicht den Jungen wegnehmen, ich will nur, daß er eben in Zukunft mein Mann ist und nicht immer zu allererst der Sohn seiner Mutter.

Herr X. (erregt und mit abwehrender Handbewegung): Davon kann doch gar keine Rede sein. Du weißt genau, daß ich dich lieb habe und daß wir in unserer Verlobungszeit niemals miteinander Streit hatten.

Pastor: Ob Sie wohl sehr erstaunt sind, wenn ich nicht recht froh über diese Ihre Aussage bin? Verlobungszeit ist ja die große Zeit des Sich-aneinander-Gewöhnens, und dazu hätte vielleicht auch gehört, daß Sie einmal eine Meinungsverschiedenheit, ja sogar einen richtigen Krach miteinander durchgestanden hätten. Denn davon sind Sie doch sicherlich überzeugt: in der Ehe wird so etwas nicht ausbleiben.

Herr X.: Ich mag aber keinen Streit, Herr Pastor. Dann gebe ich lieber nach.

Frl. Y.: Und genau das mag ich gar nicht. Mir ist viel lieber, er gibt mir mal ordentlich contra, damit ich weiß, woran ich bin.

Herr X.:   Aber das kenne ich von zu Hause aus gar nicht. Bei uns gibt es nie Streit. Und ich habe auch richtige Angst, richtigen Widerwillen davor, mich zu streiten (erregter werdend). Also eine Ehe mit Streit und Meinungsverschiedenheiten, nein, das kommt für mich nicht in Frage.

Pastor: Ist es Ihnen eigentlich aufgefallen, Herr X., daß Sie Streit und Meinungs- 5 verschiedenheiten immer nur negativ sehen können? Könnte es nicht auch sein, daß man daraus miteinander lernt und nicht immer nur die Schokoladenseite des anderen sieht oder (etwas zögernd und leiser) vielleicht auch sehen möchte? (Es entsteht eine kurze Pause.)

Frl. Y.:   Ich glaube, an dem Punkt werden wir miteinander noch einiges zu lernen 10 haben. Aber hier kann ich ihm ja eine ganz gute Lehrmeisterin sein, denn mit Eltern und vier Geschwistern, da gibt es schon einigen Krach zu Hause. Aber wir verstehen uns trotzdem ganz gut.

(Zu Herrn X. gewandt: nett und charmant lächelnd:) Das bringe ich dir schon noch bei, wie man so was hinkriegt . . .   15

Pastor   (zu Frl. Y.): Sind Sie so sicher, daß die Situation zu Hause die gleiche ist wie die, die Sie in Ihrer Ehe haben werden?

Frl. Y.:   Um Himmels willen, nein, Herr Pastor. Das habe ich ja zu Hause so satt. Das ist ja auch einer der Gründe, weshalb ich mich so auf unsere Ehe freue. (Sehr schnell redend und sehr affektbetont): Ich habe es ja so satt, immer alles 20 allein machen zu müssen. Stellen Sie sich doch mal vor. Wer hat denn eigentlich meine Geschwister erzogen? Wer mußte in den letzten Jahren gradestehen, nachdem Vater frühzeitig pensioniert werden mußte? Das war doch immer ich. Aber das ist doch keine Sache für eine Frau. Jetzt, in meiner Ehe, da will ich das endlich mal anders haben.   25

Pastor: Aber sagten Sie nicht eben, Frl. Y., Sie wollten Ihrem Verlobten es beibringen, wie man einen Krach durchsteht? Sie können aber doch ihm nur das beibringen, was Sie in den häuslichen Auseinandersetzungen gelernt haben?

Fr. Y.   (etwas verärgert) (Na ja, schon, aber in der Ehe ist man ja bei alledem doch nicht so grenzenlos allein. Auf der einen Seite muß man nach allen Seiten hauen 30 und stechen, das ist zu Hause so, damit die Geschwister in Ordnung kommen. Im Kollegium muß man sich behaupten, der Klasse gegenüber, dauernd hat man mit Menschen zu tun und ist dabei doch so grenzenlos allein. Ich meine eben, das muß ich Werner beibringen, daß man jemanden braucht, der neben einem steht und bei dem man sich einfach auch mal ausheulen kann, wenn es in der Schule 35 wieder mal Krach gegeben hat.

Pastor: Ausheulen ist eine gute Sache. Das kann man übrigens mit und ohne Tränen, mit oder ohne Worte tun. Wichtig ist nur, daß einer dabei ist, der zuhört, der einmal zurückfragt und mit dem man das nächste Stück der Entscheidung durchdenken kann.   40

Frl. Y.:   Aber ich meine, jetzt sollten wir einmal auf unsere Trauung zu sprechen kommen. Das paßt auch ganz gut, denn ich möchte Ihnen einen Trauspruch für uns beide vorschlagen.

Pastor: Das nehme ich gern an, denn es ist ja Ihre Ehe und Ihre Trauung. Ich hätte Ihnen von mir aus sowieso keinen Trautext zudiktiert.   45

Frl. Y.:   Sie werden auch gleich verstehen, warum wir uns diesen Spruch genommen haben. Wir möchten gerne haben: „Einer trage des andern Last, so werdet ihr das Gesetz Christi erfüllen."

Pastor   (zieht einen Augenblick schweigend an seiner Pfeife und sagt dann etwas zögernd): Und wie sind Sie gerade auf dieses Wort gekommen?   50

Herr X.:   Eben, weil wir uns gegenseitig brauchen. Wir haben es doch eben beide satt, was bisher gewesen ist.

Pastor: Verstehe ich Sie nun recht, daß Sie eigentlich alle beide vor irgend etwas aus-
reißen wollen. Sie, Herr X., weil Sie die Mutter nur noch schwer ertragen können, und Sie, Frl. Y., weil Sie endlich aus der Umgebung zu Hause wegwollen?

Herr X.: Na, ganz so ist es ja nun nicht, Herr Pastor. Ich verstehe mich mit meiner
5   Mutter ja eigentlich recht gut. Nur eben manchmal ist das Ganze (er zögert) —
ein bißchen anstrengend zu Haus, wissen Sie, Herr Pastor.

Pastor: Rennen Sie nicht doch beide so schnell in Ihre Ehe hinein, weil Sie nur das,
was bisher war, los sein wollen?

Frl. Y. (laut lachend): Jetzt reden Sie genau so wie Werners Mutter. Aber schließlich
10   sind wir ja fast zwei Jahre verlobt und wissen wirklich, was wir wollen.

Pastor: Daran zweifle ich nicht, daß Sie sich alles reiflich überlegt haben. Die Frage
ist nur, ob Sie sich Ihre eigene Situation schon einmal ganz klar gemacht haben.
Ob Sie etwas Neues anfangen wollen, ohne daß Sie sich über das Bisherige wirklich Klarheit verschafft haben.

15 Frl. Y. (zögernd): Kann man das denn? (— Pause —) Vielleicht wäre es ja ganz gut.
(— Pause — dann sehr rasch und entschlossen): Dann sagen Sie uns doch mal,
was wir falsch machen.

Pastor: Eben das kann ich nicht. Aber ich könnte Ihnen anbieten, daß wir noch ein
paar Gespräche miteinander führen, damit uns allen dreien etwas klarer wird,
20   wo der Weg herkommt und wo er hingehen soll.

Herr X.: Ach, schönen Dank, Herr Pastor. Darüber können wir ja später vielleicht
noch einmal miteinander reden. (— Pause —) Aber den Trauspruch, den wir uns
ausgesucht haben, den würden Sie also nehmen?

Pastor: Wenn Sie das wünschen, tue ich das gern. Aber ich möchte Sie noch einmal
25   auf die zweite Hälfte des Trauspruchs aufmerksam machen. Dort nämlich, wo
es heißt: „so werdet ihr das Gesetz Christi erfüllen." Können Sie sich darunter
irgend etwas vorstellen?

Herr X.: Ja, die zehn Gebote hat man ja noch ein wenig im Kopf, und ich glaube,
daß das auch eine gute Sache ist. Sonst ginge alles noch mehr drunter und drüber.

30 Pastor: An die zehn Gebote ist hier allerdings gerade nicht gedacht. Das, was mit
Jesus von Nazareth in die Welt gekommen ist, kann man mit den zehn Geboten
allein nicht beschreiben. Oder meinen Sie, daß es irgendeins von den zehn Geboten gibt, das wir alle nicht beinahe jeden Tag schon einmal gebrochen haben?

Frl. Y.: Na ja, totgeschlagen habe ich eigentlich noch keinen ...

35 Pastor: Aber — fertiggemacht doch wohl schon oder nicht?

Frl. Y. (leicht nachdenklich, ein wenig schelmisch lächelnd und leicht errötend): Und
ob, Herr Pastor, und ob.

Pastor: Hm.

Herr X.: Na ja, aber wenn es die zehn Gebote nicht gäbe, dann wüßten die Menschen
40   nicht mehr, was los wäre. Denken Sie doch mal nach. Wenn wir nicht mehr Vater
und Mutter ehren würden ...

Frl. Y.: Das scheint für die Eltern immer die Hauptsache zu sein. Wenn ich schon mal
was hinten vor bekommen habe früher, dann wurde das immer mit dem vierten
Gebot begründet. (Alle lachen.)

45 Pastor: Wir haben zwar eben miteinander gelacht, aber was Sie da gesagt haben,
sollten wir uns noch einmal durchdenken. Gerade das 4. Gebot, dessen Richtigkeit
niemand bezweifeln wird, kann ja eben auch dazu mißbraucht werden, daß die
einen Macht über die andern bekommen. Daß in der Bibel auch geschrieben steht:
ihr Väter, reizet eure Kinder nicht zum Zorn, kriegen Kinder verhältnismäßig
50   selten zu hören. (Alle lachen wieder.)

Pastor: Herr X., werden denn Ihre Kinder das mal von Ihnen zu hören bekommen?

Herr X.: Ganz bestimmt, dafür sorgt schon meine Lehrerin. (Lächelt seine Braut an.) Über die spätere Kindererziehung haben wir nämlich auch nicht so ganz die gleichen Meinungen. Aber das laß ich erst mal ihre Sache sein. Schließlich ist sie Lehrerin, und die Mutter ist ja für die Kinder viel wichtiger als der Vater.

Pastor: Als ich Ihnen vorhin anbot, wir sollten uns noch einmal später über ein paar 5 Dinge weiterunterhalten, wußte ich noch nicht, daß Sie sich auch schon mit Fragen der Kindererziehung befaßt haben. Das scheint mir übrigens recht positiv zu sein. Aber wenn wir uns schon noch einmal treffen — worüber ich mich sehr freuen würde —, darüber müßten wir uns auch unterhalten. Heute aber nur soviel, daß „das Gesetz Christi" vor allen Dingen in den Begriffen Liebe, Vergebung, Neu- 10 anfang besteht. Ist Ihnen noch die Erzählung von der Ehebrecherin bekannt oder das Gleichnis vom verlorenen Sohn?

Herr X. (etwas zögernd): Nicht so ganz.

Pastor (steht auf, holt die Bibel und liest Joh 8,3—11.)

Frl. Y. (sehr nachdenklich): Darüber könnte man ja stundenlang reden. 15

Pastor: Hm.

Frl. Y.: Dann heißt also Gesetz gar nicht etwas, was immer und für alles anwendbar wäre, sondern vielmehr etwas, was den Menschen weiterbringt, wenn ich so sagen darf.

Pastor: So könnte ich es auch sagen. Ihr Trauspruch heißt also nicht: dies und jenes 20 mußt du auch noch tun, sondern sagt nur: dort, wo Liebe und Vergebung, so wie Christus es getan hat, in Ihrer Ehe deutlich wird, dort sind eigentlich erst die Voraussetzungen geschaffen, daß einer des anderen Last auch wirklich tragen kann.

Frl. Y.: Schreiben Sie uns den Spruch dann irgendwo auf? Ich meine, in unser Familienstammbuch, oder gibt es da einen Trauschein, wo man ihn ablesen kann? 25

Pastor: Ich kann Ihren Trauspruch sowohl im Familienstammbuch eintragen als auch Ihnen einen Trauschein geben. Das können Sie sich selbst aussuchen.

Herr X.: Nun müssen Sie uns aber noch sagen, was wir alles noch bei der Trauung beachten müssen, damit wir nichts falsch machen.

Pastor: Das ist an sich schnell gesagt. Aber Sie sollten gar keine Angst davon haben, 30 etwas falsch zu machen. Darf ich Ihnen einen Vorschlag machen? (Beide schauen den Pastor erwartungsvoll an.) Wir haben jetzt schon etwas über eine Stunde miteinander gesprochen und hätten allerdings noch ein paar Dinge miteinander zu bereden. Gerne würde ich auch noch auf einiges zurückkommen, was Sie vorhin angedeutet haben. Ob wir uns wohl noch einmal sehen könnten? Wir haben 35 ja bis zum Termin Ihrer Trauung noch bald 7 Wochen Zeit?

Frl. Y. (ziemlich spontan): Damit wäre ich recht einverstanden. Vor allem, wenn es Ihnen wieder gegen Abend paßt, weil man doch da am meisten Ruhe hat.

Herr X. (etwas zaghafter): Wenn Sie meinen, Herr Pastor. Schön wäre es schon, aber ich kann mir schon denken, daß es auch so geht, ohne daß wir Ihnen Ihre kost- 40 bare Zeit noch einmal wegnehmen müssen.

Pastor (holt seinen Terminkalender und schlägt eine Reihe von Terminen vor, schließlich einigt man sich auf einen Termin in vier Tagen.)

Pastor: Also dann bis zum nächsten Freitag. Ich freue mich sehr, daß Sie noch einmal kommen wollen. 45

Frl. Y.: Ja, und bis dahin muß ich mir auch noch ein paar Antworten überlegen.

Pastor (etwas erstaunt): Antworten? Worauf denn?

Frl. Y. (lächelnd): Sie haben doch ein paar Fragen gestellt, auf die ich noch nicht so recht antworten konnte. Vielleicht können wir das nächstemal noch einmal darauf eingehen. 50

Pastor: Das wollen wir gern tun. (Alle erheben sich, Pastor geleitet das Brautpaar zur Wohnungstür.)

Es fanden bis zur Trauung noch zwei, nach der Trauung drei weitere Gespräche statt. Dabei gelang es, den beiden Verlobten ihre jeweilige Fluchtsehnsucht klarzumachen und die Rollenerwartung zu klären. Eine Auflösung der starken Mutterbindung des Herrn X. konnte in diesen wenigen Beratungsstunden nicht erfolgen. Es gelang aber, ihm die Hintergründe seines Reagierens auf die Lebensvorstellungen seiner Braut deutlich zu machen.

Zur Analyse:

Gewiß kann dieses Gespräch nicht als typisches Traugespräch einer volkskirchlichen Situation gewertet werden. Der Kontakt des Brautpaares mit dem Pastor, ein bereits bestehendes Vertrauensverhältnis, eine ausgesprochene Aufgeschlossenheit des jungen Paares dem Traupastor gegenüber und der offensichtlich von Anfang an bestehende Wille, Klartext zu sprechen, machen die Situation durchsichtiger und zunächst scheinbar einfacher, als es bei Traugesprächen sonst üblich ist. Dennoch wurde dieses Gespräch gewählt, weil an der Gesprächsmethodik und der sich daran entwickelnden geistlichen Atmosphäre vieles deutlich wird.

Aufschlußreich ist schon, daß der Pastor hinter die Tatsache hört, daß das Gespräch von der Mutter des Bräutigams arrangiert wird. Wie stark beklemmend diese psychische Situation auf den Bräutigam wirkt, ist daran zu erkennen, daß er ohne jede Rückfrage damit in das Gespräch einsteigt. Im weiteren Verlauf des Gespräches wird die Ambivalenz dieser Haltung aber sichtbar. So sehr Herr X. von dieser umarmenden Bindung freikommen möchte, so sehr ist er zu gleicher Zeit in ihr verhaftet.

Die Situation von Frl. Y. ist die einer Flucht aus einer sie überfordernden Situation. Zugleich ist sie aber dabei, die ihr im Familienkreis zudiktierte matriarchalische Rolle in ihre zukünftige Ehe hineinzunehmen. Beide aber betrachten ihre Ehe als ein Allheilmittel für die bestehenden Schwierigkeiten und geben sich verschiedenen Erwartungsschemata hin, die prognostisch die Ehe in keinem günstigen Lichte erscheinen lassen.

Zum Gesprächsverlauf ist folgendes anzumerken:

Als der Pastor zum erstenmal in das Gespräch eingreift, ist ohne sein Zutun die Ausgangssituation bereits klar. Er beginnt nicht mit einer Deutung dieser Situation, sondern faßt sie spiegelnd zusammen (S. 164, Z. 22). Allerdings zeigte sich sehr bald, daß die veränderte berufliche Situation sehr konträre Züge zeigt. Während Herr X. von seinem augenblicklichen Status etwas abzubauen versucht (S. 164, Z. 25 ff.), ist Frl. Y. zu einer solchen Maßnahme nicht bereit (S. 164, Z. 30). Dabei spielt das infantile

Sorgen um die orale Versorgung bei Herrn X. keine geringe Rolle. Was als Sorge der Mutter (S. 164, Z. 40 ff.) ausgegeben wird, ist durchaus auch eigene Befürchtung. Es wird dabei eine solche Fülle von Problemen angesprochen, daß der Pastor zunächst nichts anderes tun kann, als noch einmal (S. 165, Z. 1 ff.) festzustellen, daß es sich um eine sehr diffizile Situation handele, die zunächst einmal Geduld von beiden Seiten verlangt. Die Schwierigkeit der Differenzierung besteht vor allem darin, daß Frl. Y. mit ihrer Zukunftserwartung sehr klare Vorstellungen verbindet, während Herr X. in der Ablehnung der Anschauung der Mutter eine unbewußte Fixierung an diese Lebensanschauungen verrät. Was S. 165, Z. 13 ff. von Herrn X. als Meinung der Mutter vorgetragen wird, ist mit großer Wahrscheinlichkeit im Unbewußten auch sein eigenes Bild von der Ehe. Eine Lösung hierfür vermag er im Augenblick nicht zu sehen, da er verständlicherweise den Bruch mit der Mutter und den dadurch für ihn entstehenden Liebesentzug vermeiden möchte. Das Lavieren zwischen der infantilen Auffassung einer mutterbezogenen Existenz und der gewollte, aber noch keineswegs realisierbare Schritt zur Reifung und zur Ich-Findung wird kaschiert durch die Hoffnung, daß die Ehe als Allheilmittel von sich aus eine Lösung bringen werde. Da auch Frl. Y. eine Meinungsänderung bei der Schwiegermutter als unwahrscheinlich und als zu schwierig ansieht, bedeutet auch für sie die Flucht in die zukünftige Ehe eine Lösung. Aber sie vermag nicht zu sehen, daß psychologisch ihr Weggang aus dem Elternhaus andere psychische Dimensionen anspricht als der Weggang ihres Bräutigams. Hier kann nicht mehr vordergründig argumentiert werden. Es ist deshalb richtig, daß der Pastor (S. 165, Z. 41) ansetzt, die verschiedenen Situationen in den beiden Elternhäusern zu deuten. Aber dieser gute Wille führt zu einer Vertrauenskrise innerhalb des Gespräches. Frl. Y. verschließt sich dieser rationalen Deutung (S. 165, Z. 47 ff.), weil der Pastor meint, auf dem rationalen Wege des Appells an die Einsicht Tiefenschichten aufdecken zu können. Vordergründig hat Frl. Y. natürlich recht. Sie kann gar nicht einsehen, daß sie als Rivalin der Schwiegermutter erscheint. Für sie ist ein solcher Tatbestand sicherlich nicht nur „töricht", sondern sie würde sicher gern einen affektbetonteren Ausdruck gebrauchen. Aber der Pastor läßt nicht locker. Seine erneut angebotene Deutung (S. 165, Z. 48 ff.) erreicht zumindest, daß Herr X. versteht, nach welcher Richtung hin der Pastor argumentieren will. Es ist allerdings bezeichnend, daß Frl. Y. sich zu diesem Tatbestand nicht äußert. Es ist also mit Recht zu fragen, ob nicht der Pastor bei seiner gutgemeinten Absicht einen unerlaubten Übergriff von der Beratung in eine analytische Situation hinein vollzieht, indem er tiefenpsychologische Gesichtspunkte anklingen läßt. Vermutlich

hat er diese Grenzüberschreitung bemerkt, zumal die sehr ernst zu neh-
mende Bemerkung von Herrn X. nach der Gesprächspause (S. 166, Z. 14)
ihm signalisiert, wie tief die Problematik bei Herrn X. sitzt.

Vielleicht kann man es als Ausweichen bezeichnen, wenn der Pastor
daraufhin sich auf die Bibel „zurückzieht". Uns scheint aber dies kein
Rückzug zu sein, sondern der hier legale Weg auf die Frage nach der
Lösung von der Elternbindung. Methodisch geschieht das allerdings etwas
unvermittelt, so daß Herr X. sich nicht verstanden glaubt (S. 166, Z. 28 ff.).
Aber gerade dieser Abschnitt macht in erschreckender Weise klar, daß
Herr X. seine Situation nicht zu sehen vermag. Sein Zutrauen zum guten
Willen ist beachtlich, wird aber ohne Erhellung seiner psychischen Hintergrundsituation nicht zu einer Änderung seines existentialen Verhaltens
führen. Etwa in der Art eines kleinen Kindes, das nach ertapptem Vergehen Besserung gelobt, steht der Satz „ich will wirklich in Zukunft auf
meine Frau hören". Nun ist es Frl. Y., die die Argumentation des Pastors
versteht, die ein wenig provokativ gegeben wird und die sich anbahnende
Identifizierung (sh. Abwehrmechanismen) der zukünftigen Ehefrau mit
der Mutter anspricht. Es passiert dem Pastor aber mit Herrn X. genau
das gleiche noch einmal, was ihm schon einige Zeilen vorher passierte:
Jetzt ist es der Bräutigam, der jede Deutung einer solchen tiefenpsychologischen Interpretation entrüstet abwehrt. Allerdings richtet sich diese
aggressive Abwehr bezeichnenderweise nicht gegen den Pastor (so wie
Frl. Y. sie geäußert hatte), sondern gegen die Braut. Vermutlich will
Herr X. mit dieser Aggressivhandlung gegenüber seiner Braut eine Zu-
stimmungserklärung des Pastors provozieren, auf die dieser sich aber nicht
einläßt. Dabei ergreift der Pastor jedoch keine Partei und läßt sich auch in
keine Schiedsrichterrolle drängen. Die gesprächsmethodische Formulierung
der Entgegnung (S. 166, Z. 34 ff.) ist gut. Es ist ja die Mutterbindung, die
nicht nur die Aggressivität gegen den Pastor, sondern auch gegen die Braut
und gegen die Mutter verhindert. Die infantile Haltung eines im Beruf
tüchtigen Mannes wird in der Abwehr gegen jede Auseinandersetzung
überhaupt deutlich. Für ihn bedeuten „Streit und Meinungsverschiedenheit" immer Liebesverlust. Das hat er bei allen Versuchen erlebt, sich mit
der Mutter auseinanderzusetzen oder sich von ihr zu lösen. Genau das
gleiche befürchtet er jetzt für seine Ehe. Hier argumentiert nun Frl. Y.
aus der eigenen Erfahrung ihrer so ganz anderen Familiensituation, die
sie unbekümmert in ihre Ehe überträgt. Handfester häuslicher Krach mit
den vier jüngeren Geschwistern einerseits und den kranken Eltern andererseits bedeuten für Frl. Y. notwendiges Mittel der Selbstbehauptung.
Da sie im Mittelpunkt ihrer Familie stand, da sie dort die Führerrolle

innehatte, mußte sie bei den Auseinandersetzungen um keinen Liebesverlust bangen. Was wird aber geschehen, wenn sie unbewußt diese ihre Rolle so offensichtlich in ihre Ehe hineinübertragen will? (S. 167, Z. 10 ff.)

Die Ambivalenz in der Haltung von Frl. Y. wird an einer anderen Stelle deutlich. Sie besteht einerseits in der unbewußten Sehnsucht, die Führerrolle behaupten zu wollen, andererseits aber in der Sehnsucht nach Geborgenheit, um die Überforderung der letzten Jahre loszuwerden und alles dies dann durch die Flucht in eine Ehe zu realisieren. Was S. 167, Z. 26 ff. vom Pastor aus geschieht, nennt man eine Klärung der analytischen Situation. Er tut nichts anderes, als daß er Frl. Y. auf den offensichtlichen Widerspruch hinweist, den sie aber nicht als Widerspruch empfinden kann. Sie hat ja hier noch keine Klarheit. Aggressionen sind für sie nichts Unbekanntes, darum reagiert sie — ganz anders als ihr Verlobter — aggressiv: „Na ja, schon, aber in der Ehe ist man ja bei alledem doch nicht so grenzenlos allein ..." Aber ihr wird unheimlich bei diesem Gespräch, und der Pastor ist gut beraten, daß er nicht auf die Fortsetzung dieser Linie in diesem Augenblick dringt. Also nimmt er die Akzeption S. 167, Z. 44) an. Der angebotene Trautext wirkt dabei wie ein Spiegel der beiderseitigen Situation. Weil das offensichtlich vom Pastor erkannt wird, vermag er nicht in den agendarischen Ablauf der Trauung zu flüchten, sondern deutet anhand des ihm gegebenen Trautextes die Hintergrundsituation, die nun trotz leichten Widerspruchs eher akzeptiert wird, als das bei den früheren Versuchen deutlich wurde. Mit einer gewissen Hartnäckigkeit, über die man sicherlich streiten kann, besteht er darauf, daß die Brautleute sich gegenseitig Mut machen, ihre eigentlichen Motivationen zur Ehe besser zu erkennen. Und — sofort gerät er in eine neue Gefahr: Er soll sagen, wie man „es" macht. Dabei sind seine Deutungsversuche, die er vorzeitig gegeben hat, von seinen beiden Gesprächspartnern nicht angenommen worden. Würde er sie jetzt wiederholen, käme das einem Abbruch des Gesprächs nahe. So bietet er von sich aus eine Akzeption (S. 168, Z. 18 ff.), die aber auf wenig fruchtbaren Boden fällt.

Ohne daß dem Pastor eine besondere Gelegenheit gegeben wird, kommt er jetzt zur Deutung des angebotenen Trauspruches. Der Einstieg dazu wird ihm erleichtert (S. 168, Z. 21), weil nun offensichtlich auch Herr X. das Gespräch auf einen für ihn sichereren Boden zurückleiten möchte. So wird die rigoristische Lebensauffassung deutlich, der beide Ehepartner in gleichem Maße anhängen. Vermutlich ist es diese gesetzliche Haltung, die unbewußt die bisherige Basis für die geistige Übereinstimmung gebildet hat. Wie bezeichnend, daß Herr X. auf das 4. Gebot reflektiert, mit dem auch Frl. Y. ihre eigenen Erfahrungen gemacht hat. Was es heißt,

Macht auszuüben oder unter fremdem Machteinfluß zu stehen, haben beide Partner in verschiedener Weise erfahren, und zwar sowohl aktiv als auch passiv. So sind sie nun in der Gefahr, den Imperativ von Galater 6, 2a so in den Vordergrund zu schieben, daß sie die eigentliche Erfüllung dieses Wortes gar nicht mehr wahrnehmen können. Die Identifizierung, die dabei Herr X. mit der Lehrerrolle der Mutter und dem Beruf seiner Frau vornimmt (S. 169, Z. 1 ff.), ist beachtlich. Nur scheint Frl. Y. an diesem Punkt durchaus willens zu sein, die ihr zugedachte Rolle voll zu übernehmen. Über die Kindererziehung hat man also gesprochen, und man hat sich in einer recht bemerkenswerten Weise „geeinigt".

Über die Frage des Kasualgespräches anhand der aufgeschlagenen Bibel ist viel geschrieben worden, und die oben zitierte Schrift über das Taufgespräch des Württembergischen Oberkirchenrates empfiehlt sie ausdrücklich. Wir haben an anderer Stelle mehrfach davor gewarnt. Wenn aber die Einbeziehung der Bibel in ein Gespräch so erfolgt und sich so anbietet, wie hier (S. 169, Z. 13 ff.), dann soll davon Gebrauch gemacht werden. Man kann streiten, ob in der Situation eines Traugespräches Joh 8, 3—11 der richtige Text ist. Unvermutet hat aber wohl der Pastor das Richtige getroffen und sicher geheime Probleme angerührt, da er sich von Frl. Y. in aufschlußreicher Weise bestätigt sieht. Akzeption dieses angebotenen Einverständnisses durch das neutrale „Hm" ist richtig. Jede Nachfrage auf dem Hintergrund von Joh 8, 3—11 in etwaige frühere Situationen der beiden Brautleute wäre an dieser Stelle ungerechtfertigt und peinlich gewesen. Unklar bleibt, was Frl Y. mit der Frage nach der schriftlichen Fixierung des Trauspruches (S. 169, Z. 24) eigentlich meint. Ist es das Faustische „was man schwarz auf weiß besitzt", oder ist es nur ein Ablenkungsmanöver?

Die anankastische Struktur des Herrn X. kommt noch einmal zum Tragen: er möchte nichts falsch machen und will darum jetzt wissen, was er bei der Trauung zu tun und zu lassen habe. Der Pastor gibt hierauf nur oberflächlich Auskunft, weil er wohl dahinterhört, welche Grundsituation und welche Grundangst hinter dieser Frage des Herrn X. steht. Er verkoppelt darum seine Antwort mit dem Angebot weiterer Gespräche, das nicht von Herrn X., aber von Frl. Y. spontan akzeptiert wird. Bezeichnend und wichtig ist die Bemerkung von Frl. Y. (S. 169, Z. 46), daß sie „sich noch Antworten überlegen" müsse. Dabei hat der Pastor direkt nichts gefragt, und auf das, was gefragt worden ist, hat er Antworten bekommen. Der Gesprächsgrundsatz aber, wonach der am wenigsten erfährt, der am meisten fragt, hat sich hier bewahrheitet.

Zusammenfassung

Vom Beraterstandpunkt ist die Prognose für diese Ehe nicht sehr günstig. Es treffen hier so verschiedene Rollenerwartungen und zwei so verschiedene Lebenswege aufeinander, daß mit krisenhaften Auseinandersetzungen gerechnet werden muß. Bleiben sie aus, gelingt es dem Mann, seine Frau völlig mit der Mutter zu identifizieren und die Frau zu bewegen, die Mutterrolle zu akzeptieren, werden zwar die ersten Ehejahre nach außen hin „glücklich" sein, aber es werden in den späteren Ehejahren sich aus der notwendigerweise immer stärker werdenden Befreiungssehnsucht des Mannes vom Matriarchat krisenhafte Entwicklungen anbahnen. Es muß auch damit gerechnet werden, daß im Intimbereich dieser Ehe nach anfänglicher Harmonie Schwierigkeiten auftreten werden, da der Mann die Doppelrolle, die seine Frau als Mutter und Geliebte spielt, immer stärker zugunsten einer Mutterrolle umdeuten wird. Die seelsorgerliche und beraterische Chance des Pastors liegt darin, daß dieses Gespräch und die nachfolgenden das bestehende Vertrauen offensichtlich gefestigt haben. Es ist zu vermuten, daß das junge Paar im Kontakt mit dem Pastor bleiben wird. Die beratenden Gespräche mit einem der Partner oder mit beiden gemeinsam sind von Zeit zu Zeit anzubieten. Sobald dem Pastor die seelsorgerliche und die eheberaterische Diagnose nicht mehr deutlich ist, sollte er sie bei einem Beraterteam vortragen und gegebenenfalls beide Eheleute zu einer Fachberatung in der Eheberatungsstelle willig machen. Eine Kontaktaufnahme mit der Mutter des Herrn X. und den Eltern von Frl. Y. ist — falls sie nicht bereits besteht — im gegenwärtigen Zeitpunkt nicht ratsam. Ohnehin ist anzunehmen, daß die Mutter von Herrn X. sich nach einiger Zeit beschwerdeführend über die Schwiegertochter an den Pastor wenden wird. Will der Pastor aber die Vertrauensbasis zu beiden Eheleuten behalten, wird er darauf verzichten müssen, zugleich den Kontakt zu beiden, die Schwierigkeiten auslösenden Funktionspartnern, aufzunehmen. Er würde sonst in eine Schiedsrichterrolle gedrängt, die er nach allen Seiten hin nicht ausfüllen kann. An diesem Gespräch wird klar, wie wichtig die Verankerung des Seelsorgers innerhalb eines Beraterteams und seine Fachkenntnisse in beratender Seelsorge sind. So mag dieses sicherlich nach mancher Hinsicht atypische Beispiel eines Traugespräches die Bandbreite seelsorgerlich-beratenden Handelns andeuten.

2. Traugespräch

Es handelt sich um ein Brautpaar, bei dem er, 26 Jahre alt, Feinmechaniker, aus einem bürgerlichen Elternhause stammend, und sie, 23 Jahre, Krankenschwester, aus einem Haus stammend, in dem Kirche und kirchliche Bindung keine Rolle gespielt haben. Die Trauung erfolgt in der Großstadt zunächst als Anmeldung bei dem Pastor, zu dem man parochiemäßig gehört. Die Anmeldung erfolgte telefonisch, die Zeit war telefonisch zwischen dem Pastor und dem Brautpaar abgesprochen. Das Brautpaar erscheint pünktlich, er hat sich offensichtlich nach der Arbeit etwas umgezogen, sie kommt in Rock und Pullover offensichtlich so, wie sie in der Freizeit aus dem Krankenhaus weggegangen ist und auch sonst üblich gekleidet. Es ist ein Donnerstag um 18.30 Uhr. Der Mann hat gesagt, daß er unmittelbar von der Arbeit kommend, den Pastor mit seiner Braut gemeinsam aufsuchen wolle. Der Pastor hat die beiden im Flur empfangen, war der Braut beim Ablegen des Mantels behilflich und hat dann seine Besucher in das Arbeitszimmer gebeten, wo auf einem kleinen Tisch etwas Kaffee, Zigaretten und Milch bereit stehen.

Pastor: Sie sagten mir, Herr X., daß Sie unmittelbar nach der Arbeit zu mir kämen. Man ist meistens etwas abgespannt, wenn man direkt aus dem Trott kommt, und so ist es vielleicht ganz gut, wenn wir eine Tasse Kaffee zusammen trinken. Die Zigaretten stehen auch nicht nur zum Anschauen da, und Sie erlauben, daß ich mir eine Zigarre anzünde.

5 Herr X.: Recht schönen Dank. Das finde ich aber freundlich, aber leider darf ich keinen Kaffee trinken. Ich hatte vor einiger Zeit einen kleinen Herzinfarkt. Meine Braut wird sicherlich welchen nehmen. Zu seiner Braut gewendet: „Du nimmst doch sicher welchen." (Sie sagt gar nichts, sondern nickt nur, und er schenkt ihr wortlos ein.)

10 Pastor: Darf ich Ihnen vielleicht ein Glas Selterwasser oder ein Glas Bier anbieten?

Herr X.: Ach ja, ein Glas Bier hätte ich eigentlich ganz gern. (Der Pastor geht hinaus und holt ein Glas Bier. Als er zurückkommt, findet er die beiden noch immer schweigend nebeneinander sitzen. Der Pastor macht sich betont umständlich an seinem Schreibtisch zu schaffen, holt eine Bibel herbei, Schreibmaterial, die Anmeldeformulare für die Trauung und setzt sich dann an den Tisch zu dem Brautpaar.

15

Herr X. hofft offensichtlich, daß der Pastor nun das Gespräch beginnt, was dieser aber nicht tut. Nach wenigen Sekunden Herr X.):

Herr X.: Ja, meine Braut und ich sind ja nun hier, um die Hochzeit festzumachen. Das wird sicherlich ganz schnell gehen. Ich habe Ihnen alle Papiere mitgebracht, mein Geburtsschein und mein Taufschein ist auch hier. Von meiner Braut können Sie das alles auch einsehen. Im übrigen möchten wir es eigentlich alles recht kurz erledigen; ich bin kein Freund von großen Festen und Sie, Herr Pastor, sicherlich auch nicht.

20

25 Pastor: Sie haben ganz recht, Herr X., aber wir werden uns noch ein wenig darüber unterhalten, was Sie unter „großen Festen" verstehen. Vielen Dank erst einmal für Ihre Papiere. Darf ich sie einmal sehen? (Pastor notiert Geburts- und Konfirmationsdaten des Mannes und wendet sich dann der Braut zu.)

Pastor: Sie haben da einen schönen Konfirmationsspruch bekommen, Fräulein Y., „die auf den Herrn harren, kriegen neue Kraft", da kann man sich doch wenigstens etwas drunter vorstellen.

30

Frl. Y.: Ja, vor allen Dingen als Kind, später wird das ja dann alles irgendwie anders. Aber der Pastor, der mich konfirmiert hat, war ein sehr netter Mann. Mit dem konnte man sich ganz vernünftig unterhalten.

Pastor: Sie haben sich also zu einer kirchlichen Trauung entschlossen. Darüber freue ich mich natürlich. Aber Sie werden sicherlich dafür Verständnis haben, daß wir uns einmal darüber unterhalten, warum man sich eigentlich kirchlich trauen läßt.

Herr X.: Das ist doch für gebildete Menschen ganz klar. So ohne Kirche, das ist doch nichts, und ich habe meiner Braut auch gesagt: Wenn wir schon heiraten, dann 5 nur kirchlich. (Pastor sieht Frl. Y. ein wenig erwartungsvoll an und hofft, daß sie sich dazu äußert, was aber nicht geschieht.)

Pastor: Ach, wissen Sie, Herr X., man kann ja ein sehr anständiger Mensch sein, ohne sich kirchlich trauen zu lassen, und vor allen Dingen: Man kann durchaus eine gute Ehe führen, ohne daß man vorher gemeinsam in der Kirche war. Das alles 10 hat mit kirchlicher Trauung an sich noch gar nichts zu tun. (Pastor bemerkt, wie Frl. Y. bei den letzten Worten ziemlich aufmerksam zuhört, sie spielt unruhig mit den Fingern.)

Herr X.: Das sag ich ja auch immer, aber vor allem müssen die Leute ja doch auch sehen, daß man wirklich verheiratet ist, und schließlich ist ja so ein Tag auch 15 was ganz Besonderes.

Pastor: Eben weil dieser Tag was ganz Besonderes ist, müssen wir ihn uns auch einmal genau anschauen und uns überlegen, warum wir eigentlich in die Kirche gehen. Sehen Sie, ich meine immer, von aller Theaterspielerei ist das fromme Theater das schlimmste. Wer in die Kirche kommt und sich am Altar sagen läßt, was wir 20 in der christlichen Kirche unter „Ehe" verstehen, hat damit gewiß noch nicht alle seine Probleme gelöst bekommen, und Ihre Ehe müssen Sie ja auch beide gemeinsam führen. Da kann Ihnen ein Mensch nur wenig dabei helfen.

Frl. Y.: Eigentlich kann einem überhaupt ein Mensch kaum helfen. Wissen Sie, das habe ich mir nur immer als Kind eingebildet. Aber, wenn man verheiratet ist, da 25 weiß man doch wenigstens, zu wem man gehört.

Pastor: In der evangelischen Kirche sind wir davon überzeugt, daß die Menschen von ihrer Taufe an Gott gehören, ganz gleich, ob sie das immer so wollen oder ob sie das immer richtig verstehen. Dabei wollen wir alle unsere Entschlüsse, die wir fassen, ausrichten an dem, was Jesus uns vom Leben und vom Sinn des Lebens 30 gesagt hat. Vielleicht gehen wir mal den Gang Ihrer Trauung durch, damit wir die einzelnen Dinge besser verstehen, und außerdem ist es wichtig, daß Sie ganz genau wissen, was da geschieht, denn ein richtiges Brautpaar muß ja an seinem Hochzeitstag aufgeregt sein. (Pastor bemerkt, wie Frl. Y. lächelt, aber nicht ohne einen gewissen bitteren Zug im Gesicht zu haben.) Zunächst erwarte ich Sie 35 am Eingang der Kirche und wäre Ihnen dankbar, wenn Ihre Angehörigen etwa 5 Minuten eher da sind.

Pastor: Wir werden dann miteinander einen kleinen Hochzeitszug bilden, und ich will Sie zum Altar führen. An der Kirchentür steht unser Kirchenvogt mit einer silbernen Schale. Darauf legen Sie bitte keinen Geldschein, wie wir das manchmal 40 beobachten, sondern Ihre Ringe. Wollen Sie bitte Ihre Ringe später rechts oder links tragen?

Herr X.: Ach nein, wir tragen sie doch lieber rechts.

Pastor: Aber nun müssen Sie auch einmal etwas dazu sagen, Fräulein Y., schließlich heiratet ja Ihr Bräutigam doch nicht allein. 45

Frl. Y.: Mir ist schon ganz recht, wie er das sagt. Wir tragen die Ringe rechts, aber ich habe noch gar nicht probiert, ob meiner auch auf den rechten Finger paßt.

Pastor: Das sollten Sie alle beide vorher noch tun. Ich werde Sie dann unter Orgelspiel zum Altar geleiten. Sehen Sie, so ein Weg von der Tür der Kirche bis zum Altar hat ja eine tiefe Bedeutung. Jeder Menschenweg geht nun — ob der Mensch 50 das will oder nicht — von seinem Eintritt in das Leben bis hin zu den ausgebreiteten Armen Gottes. Und in der christlichen Kirche wird man bei der Taufe, bei der Konfirmation, bei der Trauung und dann schließlich auch bei der Beerdigung diesen Weg geführt, bzw. man geht ihn selbst. Dann ist es im allgemeinen üblich, daß wir ein Lied miteinander singen. Haben Sie da irgendwelche Vorschläge?

Frl. Y.: Kann man „Befiehl du Deine Wege" nehmen? Das haben wir bei meiner Konfirmation gesungen und auch, als meine Oma starb.

5 Pastor: Herr Y., was meinen Sie dazu?

Herr X.: Ach, das Lied kenne ich eigentlich nicht, aber wenn Elfriede sagt, das sei bei der Beerdigung gesungen worden, ist es wohl nicht das Richtige.

Pastor: Man singt das Lied schon bei Beerdigungen, aber wenn man es sich richtig überlegt, würde ich es nicht für unmöglich halten, zumindest die ersten zwei oder
10 drei Strophen auch bei einer Trauung zu singen.

Frl. Y.: Wie meinst du?

Pastor: Ich hol mal ein Gesangbuch und lese Ihnen die Verse vor. (Er holt das Gesangbuch und liest Vers eins bis drei.)

Herr X.: Ja, meinetwegen, das kann man ja schon tun.

15 Pastor (notiert schweigend die Nummer des Liedes): Nun möchte ich Ihnen das gern vorlesen, was ich Ihnen aus der Bibel zu lesen habe, und achten Sie vor allen Dingen jetzt auf das Wort, wo es darum geht, daß Menschen ihr Elternhaus verlassen müssen, damit sie sich wirklich ganz finden können. Es ist dies eine der wichtigsten Lesungen bei der ganzen Trauung.

20 Frl. Y.: Können Sie das nicht weglassen? Da wird meine Mutter sicher sehr traurig, weil sie immer gesagt hat, nun ginge auch das letzte Kind noch weg. Sie wissen ja, wie Eltern manchmal sind.

Herr X. (sehr viel freundlicher und aufgeschlossener): Ach, daran sollten wir uns nicht stören. Wenn Sie sagen, Herr Pastor, daß das dazugehört, dann lesen Sie
25 es ruhig.

Pastor: Ich kann schon verstehen, daß Ihrer Mutter dieses Wort schwer wird, denn wir wissen ja alle, daß es nicht ganz einfach ist, von zu Hause wegzugehen, und ich kann mir nun auch schon vorstellen, wie es ist, wenn die eigenen Kinder heiraten. Wir dürfen ja nicht übersehen, daß der Hochzeitstag der Kinder für die Eltern
30 eine ganze Menge Probleme mit sich bringt. (Pastor sieht, wie Herr X. plötzlich einen ziemlich starren Gesichtsausdruck bekommt und in den Taschen nach Feuer sucht, um sich eine neue Zigarette anzuzünden. Er bietet Herrn X. eine Zigarette an und gibt ihm Feuer.)

Herr X. (raucht ein paar Züge schweigend, dann): Aber Eltern sollen sich auch nicht so
35 haben. Schließlich haben sie ja auch einmal geheiratet.

Frl. Y.: Du vergißt aber, daß das für einen Jungen etwas ganz anderes ist wie für ein Mädchen. Schließlich gehört man doch seinen Eltern als Mädchen mehr als ein Junge, und meine Mutter hat mir gesagt, daß alle Mädchen eigentlich vor ihrer Hochzeit Angst haben.

40 Pastor: Meinen Sie wirklich, Frl. Y., daß man vor der Hochzeit Angst haben sollte? Gewiß, ich kann mir vorstellen, es gibt eine ganze Reihe Dinge, vor denen man vielleicht Angst haben könnte, aber das brauchte nicht so zu sein. Alles, was am Hochzeitstag geschieht, ist schön und gut und soll Ihnen beiden Freude und Glück bringen. Aber viele Menschen haben eine völlig falsche Vorstellung vom
45 Liebhaben und von der Ehe, die man gerade dann nicht haben sollte, wenn man sich kirchlich trauen läßt.

Herr X. (etwas ärgerlich): Du kannst wegen mir deine Eltern so oft besuchen, wie du willst.

Pastor: Vater und Mutter verlassen heißt doch auf gar keinen Fall, daß man sie nicht
50 wiedersehen darf. Aber es heißt schon, daß man miteinander wirklich etwas ganz Neues beginnt.

Sehen Sie, wenn ein Mann seiner jungen Braut bei jeder Mahlzeit sagt, daß die Mutter eigentlich viel besser kochen könne, oder ihr zu verstehen gibt, daß sie

noch viel lernen müsse, dann ist das schon eine sehr ernste Sache, denn so etwas
kränkt und macht bitter, und wenn eine Frau sich dauernd darauf beruft, daß
der Vater freundlicher und zärtlicher sei als der eigene Ehemann, und immer
daran denkt, daß der Vater vielleicht jemand ganz anders für einen haben
wollte, dann gefährdet das eine Ehe schwer. Nein, Sie müssen beide wissen, daß ₅
Sie gemeinsam und miteinander und neu anfangen.

Herr X.: Das hab ich meiner Braut auch schon oft gesagt, aber sie versteht es noch nicht
so ganz, weil sie sehr an ihren Eltern hängt. Meinen Sie, Herr Pastor, daß man
später noch einmal mit Ihnen darüber sprechen könnte?

Pastor (ruhig und ohne innere Hast): Wenn Sie wollen, selbstverständlich können ₁₀
Sie immer kommen.
Was ich in der Traupredigt sage, das sollten zunächst einmal Sie bestimmen.
Darum bitte ich Sie, mir einen Text für die Predigt selber zu nennen, denn das
ist ja Ihre Trauung, und ich möchte Ihnen nicht so gerne irgendeinen Trautext
verpassen. ₁₅

Frl. Y.: Ja, ich wüßte schon einen, aber mein Mann möchte das nicht so recht.

Pastor: Was schlagen Sie denn vor?

Frl. Y.: Sei getreu bis in den Tod . . .

Pastor: Fräulein Y., wenn Sie gerne möchten, daß ich diesen Text nehme, und Ihr Mann
damit einverstanden ist, will ich es gern tun. Aber wir müßten uns allerdings ₂₀
klar sein, daß das Treusein hier etwas anderes bedeutet, als was Sie vielleicht
meinen, wenn Sie von der Treue in Ihrer Ehe sprechen.

Herr X.: Na, dann schlagen Sie mal was vor, Herr Pastor.

Pastor (gibt ihnen einen Zettel mit etwa 20 Trausprüchen und den dazugehörigen
Stellenangaben und sagt): Wissen Sie was? Diesen Zettel nehmen Sie sich bitte ₂₅
mit nach Hause und schlagen die einzelnen Stellen mal in einer ruhigen Stunde
in der Bibel auf, und dann rufen Sie mich doch bitte in den nächsten 8 Tagen
einmal an und sagen mir, für welchen Text Sie sich entschieden haben.

Herr X.: Na wenn Sie meinen, Herr Pastor. Hoffentlich kriegen Sie die Predigt dann
noch hin. ₃₀

Herr X. (nach einigem Zögern): Wenn ich mir noch eine Bitte erlauben darf, reden
Sie bitte nicht so fromm und reden Sie nicht so rosenrot.

Pastor: Könnten Sie mir näher erklären, was Sie darunter verstehen?

Herr X.: Na ja, ich meine, es ist doch schließlich keine Beerdigungsfeier, und ich
möchte nicht gern, daß die alten Leute alle anfangen zu schluchzen. ₃₅

Pastor: Wenn Sie es so meinen, dann bin ich völlig Ihrer Meinung. Aber was meinen
Sie, was in der Traupredigt alles vorkommen sollte?

Frl. Y. (sehr affektbetont vorgebeugt und mit leicht verkrampften Händen): Nun
vor allem, daß man sich treu ist und sich liebhat und überhaupt, daß so eine Ehe
eine ganz besondere Sache ist. Und schließlich auch, daß man aufeinander Rück- ₄₀
sicht nimmt. Ich glaube, das ist das Wichtigste. (Pause)

Pastor (schweigt)

Herr X.: Ja, Rücksicht nehmen muß man unter allen Umständen aufeinander, und
schließlich kann ja auch der eine vom andern mit der Zeit noch viel lernen. Die
Welt sieht eben nicht so aus, wie sich die Frauen das manchmal denken. ₄₅

Pastor: Wissen Sie, wenn Sie noch irgendwo in Ihrem Herzen meinen, man könne den
anderen schon noch hinkriegen, wie man ihn selber wolle, und es käme schließlich
alles darauf an, daß der andere sich zu ändern habe, wenn Sie das alles Rücksichtnahme nennen, dann habe ich allerdings an Sie eine große Frage. Ich würde
Sie nämlich gerne fragen, was Sie eigentlich unter Ehe verstehen. ₅₀

Herr X. (leicht gereizt): Ach wissen Sie, das müssen doch die beiden Eheleute mit sich
selber abmachen. Ich glaube auch, da versteht jeder etwas anderes drunter. Vor

allem meine ich eben, daß man zusammenhalten muß und die Frau dem Mann das Leben erleichtern muß, wo doch der Arbeitskampf und vor allem die Konkurrenz so schwer ist.

Pastor: Sie haben schon recht, wenn Sie sagen, daß jede Ehe anders aussieht, denn es
5   gibt wirklich keine Schablone, nach der man ein für allemal sagen könnte, eine Ehe muß so und so aussehen, der Mann muß dies und die Frau jenes tun. Aber, was würden Sie denn zu einem solchen Bibelwort sagen: „Einer trage des andern Last, so werdet ihr das Gesetz Christi erfüllen"?

Frl. Y. (sehr ruhig und beinahe etwas versonnen): Das ist ein gutes Wort. Das würde
10   ich ganz gerne als Predigttext haben.

Herr X.: Ja, das ist ja alles ganz selbstverständlich, was Sie da sagen, Herr Pastor. Ich weiß bloß nicht, was das mit der Kirche zu tun hat. — (Pause) Mir wär übrigens ganz recht, wenn Sie uns beiden noch einmal gewaltig die Meinung sagten. Denn wissen Sie, es ist doch gut, wenn man gelegentlich einmal
15   von einem fremden Menschen zu hören bekommt, was man tun und lassen soll.

Pastor: Hier werde ich Sie leider enttäuschen müssen, denn Sie sind keine Kinder mehr. Ich bin ganz gewiß nicht dazu da, Ihnen zu sagen, was Sie zu tun und zu lassen haben, aber ich bin gerne bereit, jetzt und auch, wenn Sie wollen, in späteren Zeiten, mit Ihnen gemeinsam durchzudenken, was man wohl tun und lassen
20   könnte. Ich kann nur im Gespräch mit Ihnen versuchen, den für Sie richtigen Weg zu finden. Aber Ihre Entscheidungen abnehmen, das kann ich nicht und vor allem — das will ich auch gar nicht.

Frl. Y. (zu Herrn X. gewandt): Siehst du, das ist doch ganz anders als dein Vater gesagt hat.

25 Pastor: Jetzt bin ich aber mal neugierig. Was hat er denn gesagt?

Frl. Y.: Ach, er hat gesagt: „Geht mal zum Pastor. Der wird euch schon richtig die Meinung sagen."

Pastor: Ich kann mir vorstellen, daß Sie gar nicht so gern hergekommen sind, wenn Sie gemeint haben, hier so etwas wie eine Strafpredigt zu hören, und im übrigen,
30   weshalb sollte ich Ihnen eine Strafpredigt halten?

(Längeres Schweigen, das der Pastor ebenfalls durchsteht, dann Herr X.)

Herr X.: Meine Braut erwartet ein Kind.

(Frl. Y. wischt sich die Augen und wird abwechselnd blaß und rot.)

Pastor: Na und?

35 Herr X. (mit mühsam unterdrückter Erregung): Interessiert Sie das denn gar nicht, Herr Pastor? Meine Mutter hat gesagt, da dürfe man sich überhaupt nicht kirchlich trauen lassen, wenn so eine Schweinerei vorgekommen sei.

Pastor: Nun will ich Ihnen beiden mal etwas ganz ausdrücklich sagen: Ich bin keineswegs der Meinung, daß zwei junge Menschen eine Schweinerei begehen, wenn sie
40   sich gegenseitig liebhaben. Wichtig ist gar nicht, ob Sie miteinander vor der Ehe Beziehungen gehabt haben, sondern wichtig ist nur, aus welchen Gründen heraus Sie Beziehungen miteinander aufgenommen haben und ob das von Ihnen nun erwartete Kind der einzige oder vielleicht der Hauptgrund ist, daß Sie sich heiraten.

45 Herr X. (sehr betont): Nein, geheiratet hätten wir auf alle Fälle, vielleicht ein halbes Jahr später, aber nun soll das auch gleich sein. Ich würde unter gar keinen Umständen ein Mädchen heiraten, nur weil es ein Kind bekommt.

Frl. Y.: Ja, das habe ich so anständig von ihm gefunden, daß er gleich gesagt hat, er wolle mich nicht sitzenlassen.

50 Pastor: Ich glaube, ich muß noch etwas sagen, was Sie wahrscheinlich sehr überrascht. Ich bin nämlich nicht der Meinung, daß man sich nur deshalb heiraten soll, weil das Mädchen ein Kind erwartet oder weil das Kind eben einen Vater haben soll, wie man häufig sagt. Sie heiraten sich, weil Sie sich liebhaben, weil Sie ein ganzes

Leben beieinander bleiben wollen, und damit Sie das auch ausdrücklich vor Gott
bekräftigen und Gott um seine Hilfe für Ihre Ehe bitten, darum kommen Sie
miteinander zur Kirche.

Frl. Y.   (jetzt leise vor sich hinweinend und unter Schluchzen): Ach, Herr Pastor, da
hätte ich schon eher einmal zu Ihnen kommen sollen. Sie glauben ja gar nicht, 5
wieviel Angst ich vor diesem Gespräch gehabt habe.

Pastor: Darf ich noch mal auf das Wort zurückkommen, was ich Ihnen vorhin gesagt
habe: Einer trage des andern Last, so werdet ihr das Gesetz Christi erfüllen? Sie
fragten mich, Herr X., was das denn mit der Kirche zu tun habe. Ich glaube eben,
daß die Haltung, wie man sich gegenseitig verstehen und lieben kann, wie man 10
sich gegenseitig verzeiht und dann miteinander neu anfängt, daß man alles dies
an keiner Stelle so gut lernen und bei niemandem so gut ablesen kann wie eben
an diesem Jesus Christus. Ich kenne keinen Menschen, den er weggewiesen hätte,
wenn dieser einmal einen Fehler gemacht oder etwas getan hat, was er später
bereute.   15

Herr X.:   Ich glaube beinahe, wir nehmen das Wort.

(Gesprächspause — Kaffee wird neu eingeschenkt, und auch Frl. Y. greift jetzt zu
einer Zigarette.)

Pastor: Nach der Predigt werde ich Sie dann vor an den Altar bitten und werde
Ihnen dann das sogenannte Trauversprechen vorlesen. Damit Sie davon nicht 20
überrascht werden, werde ich es Ihnen jetzt einmal vorlesen. (Pastor liest Trauversprechen gemäß Agende.)
Ich glaube, hier steht viel von dem drin, was wir eben miteinander besprochen
haben. Das nämlich, daß Ihre Ehe bis an den Tod gehen soll. Daß Sie sich vor
Gott und den Menschen für Ihre Eheführung zu verantworten haben und daß 25
Sie sich gegenseitig helfen und lieben sollen. Ich habe Ihnen Ihr Trauversprechen
auch noch einmal abschreiben lassen. (Pastor händigt die hektographierte Trau-
formel beiden Brautleuten aus.) Lesen Sie es sich doch noch einmal zu Hause
möglichst gemeinsam durch und unterhalten sich ein wenig darüber.

Herr X.   steckt *beide* Scheine in seine Brieftasche.   30

Pastor   (zu Frl. Y.): Noch etwas Technisches, Frl. Y. Wenn Sie zum Altar vortreten,
sagen Sie doch bitte einer Ihrer Freundinnen, daß sie Ihnen die Blumen abnimmt.
Sie wissen sonst nicht, wo Sie damit hin sollen, und falls Sie Handschuhe tragen
sollten, ziehen Sie sie bitte vorher aus.

Pastor   (zu beiden gewendet): Ich werde Ihnen dann am Altar die Schale mit den 35
beiden Ringen hinhalten, und zuerst stecken Sie, Herr X., Ihrer Braut einen Ring
an, und dann nehmen Sie, Frl. Y., den größeren Ring und stecken ihn Ihrem Mann
an.

Frl. Y.:   Aber bei meiner Freundin hat der Pastor den beiden die Ringe angesteckt.
Ist das nicht viel besser so?   40

Pastor: Wenn Sie es unbedingt möchten, würde ich es auch tun. Aber ich halte es für
viel sinnvoller, wenn Sie sich die Ringe selbst anstecken. Sehen Sie, weder der
Pastor noch die Kirche bestimmen über Sie, sondern wenn Sie beide heiraten,
dann sagt der eine zum andern: Ich will dir ganz gehören. — Und deshalb ist
es sinnvoller, wenn Sie sich die Ringe gegenseitig anstecken.   45

Frl. Y.:   Ja, wenn Sie mir das so erklären, dann glaube ich, ist es richtig so. Meinst du
nicht auch, Peter? (Herr X. nickt.)

Pastor: Dann werde ich Sie bitten zu knien und werde den Segen über Sie sprechen
und das Kreuzeszeichen über Ihnen schlagen. Das hat nichts mit Zauberei zu tun,
sondern ist ein Zeichen dafür, daß Gott immer bei Ihnen sein will. So wie Jesus 50
einmal sagt: Siehe, ich bin bei euch alle Tage bis an der Welt Ende. — Dann
werde ich Ihnen ein kleines Zeichen geben, daß Sie sich wieder erheben, und Sie
gehen dann bitte zurück auf Ihre Plätze.

Frl. Y.: Kann nicht, während wir am Altar knien, die Orgel irgendwie leise was spielen?

Pastor: Das halte ich nicht für gut. Sie sollten doch sich wirklich in dem Augenblick ganz auf Ihr Eheversprechen und auf die Einsegnung Ihrer Ehe konzentrieren können, und ich meine, da würde die Orgel bloß ablenken.

Herr X.: Da bin ich Ihrer Meinung. Ich empfinde das immer so ein wenig wie Tafelmusik, und das möchte ich nicht. (Alle drei lachen.)

Pastor: Aber weil Sie gerade von der Orgel sprechen. Zum Schluß werden wir dann noch einen Choral miteinander singen, den Sie sich bitte wieder aussuchen.

(Nach einigen Vorschlägen entscheiden sie sich beide für „Nun danket alle Gott", alle drei Verse.)

Pastor: Jetzt möchte ich gern noch was sagen, woran mir viel liegt: So wie wir uns jetzt miteinander unterhalten haben, können wir jederzeit miteinander sprechen, entweder wieder zu dritt oder auch jeder von Ihnen persönlich mit mir. Sehen Sie, hier habe ich eine schalldichte Tür, und das Telefon habe ich auch herausbringen lassen. Sie können also wirklich sicher sein, daß wir ganz in Ruhe miteinander reden können.

Herr X.: Ja, aber wissen Sie, über fromme Sachen rede ich gar nicht so sehr gern. Das muß doch jeder mit sich selber abmachen.

Pastor: Denken Sie, ich habe jetzt auch gar nicht zuerst an fromme Sachen gedacht, sondern an alles, was Sie in Ihrer Ehe so bewegt. Ich weiß übrigens gar nicht, ob ich Ihnen mit dem, was wir da miteinander reden, immer helfen kann. Aber es ist doch so, daß man sich gegenseitig schon ein wenig weiterhilft, wenn man mal hört, was der andere dazu zu sagen hat. Übrigens ein paar gute Bücher könnte ich Ihnen vielleicht für Ihre Ehe auch noch empfehlen. (Pastor tritt an das Bücherbord und legt Bücher von Bovet, Wrage und Brehm — „ABC der Empfängnisverhütung" — auf den Tisch.)

Eines von diesen Büchern sollten Sie schon einmal möglichst miteinander gemeinsam lesen. Es ist nämlich merkwürdigerweise körperlich und seelisch in der Ehe, wenn man verheiratet ist und dauernd beieinander ist, nicht alles genau so wie in der Verlobungszeit. Da kann es eine ganze Menge Schwierigkeiten geben, über die diese Bücher Ihnen weghelfen können. Übrigens — auch über solche Dinge können Sie gern mit mir reden.

Herr X. (zieht einen Bleistift heraus und schreibt sich Titel und Verfasser in seinen Notizblock.)

Pastor: Und wenn Sie sich vielleicht doch einen anderen Trauspruch heraussuchen, dann rufen Sie mich bitte doch noch einmal an.

Frl. Y.: Jetzt wollen wir Sie aber wirklich nicht länger belästigen.

Pastor (unterbricht sie und sagt): Frl. Y., das dürfen Sie eigentlich nicht sagen. Sehen Sie, wenn Sie zu einem Arzt gehen, reden Sie doch auch nicht davon, daß sie ihn durch Ihren Besuch belästigen, sondern der Arzt ist einfach Arzt geworden, um für Sie dazusein. Bei uns Pastoren ist das auch so, auch wenn wir keineswegs immer unbegrenzt Zeit haben.

Herr X.: Nein nein, verstehen Sie uns bitte nicht falsch, aber ich glaube, jetzt sollten wir wirklich gehen.

Pastor: Bitte gehen Sie noch bei unserm Kirchenvogt vorbei, der alle andern Dinge mit Ihnen regelt. Aber Sie wissen doch: Alle kirchlichen Amtshandlungen sind kostenfrei. Es entstehen Ihnen also keinerlei finanzielle Ausgaben durch Ihre Trauung.

Frl. Y. (sehr erstaunt): Wirklich? (Zu Herrn X. gewandt:) Aber deine Freunde haben doch gesagt, das koste alles viel Geld.

Herr X. (etwas verlegen): Na ja, die wissen eben auch nicht alles.

Pastor (gibt beiden die Hand und begleitet sie bis zur Wohnungstür.)

Zur Analyse:

Im Unterschied zu dem ersten Traugespräch steht hier der vermittelnde Lehrcharakter im Vordergrund. Das Gespräch wurde aus einer Reihe von vorgelegten Traugesprächen mit Genehmigung des Verfassers und des Brautpaares ausgewählt, weil der hier angebotene Trauspruch der gleiche ist wie im ersten Gespräch. Unterschiedlich aber ist Gesprächsmethodik, die Begründung, die zur Wahl dieses Trauspruches führt, und die seelsorgerliche Richtung des Gespräches. Dabei sind die einzelnen Stufen der Gesprächsführung, wie sie in den Kapiteln des ersten Teiles hier geschildert wurden, deutlicher erkennbar als im ersten Traugespräch. Zunächst wird hier eine Akzeption gegeben, die methodisch richtig ist. Fraglich bleibt die rhetorische Frage auf S. 176, Z. 3. Was wäre wohl geschehen, wenn die Bitte um die eigene Zigarre verweigert worden wäre? Bei einem unbekannten Paar sollte Alkohol (S. 176, Z. 10) nicht angeboten werden. Im ganzen aber kommt diese Akzeption an, was die beginnende Informationsphase ab S. 176, Z. 19 beweist. Nur wird diese Information anders gegeben, als sie vom Pastor gemeint war. Deshalb ist gegen die Unterbrechung der Informationsphase auf S. 176, Z. 25 methodisch hier wenig einzuwenden. Übersehen wird auf S. 176, Z. 34 vom Pastor die von der Braut ausgehende Akzeption. Die Mitteilung darüber, daß der Konfirmationspastor „ein sehr netter Mann war", ist ein deutliches Signal. Es kann bedeuten: „ganz im Gegensatz zu dir", oder es kann bedeuten: „frag mich doch, worüber ich mich mit ihm unterhalten habe und ob ich diese Unterhaltung fortsetzen möchte". Der Pastor — zu klar auf sein Ziel zusteuernd — erkennt dieses gesetzte Signal nicht und kommt unmotiviert zu der Feststellung, daß sich sein Brautpaar zu einer kirchlichen Trauung „entschlossen" habe. Die Motivation, woher dieser Entschluß kommt, bleibt ungefragt und wird zu frühzeitig emotional („freue ich mich natürlich") akzeptiert. Hier ist aber noch kein ernster Bruch des Gespräches eingetreten. Kritisch wird die Situation erst dort, wo der Pastor das Signal auf S. 177, Z. 24 übersieht. Wir hatten davon gesprochen, wie das Bewußtsein des Alleinseins und die Flucht aus diesem Alleinsein entscheidender Grund zur Eheschließung ist, wie aber gerade diese Motivierung der Ehe gefährlich werden kann. Hier wird diese Problematik vorschnell dadurch überspielt, daß „Menschen von ihrer Taufe an Gott gehören". Dabei bleibt theologisch zu fragen, ob dies nicht auch ohne bzw. vor und außerhalb der Taufe genauso der Fall ist. Wenn der Pastor dann noch (S. 177, Z. 33) eine Rollenerwartung ausspricht, wonach ein „richtiges Brautpaar" eine ganz bestimmte Haltung an den Tag zu legen habe, wird die Skepsis auf seiten der Hörenden deutlich. Auch das vermag den Gesprächszug des

Pastors nicht aus dem Geleise zu bringen. Unbeirrt fährt er ab S. 177, Z. 38 in der Erklärung der Trauhandlung fort. Seine Unsicherheit jedoch wird im Tenor seines Redens deutlich. Er flüchtet nun in ein gewisses pastorales Pathos (S. 175, Z. 50 ff.). Was hier vom Weg zum Altar gesagt wurde, klang ähnlich auch bei einem der angeführten Taufgespräche an. Die Symbolik der ausgebreiteten Arme Gottes kann aber von einem nicht kirchlichen Gegenüber nicht ohne weiteres auf den vermutlich angesprochenen Kruzifixus des Altars bezogen werden. Unvermittelt bricht dann der Ton des pastoralen Pathos ab und gleitet zurück in eine Nüchternheit, der die Unsicherheit noch immer anzumerken ist. Diese aber bezieht sich stärker auf die Gesprächssituation dem Frl. Y. gegenüber als Herrn X. Mit letzterem kommt der Pastor offensichtlich besser zurecht. Die weiterführende Frage von S. 178, Z. 5 zeigt das. Bei Herrn X. macht sich im weiteren Verlauf des Gespräches ein gewisses Überlegenheitsgefühl Platz. Das erneut hochgezogene Signal von Frl. Y. in S. 178, Z. 20 bis 22 wird von Herrn X. deutlich gesehen, und er hat Angst, daß diesmal der Pastor darauf eingehen könne. Die „sehr viel freundlichere und auf-geschlossenere Art" ist denn auch nichts anderes als der drängende Versuch, den Pastor daran zu hindern, dieses Signal einer Krisensituation zu be-achten. Aber der Pastor hat jetzt aufgepaßt. Von Z. 26 an nimmt er das Signal von Frl. Y. auf und bringt so das Gespräch zu einer bisher nicht vorauszusehenden Wendung. Mit der Akzeption der Situation der Braut-mutter wird der Weg dafür geebnet, daß jetzt gesagt werden kann, was im verborgenen das Gespräch eigentlich steuert. Es ist die Bindung der Braut an die Mutter und die Beschlagnahme der letzten noch im Haus verbliebenen Tochter durch die Mutter. Es ist aber auch die bisher nicht motivierte Angst der Braut vor der bevorstehenden Ehe. Nachdem der Pastor einmal richtig eingestiegen ist und das Signal erkannt hat, das ihm gestellt wurde, kommen die eigentlich das Brautpaar bewegenden Fragen zum Vorschein. S. 178, Z. 40 hätte falsch formuliert so geheißen: „Aber Frl. Y., das ist doch Unsinn, vor seiner Hochzeit braucht niemand Angst zu haben. Schließlich kennen Sie sich doch lange genug und Sie freuen sich doch auch darauf, nun endlich verheiratet zu sein." Wäre so argumentiert worden, dann wäre dieses Gespräch hier eigentlich zu Ende gewesen. Durch die aufnehmende Spiegelfrage des Pastors und die bewußte Ver-allgemeinerung von Z. 52 ff. an gewinnt das Gespräch an Aktualität. Das Gespräch treibt jetzt deutlich einer Krise zu, die zwischen dem Pastor und Herrn X. vermutlich zum Ausbruch kommen wird. Noch einmal ver-sucht dieser dem Gespräch die alte Richtung zu geben, die ihm viel sympa-thischer war, und zwar mit einem Angebot eines erneuten Gespräches

(S. 179, Z. 8). Hier wird die Gesprächssituation schwierig. Der Pastor spürt offenbar, daß es sich um ein Ablenkungsmanöver handelt, aber er kann unmöglich den hier aufgebrochenen Konflikt in diesem Gespräch abhandeln, falls er seinen — aber eben vom Grundsatz her falschen — Gesprächsverlauf durchstehen will, nämlich in einem Gespräch sowohl die psychische Situation zu klären als auch den Verlauf des Gottesdienstes durchzusprechen.

Die Wahl des Trauspruches, den Frl. Y. vorschlägt, zeigt eine verdrängte tiefenpsychologische Komponente. Der Weggang von zu Haus wird von Frl. Y. als eine Schuld gegenüber der Mutter empfunden. Sie hält sich für treulos der Mutter gegenüber und hat vermutlich auch ähnliches von der Mutter zu hören bekommen. Wenn auch das angeführte Zitat aus Offb. 2, 10 ein häufig verwendeter Trauspruch ist, so wird doch hier deutlich, daß ein Schuldgefühl beschwichtigt werden soll, das der Mutter gegenüber besteht. Vermutlich ahnt das der Mann und hat sich darum gegen dieses Wort gestellt. So ist das Angebot des Pastors, den Trauspruch selbst zu wählen und ihn aus einer Reihe von Sprüchen herauszuwählen, trotz der exegetischen Bedenken, die man hier natürlich anmelden kann, seelsorgerlich richtig. Allerdings wird diese Linie nicht durchgehalten. Als nämlich von der psychischen Situation des Herrn X. endlich etwas deutlich wird, wird nun doch (S. 180, Z. 7) ein Trauspruch angeboten, der durch die Milieuschilderung des Bräutigams (S. 179, Z. 44) angeregt worden ist. Dem Mann geht es doch nicht um Partnerschaft und gemeinsames Lasttragen, sondern es geht ihm um die „Gehilfin“, die das eigene Lebensziel absichern hilft. Die Zustimmung von Frl. Y. (S. 180, Z. 9) macht deutlich, daß beide unter dem vom Pastor vorgeschlagenen Textwort etwas sehr Verschiedenes verstehen. S. 180, Z. 12 gibt einen erneuten Beleg dafür, wie notwendig es ist, eine Gesprächspause durchzustehen. Die aggressive Frage wird vom Pastor nicht aufgenommen. Er hat „dahintergehört“ und vermutet, daß das Gespräch erneut eine andere Wendung nimmt. Das geschieht auch. S. 180, Z. 13 ff. macht deutlich, daß es sich hier um eine ganze Reihe angestauter Schuldvorstellungen bei beiden Ehepartnern handelt. Unversehens wird dem Pastor die Rolle des Vaters zudiktiert, von dem man eine Zurechtweisung erwartet. Die Bitte um diese Zurechtweisung macht klar, nicht nur Schuldgefühle werden hier manifest, sondern auch ein Strafbedürfnis auf seiten des Herrn X. Noch weiß der Pastor nicht, was dahinter steht, und seine Reaktion darauf ist methodisch richtig. S. 180, Z. 28 ff. sind mit das Beste, was bisher vom Pastor zur Klärung der Situation gesagt worden ist. Jetzt wird auch sichtbar, welche Angstvorstellungen das Brautpaar beherrschen. Die Mitteilung, daß die Braut ein Kind erwarte, kommt bezeichnenderweise vom Kindesvater. *Er* will sich stellen, *er* erwartet eine „Bestrafung", *er* will, daß der Pastor die ihm angetragene Vater- und Richterrolle endlich akzeptiert. Daher auch seine Erregung auf die sicherlich bemerkenswerte Antwort des Pastors: „Na und?" (S. 180, Z. 34).

Man kann darüber streiten, ob diese etwas naßforsch gegebene Antwort seelsorgerlich, gesprächsmethodisch und vor allem theologisch hier am Platze ist. Ein gedruckt vorliegendes Gespräch kann nie die Atmosphäre widerspiegeln, die in diesem Augenblick wirklich geherrscht hat. Jedenfalls ist anzumerken, daß dem Pastor ein entscheidender Durchbruch gelingt. Er erreicht, daß er die ihm angetragene Rolle als Richter und strafender Vater endlich ablegen kann, und kommt dadurch zu einem Stück wirklicher Verkündigung (S. 181, Z. 7 bis 15). Man wird auch nicht argumentieren dürfen, es läge hier auf seiten des Pastors eine unpassende Verharmlosung vor. Gewiß verraten seine Bemerkungen auf S. 180, Z. 38 bis 44 eine eigene Einstellung, die aber durch das, was wir heute in der evangelischen Sexualethik erarbeitet haben, gestützt wird. Er erreicht auch, daß Herrn X. nun klar wird, daß die Eheschließung mit diesem Mädchen mehr ist als eine bloße bürgerliche Anständigkeitsverpflichtung. Ob die betonte Verbalisierung von S. 180, Z. 45 ff. dann echt ist, kann im Nachvollzug nicht erkannt werden. Deshalb nimmt der Pastor auch auf S. 180, Z. 50 das Thema wohl noch einmal auf. Die Angst von Frl. Y. ist abgebaut und die starre Sicherheit von Herrn X. zumindest erschüttert (S. 181, Z. 16).

Hier sei noch einmal darauf hingewiesen, daß bei jedem Traugespräch der Faktor der Angst der Brautleute vor einem solchen Gespräch einzukalkulieren ist. Die Vorstellungen, die bei jungen Menschen über ein Brautgespräch herrschen, sind häufig absurd. Die Angst, ein Glaubensverhör über sich ergehen lassen zu müssen, nach Intimverkehr gefragt zu werden, Auskunft über Katechismuswissen geben zu müssen, ist bei allen Brautpaaren da, wenn auch die Begründung dieser Angst sehr variiert. So ist zur Schau getragene Sicherheit und Lustigkeit ebenso wenig ein Zeichen einer Aufgeschlossenheit, wie ernster Habitus schon auf eine geistliche Ansprechbarkeit hinweisen könnte. Barrieren sind in jedem Traugespräch zu überspringen, Mauern immer abzubauen. Das aber geschieht eben nur in äußerst seltenen Fällen durch die häufig gewünschte „Verinnerlichung" des seelsorgerlichen Gespräches oder durch die Deklamation bestimmter moralischer Verhaltensweisen. „Die Verinnerlichung moralischer Außenanweisungen kann durchaus verstanden werden als eine der Grundaufgaben der Lebensberatung. Diese ist aber dann unmöglich zu erfüllen, wenn die Moral innerhalb der jeweiligen Lebensgruppe als

Machtmittel mißbraucht wird. Da das sehr häufig der Fall ist, kann der Lebensberater sich nicht naiv auf die Seite der Moral stellen. Er muß vielmehr fragen, wem sie nützt und wem sie schadet, welche Bedürfnisse sie innerhalb der Lebensgruppe unangemessen begünstigt und welche unangemessen gedrosselt werden." (Hoppe 1966, S. 225 ff.) Die Moral als Machtmittel zu mißbrauchen hätte aber hier sehr nahegelegen. Sowohl von seiten der werdenden Mutter hätte sie angewendet werden können („jetzt mußt du mich aber heiraten") als auch von seiten des späteren Ehemannes, der, wenn er zur Heirat gezwungen wird, bei der ersten Krise innerhalb der Ehe darauf hingewiesen hätte, daß er ja nun dieses und jenes verlangen könne, weil er sich damals „so anständig benommen" habe. Darum ist der etwas apodiktische Ton, den der Pastor hier anschlägt, deshalb gerechtfertigt, weil er zu helfen und zu deuten vermag. Rückschauend wird übrigens jetzt eine kleine Fehlleistung im Versprechen noch deutbar, die übersehen wurde. Auf S. 179, Z. 16 bezeichnet Frl. Y. ihren Verlobten als „mein Mann". Sie tut das sonst nicht. Im Hinblick aber auf ihre Schwangerschaft und ihre Erwartung, daß ihr Schuldgefühl durch diese Heirat kompensiert werden kann, redet sie im Vorgriff ihren Bräutigam vor dem Pastor schon mit der Bezeichnung „mein Mann" an, um das in ihren Augen anstößige Verhalten unbewußt zu legalisieren.

Es wäre wahrscheinlich besser gewesen, das Gespräch nach diesem sehr emotionalen Höhepunkt zu beenden und ein weiteres Traugespräch anzusetzen, so wie der Pastor in dem zuerst angeführten Traugespräch verfahren ist. Andererseits aber gibt die Tatsache, daß der emotionale Höhepunkt in guter seelsorgerlicher Weise durchgestanden wurde, jetzt eine besondere Offenheit für das, was nun noch gesagt wird. Die Übergabe des formulierten Trauversprechens in schriftlicher Form an die Brautleute ist gut. Gerade weil dieses Gespräch so emotional geladen war, ist die Gefahr, daß der gesprochene Text jetzt untergeht, groß. Der Umbruch in der Verhaltensweise von Herrn X. zeigt sich noch einmal, als er (S. 182, Z. 34) bereit ist, die angebotene Eheliteratur zum Kauf ernstlich in Erwägung zu ziehen. Die Auswahl, die hier getroffen worden ist, wurde sicher auch im Hinblick auf die ungewollte Schwangerschaft vorgenommen und kann gutgeheißen werden. Wichtig ist auch der Hinweis auf die Kostenfreiheit der kirchlichen Amtshandlung. Hier bestehen noch immer groteske Vorstellungen, die — leider muß es gesagt werden — in manchen Gegenden nicht gegenstandslos sind. Amtshandlungen müssen prinzipiell völlig kostenfrei sein. Jede andere Regelung macht den Pastor und die durch ihn vertretene Kirche unglaubwürdig, solange wir uns noch auf das bestehende Kirchensteuersystem stützen.

Zusammenfassung

Es hat eine Zeit gedauert, bis der Pastor die Methodik der Gesprächsführung mit der aktuellen Situation verbinden konnte. Der scheinbar so günstige Gesprächseinstieg hat sich als erschwerend erwiesen. Im ersten Drittel des Gespräches haben die übersehenen Signale, die die Braut dem Pastor gab, beinahe zu einem Abbruch des Gespräches geführt. Gelernt werden kann hier, daß auch dort, wo ein Gespräch immer kritischer wird, durch Ruhe, Besonnenheit und Beibehaltung der Grunderkenntnisse einer beratenden Seelsorge es dennoch zur Hilfe und Klärung werden kann. Erschwerend wirkt sich der Konflikt aus, in den der Pastor dadurch gebracht wird, daß er sich methodisch vorgenommen hatte, anhand des gottesdienstlichen Verlaufes das Traugespräch zu führen. Wir haben hier eine Parallele zu der Methodik des zweiten, oben geschilderten Taufgespräches. Weil aber hier die Gesprächsführung überlegter und bewußter gestaltet wird, kommt das Gesprächsanliegen deutlicher heraus und wird weit besser akzeptiert als in dem zweiten der oben geschilderten Taufgespräche. Auch hier zeigt sich, daß ein wirkliches Gespräch nach Fortführung verlangt. Es war richtig, die von Frl. Y. in den nachfolgenden Gesprächen zur Frage gestellten Probleme vom Pastor aus im Traugespräch nicht zu provozieren. Das Maß an Vertrauen, das dem Pastor entgegengebracht wurde, durfte nicht weiter strapaziert werden. Gerade beim Traugespräch wird häufig übersehen, welcher Vertrauensvorschuß geleistet wird, wenn das Brautpaar überhaupt bereit ist, aus seiner persönlichen Situation dem ihm bisher fremden Pastor etwas preiszugeben. Wer hier meint, um einer falsch verstandenen Wahrheit willen das Gesetz der Liebe und des Taktes durchbrechen zu müssen, erreicht das Gegenteil. Zu fragen bleibt schließlich, ob nicht die Zeitdauer des Gespräches zu lang gewesen ist. Der Grundsatz, wonach in einem Gespräch nicht alles erledigt werden darf, ist nicht durchgehalten worden. Andererseits aber läßt die Willigkeit der Gesprächspartner und die Notwendigkeit, die emotionale Phase ausklingen zu lassen, eine längere Gesprächsdauer verantwortbar sein.

c) Der Gottesdienst zur Trauung in poimenischer Sicht

Die Predigt zur Trauung unterscheidet sich von der Ausgangsposition her in verschiedenster Weise von der Predigt bei anderen Kasualhandlungen. Der kirchlichen Trauung ist die standesamtliche Trauung vorausgegangen, d. h. die beiden sind schon einmal, wenn auch in einer ganz anderen Weise, als Ehepaar und gemeinsam angesprochen worden. Das, was juristisch den Begriff der Eheschließung konstituiert, ist also bereits geschehen, wenn die beiden an den Altar treten. Die Spontaneität des jetzt und hier ist also im psychologischen Bereich durchbrochen. Dennoch steht der Prediger vor der Aufgabe, seine Verkündigung an zwei Menschen zu richten, die ein Gemeinsames wollen. Das „wir" der Ehe, die Tatsache also, daß es sich bei der Ehe um eine Gruppenbeziehung handelt, ist ein weiteres novum innerhalb des Dienstes der Verkündigung gegenüber anderen Kasualhandlungen. Eltern und Paten können nicht in dem gleichen Sinne von „unserem Kind" reden, wie die beiden Ehepartner von „ihrer" Ehe reden können. Bei einer Beerdigung wird jeder der Hinterbliebenen eine andere Einstellung sowohl zu dem nächsten Hinterbliebenen als auch zu dem Toten selbst haben, so daß die Möglichkeit nicht besteht, wirklich von „unserem" lieben Entschlafenen zu reden. Anders ist es bei der Ehe. Hier geht eine gruppenbezogene Gemeinschaft an die Lösung einer Lebensaufgabe, bei der trotzdem jeder der beiden Menschen ein eigenständiges und selbstentscheidendes Wesen bleiben soll. Es geht also um eine Differenzierung des „wir" in der Ehe. „Zwischen zwei Menschen, die eine Ehe geschlossen haben, muß es zu einem ‚Wir-Bewußtsein' kommen, in dem Sinne, daß sie sagen und denken: ‚Wir bilden unsere Lebensgemeinschaft, wir erziehen unsere Kinder, wir verleben unseren Urlaub, wir bauen unser Geschäft auf, wir richten unsere Wohnung ein, wir verbringen unseren Lebensabend usw.' Aus diesem Wir-zusammen-Gefühl heraus muß die Umwelt erobert und gestaltet werden. Je weiter die Wir-Interaktionen, die auch gegenseitige Geschenke, Freundlichkeiten und sonstige Liebesbezeugungen beinhalten, in der Ehe ausgebaut werden, desto stärker entsteht eine Solidarisation mit dem Ehegefährten." (Stumpfe 1970, S. 230.) Unsere liturgischen Formulare nehmen diesen Tatbestand auf. Dabei bleibt es eine Frage der persönlichen Einstellung und der soziologischen Situation der Gemeinde, ob die gemeinsame Ansprache an die beiden Brautleute in der zweiten oder dritten Person pluralis erfolgen soll. Wie schon bei dem liturgischen Vollzug des Taufgottesdienstes ausgeführt, werden wir auch für die Trauung den Gottesdienst an der Kirchentür beginnen. Das ist für das evangelische Verständnis der Trauung notwendig, wie ja auch in Luthers Traubüchlein die Handlung des Eheversprechens vor die Kirchentür verlegt worden ist. Verlegen wir nun die Trauung in die Kirche hinein, so muß doch zum Ausdruck kommen, daß wir davon ausgehen, daß Ehe im juristischen Sinne bereits geschlossen worden ist. Der Vorspruch nach Agende III der VELKD macht das deutlich: „Ihr seid zum Hause Gottes gekommen, um euch trauen zu lassen. So tretet herzu, auf daß wir miteinander Gottes Wort über den Ehestand hören, den Beistand des Heiligen Geistes für euch erbitten und euch im Namen des Dreieinigen Gottes segnen." Abgesehen von der Altertümelei des „auf daß" können wir uns dieser Formulierung anschließen. Im Hinblick auf das, was über die psychische Situation des Brautpaares gesagt wurde, und unter Bezug auf die derzeitigen Erkenntnisse der Eheberatung wird der Wahl der zu lesenden Schriftstellen besondere Bedeutung zuzumessen sein. Dabei muß vermieden werden, daß der biblische Wortlaut als Beleg der Situation und als Gebrauchsanweisung für die Ehe verwendet werden kann. „Der schlichte Ausweg, aus dem bisherigen Verständnis des Wortlautes der Heiligen Schrift Einzelantworten zu finden, ist uns heute kaum offen. Um so sorgfältiger müssen wir auf die Seinsaussagen lauschen, die das Neue, das ja nicht herausfällt aus Gottes Ordnung, uns zu geben vermag. Es tritt uns sowohl in ehefördernden als auch ehegefährdenden Erscheinungen unserer Tage gegenüber." (v. Graevenitz 1965, S. 368.) Daher sollte die Auswahl der Lesungen, wenn zeitlich und vom Verlauf des Traugespräches her möglich, ein Gegenstand des Traugespräches sein. Bei der Lesung aus 1. Mos. 2, 18, die nicht fehlen darf, ist der Begriff der „Gehilfin" fraglich. Wir müssen ja davon ausgehen, daß beim Hören bestimmter Worte und Begriffe Assoziationen im Menschen erweckt werden, die keineswegs dem eigentlichen Sinne des Wortes entsprechen. Das ist beim Begriff „Gehilfin" besonders wichtig, da der hebräische Wortsinn eine Unterordnung im Sinne dessen, was im deutschen Sprachgebrauch „Gehilfe" heißt, nicht vorsieht. Die Weiterbildung „Ischa" von „Isch" (ischa = Frau, isch = Mann) macht deutlich, daß es hier sich um das handelt, was Luther mit dem treffenden Ausdruck „Männin" einst übersetzt hat. Weil dieses Wort selbst wieder eine Erklärung nötig haben würde, scheint es angebracht und exegetisch geradezu gefordert zu sein, anstelle des Begriffes „Gehilfin" das Wort „Partnerin" zu setzen. Der gesamte Kontext von 1. Mos. 2 ergibt, daß wir uns damit nicht einer modernistischen, psychologisierenden Spielerei hingeben. (Thilo 1965, S. 255 ff.) Als weitere Lesung wäre zu erwägen, ob nicht der Kontext gelesen werden sollte, in dem der vom Brautpaar erbetene Trauspruch sich befindet. Dies empfiehlt sich jedoch nur dort, wo die gesamte biblische Aussage in Wort und Sinn ohne weitere exegetische Erklärung aufgenommen und verstanden werden kann. Gerade dieser Tatbestand liegt bei 1. Mos. 3, 16 a nicht vor. Die Aussage: „Ich will dir viel Schmerzen machen, und du sollst mit Schmerzen Kinder gebären" ist in der Zeit der fast schmerzfreien Geburt nicht ohne weiteres akzeptabel. Die dazu agendarisch gegebene Einleitungsfloskel „Höret weiter, wie die Sünde auch über den Ehestand das Kreuz gebracht hat" verdunkelt den eigentlichen Sinn für den theologisch nicht gebildeten Hörer noch mehr. Auch die Weiterführung dieses Wortes, das einer Agrargesellschaft entspricht, aber in einer Großstadtgemeinde gar nicht mehr verstanden werden kann (verflucht sei der Acker um deinetwillen, mit Kummer sollst du dich darauf nähren dein Leben lang), macht das, was hier gesagt werden soll und gesagt werden muß, noch unverständlicher. Unter Bezugnahme auf die oben angeführten unbewußten Assoziationen, die dann eintreten, wenn wir Worte hören, die in uns einen bestimmten Reizvorgang auslösen, werden wir auch fragen müssen, ob es richtig sei, den biblischen Begriff „Weib" stehen zu lassen. Im derzeitigen Sprachgebrauch hat das Wort „Weib" — wenn es überhaupt gebraucht wird — eine abwertende Bedeutung. Es ist nicht einzusehen, warum das verständliche und die Situation klar zum Ausdruck bringende Wort „Frau" hierfür nicht eingesetzt werden kann. Es ist wohl mehr eine Erfahrung aus der Praxis des Eheberaters als ein theologisch und exegetisch gut fundiertes Argument, wenn ich bei der Lesung aus Mt. 19, 4—6 Bedenken habe, im Verlauf der Liturgie des Traugottesdienstes den Vers 6 b (was nun Gott zusammengefügt hat, das soll der Mensch nicht scheiden) so selbstverständlich miteinzubeziehen. In einer Zeit, in der Ehen aus sehr anderen Gründen geschlossen werden als aus dem der gemeinsamen Verantwortung vor dem Vater Jesu Christi, sind die Argumentationen und das Ehebewußtsein der beiden Brautleute so total anders bestimmt, daß einem schon der Mut abgehen kann, von jedem Ehepaar, das die kirchliche Trauung begehrt, anzunehmen, diese beiden seien nun wirklich durch Gottes Willen zusammengefügt.

Über die Beziehung zwischen Kasualgespräch und Kasualpredigt ist schon gesprochen worden. Sie ist im Fall der Traupredigt besonders wichtig. Die lehrmäßigen Aussagen sind im Gegensatz zur Taufpredigt in der Predigt anläßlich einer Trauung aus evangelischem Verständnis heraus viel vorsichtiger zu formulieren und noch stärker auf das jetzt und hier zu aktualisieren. Dabei bleibt allerdings zu beachten, was Bultmann schreibt: „Wir können nicht über unsere Existenz reden, da wir nicht über Gott reden können; und wir können nicht über Gott reden, da wir nicht über unsere Existenz reden können. Wir können nur eins mit dem andern." (Bultmann 1967, S. 33.) So muß also gedeutet werden, wie aus der liebenden Zuwendung Gottes in Jesus Christus die liebende, behütende Begleitung der beiden Ehepartner heraus sich aktualisiert. Die täglichen, gedankenlosen Lieblosigkeiten sind hier ebenso anzusprechen wie die notwendige Distanz, die z. B. nach der Rückkehr vom jeweiligen Arbeitsplatz in den Abendstunden zuerst einmal notwendig ist, um das Miteinander aufs neue ertragen zu können. Die Hinwendung zum Du soll auch an dem theologisch so verdächtigen und doch existentiell so wichtigen Wort „Glück" aufgezeigt werden. Viele Menschen wünschen dem jungen Paare an seinem Hochzeitstag Glück. Weder das junge Paar noch aber die solches Wünschenden sind sich darüber im klaren, was „Glück" im einzelnen heißt. Wichtig ist jedoch, daß glücklich *werden wollen* immer eine gefährliche Sache ist, die vom Geist der Heiligen Schrift her als Sünde bezeichnet werden muß. Es geht dort niemals um das Glücklich-werden-Wollen, sondern ausschließlich um das Glücklichmachen. Nur wer bereit ist, den anderen glücklich zu machen — und das heißt doch wohl begleiten, befreien, helfen zur Ich-Findung, Hinführung zur Reifung, nicht zuletzt auch dadurch, daß der andere seine Gott-Beziehung neu findet —, wird etwas erfahren von dem eigenen Geschenk des Glücklichwerdens. Jedoch darf eine solche Predigt nicht jene masochistische Opferhaltung unterstützen, die bereit ist, im andern aufzugehen, weil die eigene Person zu schwach ist, ihr Ich verantwortlich zu leben. Die Tatsache, daß im Neuen Testament gefordert wird, den anderen zu lieben „wie sich selbst", nicht aber etwa mehr als sich selbst, verdient tiefe und immerwährende neue Meditation.

Unerläßlich ist in der Predigt zur Trauung ein Wort an die Eltern der Brautleute und an deren Freunde. Der Hochzeitstag der Kinder ist für kein Elternpaar ausschließlich ein Tag der ungebrochenen Freude. Gerade die Ambivalenz zwischen Freude, Angst und der ungelösten Problematik, wie und inwieweit die eigene Bindung zum Kind nun in Frage gestellt wird, belasten Eltern, Freunde und Brautpaar in gleicher Weise. Es muß daher in der Verkündigung deutlich werden, daß 1. Mos. 1, 27 zwar eine radikale Forderung beinhaltet, die aber nicht den Abbruch der Beziehungen zwischen Eltern und Kindern als Konsequenz zur Folge hat. Nur — der Weg der Eltern vor oder zwischen den Eheleuten ist ein für allemal zu Ende. Der Weg hinter ihnen her etwa so, wie in der Zeit des Laufenlernens Vater und Mutter hinter ihrem Kind unbemerkt hergehen, um im rechten Augenblick zuzugreifen, damit es vor dem Fallen bewahrt wird, das scheint auch in Zukunft die den Eltern und Freunden angemessene Haltung zu sein. Das Traugespräch muß allerdings klargemacht haben, welche Beziehungen zwischen den Eltern der Brautleute, deren Freunden und dem Brautpaar bestehen, sonst wird der Prediger hier zu leicht in die Gefahr der Taktlosigkeit kommen und mehr zerstören, als er selbst wieder aufbauen kann. Dieser Hinweis bedeutet aber nicht die Annullierung dieser Problematik innerhalb der Verkündigung.

Die Trauhandlung ist in ihrem liturgischen Vollzug problematischer als die der Taufe. Das beginnt beim Ehegelöbnis. Der von der Agende III angebotene Text ist gut. Vom Vorspruch wird man das theologisch nicht sagen können. Dort heißt es noch immer, daß die Heilige Schrift den Ehestand als „heilige und unverbrüchliche Ordnung Gottes" bezeugt. „In solcher Ordnung hat er auch euch miteinander verbunden und eurem Stande seinen Segen verheißen." Das ist biblisch richtig, aber es ist einmal aus dem Kontext herausgelöst und zum anderen positivistisch gedeutet. Ohne die Problematik lutherischer Ordnungstheologie hier entfalten zu wollen, steht doch wohl fest, daß die Ordnung der Ehe abhängig ist von den jeweils bestehenden Eheformen. Es waren die soziologischen Umstände, die sehr verschiedene Eheformen geboten haben, und wenn dem Brautpaar einsichtig ist, daß zur Zeit Jesu die Vielehe durchaus noch nicht verschwunden war, wird ihm der Hinweis auf die „unverbrüchliche Ordnung Gottes" fraglich werden. Wir sollten diese Einleitung zum Trauversprechen also weglassen. Der heute mit Ausnahme von Württemberg wohl überall eingeführte Ringwechsel in der Art, daß der Mann zunächst den Trauring seiner Frau und diese dann den des Mannes an dessen Hand steckt, ist sinnvoller und entspricht dem Wesen evangelischer Trauung weit mehr, als wenn der Pastor die Ringe dem Brautpaar selbst ansteckt. Ob anstelle der in der Agende vorgesehenen Segensgebete über dem knieenden Paar nicht lieber der aaronitische Segen gesprochen werden sollte, wie es die alten Formen vorsahen, bleibt offen. Von der Bedeutung des aaronitischen Segens als Wegsegen beim Auszug eines Kindes und beim Auszug eines Volkes her wird er seine besondere Bedeutung an dieser Stelle nach wie vor haben können. Sicherlich ist er hier im Wortlaut sinnvoller, als wenn er — wie in den agendarischen Formularen zur Zeit überall vorgesehen — am Ende des Gottesdienstes steht.

Am Schluß des Gottesdienstes sollte der gemeinsame Weg in das Leben hinaus wiederum dadurch verdeutlicht werden, daß in der gleichen Weise wie das Paar zum Altar geleitet wurde, nun auch Pastor, Brautpaar und Traugemeinde die Kirche verlassen. Wählen wir schon die Wegsymbolik bewußt als Teil der Deutung des gottesdienstlichen Geschehens, dann ist es gerade bei der Trauung unerläßlich, den Weg hinaus aus der Stille und der Sammlung hin zur Sendung zu verdeutlichen.

Wenn hier das Problem des Fotografierens im Gottesdienst angesprochen wird, dann nicht ohne Beziehung zum Wesen der Trauung als seelsorgerlicher Dienst. Der Eheberater weiß, daß in nicht wenigen Fällen die Erinnerung an das Geschehen der kirchlichen Trauung Anlaß gewesen ist, ein Gespräch über die eigene Ehe neu aufzunehmen. Es ist unserem Verständnis nach ein legaler Wunsch des Brautpaares, das Geschehen seiner Hochzeit im Bild festgehalten zu wissen. Den Augenblick, das hic et nunc des Ja zu Gott und zueinander optisch vor Augen haben zu wollen, ist mehr als nur vermeintliche Rührseligkeit. Mißbrauch und Mißdeutung des Geschehens in der Kirche ist niemals auszuschließen, schon gar nicht durch prinzipielle Verbote und Gebote. Nachdem die moderne Fotografiertechnik es ermöglicht hat, die störende Blitzlichtaufnahme auszuschließen, möchten wir uns dafür einsetzen, daß ein maßvoll gehandhabtes Fotografieren innerhalb der kirchlichen Amtshandlung durchaus erlaubt werden sollte. Die vielgeschmähten Brautbilder unserer Großeltern, die in den Wohnzimmern gehangen haben, hatten auch die unbewußte Wirkung der Erinnerung und der Versinnbildlichung dessen, was der gemeinsame Entschluß zur Eheschließung für das Brautpaar beinhaltet hatte. Es ist immer möglich, daß der Ortspastor sich einmal mit den Berufsfotografen des Ortes zusammensetzt, um diese Frage so zu besprechen, daß sie allen Anliegen gerecht wird. Es ist auch wünschenswert, daß dieses Thema im Traugespräch angeschnitten wird. Schließlich kann der Pastor auch vor Beginn der Trauung — und es sollte keinen Pastor geben, der nicht 20 Minuten vor der Amtshandlung in seiner Kirche zu finden ist — mit den kamerabewehrten Angehörigen der Traugemeinde diese Frage besprechen.

„Gott schenkt die Gabe und Ordnung der Ehe auch denen, die ihn nicht kennen oder nichts nach ihm fragen. Die Christenheit aber, die durch Christus von Gottes Werk und Willen weiß, bittet Ihn, daß Er sie Seine Verheißung und Sein Gebot darin recht erkennen und achten lasse. Als ein sichtbares Zeichen (!) dafür hat die Kirche die kirchliche Trauung eingerichtet. In ihr wird der Ehebund unter das Wort des Dreieinigen Gottes gestellt und Sein Segen erbeten." (Evang. Oberkirchenrat Stuttgart 1962, S. 11.) Dem ist nichts hinzuzufügen. Diese Definition verhindert ein Abgleiten in sakramental-mystische Formen ebenso wie in eine nur rational-empirische Erklärung dessen, was die Bitte des Brautpaares um kirchliche Trauung beinhaltet. Ehe ist Lebensabschnitt in ein unbekanntes Neues. Die gesamte Skala dessen, was an menschlicher Angst, göttlicher Verheißung und existentialer Realität hinter dieser Feststellung steht, wird in keiner Traupredigt und in keiner Trauhandlung vollständig zu vergegenwärtigen sein. Nur die enge Verbindung zwischen Traugespräch und Trauhandlung wird den Weg weisen, welche Punkte jeweils im rechten „kairos" anzubieten sind. So wie Gespräch nach Fortsetzung verlangt, so kirchliche Trauung nach weiterführender und begleitender Seelsorge in die Ehe hinein.

5. Kapitel: Das Gespräch anläßlich einer Beerdigung und der Gottesdienst zur Bestattung

a) Von der äußeren und inneren Situation der Leidtragenden

Ein Mensch ist gestorben. An keiner Stelle wird die Endgültigkeit und die Radikalität eines Geschehnisses so intensiv erlebt wie angesichts eines Todesfalles. Trauer, Schmerz, Verzweiflung, aber auch Gefühlsregungen des Befreitseins, des Erlöstseins von Sorge, von Anstrengungen physischer und psychischer Art und die im Augenblick noch unbewußte Möglichkeit neuer eigener Lebensentscheidungen und Freiheiten für die Zurückgebliebenen lösen Schuldgefühle aus, die äußerst komplizierte Hintergründe haben und an der Oberfläche in sehr gegensätzlichen Affekthandlungen sich entladen können. Die Problematik des Gespräches mit Leidtragenden liegt psychologisch gesehen darin, daß die im Augenblick angebotene Haltung, der Habitus und die Aussagen der Leidtragenden viel schwieriger deutbar sind als bei den Begegnungen vor anderen Kasualhandlungen. Es erscheint daher notwendig, prinzipieller anzusetzen und wenigstens andeutungsweise danach zu fragen, was das Sterben und der Tod tiefenpsychologisch bedeuten.

Das Verhältnis zwischen den Angehörigen und einem Toten, der nach längerer Krankheit verstorben ist, steht unter einer Vielzahl von Erlebniseindrücken. Aufrichtige und ehrliche Liebe zum Schwerkranken verbindet sich mit der immer bedrückender werdenden Last der Pflege und dem gelegentlichen, aber sofort wieder verdrängten Wunsch, all das möge doch ein Ende haben. Zugleich aber wünscht man ebenso sehnlich, daß der Schwerkranke, wenn zwar auch nicht wieder gesund, so doch noch lange leben möge, eben weil seelische Bindungen zwischen ihm und den Familienangehörigen bestehen. Diese merkwürdige Ambivalenz äußert sich vor allem, was den Todesfall und das Sterben anbetrifft, in unserem Traumleben. Hier schließt das Wissen um die Notwendigkeit des Todes und der Wunsch, den Toten zu behalten, ja ihn wiederzubeleben, die merkwürdigsten Kompromisse. Einmal lebt der Tote noch, oder er lebt weiter, weil er nicht weiß, daß er tot ist. Bald ist er halbtot und halblebendig und kommt in den verschiedensten Verkleidungen in unseren Träumen zum Vorschein. Sigmund Freud analysiert den Traum eines Mannes, der seinen Vater vor mehreren Jahren verloren hatte. Der Vater war lange krank, und der Sohn pflegte ihn mit großer Hingabe, mit viel

Geduld und ohne Rücksicht auf die entstehenden erheblichen Kosten. Der Traum hat folgenden Inhalt:

„Der Vater ist gestorben, aber exhumiert worden und sieht schlecht aus. Er lebt seitdem fort, und der Träumer tut alles, damit er es nicht merkt." (Freud, Studienausgabe I, S. 193 ff.) Der Traum geht dann weiter und umfaßt scheinbar völlig fernliegende Dinge: nachdem er (der Sohn) vom Begräbnis des Vaters zurückgekommen war, begann ihn ein Zahn zu schmerzen. Er wollte diesen nach Vorschrift der jüdischen Lehre (der Träumende war jüdischen Glaubens) behandeln, und zwar nach der Vorschrift: „Wenn dich dein Zahn ärgert, so reiß ihn aus!", und ging zum Zahnarzt. Dort wurde ihm gesagt: „Einen Zahn reißt man nicht aus, man muß Geduld mit ihm haben. Ich werde etwas einlegen, um ihn zu töten; nach drei Tagen kommen Sie wieder, dann werde ich's herausnehmen."

Im Volksaberglauben hat sich eingenistet, daß der Traum von herausgefallenen Zähnen mit dem Sterben zu tun habe. In dem hier aufgezeichneten Beispiel beginnt nun der Träumer in der Analyse auch sofort vom Tod seines Vaters und vom Verhältnis zu ihm zu erzählen. Dabei betont er sein gutes Verhältnis zum Vater, seine innige Liebe und seine große Geduld. Er betont vor allem, daß er nie den Wunsch gehabt habe, es möchte doch nun endlich einmal mit dem Vater zu Ende gehen, damit ihm und den Angehörigen weitere seelische Erregung erspart wird. Nun aber kommt der Traum mit dem Zahn. Gegen den Zahn soll nach dem jüdischen Gesetz verfahren werden, das auszureißen, was Schmerz und Ärgernis bereitet. Auch gegen den Vater wollte er in der Tiefe seines Unbewußten nach der Vorschrift des Gesetzes verfahren, welches aber hier lautet, Aufwand und Ärgernis nicht zu achten, alles Schwere auf sich zu nehmen und keine feindliche Absicht gegen das schmerzbereitende Objekt aufkommen zu lassen. Nun bietet sich aber sofort die Deutung an, daß es vermutlich übereinstimmender, ja zwingender wäre, wenn der Patient wirklich gegen den kranken Vater ähnliche Gefühle entwickelt hätte wie gegen den kranken Zahn, d. h. gewünscht hätte, ein baldiger Tod möge seiner schmerzlichen und kostspieligen Existenz ein Ende setzen. Freud schreibt dazu: „Ich zweifle nicht, daß dies wirklich seine Einstellung gegen den Vater während dessen langwieriger Krankheit war und daß die prahlerischen Versicherungen seiner frommen Pietät dazu bestimmt sind, von diesen Erinnerungen abzulenken. Unter solchen Bedingungen pflegt der Todeswunsch gegen den Erzeuger rege zu werden und sich mit der Maske einer mitleidigen Erwägung wie: es wäre nur eine Erlösung für ihn, zu decken." (Freud, Studienausgabe I, S. 195.) Wir sehen also in diesem Traum und in der gegebenen Deutung die Ambivalenz der bewußten und der unbewußten Wunschregung gegenüber einem Sterbenden. Unsere Verhaltensformen gegenüber dem Verstorbenen werden aber noch von einer anderen Größe bestimmt. Es ist die jedem bekannte ambivalente Angst und zugleich gespürte heimliche Sehnsucht nach dem Tod.

Erst am Ende seines Lebens und Schaffens gelangt Freud zu der von vielen Seiten, vor allem von den Biologen, angegriffenen Auffassung, es handele sich im seelischen Haushalt unseres Seins um zwei große Grundströme unseres Trieblebens. Einmal sei es der Trieb der Libido, also jene große Gruppe aller lustbetonten Triebregungen, und zum anderen — und dieser Erkenntnis stellt sich Freud erst in den letzten Jahren seines Schaffens — eine Selbstdestruktion, die er selbst mit dem Wort „Todestrieb" kennzeichnet. „Und nun scheiden sich uns die Triebe, an die wir glauben, in die zwei Gruppen der erotischen, die immer mehr lebende Substanz zu größeren Einheiten zusammenballen wollen, und der Todestriebe, die sich diesem Streben widersetzen und das Lebende in den anorganischen Zustand zurückführen. Aus dem miteinander und gegeneinander Wirken der beiden gehen die Lebenserscheinungen hervor, denen der Tod ein Ende setzt. (Freud, Studienausgabe I, S. 540.) Schon 1912 hatte er nach einem Ohnmachtsanfall geäußert, „es muß süß sein, zu sterben". Seine Freunde verabschiedete er schon in einem Lebensalter von 40 Jahren häufig mit den Worten: „Leben Sie wohl; vielleicht sehen Sie mich nicht wieder!" Ernest Jones schreibt von der zwiespältigen Haltung, die Freud zum Tod hatte, folgendes: „Freud hatte also in bezug auf den Tod eine geteilte Haltung oder Fantasie, die man wohl als ein Hin- und Herpendeln zwischen der Furcht vor einem schrecklichen Vater einerseits und dem Wunsch nach einer Vereinigung mit einer geliebten Mutter andererseits interpretieren kann. Im Hinblick auf all diese Erwägungen darf man gewiß sagen, es sei durchaus berechtigt, bei der Beurteilung von Freuds Todestriebstheorie neben den Argumenten, die er selbst dazu in seinen Schriften anführt, auch den möglichen Einschluß subjektiver Momente in Betracht zu ziehen." (Jones 1960/62 III, S. 332.)

In unserer Zeit hat allerdings die von den Biologen heftig angegriffene und von den Psychoanalytikern der ersten Generation sehr bezweifelte These von Freud neue Argumente erhalten. Die tiefenpsychologische Beschäftigung mit dem Wesen der Aggressionen hat uns erkennen lassen, in welchem Maße hier sowohl positive Werte angesprochen werden als auch selbstzerstörerische Tendenzen in das Bewußtsein drängen. Die Drogenwelle andererseits sowie die Tatsache der Süchte aller Art machen deutlich, welchen Machtfaktor der Destruktionstrieb im Menschen darstellt. Wir erleben heute — und Alexander Mitscherlich hat uns nachdrücklich darauf aufmerksam gemacht —, daß unsere eigene Kulturentwicklung Prozesse fördern kann, die alles das aufheben können, was uns den wirklichen, und das heißt doch den humanen, Fortschritt gebracht hat. In Konsequenz dieser Gedanken werden wir es sicherlich notwendig haben, das Faktum des Freudschen Todestriebes sehr ernst zu nehmen. „Freud hat die zerstörerische Gegenkraft zur Libido, welche die Menschen aneinander bindet, ‚Todestrieb‘ genannt und ist mit dieser Hypothese von den Biologen unter seinen Lesern getadelt worden. Vielleicht werden ihn die Erforscher menschlicher Gesellschaft besser verstehen." (Mitscherlich 1969, S. 344.)

Am hintergründigsten und am schärfsten wird aber diese Zweideutigkeit des Lust-Schmerz-Prinzipes bei Paul Tillich gesehen. Es handelt sich bei der Ambivalenz zwischen Lust und Schmerz eben nicht nur, wie Jones meint, „um ein Hin- und Herpendeln zwischen der Furcht vor dem Vater und dem Wunsch nach der Vereinigung mit der Mutter", so richtig diese Aussage auf dem diagnostischen Gebiet, z. B. in der Therapie des Selbstmörders, auch ist, sondern es geht darum, „Phänomene zu begreifen, die tief in der schöpferischen Funktion des Lebens wurzeln". (Tillich 1964 III, S. 72.) Wir betrachten hierzu 2. Kor 7,6—11. Es geht besonders um den Vers 10: „Denn die göttliche Traurigkeit wirkt zur Seligkeit eine Reue, die niemand gereut; die Traurigkeit aber der Welt wirkt den Tod." Paulus schreibt davon, daß er an die Korinther einen Brief geschrieben hat, der diese traurig gemacht habe. Aber das reut ihn nicht. Schon aber in der nächsten Zeile sagt er „und ob's mich reute, dieweil ich sehe, daß der Brief vielleicht eine Weile euch betrübt hat, so freue ich mich doch nun, nicht darüber, daß ihr betrübt worden seid, sondern daß ihr betrübt worden seid zur Reue. Denn ihr seid göttlich betrübt worden, daß ihr von uns ja keinen Schaden irgendworin nähmet" (2. Kor 7, 8. 9). Hier wird deutlich, daß die Selbstbejahung des Lebens und die Selbstverneinung zueinander in einem balanceartigen Verhältnis stehen. Dahinter steht die Erkenntnis, daß die „existentielle Erkenntnis der eigenen Endlichkeit" (Tillich 1964 III, S. 72) eben doch immer wieder die Frage aufwirft, ob es sinnvoll sei, die mit der Fortsetzung unserer endlichen Existenz gegebene Situation der Last und der Sorge wirklich zu tragen. Die Spannung, die die nie endende und zugleich nie befriedigte Libido auslöst, führt zu einer menschlichen Reaktion der Destruktion und der Sehnsucht nach dem Tode. Sie wird als „sprechendster Ausdruck für die existentielle Selbstentfremdung des Menschen zum Zeugnis für die Zweideutigkeit des Lebens" (Scharfenberg ³1971, S. 33).

Es ist aber nun gerade diese Selbstentfremdung, die einen wichtigen Teil unseres Menschseins ausmacht. Nur der Mensch weiß von Anbeginn seines bewußten Denkens an, daß er unausweichlich sterben muß. Unsere Sprache belegt das mit dem tiefsinnigen Wort der „tödlichen Sicherheit" für alle jene Lebensgebiete, in denen etwas unentrinnbar und unausweichbar auf uns zukommt. So ist menschliches Leben bewußtes oder unbewußtes Planen auf die Realität des Sterbens hin. Berufswahl, Eheschließung, die Frage nach der Aufnahme einer neuen Arbeit, eines neuen Wohnortes, alles das sind gesteuerte Entscheidungen von dem biblischen Wissen, daß des Menschen Leben beschränkt ist. Das bildet den Menschen, das läßt ihn reifen, das kann ihn aber auch verzweifeln lassen. Diese Angst vor der Verzweiflung, vor dem Tode, die ein Stück nicht vollzogener Reife darstellt, scheint unter uns zuzunehmen. Wir beginnen geradezu einer Tabuisierung des Todes das Wort zu reden, nachdem wir die Vorgänge über Zeugung und Geburt enttabuisiert haben. So kann Geoffrey Gorer mit Recht schreiben: „Unseren Urgroßeltern sagte man, daß die kleinen Kinder unter Kohlblättern gefunden oder vom Klapperstorch gebracht würden, unsern Kindern wird man vielleicht erzählen, daß sich die ,Dahingegangenen' in Blumen verwandeln oder irgendwo in lieblichen Gärten schlummern." (Gorer 1956. Vgl. auch Thielicke 1964 III, Ziffern 1973 u. 1976.)

Für die seelsorgerliche Beratung an Hinterbliebenen anläßlich eines Sterbefalles ist die starke Verflochtenheit von Schuld und Tod oft der Schlüssel zur wirklichen Hilfe. Fassen wir dazu noch einmal zusammen, daß Todeserfahrung tiefenpsychologisch gesehen in doppelter Hinsicht möglich ist. *Einmal dadurch,* daß die *Erfahrung* des eigenen Todes als *Todesangst* und zugleich als *Todesgewißheit* das Leben trägt. Dieses Wissen wird durch das Miterleben des Todes bei einem andern Menschen immer wieder neu angestachelt oder lebt wieder auf, wenn es bewußt verdrängt worden ist. Eine solche Spannung jedoch zwischen Wiederaufleben und unbewußter Verdrängung läßt die ganze Skala der an anderer Stelle beschriebenen Abwehrmechanismen besonders deutlich werden. Zum anderen als *Todestrieb,* also als jene Triebkomponente, die Freud — wie wir sahen — als Destruktionstrieb oder Todestrieb gekennzeichnet hat, wobei noch angemerkt sein sollte, daß es diesem Trieb durchaus möglich ist, sein zerstörerisches Moment sowohl auf die Zerstörung des eigenen als auch des fremden Lebens zu richten.

Beide tiefenpsychologischen Momente jedoch sind eng verflochten mit dem Bewußtsein der Schuld. (Lindinger 1967, S. 121 ff. Vgl. auch Bitter ⁴1967.) Die Erfahrung des Leidenmüssens und des Sterbens ist unausweichlich mit der menschlichen Frage nach der Schuld verbunden. Kann schon der Kranke in immer neuen Variationen die Frage äußern, wofür er mit seiner Krankheit bestraft werden solle, so wird das Wissen um den Tod „als der Sünde Sold" bei jedem Sterbefall manifest. Das gilt für den Sterbenden ebenso wie für die Hinterbliebenen. In Gesprächen mit Sterbenden, die sich ihrer Situation bewußt sind, klingt häufig an, daß die Angst vor dem Gericht und die Tatsache des Sterbens — vor allem bei verhältnismäßig jungen Menschen — mit eigenem Schuldbewußtsein in Verbindung gebracht werden. An dieser Stelle erweist sich die ganze Höhe und Tiefe christlicher Botschaft. Wir können keinerlei Aussagen machen über Art und Wesen jener letzten Verantwortung, sondern wir können unsere Sterbenden nur hineingeleiten in die abgründige Tiefe göttlicher Liebe und göttlichen Erbarmens, wie sie uns in Jesus Christus begegnet. Wer käme wohl auf den Gedanken, angesichts des bangen Fragens eines Sterbenden tiefenpsychologische Erörterungen oder Deutungsversuche mit ihm anstellen zu wollen? Ein solches Tun müßte sich — falls überhaupt denkbar — sehr ernste Fragen an die Triebkonstellation des Seelsorgers gefallen lassen. —

Anders liegt die Situation bei den Hinterbliebenen. Zunächst einmal ist festzustellen, daß die Überzeugung, selbst völlig schuldlos zu sein, ein unabweisbares seelisches Bedürfnis zu sein scheint. Daher werden unaufgefordert im Gespräch mit Leidtragenden Schuldübertragungen so häufig sichtbar. Der Arzt, die schlechte Behandlung in der Klinik, die Überforderung am Arbeitsplatz, die frühere Kriegsgefangenschaft, und was es sonst noch sei, alles das wird häufig unaufgefordert und spontan mit der deutlichen Absicht geäußert, hier Begründungen schuldhaften Versagens angeben zu können, die den Tod beeinflußt oder sogar herbeigeführt haben. Dieses Verlangen überwiegt offensichtlich auch das Bedürfnis und vor allem auch die Möglichkeit, eigene Schuld zuzugeben, in beträchtlichem Maße. Das gilt sowohl im Bereich individueller Schuldverhaftung als auch im Bereich kollektiven Schuldiggewordenseins. Es geschieht aber immer mit besonderer Deutlichkeit dort, wo es um das Sterben oder auch das Töten anderer geht. „Mir scheint es, daß allgemein oder doch wenigstens weithin vor diese Schuld — wer immer sie als Einzelmensch begangen haben mag — ein kollektiver Vorhang gelegt ist, der uns von ihrer Erfahrung absperrt. Und es scheint mir weiter, daß es nicht etwa nur so ist, daß wir sagen und uns selbst damit trösten, daß das nicht wir, sondern andere getan haben, sondern daß wir die Erfahrung dieser Schuld überhaupt — ganz ohne Rücksicht darauf, wer die Täter waren — aus unserem Leben und aus dem Bereich unserer inneren Erfahrung auszusperren und zu eliminieren bestrebt sind." (Lindinger 1967, S. 124.) Nun muß aber mit Mitscherlich zugestanden werden, daß wir im kollektiven Bereich einer Melancholie verfallen würden, wenn wir Realitäten, wie sie z. B. in der politischen Katastrophe der Jahre 1933 bis 1945 zum Ausdruck kamen, „zur Kenntnis" genommen hätten (Mitscherlich 1969, S. 58). Das gilt auch für den Individualbereich. Die Abwehr des Schuldgefühles ist also zunächst bei den Hinterbliebenen ein notwendiger Abwehrmechanismus, der sie vor seelischen Schädigungen, auch schwerer Art, bewahrt. Aber es war ja eine der großen Einsichten Freuds, daß das Schuldgefühl ein wichtiges Problem der Kulturentwicklung überhaupt sei, und er ist es gewesen, der als Preis für den Kulturfortschritt in der Glückseinbuße die Erhöhung des Schuldgefühles genannt hat (Freud, Werke XIV, S. 493 ff.). Reifung und damit Lebenserkenntnis ist von der Einsicht in menschliche Schuld unablösbar. Dabei übersehen wir nicht den tiefen Gegensatz zwischen Schuld und Schuldgefühlen, der allerdings in der analytischen Tiefenpsychologie in dieser Weise nicht zur Kenntnis genommen werden kann. Jedoch sind die weiterführenden Gedanken der sogenannten „anthropologischen Psychotherapie" hier zu neuen Erkenntnissen gekommen. Seit Ludwig Binswanger, Erich Fromm, Gustav Bally kommt ein Begriff, der ursprünglich von Heidegger übernommen worden ist, zum Tragen. Es ist der Begriff „Existenzschuld". Dabei geht es nicht um moralische Schuld, nicht um die Kategorien von Gut und Böse, sondern um die Kategorien von Eigentlich und Uneigentlich. „In der Existenzschuld geht es also nicht um meine Taten, sondern um mein Sein, das sich dem Anruf des Daseins gegenüber noch verschlossen hält. Dem uneigentlichen Dasein entspricht ein Mangel an personalem Gewissen, eine pervertierte Wertordnung, die der dem Sein selbst immanenten Wertordnung nicht entspricht." (Harsch 1965, S. 159 ff.) Dieses Wissen um Existenzschuld ist bei Hinterbliebenen unmittelbar nach einem Todesfall zu verspüren. Der sentimentale Volksvers „O lieb, so lang du lieben kannst, o lieb, so lang du lieben magst, es kommt die Zeit, es kommt die Stund, wo du an Gräbern stehst und klagst" ist das Eingeständnis einer Existenzschuld, die aber nun nicht nur auf den betreffenden Toten angewendet werden kann, sondern die ein Stück Seinserhellung der gebrochenen menschlichen Existenz überhaupt darstellt. Diesem Tatbestand entsprechen die mannigfachen Sühnehandlungen der Hinterbliebenen, die sowohl im Gespräch als auch in der überreichlichen Ausgestaltung der Beerdigung sichtbar werden. Wir wissen seit Sigmund Freud vom Sühnecharakter der neurotischen Zeremonien, z. B. im Waschzwang, im Bekenntniszwang und allgemein in dem großen Bereich der Wiederholungszwänge. Das zwangsneurotische Zeremoniell wird in der Beerdigungsfeier zelebriert und kann auch hier wiederum als notwendiger Abwehrmechanismus zur psychischen Hygiene nicht einfach

lieblos untersagt oder gar aufgedeckt werden. Beratende Seelsorge hat
aber Kenntnis zu nehmen von den eigentlichen Hintergründen solcher
Wünsche. Die unverantwortbaren Ausgaben für Blumen, Kerzen, für
Kränze auch von sehr entfernten Bekannten, Betriebsangehörigen und
nicht zuletzt von Werksleitungen sind ein deutlicher Beweis. Der Hinweis
darauf, daß man es dem Verstorbenen „noch einmal so schön wie möglich
machen" wolle, manifestiert das unbewußte Schuldgefühl. Unter solchem
Vorzeichen müssen auch die biographischen Daten gesehen werden, die
dem Pastor im Gespräch zur Vorbereitung der Beerdigung gegeben werden. Es ist daher nötig, in aller Vorsicht zurückzufragen, ob die überaus
positive Einschätzung denn auch der Realität entspricht. Es ist aber sicher
nicht angemessen, um der Gefahren solcher autobiographischen Mitteilun-
gen willen auf jede persönliche Charakterisierung zu verzichten. Der Verstorbene ist Person vor Gott gewesen in seinem Sosein. Er war nicht „zufällig" in diesem oder jenem Beruf, war nicht „zufällig" Heimatvertrie-
bener oder Elternteil einer kinderreichen Familie, sondern er war es, weil
dies alles zu seinem Sosein vor Gott gehörte. Er war es, weil er mit all
diesen Dingen Kind und Erbe im Sinne des Neuen Testamentes in dieser
Welt gewesen ist.

Die schon häufig zitierten Abwehrmechanismen formen das äußere Bild
unserer Besucher. Sprachverhalten, Habitus, Affektionen, an den Pastor
herangetragene Wünsche, all dies ist nicht zu verstehen ohne das Wissen
um jene Abwehrmechanismen der verschiedensten Art. Gerade das scheinbar gleichgültige Verhalten, die scheinbare Neutralität sind schützender
Abwehrmechanismus gegen eine Melancholie, die an den Rand des Selbst-
mordes führen könnte. Affektbetontes Weinen, Ausbrüche der Dankbarkeit gegenüber dem Verstorbenen können ebenso Abwehrmechanismen
gegen die nach oben drängenden, ernsten Schuldgefühle sein. Alle diese
Reaktionen sind Antwort auf das „todsichere" Ereignis des Sterbenmüssens. Der Tod selbst ist es, der die Predigt von der Vergänglichkeit
unseres Menschseins hält. Es ist bezeichnend, in wie starkem Umfang die
moderne Literatur die Todeserfahrung zu artikulieren versucht. Hans
Erich Nossacks „Interview mit dem Tode" oder Wolfgang Borcherts
Schauspiel „Draußen vor der Tür" machen das ebenso deutlich wie Dür-
renmatts „Der Besuch der alten Dame" oder dessen Komödie „Der Me-
teor". Der Lyriker Karl Krolow schreibt „Gedichte gegen den Tod". Sind
aber Dürrenmatt und Karl Krolow Zyniker, so wird bei Max Frisch der
Zynismus umgewertet zur baren Sinnlosigkeit. Wer dagegen Willy
Kramps Buch „Der letzte Feind" liest, erlebt den Unterschied des Sterbens
durch eine Wahrheit, die dem Tod gewachsen ist. Kramp verfällt nicht

jener „impertinenten Erbaulichkeit" (Baden 1970, S. 161 ff.), bei der der Tod gleichsam nur noch undeutlich wie hinter Schleiern uns entgegentritt und man statt dessen fromme Worte und siegesgewisse biblische Liederverse zu hören bekommt. Der Sterbende bei Willy Kramp geht durch die furchtbarsten Schmerzen hindurch, die ihn selbst deformieren, ja foltern, ihn zum hilflosen Kind schrumpfen lassen, aber inmitten dieser Schmerzheimsuchung nimmt der Sterbende den Tod an. „Es gibt mystische Augenblicke, in denen wir nicht mehr nach Sinn und Widersinn dieser Welt fragen, nicht mehr nach Lohn und Erfüllung — weil der Urgrund der Dinge sich plötzlich mitteilt" (Willy Kramp, „Der letzte Feind", zitiert nach Baden 1970, S. 161 ff.). Mögen auch die Erfahrungen der Leidtragenden, die den Seelsorger aufsuchen, nicht so subtil und nicht so reichhaltig sein, so steht doch das Erschrecken über die Plötzlichkeit und die Radikalität des Todesgeschehens noch deutlich vor ihnen. Auch dort, wo mit der Tatsache des Sterbens über Monate oder über Jahre hindurch gerechnet wurde, ist der Augenblick des Todes begleitet von jenem Erschrecken vor der Realität der Endlichkeit allen Menschseins. Hier wird sich auch nichts dadurch ändern, daß die Lebenserwartungen noch steigen und die Lebensjahre sich vermehren. Das Alleinsein in der Masse, das Ausgeliefertsein an das Sterbenmüssen, die plötzlich überflutende Gewißheit menschlichen Versagens als Ausdruck seiner Existenzschuld und die Sorge, ja die quälende Angst — die oft anankastische Züge trägt —, was denn morgen sein werde, sind Hintergrund des Gespräches bei der Anmeldung einer Beerdigung.

Daher sollte auch die Frage nach der Art, wie man sich denn nun die Weiterführung des eigenen Lebens selbst denke, nicht unterbleiben. Es ist aber besser, eine solche Frage bei einem Nachbesuch zu stellen, der etwa 14 Tage nach der Beerdigung erfolgen soll. Ratende und beratende Hilfe und Begleitung werden sich häufig an der Situation der neuen Existenz entzünden können. Jetzt muß man plötzlich mit Menschen zusammenleben, denen man sich vorher verschlossen hat, jetzt müssen Dinge angepackt werden, die der Lebensgefährte früher abgenommen hatte, jetzt rücken Kinder und Enkelkinder, aber auch Freunde, Eltern und Hausnachbarn in ein ganz anderes Bewußtsein als früher. Das kann heilsame neue Bindungen geben, das kann aber auch bestehende Abwehrmechanismen, Verdrängungen und Schuldgefühle in einem solchen Maße verstärken, daß die Lebensfähigkeit gefährdet ist. Das Zusammenspiel mit dem Sozialamt, dem Jugendamt, dem Hausarzt, der Hausgemeinschaft, alles das kann zur beratenden Hilfe werden, die ein Weiterleben über das bloße Vegetieren hinaus ermöglicht.

„Mit dem Tode ist alles aus" — das ist überall dort, wo nicht aus einer ganz bewußten christlichen Glaubenshaltung heraus gelebt wird, die tiefe Überzeugung unserer Besucher. Damit haben wir auch dann zu rechnen, wenn uns Leerformeln in Form von Bibelsprüchen häufig genug unvermittelt und aus dem Zusammenhang gerissen an den Kopf geworfen werden. So gewiß die Botschaft von der Auferweckung des Jesus von Nazareth die einzige Antwort auf die Realität des Sterbens ist, so gewiß ist auch, daß wir sie nicht unvermittelt anbieten können. Daher·wird sie kaum im Mittelpunkt eines Gespräches beratender Seelsorge vor der Predigt am Sarg stehen können. Die Fülle der uns bei diesem Gespräch begegnenden Abwehrmechanismen, die Vielschichtigkeit der psychischen Situation, die Verbarrikadierung des Aufnahmevermögens bei den Leidtragenden unmittelbar nach Eintritt des Todes ihres Angehörigen, alles das sind schwere Hindernisse, um in dieser Situation und zu diesem Augenblick zum Herold der Auferstehung zu werden. Es nützt gar nichts und bedeutet weder Hilfe noch Trost zum Leben, wenn der Seelsorger meint, an irgendeinem Punkt des Gespäches sich seines „eigentlichen" Auftrages dadurch entledigen zu müssen, daß er mit einem Bibelzitat oder mit einer Kurzpredigt von zwei bis drei Minuten hier über die Auferweckung Jesu Christi redet. Der Ort — und nun allerdings der Ort zentraler Bedeutung — ist die Predigt am Sarg. In der optischen Gegenwart des Sarges, in der Atmospäre der Verwesung und der Existentialität des Todes ist der rechte Augenblick gegeben, vom Leben, und zwar vom Leben, das den Tod überwindet und allein in Jesus Christus anschaubar wird, zu reden. Auch in einem Gespräch beim Nachbesuch nach der Beerdigung und in der darauffolgenden begleitenden Seelsorge wird immer wieder vorsichtig dahinterzuhören sein, ob nicht die eigentliche Problematik des Lebens und Sterbens jetzt bei dem Angehörigen sichtbar wird und die Antwort des Neuen Testamentes geradezu herausgefordert wird. In der von uns vorgeschlagenen Differenzierung des zu linearen Begriffes „verkündigen" möchten wir formulieren: in das Gespräch vor der Beerdigung gehört das martyrein, in die Predigt gehört neben das martyrein das keryssein. So schließen sich auch hier wieder vorbereitendes Gespräch, Predigt am Sarg und nachgehende Seelsorge zu einer Einheit zusammen.

b) Inhalt, Form und Analyse des Gespräches anläßlich der Anmeldung einer Beerdigung

Großstadtsituation. Der Gemeindepastor wird um die Übernahme der Beerdigung gebeten, obwohl er die Verstorbene nicht gekannt hat. Es erscheinen der Ehemann, ca. 54, eine Tochter, ca. 23, und ein Sohn, ca.

29. Dem Pastor ist außer der Tatsache des Todes, dem Beerdigungstermin und aus der Kartei die Tatsache, daß die Verstorbene nicht aus der Kirche ausgetreten war, nichts bekannt. Der Ehemann hat einen schwarzen Schlips um, verarbeitete Hände, ein intelligentes Gesicht, die Kinder scheinbar unbeteiligt am Tod der Mutter. Die Angehörigen werden um einen kleinen runden Tisch gebeten, auf dem Zigaretten stehen. Der Pastor ermuntert nicht zum Nehmen dieser Zigaretten und bietet auch sonst nichts an. Er hat im Vorraum den Vater und die beiden Kinder aufgefordert, die Mäntel abzulegen. Ehe sich die Hinterbliebenen hinsetzen können, wendet sich der Pastor an den Ehemann und sagt:

Pastor: Es tut mir aufrichtig leid, Herr X., daß wir uns in einer solchen Situation kennenlernen müssen. Ich kann mir vorstellen, wieviel Lauferei en Sie in diesen Tagen haben und wie schwer Ihnen alle diese Wege werden.

Herr X.: Ja, Herr Pastor, das war wirklich nicht leicht in den letzten Stunden. (Pause. Pastor steht die Pause durch. Herr X. fährt fort:) Ich kann das noch gar nicht 5 alles fassen. Wenn man sich überlegt, gestern um die Zeit hat sie nun noch gelebt. (Pause.) Ja, daß so was so schnell kommen kann. Da rechnet doch keiner mit. (Pause)

Tochter: Sie hat selber auch nicht damit gerechnet, sie meinte immer, sie würde uns alle überleben. Und nun — das hat niemand erwartet. (Pause) 10

Pastor: Es scheint recht schnell mit dem Tod Ihrer lieben Frau gegangen zu sein. Hoffentlich hat sie keine Schmerzen gehabt. Oder war sie schon vorher einmal krank gewesen?

Herr X.: Nein, absolut gar nicht. Sie kam gestern nachmittag so gegen vier nach Hause vom Einkaufen und legte sich etwas hin, weil sie sagte, sie wäre so müde. 15 Das hat mich schon gewundert, denn meine Frau und müde — Herr Pastor, so was kannte ich gar nicht an ihr. Aber ich hab' gesagt: „Na laß man, Mutter, leg dich man hin", und dann wurde ihr plötzlich so schlecht im Magen, und sie stand auf, mußte sich übergeben, und dann ging sie zurück aufs Sofa, und wir haben sie ja denn auch ganz allein gelassen, weil wir sie ja nicht stören wollten, 20 und — (fängt jetzt an zu weinen, das Kinn zittert) und als wir dann nach einer halben Stunde wieder reinkommen, liegt sie neben dem Sofa und ist tot.

Tochter: Das war alles so schrecklich. Das kann man noch gar nicht fassen.

(Alle schweigen.)

Pastor: Da wird auch noch eine lange Zeit vergehen, ehe Sie das ganz fassen können, 25 und ob Menschen das überhaupt fassen können, wenn jemand so schnell zum Tod geht, das weiß ich gar nicht. Man sagt immer so: „Sterben müssen wir alle einmal", aber ich kann mir gut vorstellen, wie anders es einem zumute ist, wenn der Tod so schnell und so plötzlich kommt.

Herr X.: Und keiner hat daran gedacht, wirklich keiner. Wer denkt denn auch an 30 so was.

Pastor: Wir denken viel häufiger, es müsse immer alles so weitergehen, und wir könnten alles vorherbestimmen, aber dann kommt ein Schlag, und schon wissen wir, wir Menschen haben eben doch das Leben nicht in der Hand.

Herr X.: Ne, Herr Pastor, das ist ja auch wirklich wahr. Wir gehen ja man nicht groß 35 nach Kirche, aber das versteht doch keiner, wenn Gott einen Menschen so sterben läßt, und dabei gibt es soviel Alte, die gerne sterben wollen und können gar nicht.

Pastor: Wissen Sie, Herr X., über diese Frage müssen wir noch miteinander reden, und ich hoffe auch, daß ich Ihnen in der Beerdigungspredigt dazu noch etwas

sage. Bloß, glaube ich, im Augenblick hat das gar keinen Zweck, denn jetzt sind
Sie noch viel zu aufgeregt und innerlich noch viel zu wund.

Herr X.: Tscha, Herr Pastor, das ist man gut so. Man jetzt bloß keine frommen
Worte! (Sein Gesicht versteint sich wieder, und er nimmt eine sichtbar abwar-
tende Haltung ein.)

Pastor: Vielleicht ist das beste, wir gehen jetzt erst mal alle die Formalitäten durch,
die nun leider mal notwendig sind. (Herr X. schaut den Pastor an und ist offensichtlich von der Wendung dieses Gespräches erfreut. Pastor fragt anhand des
Anmeldezettels die Daten sehr sachlich und ruhig ab, Beerdigung, Geburtstag,
wieviel Kinder, Enkel usw. Der Pastor schaut dabei immer auch die beiden Kinder an, um diese ins Gespräch zu ziehen, was auch mit Angabe von Daten
gelingt.)

Wenn Sie nun alle drei das Leben von Ihrer lieben Frau bzw. Ihrer lieben
Mutter so vor sich sehen, was würden Sie denn sagen: War es mehr Freude oder
war es mehr Leid?

Sohn: Mutter hat es eigentlich immer recht gut gehabt. Krank war sie nie, und wir
haben uns mit ihr auch recht gut verstanden. (Gleichsam entschuldigend fügt er
hinzu:) Natürlich gab es schon mal einen Krach zwischen Mutter und mir, aber
sie kann ja auch nicht zu allem ja sagen, was man so als Junge will, und das hab'
ich eigentlich dann auch später immer verstanden.

Herr X.: Überhaupt, Verständnis hatte sie immer für alles. Auch für mich und auch
für Inge. (Damit ist die Tochter gemeint.) Nein, daß das alles so furchtbar
schnell gehen mußte. Was soll denn nun aus mir werden?

(Herr X. beginnt jetzt lautlos zu weinen, der Pastor legt einen Augenblick nur
seine Hand auf die Schulter von Herrn X. und nimmt sie sofort wieder her-
unter. Herr X. bemerkt dies aber, hört auf zu weinen und schaut den Pastor
mit einer gewissen Erwartung an.)

Pastor: Sie werden sicherlich verstehen, daß ich in meiner Predigt am Sarg nun nicht
einfach die Dinge wiederhole, die Sie ja alle viel besser wissen als ich. Deshalb
bitten Sie ja wohl den Pastor auch nicht an den Sarg. Meine Aufgabe ist es, zu
versuchen, Ihnen die Frage ein wenig zu beantworten, die Sie vorhin gestellt
haben. Nämlich, warum Gott so etwas zulassen kann und wie man denn weiterleben kann, auch wenn jemand, der gestorben ist, nun plötzlich nicht mehr da ist.

Sohn: Aber, Herr Pastor, bitte nicht so lang und nicht so feierlich. Vater quält sich sonst
so sehr, und wir können uns dann auch nicht mehr beherrschen.

Pastor: Nein, da verstehe ich Sie recht gut. Ich habe ganz bestimmt nicht die Aufgabe,
so zu predigen, daß nun alle Leute nur weinen, denn meine Aufgabe ist es ja,
Ihnen davon etwas zu sagen, daß Gott keinen Menschen fallenläßt, die Lebenden nicht und die Toten nicht, und daß die Lebenden und die Toten in seiner
Hand bleiben, wo sie sind, und ganz gleich, ob sie schnell oder langsam sterben, ob sie alt oder ob sie jung sind.

(Pastor erwartet irgendeine Reaktion auf das, was er eben gesagt hat, aber es
kommt keine).

Sie waren sicherlich auch schon zu Beerdigungen, aber wenn man zu einer Beerdigung geht, bei der man so sehr selbst beteiligt ist, da sollte man doch wissen, wie
der Ablauf einer solchen Stunde ist.

Tochter (fällt dem Pastor beinahe ins Wort und sagt sehr energisch): Aber auf keinen
Fall singen, Herr Pastor. Das haben wir vor kurzem erlebt, das klingt furchtbar,
und das macht einen noch mehr traurig.

Pastor: Wenn Sie das nicht wollen, müssen Sie das auch nicht, obwohl es eine gute
Sitte ist, daß eine Gemeinde zusammen auch einen Choral singt. Aber, wie gesagt,
es ist keineswegs unbedingt notwendig.

Dann schlage ich Ihnen vor, daß wir zunächst aber die Orgel vorher einen Choral spielen lassen, etwa „Befiehl du deine Wege" oder „Wenn wir in höchsten Nöten sind". Vielleicht kennen Sie einen von diesen Chorälen?

Herr X.: Ja, dann bitte „Befiehl du deine Wege". Wissen Sie, in der Bibel hat meine Frau nicht gelesen, aber ihr Gesangbuch aus der Konfirmationszeit, das lag immer im Nachttisch, und ich glaube, den Choral hat sie auch ganz gut gekannt.   5

Pastor: Das bedeutet also, daß Ihre liebe Frau gewußt hat, daß Gott uns Menschen im Leben und im Sterben festhält.

Herr X.: Ach, wissen Sie, gesagt hat sie das tscha man nich, aber schließlich, unsere Kinder sind alle beide konfirmiert, und wenn wir in die Kirche gingen, dann war das immer für sie sehr feierlich, und eben — wie ich schon sagte — ich glaube, sie 10 hat oft im Gesangbuch gelesen.

Pastor: Das ist gut, daß Sie mir so etwas sagen. Sie brauchen keine Angst zu haben, daß ich das nun alles wörtlich wiedersage, aber man muß doch wissen, mit was für einem Menschen man es zu tun hat, für den man die Predigt an seinem Sarg hält. Denn gerade auch angesichts eines Sarges gilt es, daß man nicht heucheln soll 15 und daß man sich sehr überlegen muß, ob man alles, was man sagt, auch wirklich verantworten kann.

Sohn: Ja, Herr Pastor, bei unserer Mutter brauchen Sie da keine Sorge zu haben, aber Sie haben schon recht. Was man da so manchmal alles an Särgen hört. Da wundert man sich oft.   20

Der Vater (unterbricht ihn und sagt): Sie müssen nämlich wissen, mein Sohn ist in der Personalabteilung, und weil er der Jüngste ist in der Abteilung, wird er oft zu Beerdigungen von Betriebsangehörigen geschickt. (Pause)

Pastor: Der Gottesdienst in der Friedhofskapelle beginnt mit einer Lesung aus einem Psalm. Sicherlich erinnern Sie sich noch aus der Konfirmandenstunde. Die Psal- 25 men, das war das Gebetbuch und Gesangbuch der alten jüdischen Gemeinde und im übrigen auch das Gebetbuch unseres Herrn Jesus. Ich würde gerne die ersten Verse von Ps. 90 vorlesen. (Pastor liest die Verse von Ps. 90 in Auswahl vor.)

Herr X.: Das ist gut, und das kennt man auch, ja, das lesen Sie man.

Pastor (bespricht dann noch die neutestamentliche Lesung, die er kürzt, und sagt, daß er 30 über ein Wort aus dieser neutestamentlichen Lesung auch die Predigt halten wird, nämlich über das Wort „Ich lebe, und ihr sollt auch leben"): Ich möchte Ihnen nämlich gerne zeigen, daß im Neuen Testament Leben und Sterben nicht dasselbe bedeuten wie das, was wir uns darunter vorstellen. Die Bibel ist der festen Überzeugung, daß ein Mensch schon tot sein kann, wenn das Herz noch schlägt. Aber 35 auch, daß er bei Gott lebt, wenn wir ihn in die Erde hineinlegen. Christen sind eben davon überzeugt, daß mit dem Tode nicht alles aus ist, weil sie von Jesus Christus wissen, daß mit seinem Tod keineswegs alles aus war, sondern überhaupt erst eigentlich alles begann.

Herr X.: Nee, das wär ja auch furchtbar, wenn jetzt plötzlich alles aus wäre, nein, 40 das wäre wirklich entsetzlich. (Schüttelt den Kopf, legt die Hände vor sich hin und schweigt. Pause.)

Pastor: Darf ich Ihnen mal die Stelle aufschreiben, wo im Neuen Testament die Verse stehen, die wir am Grab Ihrer Frau lesen werden und über die ich predige? (Nimmt einen Zettel und schreibt die Stellenangabe auf. Die Tochter nimmt auf- 45 fallend schnell den Zettel an sich und steckt ihn in ihre Handtasche.)

Herr X.: Tscha, das wär ja dann wohl alles? Und wie kommen Sie auf den Friedhof?

Pastor: Da machen Sie sich bitte keine Sorge. Ich komme mit meinem eigenen Wagen. Sie brauchen mich nicht abholen zu lassen.

Die Tochter (flüstert dem Vater etwas ins Ohr, der Vater ist sehr erstaunt, druckst her- 50 um, deshalb fragt ihn der Pastor).

Pastor: Na, Herr X., ist da noch etwas?

Herr X.: Tscha, und was bin ich Ihnen denn schuldig?

Pastor: Aber Herr X., selbstverständlich nichts. Sie wissen doch, daß alle kirchlichen
Amtshandlungen kostenfrei sind. Aber eine Bitte habe ich doch an Sie: ich möchte
gern ungefähr so in ein oder zwei Wochen noch einmal bei Ihnen vorbeikommen.
Aber ich werde mich vorher bei Ihnen anmelden. Sicherlich gibt es noch eine ganze
5   Reihe Dinge zu besprechen, und wir lernen uns dann auch sicherlich besser kennen
als heute, wo ja der Schmerz noch so ganz frisch ist. (Man erhebt sich.)
Herr X.   (zum Pastor): Vielen Dank auch, Herr Pastor. Das hat mir aber gut getan.
Und Sie predigen bestimmt nicht so, daß alle Leute weinen?
Pastor: Da können Sie sich wirklich drauf verlassen.
10   (Pastor gibt Herrn X. die Hand, der sie kräftig ergreift, anschließend geben die
beiden Kinder dem Pastor die Hand. Pastor begleitet alle drei hinaus und bringt
sie zur Vorsaaltür.)

Gesprächsanalyse

Wenn auch bei Anmeldungen zu einer Beerdigung oft zu beobachten ist,
daß mehrere Personen zur gleichen Zeit erscheinen, so kann dies doch
immer auch als Signal und als eine gewisse Art von Alarmzeichen für den
Seelsorger verstanden werden. Die nun zu erwartende Situation scheint
so schwierig und so problemgeladen zu sein, daß man entweder den
Hauptleidtragenden nicht allein gehen lassen möchte, weil man nicht ganz
sicher ist, was dieser in seinem emotional geladenen Zustand sagt, oder
aber man will den Hauptleidtragenden vor eventuell zu erwartenden
Fragen des Pastors abschirmen. Auch als unbewußte Demonstration seiner
inneren Zugehörigkeit zum Entschlafenen und damit vielleicht schon als
ein Stück abreagierten Schuldgefühls kann der Besuch einer Gruppe Leid-
tragender gedeutet werden.

Beim Gesprächseinstieg wird vielleicht eine Kondolationsfloskel vom
Leser vermißt werden. Rücksprache mit dem Pastor, der dieses Gespräch
geführt hat, ergab aber, daß solche Formen in der dortigen Gemeinde nicht
nur unüblich sind, sondern wenn sie gebraucht werden, dann nur den
allernächsten Verwandten zugestanden werden. Auf diesem Hintergrund
scheint die angebotene Akzeption mit dem Hinweis auf mancherlei äußere
Mühsal dieser Tage richtig. Dann wird die Plötzlichkeit des Todesgeschehens abrupt Gesprächsgegenstand. Die Angaben von S. 205, Z. 14 ff. lassen
auf einen Herzinfarkt oder auf einen Schlaganfall schließen. Der Einwurf
der Tochter auf S. 205, Z. 9 ist sicherlich mehrdeutig. Die Mitteilung, daß
die Mutter „sie alle“ überleben wollte, kann auch Aggressionen der Mutter
gegen die Familie schließen lassen, kann aber auch darauf schließen lassen,
daß die Verstorbene ihren kranken Zustand bewußt verborgen und verdrängt hat. Möglichkeit eines gespannten Verhältnisses der Familie eventuell auch des Ehemannes zu seiner Frau bietet die wiederum vieldeutige
Äußerung von S. 205, Z. 20. Zumal die darauf einsetzende emotionale Reaktion des Ehemannes könnte darauf hinweisen, daß die Mutter nicht

nur in dieser Stunde „ganz allein gelassen" worden ist. Jedoch muß man
hier vorsichtig analysieren. Es kann sich auch um eine liebevolle Maßnahme gehandelt haben, mit der man die Mutter bei ihrem Schwäche-
anfall nicht stören wollte. Offensichtlich möchte der Pastor an dieser Stelle
aber dem Gespräch eine Wendung geben. Er geht nicht auf das „Signal"
von S. 205, Z. 24 ein, steht auch das Schweigen nicht durch, sondern bringt
diesen Gedankenkreis von sich aus zum Abschluß, wobei S. 205, Z. 32
bis 34 gesprächsmethodisch und in der vorsichtigen Hinführung zum Wei-
terdenken über den Sinn des Sterbens gut zu nennen ist. Warum er
allerdings dann die von Herrn X. gebotene Einstiegsmöglichkeit über
dieses Thema (S. 205, Z. 35 bis 38) abbricht, ist nicht einsichtig. Immerhin
erreicht er eine Reaktion bei Herrn X., die zwar nicht nur positiv zu
werten ist, denn die Physiognomie des Ehemannes zeigt eine nicht verbalisierte Abwehr. Dieses Signal wird vom Seelsorger erkannt, der nun
auf die Formalitäten zu sprechen kommt. Das Ausfüllen der Formalitäten
ist beim Gespräch zu einer Beerdigung von anderer Wertigkeit als beim
Tauf- und Traugespräch. Es dient einer Verobjektivierung der Atmosphäre, bringt Angaben, die nicht erfragt werden müssen, und läßt in bestimmten Umrissen das Leben des Verstorbenen deutlich werden. Geburts-
datum und Berufsangabe weisen auf den Lebensweg hin, Auskünfte über
die Familie lassen Rückschlüsse auf die innere Situation des zu erwartenden Gemeindekreises bei der Beerdigungsfeier zu.

Ab S. 206, Z. 13 bedient sich der Pastor einer aus der amerikanischen
Gesprächstherapie herrührenden Frageform. Er möchte einen Gesamtüber-
blick haben. So stellt er die Frage nach der Verteilung von Freud und
Leid im Leben der Verstorbenen. Da es ihm bisher nicht möglich war, alle
Besucher in ein Gespräch hineinzuziehen, und er es offensichtlich auch nicht
mit Menschen zu tun hat, die von sich aus bereit sind, bestimmte Lebens-
abschnitte der Verstorbenen anzugeben, da er weiterhin den Eindruck
hat gewinnen müssen, daß die Familiensituation nicht spannungsfrei ist,
kann dieses Vorgehen gutgeheißen werden. Er erfährt auch in der Beant-
wortung durch den Sohn, der sich hier erstmals zu Worte meldet, mehr,
als er vermutlich angenommen hat. Das Verhältnis zwischen Sohn und
Mutter scheint gut gewesen zu sein. Der Sohn hätte schwerlich „schon mal
einen Krach" erwähnt, wenn dem ernstere Bedeutung zukäme. Die Antwort des Vaters, daß die Mutter „auch" für ihn und für Inge immer Verständnis gehabt habe, ist vielschichtig. Da sich gerade an diese Äußerung
eine neue emotionale Entladung anbahnt, wird die Situation noch klarer.
Das Gespräch hätte hier die Möglichkeit gehabt, dem Vater einen Weg zu
eröffnen, das auszusprechen, was ihn eigentlich bewegt. Ob dabei die per-

sönliche Kontaktaufnahme zwischen dem Seelsorger und dem Vater richtig
ist, kann anhand eines Gesprächsprotokolles nicht entschieden werden.
Personale Zuwendung solcher Art wird abhängig sein vom Temperament
der Gesprächsführenden und von der augenblicklich bestehenden Atmosphäre. Eine liebevoll gewährte Gestik kann ebenso viel helfen, wie sie auch
die Atmosphäre zwielichtig gestalten kann. Einem alten Menschen gegenüber kann sie durchaus angeraten sein, einem jungen Menschen gegenüber
sollte sie möglichst unterbleiben. Nun muß aber Herr X. diese Zuwendung
als eine Aufforderung verstanden haben, daß der Pastor ihm jetzt den
Weg zu weiteren Darlegungen öffnen möchte. Wenn der Pastor bemerkt,
daß das Weinen aufhört und er „mit einer gewissen Erwartung" angesehen wird, dann ist es unverständlich, warum er dieses Signal übersieht.
Es kommt nun von S. 206, Z. 28 ein zwar homiletisch verständlicher, aber
seelsorgerlich in keiner Weise weiterführender Hinweis auf das Wesen der
Beerdigungspredigt. Diesem Gesprächsbruch trägt der Sohn auch Rech-
nung, indem er aggressiv reagiert (S. 206, Z. 34). Die Aggression wird akzeptiert, aber zu plötzlich, zu unvermittelt, kommt jetzt der „fromme
Tonfall" in das Gespräch hinein. So schnell können die Beteiligten nicht
reagieren, zumal ihnen diese Diktion offensichtlich fremd ist. Der Pastor,
der keine Reaktion auf das bekommt, was er eben sagte, wird nun unsicher. Er möchte festen Boden unter den Füßen gewinnen und kommt
auf den Beerdigungsablauf zu sprechen. Und wieder wird das Gespräch
aggressiv. Die Tochter will nicht „traurig" werden. Die „Unfähigkeit zu
trauern", von der Alexander Mitscherlich mit allen Hintergründen berichtet hat, wird deutlich verbalisiert.

Bei der Liedauswahl stößt der Pastor auf eine Tatsache, die gerade in
der Seelsorge an Hinterbliebenen häufig aufleuchtet: Gesangbuch und
Gesangbuchlieder sind in kirchenfremden Familien vertrauter als der
Bibeltext. Die Konsequenzen aber, die der Seelsorger hieraus zieht, sind
falsch. Er möchte unbedingt — und das ist verständlich — einen Anhaltspunkt haben, ob und in welcher Form diese Frau, die er beerdigen
soll, innerlich zu dem gestanden hat, was er am Sarg aussprechen möchte.
Daß nun doch zwischen Herrn X. und dem Pastor ein gewisses Vertrauensverhältnis hergestellt worden ist, erkennt man an der Tatsache,
daß Herr X. jetzt nicht einfach die geradezu suggestive Feststellung des
Pastors akzeptiert. Er kann nur sagen, daß „seine Frau oft im Gesangbuch gelesen" habe. Mehr kann er nicht sagen, mehr will er auch nicht
sagen. Dieses Signal wird vom Pastor erkannt. Was als Antwort in S. 207,
Z. 12 bis 17 gegeben wird, ist zwar sehr nüchtern, aber für die Gesprächsatmosphäre hilfreich. Vater und Sohn scheinen nun doch ihre Front-

stellung deutlicher zu manifestieren, als es im ersten Augenblick klar werden konnte. Die Unterbrechung des Sohnes durch den Vater (S. 207, Z. 21) macht deutlich, daß der Vater eine gewisse Sorge hat, der Sohn könne zuviel sagen. Die angebotene Pause wird erneut nicht durchgestanden, vermutlich weil der Pastor — ohne sich darüber im klaren zu sein — vor einem Ausbruch der Konfliktsituation Angst hat. Schon wieder flüchtet er sich auf ein neutrales Gebiet, nämlich den Vollzug des Gottesdienstes. Wobei er überraschenderweise auf S. 207, Z. 32 einen Predigttext zudiktiert. Jetzt ist nicht mehr auszuschließen, daß der Pastor unbewußt von Gesprächsanfang an auf dieses Wort festgelegt war und die Fehler in der Gesprächsführung und die mangelnde Bereitschaft, dahinterzuhören, damit in Verbindung stehen können, daß der Pastor eigentlich von Beginn an wußte, worauf er hinaus wollte: auf dieses Wort der Predigt. So schließen sich nun lehrmäßige Aussagen an, die alle wieder „richtig" sind, die aber in dieser Geballtheit und der Formulierung einer Theologie über das Sterben im Neuen und Alten Testament schwerlich von einem theologisch nicht gebildeten Gesprächspartner verstanden werden können. So reflektiert Herr X. nur auf das, was ihm beim Anhören des Pastors „einfällt". Er reagiert analytisch. „Alles aus", das ist sein Problem. Bisher war er davon überzeugt und ist es rational auch noch in dieser Stunde, daß nun wirklich „alles aus ist", wobei mit dieser radikalen Aussage gar nicht zuerst das Leben seiner Ehefrau, sondern vor allem seine eigene Existenz gemeint sein dürfte. Das darf nicht sein, das will er nicht. Darum akzeptiert er das, was der Pastor gesagt hat, indem er die Aussagen über die Auferstehung auf seine Situation assoziiert. Auch dieses Signal wird übersehen. Der Pastor ist gleichsam in Fahrt, und nichts bringt ihn aus der Richtung heraus. Das Zusammenspiel der Rolle Vater—Tochter wird auch in der nun folgenden Aktion deutlich: das, was dem Vater angeboten wird, vereinnahmt sie selbst. Um der Gefahr der Psychologisierung zu entgehen, werden wir hier nicht weiter analysieren dürfen. Aber aus der Tatsache, daß die scheinbar völlig unbeteiligte Tochter gerade jetzt so aktiv reagiert, werden wir zumindest schließen können, daß die Aktivität, die in Zukunft nun das Leben des Vaters bestimmen wird, von seiten der Tochter ausgeht. Das zeigt sich auch in den Vorgängen auf S. 207, Z. 45 ff. Das Angebot des Pastors, einen Nachbesuch zu machen, wird nicht eindeutig akzeptiert. Wohl aber ist das Gespräch zwischen Seelsorger und dem Ehemann der Verstorbenen für diesen hilfreich gewesen. Worin die Hilfe bestanden hat, kann nicht genau festgestellt werden. Der kräftige Händedruck am Ende des Gespräches kann sowohl

Zustimmung und Zuneigung als auch Aggression bedeuten. Wir werden nicht fehlgehen, wenn wir diesen Händedruck hier als Zeichen eines sich anbahnenden Vertrauensverhältnisses deuten.

Zusammenfassung:

Auffallend ist das Verhalten der Tochter der Verstorbenen. Welche Rolle sie im Verhältnis zum Vater und welche Rolle sie in Zukunft in der Familie spielen wird, ist unklar. Daß sie für das weitere Leben des Vaters bestimmenden Einfluß haben wird, scheint sicher. Es sollte angemerkt werden, daß es sich bei dem Pastor um einen älteren Kollegen handelt, der einer Ausbildung in Gesprächsmethodik nur recht widerstrebend zugestimmt hat, dann aber mit wachsender Intensität an den Sitzungen teilnahm, aber zugleich an der bisherigen Praxis seiner Arbeit immer unsicherer wurde. Unschwer kann erkannt werden, wie theoretische Kenntnisse aus der Gesprächsmethodik hier versuchsweise verarbeitet wurden. Ebenso aber ist an diesem Gespräch ablesbar, daß die Haltung eines partnerschaftlichen Gesprächsteilnehmers vom Pastor noch nicht voll durchgestanden worden ist. Noch werden zuviele Signale übersehen, noch wird das Ziel zu zielstrebig angesteuert ohne Rücksicht darauf, ob das Eigentliche des Pastors auch das Eigentliche seines Gegenübers ist. Wie wäre wohl das Gespräch gelaufen, wenn der Ehemann der Verstorbenen allein erschienen wäre? Das Nachgespräch und die nachgehende Seelsorge müßten an diesem Punkte ansetzen.

Zweites Gespräch anläßlich der Anmeldung einer Beerdigung

Dorfsituation, die 12jährige Tochter ist vom Traktor gefallen, überrollt und dabei verstümmelt worden, sie war sofort tot. Das Elternpaar; Vater Diplomlandwirt, 48, Mutter, 42; gelten im Dorf als besonders fleißig und stehen in hohem Ansehen. Auf dem Hof wohnt noch die Mutter der Ehefrau. Dem Pastor sind die Eltern des verunglückten Kindes durch Gottesdienstbesuch an den Feiertagen und der Taufe von 2 Kindern bekannt. Außer der ums Leben gekommenen 12jährigen Tochter sind noch eine 10jährige Tochter und zwei Söhne im Alter von 7 und 2 Jahren da. Am Abend des Tages, an dem der Unfall geschah und der Pastor davon erfuhr, wollte dieser das Ehepaar besuchen. Auf sein Läuten wurde nicht geantwortet, offensichtlich wollte das Ehepaar zu diesem Zeitpunkt den Besuch des Pastors noch nicht haben. Das Gespräch wurde telefonisch von der Mutter des verunglückten Kindes erbeten. Beide Elternteile kommen schwarzgekleidet, äußerlich sehr gefaßt und in der Situation angepaßter

Höflichkeit. Der Weg ins Sprechzimmer des Pastors wird schweigend zurückgelegt. Beide nehmen schweigend Platz. Nach kurzer Pause beginnt Frau X.

Frau X.: Wir müssen uns wohl zunächst bei Ihnen entschuldigen, Herr Pastor. Ich 5 hab' schon gemerkt, daß Sie gestern abend bei uns vorbeikommen wollten. Aber wir waren da für niemanden zu sprechen. Es war alles noch so neu und so furchtbar... (Sie bricht ab und sieht schweigend vor sich hin.)

Herr X.: Und da waren auch plötzlich soviel Leute, die alle was von uns wollten. Sicherlich haben sie es gut gemeint, alle die Menschen, aber manche kamen eben 10 nur aus Neugier. So haben wir denn einfach dicht gemacht und sind gar nicht mehr an die Haustür gegangen.

Pastor: Sie brauchen sich wirklich nicht zu entschuldigen. Ich habe mich selbst hinterher gefragt, ob es richtig war, daß ich Sie noch am gleichen Abend besuchen wollte. Aber natürlich hat mich das alles auch so bewegt, und Ihre Inge kannte ich auch 15 recht gut.

Frau X.: Da brauchen wir ja eigentlich gar nicht weiter zu reden. Dann wissen Sie ja, was wir verloren haben.

Herr X.: Aber das ist ja gar nicht das, was uns so belastet. Andere Eltern verlieren ja auch Kinder. Aber daß es gerade so sein mußte und daß es ausgerechnet bei 20 uns passieren mußte. (Pastor sieht wohl etwas erstaunt Herrn X. an, so daß dieser fortfährt.) Na sehen Sie, Herr Pastor, Sie sind ja zwar erst 5 Jahre hier, aber Sie wissen doch, wie bekannt wir im ganzen Dorf sind, und wie alle wissen, daß wir vorsichtig sind. Soviel Schutzvorrichtungen an den Maschinen, wie wir hier haben, hat keiner. Und alle wissen das, wo ich immer den Leuten sage, sie 25 sollen ihre Kinder nicht mit auf die Traktoren oder Erntewagen nehmen. Und ich hab's ja meinen Kindern auch schon paarmal verboten. Und nun ausgerechnet mir und ausgerechnet unsere Inge.

Pastor (sagt leise vor sich hin): Ausgerechnet mir und ausgerechnet uns.

Frau X.: Ich glaube, ich weiß schon, was Sie damit meinen, Herr Pastor. Passieren 30 kann so etwas jedem. Aber wir haben wirklich gedacht, alles Menschenmögliche getan zu haben, um bei uns auf dem Hof solche Unfälle unmöglich zu machen. Man liest ja täglich von solchen Sachen, und wir haben es unsern Kindern und unsern Arbeitern immer wieder gesagt und gesagt, aber — das hat ja nun alles keinen Zweck mehr. (Sie fährt sich mit der Hand ein paarmal über die Augen 35 und die Haare.)

Pastor: Ich überlege mir die ganze Zeit, ob ich Ihnen überhaupt etwas sagen soll. Auch für mich kommt dieser Unglücksfall und alles das, was Sie jetzt bewegt, so überraschend, daß es vielleicht das allerbeste wäre, zusammenzusitzen und gar kein Wort zu reden. Vielleicht würde ich Ihnen da am besten helfen. Aber nun haben 40 Sie ja doch eine Frage an mich gestellt (Herr X. sieht den Pastor überrascht und auch ein wenig abwehrend an): Sie haben gefragt, warum alles das ausgerechnet Ihnen passiert sei.

Herr X.: Na ja, das müssen Sie so verstehen, Herr Pastor, sehen Sie, als ganz junger Mensch war ich noch im Krieg. Da ist man gut nach Hause gekommen. Dann 45 kam die Gefangenschaft in Rußland, wo man auch oft nicht wußte, ob man noch mal heil wiederkommt oder nicht. Na, und dann der Aufbau hier auf dem Hof und das Studium vorher. Alles das ging gut und plötzlich jetzt so ein Schlag.

Pastor: Wenn Sie von mir erwarten, daß ich Ihnen eine Antwort darauf gebe, warum das passiert und warum das gerade Ihnen passiert, da muß ich Sie enttäuschen. 50 Je älter wir werden, desto mehr spüren wir, daß es auf viele Fragen in dieser Welt keine Antwort gibt, solange wir leben. Aber wir können miteinander darüber nachdenken, was ein solch schwerer Schlag für Sie beide und für uns alle bedeuten kann und wie unser Leben nun weitergehen soll. Die Frage, warum Gott dieses und jenes zuläßt, warum es Krieg gibt und warum kleine Mädchen vom Traktor fallen und überfahren werden, und alte Leute, die gerne sterben möchten, nicht sterben dürfen, alle diese Fragen kann man nicht so beantworten, daß man fragt, warum Gott dieses oder jenes getan hat, sondern höchstens damit, daß man sich darüber Gedanken macht, wie ein Leben nach all solchen Schicksalschlägen weitergeht und was man selbst für sich daraus gelernt hat.

Herr X.:   Sie können sich vorstellen, daß wir letzte Nacht kaum geschlafen haben. Wir haben eigentlich die ganze Nacht über nichts anderes geredet als über das. Aber vielleicht ist es uns wohl zu gut gegangen. Es ging ja alles so nach Wunsch hier. Sie wissen das ja selbst, und die Leute beneiden uns ja auch ganz schön. Nun war es wohl mal an der Zeit, daß wir von oben so einen kleinen Dämpfer bekamen. Aber so hätte es ja nicht gleich sein müssen.

Frau X.:   Ja, meine Mutter sagt immer: der liebe Gott läßt die Bäume nicht in den Himmel wachsen. Und die Menschen dürfen eben nicht zu glücklich werden, das tut nie gut. (Anhaltendes Schweigen, dann Frau X. sehr affektbetont:) Manchmal habe ich es geahnt, daß irgend etwas kommen mußte, manchmal habe ich es wirklich geahnt.

Pastor: Sie sagten ja auch vorhin, daß Gott die Bäume wohl nicht in den Himmel wachsen ließe. Hab ich Sie recht verstanden, wenn Sie meinen, daß die Menschen ab und zu einen Dämpfer brauchen, um zur Besinnung zu kommen, und daß Gott eben dann ein Kind sterben läßt oder eine Krankheit schickt oder so etwas Ähnliches?

Herr X.   (etwas verbittert): So muß es ja wohl sein, Herr Pastor. Eine andere Erklärung könnte ich wirklich nicht finden.

Pastor: Wie machen Sie es denn eigentlich bei Ihren Kindern? Warten Sie da auch auf eine Gelegenheit, um mal Dämpfer zu verpassen, wenn Sie meinen, die Kinder sind zu glücklich?

Frau X.:   Na ja, nicht gerade, wenn sie zu glücklich sind, wie Sie es eben sagten, Herr Pastor, aber man muß schon aufpassen, daß sie nicht zu sehr ins Kraut schießen. Das ist ja fürs Leben nicht gut. Im Leben gibt es ja auch immer wieder Rückschläge, Sie sehen es ja bei uns. (Pause. Frau X. fährt fort:) Aber trotzdem haben wir natürlich unsere Kinder sehr lieb und die Inge erst recht.

Pastor: Wenn wir von Gott als von einem Vater reden, dann dürfen wir aber bei aller Beziehung zu uns und unseren Kindern doch nicht meinen, daß er uns genau so behandele wie wir unsere Kinder. Wenn ich das Neue Testament richtig verstehe, dann lese ich dort beinahe auf jeder Seite nur, daß Gott Liebe ist.

Herr X.:   Bis vorgestern hätte ich das auch gesagt, Herr Pastor, aber Sie werden von mir nicht verlangen, daß ich das jetzt noch genau so sagen kann.

Pastor: Im Augenblick können Sie es sicherlich nicht. Ich habe ja auch nicht gesagt, daß ich von Ihnen verlange, Sie sollten das in Ihrer Situation jetzt so anerkennen. Aber ich habe davon gesprochen, daß das Neue Testament den Wesenszug Gottes mit dem Wort Liebe angibt. Damit wollte ich nur sagen, daß der Volksaberglaube, wonach Gott die Bäume nicht in den Himmel wachsen läßt, eben nicht stimmt. Christus jedenfalls hat niemals den Tod eines Menschen als eine Strafe für die Hinterbliebenen aufgefaßt oder als einen Dämpfer, wie wir es vorhin nannten, sondern er hat mit allen Mitteln versucht, gegen den Tod anzugehen.

Frau X.:   Sie glauben also nicht, daß Gott uns für irgend etwas bestrafen will, was wir getan haben?

Pastor: Krankheit und Tod sind in dieser Welt, wenn es nach dem Neuen Testament geht, keine Strafen Gottes, sondern höchstens so etwas wie Signale, die uns darauf aufmerksam machen, daß wir vielleicht an irgendeiner Stelle nicht mehr auf dem richtigen Weg sind. Wenn es Strafe wäre, so wie Sie es verstehen, dann wäre

Gott das Gegenteil von Liebe. Dann wäre er grausam. Aber das wissen wir genau: so ist Gott nicht. (Es entsteht eine längere Pause, danach)

Herr X.: Signale, sagten Sie, Herr Pastor? (Pastor nickt) Dann hätte man also irgend etwas verpaßt, irgend etwas falsch gemacht, womit man auf die falsche Spur gekommen ist, oder vielleicht haben wir unsere Inge eben nicht verdient? Aber — sie 5 hat doch immer alles gehabt, was sie wollte. (Pause) Na ja, gewiß, manchmal ist man auch unbeherrscht und übernervös, und dann setzt's was, aber das kann doch nicht so schlimm sein.

Frau X.: Herr Pastor, man macht sich in diesen Tagen die dümmsten Gedanken. Sehen Sie mal, als ich die Inge erwartete, da wollten wir sie eigentlich noch gar 10 nicht haben. Wir wollten so schnell nach der Heirat noch keine Kinder kriegen. Und nun überlege ich mir immer, ob uns Gott vielleicht deshalb bestraft. Aber wir haben uns ja doch dann gleich gefreut und haben sie auch nie was merken lassen.

Pastor: Darf ich Ihnen nochmals sagen: Gott ist nicht so eine Art von Buchhalter, der 15 unsere Gedanken und unsere Verfehlungen zusammenzählt, dann einen Strich daruntermacht, zusammenaddiert und daraus vielleicht den Entschluß zieht: Inge mußte tödlich verunglücken. Glauben Sie mir bitte, so ist es ganz gewiß nicht. In meinem Neuen Testament steht immer noch: Siehe, ich bin bei euch alle Tage bis an der Welt Ende. Aber ich habe viel Verständnis dafür, daß jetzt plötzlich in 20 Ihnen Erinnerungen auftauchen und Sie sich Gedanken darüber machen, was vielleicht früher einmal gewesen ist.

Herr X. (leise, aber sehr entschieden): Die Vergangenheit sollte man ruhen lassen, meine ich, Herr Pastor. Wir haben doch alle viel zuviel erlebt früher und sollten doch froh sein, wenn nicht die alten Dinge immer wieder aufgerührt werden. Ich 25 möchte jedenfalls von früher nichts mehr wissen. (Er steht auf, geht ein paar Schritte im Zimmer hin und her, steckt die Hände in die Hosentaschen und setzt sich wieder.)

Pastor: Ich befürchte nur, lieber Herr X., daß es damit nicht getan ist, wenn wir von früher nichts mehr wissen wollen. Wir alle tun zwar so, als ob die Dinge, die uns 30 früher einmal begegnet sind, nun vorbei wären, und sind recht froh, wenn sie uns nicht mehr belasten. Aber in Stunden der Sorge und des Zweifelns und des Grübelns und wohl manchmal auch in unseren Träumen, da kommt die Vergangenheit oft wieder hoch. Das sind so die Augenblicke, in denen man jemand braucht, um auch über die Vergangenheit reden zu können. 35

Frau X.: Ich glaube, wenn wir später über die Vergangenheit reden werden, dann immer nur über Inge. (Sie beginnt leise zu weinen, der Mann legt ihr seine Hand auf ihr Knie; alle schweigen.) Ich bin bloß so dankbar, daß wir uns keine Vorwürfe zu machen brauchen, was die Inge anbetrifft. Mein Mann sagte ja schon vorhin, sie hat wirklich alles gehabt, was sie wollte. Ein eigenes Zimmer, Herr 40 Pastor, und ein eigenes Radio, und in den Ferien haben wir sie zu Freunden an die See geschickt, denn, wissen Sie, wir können ja wirklich keinen Urlaub machen. Es reicht höchstens mal für den Winter, wo ich mit meinem Mann ein paar Tage allein wegfahre, aber die brauchen wir dann auch wirklich nötig. Aber dafür arbeiten wir ja, daß den Kindern nichts abgeht. 45

Herr X.: Nur mehr Zeit müßte man eben haben, auch für die Kinder. Aber wie soll man es denn machen. Arbeitskräfte kriegt man keine. Wir machen schon alles mit einem Arbeiter, und wenn wir die vielen Maschinen nicht hätten, dann ginge es überhaupt nicht mehr. So müssen wir beide eben immer ran. Da kommt es eben dann doch vor, daß man nicht weiß, was die Kinder gerade tun. Man kann sie ja 50 auch nicht immer unter Aufsicht halten. (Pause)

Frau X.: Ach, Herr Pastor, ich habe mir schon lange Zeit überlegt, ob ich es Ihnen nicht doch sagen sollte, was uns die ganze Nacht so bewegt hat. (Sie sieht fragend

ihren Mann an, der nickt zweimal schweigend, Frau X. fährt fort:) Sehen sie,
gestern früh, als das passierte, da fuhr ich mit meinem Mann in die Stadt. Die
Inge wollte mitkommen, weil ja jetzt Ferien sind, aber wir wollten doch auch
einmal allein sein. Wissen Sie, manchmal muß man ja doch auch zusammensein
5   ohne die Kinder. Und da haben wir (sie fängt laut an zu weinen) die Inge eben
zu Hause gelassen, und dann ist sie auf den Traktor gestiegen. (Das Weinen verhindert das Weitersprechen. — Die Frau faßt sich wieder. In die Stille hinein
sagt der Pastor sehr langsam:)
Pastor: Der Herr ist nahe bei denen, die zerbrochenen Herzens sind, und hilft denen,
10   die ein zerschlagenes Gemüt haben. (Es folgt wieder eine Pause.)
Herr X.:   Ich weiß ja nicht, Herr Pastor, was sie von der Inge alles wissen. Aber ich
würde Ihnen gern doch noch einiges sagen.
Pastor: Bitte tun Sie das doch, Herr X. Sie werden zwar verstehen, daß ich nun nicht
alles wiederhole, was Sie mir sagen, aber man muß doch den Menschen, den man
15   mit zu Grabe trägt, auch ein wenig gekannt haben.
Herr X.:   Sie war wirklich die Güte und Hilfsbereitschaft selber, schon mit ihren zwölf
Jahren muß man das sagen. Wir haben ja Oma mit auf dem Hof, und das ist
auch nicht immer so einfach, das werden Sie verstehen, Herr Pastor. Aber wenn
dann mal irgendwas war zwischen meiner Schwiegermutter und mir, dann hat
20   Inge das in so einer feinen Weise zurechtgebogen, wie man das einem Kind
eigentlich gar nicht zutrauen sollte. Und in der Schule war sie so gut, und um die
Geschwister hat sie sich gekümmert; wenn wir mal weg waren oder wenn man
den ganzen Tag auf dem Feld war und wir kamen nach Hause, es war immer
alles fertig. Ich habe oft gesagt, sie sei eine richtige kleine Hausfrau.
25 Frau X.:   Wir hätten in den letzten Jahren den Betrieb oft gar nicht so laufen lassen
können, wenn sie nicht dagewesen wäre. Schon mit 10 Jahren hat sie den Haushalt
so versorgt, wie ich ihrs gesagt habe, und man mußte sich da um gar nichts
kümmern. Ich hab bloß oft Angst gehabt, daß sie zuviel zu Hause tut und die
Schule dann zu kurz kommt, und schließlich ist sie ja auch noch ein Kind ge-
30   wesen, und spielen wollte sie auch mal. Aber das ist oft zu kurz gekommen. Da
mache ich mir jetzt auch Vorwürfe.
Herr X. (zu seiner Frau gewendet): Nun mach dir man nicht zuviel Vorwürfe.
Schließlich sind wir ja auch bloß Menschen, und wir haben schon getan, was wir
konnten. (Pause) Aber wie es jetzt so weitergehen soll auf dem Hof und vor
35   allem zu Hause, wenn Inge nicht mehr da ist, das kann ich mir noch gar nicht
vorstellen.
Frau X.:   Dann wird eben Mutter wieder mehr ran müssen. Das wird sie sicherlich
auch gerne tun. Denn Inge hatte ihr doch viel von den Arbeiten abgenommen,
die sie früher selbst getan hat.
40   (Pause.)
Herr X.:   Und wie ist das nun mit der Beerdigungsfeier, Herr Pastor? Darüber haben
wir ja noch gar nicht gesprochen.
Pastor: Das Beerdigungsinstitut sagte mir, es soll übermorgen um 12 Uhr auf dem
Friedhof in Y-Stadt sein. Das stimmt doch?
45 Herr X.:   Ja, so haben wir das ausgemacht. Meine Frau und ich kommen dann direkt
hin. Sollen wir Sie mitnehmen?
Pastor: Nein, danke schön, ich komme mit meinem Wagen selbst hin. Ich glaube, Sie
sollten auf dem Weg für sich allein sein.
Frau X.:   Herr Pastor, ich hätte noch eine Bitte wegen Ihrer Ansprache. (Pastor sieht
50   sie fragend an.) Heute früh, so gleich nach dem Aufstehen, da habe ich noch mal
nachgesehen, was wir beide für einen Trauspruch haben, und da hab ich im
Psalm 23 den Vers gefunden, wo es heißt „und ob ich schon wanderte im finsteren
Tal . . .“ Könnten Sie das nicht auch für Ihre Ansprache nehmen?

Pastor: Das will ich sehr gern tun, Frau X. Es ist viel besser, Sie suchen das Wort für diese Stunde aus, als wenn ich das tue. Und wie ist es mit dem Singen?

Herr X.: Am liebsten gar nichts. Aber ich weiß, das muß so sein, und aus dem Dorf würden sie es auch nicht verstehen, wenn wir keinen Choral singen würden.

Frau X.: Begräbnislieder kenne ich aber gar nicht. Was würden Sie denn meinen, Herr 5 Pastor?

Pastor (holt sein Gesangbuch und liest alle Verse von „Befiehl du deine Wege" vor, danach eine Pause und allgemeines Schweigen).

Herr X.: Das wäre eigentlich für eine Predigt schon genug. Sie sollten das vorlesen und gar nichts weiter sagen. 10

Pastor: Ich bin durchaus dazu bereit, wenn Sie beiden das so wünschen.

Herr X. (sehr schnell): Ach nein, Herr Pastor, Sie wissen ja, es geht doch nicht wegen dem Dorf. Eine richtige Predigt muß schon sein.

Frau X.: Sollen wir eigentlich die Kinder mitnehmen?

Pastor: Das kann ich Ihnen schlecht sagen, weil ich Ihre Kinder nicht so genau kenne. 15 Aber ich meine schon, daß Sie die beiden Großen mitnehmen sollten, denn sie haben ja auch alles miterlebt in den letzten 48 Stunden.

Frau X. (sehr leise): Ach ja, Herr Pastor. Sie haben ja doch mehr Erfahrung als wir. Soll ich mir unsere Inge (sie stockt) nochmal ansehen?

Pastor: Auch das ist natürlich Ihre Entscheidung. Aber wenn ich mir so vorstelle, wie 20 der Unglücksfall passiert ist, könnte ich Ihnen dazu nicht raten. Behalten Sie sie lieber im Gedächtnis wie Sie sie haben — und (Pastor schweigt einen Augenblick und sieht Frau X. dann an) Gott bringt auch das Zerschundene und das Zermalmte wieder in Ordnung. Verlassen Sie sich darauf.

Frau X. (beginnt wieder zu weinen) 25

Herr X.: Das wärs dann wohl, Herr Pastor. (Er erhebt sich und streckt dem Pastor die die Hand entgegen.) Und haben Sie vielen Dank für alles. Das war gut, daß wir uns hier mal so haben aussprechen dürfen. (Pause) Das Schwerste, das kommt ja wohl erst noch. (Pastor begleitet beide bis zur Tür, gibt beiden die Hand und läßt einen Gruß an die Mutter der Frau X. bestellen.) 30

Gesprächsanalyse

Die tragische Situation läßt die psychische Struktur der Leidtragenden und ihre breite Skala ambivalenter Gefühlsreaktionen gut erkennen. Hier stehen zwei Menschen mit sichtbaren Lebenserfolgen vor der Tatsache, daß sich von einer Minute zur anderen sowohl ihre Einstellung zum Leben als auch ihre Einstellung zur Umwelt und die Wertschätzung, die sie von dieser genießen, verändern kann. Schuldgefühle, Perfektionismus, Anankasmus und sichtbare Zeichen von Verdrängung sind Symptome der Abwehrmechanismen. Theologisch haben wir so etwas wie eine Populartheologie vor uns, die über infantile Kindheitsanschauungen über Gott und sein Walten kaum hinausgekommen ist. Dabei wird der Gegensatz zwischen einem erfolgreichen, akademisch gebildeten und fachlich besonders gut zugerüsteten Menschen und seiner Regression in Fragen theologischen Denkens gleichsam als Kennzeichen für einen großen Teil der Menschen unserer Zeit sichtbar.

Der Gesprächsbeginn steht unter dem Eindruck eines noch nicht abge-
klungenen psychischen Schocks. Dennoch erweist sich die Verhaftung in
gesellschaftliche Formen und der sich dahinter verbergende Perfektionismus daran, daß die Mutter des Kindes mit einer Entschuldigung beginnt,
die sicherlich vom Pastor nicht erwartet worden ist. Für ihn war vielmehr
die Frage, ob er nicht seelsorgerlich und psychologisch falsch gehandelt
habe, als er, sich seinen Emotionen hingebend, kurze Zeit nach dem
Unglücksfall in das Haus der Eltern gehen wollte. So entsteht eine schwierige Eingangssituation zweier sich gegenseitig aufhebender Entschuldigungen und so etwas wie ein gegenseitiges Schuldgefühl der Gesprächspartner
voreinander. Daher wird die Bemerkung von Frau X. (S. 213, Z. 17) verständlich, wenn sie den wohl nicht ernstgemeinten Vorschlag macht, das
Gespräch an diesem Punkt zu beenden. Jeder weiß, was geschehen ist, und
die verunglückte Tochter ist dem Pastor bekannt gewesen. Diese Situation
wirkt sich insofern positiv aus, als Herr X. (S. 213, Z. 27) mit einem Problem herauskommt, das ihm vordringlich erscheint und von dem wir später erfahren, daß es Gegenstand langer Gespräche zwischen seiner Frau
und ihm gewesen ist. „Aber daß es gerade so sein mußte und daß es ausgerechnet bei uns passieren mußte", gibt die psychische Situation des
Elternpaares wieder. Nüchterne Logik wird eine solche Frage schwerlich
verstehen können. Es sollte doch kein Grund zur Verwunderung oder gar
zur Verzweiflung sein, daß auch das Kind von Herrn und Frau X. tödlich
verunglücken kann, und es sollte doch „vernünftigerweise" von einem
Akademiker verstanden werden, daß Schutzmaßnahmen aller Art das
Unglück niemals völlig ausschließen können. Hier zeigt sich aber, daß
logische Erwägungen die Hintergründe psychischer Reaktionen nicht zu
deuten vermögen. Das Leben von Herrn X. ist gekennzeichnet von der
Angst vor Rückschlägen und vor Mißerfolgen. Der Krieg und die Gefangenschaft, die er als junger Mann erleben mußte, stehen deutlich in seiner
Erinnerung (S. 213, Z. 45 ff.), das vermutlich unter schweren finanziellen
Bedingungen absolvierte Studium, der Aufbau des Hofes und die Bewältigung der Arbeit bei angespannter Arbeitslage: das alles bringt die span-
nungsgeladene Ambivalenz zwischen Hoffnung, Selbstvertrauen und
einem anankastischen Syndrom, es könne alles wie ein Kartenhaus zusam-
menstürzen. So hat er sich abgesichert: „Soviel Schutzvorrichtungen an
den Maschinen, wie wir hier haben, hat keiner." Er hat Verbote ausgesprochen, und er hat alles getan, um die Durchbrechung der von ihm
aufgebauten Gesetzmäßigkeit unmöglich zu machen. Jetzt steht er vor der
Tatsache, daß die gedankliche Basis seines Lebens zerbrochen ist und das

eingetreten ist, wovor er sich ständig gefürchtet hat. „Und nun ausgerechnet mir und ausgerechnet unsere Inge."

Die Reaktion des Pastors auf diese so wesentliche Selbstdarstellung ist seelsorgerlich und psychologisch recht geschickt. Er spiegelt die Antwort wider, ohne selbst Stellung zu nehmen. Es wäre verlockend, Herrn X. in die Parade zu fahren und ihm theologisch klarzumachen, wie abwegig seine bisherige Lebensstruktur gewesen ist. Damit aber wäre das Gespräch als beratende Seelsorge und als heilender Faktor unmöglich geworden. Frau X. scheint das zu verstehen. Ihre Situation ist anders. Auch sie ist beherrscht von jener tiefgegründeten Angst, daß Erfolg den Rückschlag automatisch zur Folge haben müsse. Dieses Denken trägt sie als Kindheitserleben mit sich (S. 214, Z. 14). Man kann hier schon von Masochismus reden, wenn sie erklärt: „Die Menschen dürfen eben nicht zu glücklich werden", und bezeichnenderweise affektbetont darauf hinweist, daß ja alles so habe kommen müssen. Was aber bei Herrn X. Anankasmus ist, das ist bei Frau X. Verdrängung und Schuldgefühl. Inge ist ein unerwartetes Kind gewesen (S. 215, Z. 10 ff.). Die Beziehungen zwischen der Mutter und einem nicht erwarteten oder vielleicht sogar ungewollten Kind sind häufig kompliziert. Ob es wirklich den Tatsachen entspricht, daß sich beide Eheleute nach Feststellung der Schwangerschaft der Frau X. „gleich gefreut" haben und daß sie wirklich sich „nie was merken lassen", bleibt dahingestellt. Vermutlich wird Frau X. niemals Andeutungen ähnlicher Art zu ihrer verunglückten Tochter gemacht haben, aber die unbewußte psychische Spannung, die das Kind möglicherweise intuitiv spürte, könnte sichtbar geworden sein. Darauf weisen auch die prononciert vorgetragenen Entschuldigungen auf S. 215, Z. 40 ff. hin. Hier nun wird die ganze innere Tragik von Frau X. deutlich. Auf S. 215, Z. 38 heißt es noch „ich bin bloß so dankbar, daß wir uns keine Vorwürfe zu machen brauchen", aber S. 216, Z. 1 zeigt die schwere psychische Belastung der Realität. Inge blieb allein zu Hause, sie wurde allein gelassen. Die Frau kann gar nicht anders, als diese durchaus verständliche und vernünftige Handlungsweise, mit ihrem Mann allein in die Stadt zu fahren, nun mit dem tödlichen Unfall in Verbindung zu bringen. Deutlich aber steht im Hintergrund das unbewußte Schuldgefühl Inge gegenüber, das verdrängt nun in der Maßnahme zum Durchbruch kommt, ohne Inge allein mit dem Mann in die Stadt gefahren zu sein. Hier wird man nicht von Schuld oder von Sünde reden können, sondern hier ist Schuldgefühl aufzuzeigen, und Schuldgefühle sollten weder beschwichtigt noch wegdiskutiert noch logisch erklärt werden. Daher ist die seelsorgerliche Reaktion des Pastors, der in die Situation der verzweifelten Frau hinein das Bibelwort aus Ps. 34, 19 sagt, gut. Beschwichtigungsversuche oder rationale Erklärungen wären an dieser Stelle sinnlos gewesen. Aus der Seelsorge an Psychotikern, insonderheit bei Schizophrenen, kann angemerkt werden, daß in Zuständen tiefer Angst und fast völliger Unansprechbarkeit ein mehrfach wiederholtes Trostwort, in dem die begleitende Nähe Gottes zum Ausdruck kommt, aufgenommen wird und hilft. Es muß beim Psychotiker dieses Wort mehrfach möglichst tonlos und ohne affektbetonte Emotion gesprochen und wiederholt werden.

Zum Gang des Gespräches ist methodisch folgendes anzumerken: Nachdem wir die psychische Situation der beiden Elternteile uns eben klargemacht haben, werden wir die Reaktionen der drei Gesprächspartner nun zu untersuchen haben. Hat der Pastor seine seelsorgerliche Aufgabe wirklich angepackt? Hat er das getan, was man im allgemeinen Verkündigung der tröstenden Botschaft nennt? Im herkömmlichen Sinne wird man dies bei diesem Gespräch verneinen müssen. Wir meinen aber, daß gerade darin die seelsorgerliche Stärke und die fachlich orientierte Methodik dieses Gespräches liegt. Jede vorzeitige Erklärung dessen, was geschehen ist, jede sophistische Ermahnung oder gar jeder Versuch, das Handeln Gottes in diesem Augenblick akzeptabel zu machen, wäre deshalb unangebracht gewesen, weil beide Elternteile noch gar nicht in der Lage waren, ein deutendes Wort aufzunehmen. Daher die außerordentlich vorsichtigen Formulierungen auf S. 214, Z. 1 ff. und Z. 50 ff. Es wird nur zart angedeutet, daß Menschen durch Schicksalsschläge hindurchgehen, und es wird nicht nach dem Warum gefragt, sondern versucht, eine vorsichtige Wegweisung zu bieten für das Leben, das vor diesen beiden Eltern nun liegt. Es ist eben zum erstenmal alles „nicht so nach Wunsch" (S. 214, Z. 10) gegangen. Die Symptomatik der Abwehrmechanismen geht parallel mit masochistischen Grundtendenzen bei der Frau. Es wird also über den Weg in die Zukunft miteinander zu reden sein.

Bei alledem bleibt der Pastor theologisch nicht indifferent. Das unbiblische Götzenbild eines nachrechnenden Gottes (der Pastor verwendet dafür das Wort „Buchhalter") wird zerschlagen. Dabei zeigt sich, daß der Vater sein eigenes väterlich-autoritäres Verhalten auf sein Gottesbild projiziert (S. 214, Z. 24 ff.). Auch die Mutter hat eine ähnliche Gottesvorstellung (S. 214, Z. 30 ff.). Der Pastor korrigiert das mit dem Hinweis auf das neutestamentliche Gottesbild Jesu Christi (S. 214, Z. 40 ff.) und erreicht damit, daß zumindest Frau X. in ihrer bisherigen infantilen Gottesauffassung eines in den Himmel projizierten Über-Ichs schwankend wird. Sie zeigt das durch die Frage (S. 214, Z. 48), die vom Pastor beantwortet wird. Dabei wird der Begriff „Signale" verwendet, den Herr X. nach der

Gesprächspause aufgreift. Für ihn haben solche Signale offensichtlich mit Dingen aus der Vergangenheit zu tun, die er verdrängt hat. Obwohl sein Leben bisher durchaus erfolgreich war und er auch nicht vergessen hat, auf diese Erfolge hinzuweisen, sind doch Belastungen aus der Vergangenheit, psychische Narben unbekannter Art vorhanden (S. 215, Z. 23 ff.). Bei einer so geprägten Person, die sich dazu emotional gut in der Gewalt hat, ist das affektbetonte Aufstehen und das Hin- und Herlaufen im Zimmer Zeichen einer starken seelischen Erregung. Ob es richtig und sinnvoll ist, daß der Pastor diese Erregung mit einer psychologischen Deutung aufnimmt (S. 215, Z. 29 ff.), kann bezweifelt werden. Er kommt auch bei Herrn X. damit nicht an, und für Frau X. ist die Vergangenheit nicht mit Schwierigkeiten aus dem Leben ihres Ehemannes, sondern nur mit der Erinnerung an die Tochter Inge verbunden. Diese Vergangenheit ist aber vermutlich bei Herrn X. mit Schuldvorstellungen verknüpft, die er mit einer materiellen Hinwendung zu der Tochter Inge zu kompensieren versucht hat. Arbeitseinsatz auf dem eigenen Hof, Erfolgsehrgeiz und die Verhaftung an unsere Leistungsgesellschaft haben nicht nur bei Herrn X. die Kinder zu kurz kommen lassen.

Der eigentlichen Durchführung des Gottesdienstes anläßlich der Beerdigung wird nur sehr wenig Raum innerhalb dieses Gespräches gegeben. Dabei wird die Verhaftung an die Dorfsitte und das Bemühen, sich gruppenbezogen zu verhalten, erneut sichtbar (S. 217, Z. 3 ff.). Frau X. betrachtet den Pastor nun als einen seelsorgerlichen Ratgeber. In dieser Situation nimmt der Pastor diese Rolle in zwei aktuellen Fällen vorsichtig an, nicht ohne jeweils auf die eigene Entscheidung der Fragestellerin hinzuweisen. Er erkennt aber wohl, daß im derzeitigen psychischen Zustand Frau X. gerade hier eine Entscheidung allein nicht fällen kann und die Entscheidung den Ehemann zu stark belasten würde. Dieses Gespräch ist wiederum ein Muster dafür, daß in einer Begegnung nicht alles gesagt werden kann und darf. Die psychische Situation, die Tragik des Geschehenen, die Solidarität der Ratlosigkeit zwischen den Leidtragenden und dem Pastor verbietet es in diesem Augenblick, theologische Formeln zu servieren. Das unkommentierte Bibelwort, die Verlesung eines Chorals und der kurze Hinweis auf den im Neuen Testament sichtbar werdenden Begriff der Liebe Gottes sind ausreichend. Nachgehende, begleitende Seelsorge wird hier weitere Möglichkeiten der Erkenntnis und der glaubensmäßigen Reifung schaffen können.

Aufgabe solchen nachgehenden Gespräches würde auch eine Begegnung mit der auf dem Hof lebenden Mutter der Frau X. sein. Sie wird eine neue Rolle zu akzeptieren haben, und sie wird vermutlich nicht frei von offenen oder versteckten Vorwürfen gegen die Eltern ihres Enkelkindes sein. Der an die Mutter von Frau X. mitgegebene Gruß beim Abschied der Eheleute kann als Einstieg für ein solches Gespräch verstanden werden. Die Predigt am Sarg, die nicht bekannt ist, wird diese vorsichtige Linie des Gespräches weiterführen müssen. Sie wird eschatologischen Charakter im Sinne von Jürgen Moltmanns „Theologie der Hoffnung" tragen müssen. „Der Tod ist wirklicher Tod, und die Verwesung ist stinkende Verwesung. Schuld bleibt Schuld, und das Leiden bleibt auch für den Glauben ein Aufschrei ohne fertige Antwort. Der Glaube überschreitet diese Realitäten nicht ins Himmlische und Utopische, er träumt sich nicht in eine andere Wirklichkeit. Er kann die in Leid, Schuld und Tod vermauerten Grenzen des Lebens nur dort überschreiten, wo sie real durchbrochen sind. Nur in der Nachfolge des vom Leiden, vom Sterben in der Gottverlassenheit und vom Grabe auferweckten Christus gewinnt er Aussicht ins Weite, wo keine Bedrängnis mehr ist, in die Freiheit und in die Freude ... Glauben heißt, die Grenzen in vorgreifender Hoffnung überschreiten, die durch die Auferweckung des Gekreuzigten durchbrochen sind. In dieser Hoffnung schwebt die Seele nicht aus dem Jammertal in einen imaginären Himmel der Seligen und löst sich auch nicht von der Erde. Sie erkennt in ihm die Zukunft eben der Menschheit, für die er starb." (Theologie der Hoffnung, Christoph Kaiser Verlag, München 1965, S. 15 ff.)

c) Der Gottesdienst anläßlich einer Beerdigung in poimenischer Sicht

Die Problematik, Kasualhandlungen vom Standpunkt der seelsorgerlichen Beratung her zu verstehen und zu gestalten, erfährt ihre Zuspitzung im Dienst des Pastors am Sarg. Bei keiner anderen kirchlichen Handlung ist es so nötig wie gerade hier, unmißverständlich klarzulegen, daß man eben als Pastor und als nichts anderes an diesen Sarg getreten ist, und zugleich ist die Skala menschlicher Emotionen in ihrer ganzen Breite und Ambivalenz, in ihrer Bewußtheit und Unbewußtheit bei Pastor, Leidtragenden und übrigen Anwesenden hier am breitesten. Die Lösungen, die angeboten worden sind, sind bekannt: sie fordern zumeist eine scharfe Trennung zwischen dem, was von der Person des Verstorbenen her zu sagen ist, und dem, was Aufgabe der Predigt ist. Formal gesehen wird das häufig so gelöst, daß ein Lebenslauf von einer anderen Person vor oder nach der Predigt verlesen wird, während dem Pastor überlassen bleibt, „das Eigentliche" zu tun. Man kann auch so tun, als ob der Mensch als Wurf Gottes überhaupt nicht gelebt habe, als ob die Verkündigung am

Sarg sich in nichts zu unterscheiden hätte von dem, was bei einer Trauung oder bei einer Taufe geschieht. „In Gottes Auftrag Gottes Worte sagen, das ist der Kirche Amt, das ist dann kirchliches Handeln. Ob das nun bei der Taufe oder bei der Trauung oder am Sarg geschieht, macht keinen Unterschied, wenn nur das Wort des Herrn, das Wort vom Herrn weitergetragen wird." (Kolle 1938, S. 8.) So ist keineswegs immer gedacht worden. Der Tenor um die Jahrhundertwende ist anders: „Kasualreden dürfen nicht nur Kasualreden sein. Sie dürfen den Einzelfall nicht rein für sich behandeln. In *seinem* Geschick erlebt der Mensch seines Gottes Weltwirkung und ungeteiltes Wesen. Darum muß die Kasualrede dieses Einzelschicksal hineinstellen in den großen Zusammenhang des Heilwerkes göttlicher Gnade und Weisheit, das sich vor unseren Glaubensaugen ausbreitet." (Schowalter, o. J., S. 3.) Wer die Leichenreden von Wilhelm Löhe zur Hand nimmt, findet durchweg kasualbezogene Überschriften, etwa „Bei der Leiche einer bejahrten, braven Dienstmagd", oder „Bei der Leiche einer auf dem Wege gestorbenen Frau" (Löhe 1903, S. 22). Dabei findet sich dann eine Aktualisierung des Kasus, der kurz und nicht immer in taktvoller Weise der Gemeinde vorgestellt wird, auf das Leben und den christlichen Wandel der Zuhörer. Bei der Beerdigung einer nervenkranken Frau, die tot aufgefunden wurde, liest der Prediger Lukas 13, 1—9 und predigt über diesen Text unter dem Thema: „Zwei Unglücksfälle, von denen wir nichts näheres wissen." Diese exegetische Freiheit verwundert uns vor allem dann, wenn wir weiter hören, wie solches Tun aktualisiert wird. Unglücksfälle, so meint Löhe, sind dazu da, daß die „herzliche Bereuung eigener Sünden" dazu führe, die noch gegönnte Gnadenfrist zur Besserung des eigenen Lebens zu verwenden. Er fragt schließlich „wie soll man fremdes Unglück anwenden?" und antwortet: „1. nicht zum Gericht über die, welche es traf, sondern 2. zur Erwägung der eigenen Zukunft, 3. zur Erwägung der eigenen Vergangenheit und 4. zum rechten Gebrauch der Gegenwart." Gehen wir weiter zurück, darf nicht übersehen werden, daß es vor etwa 200 Jahren überall in Deutschland Sitte war, auch bei bewußten Christen eine sogenannte stille Beerdigung vorzunehmen, bei der ohne Pastor, ohne Kirche und ohne Predigt die Grablegung erfolgte. (Graff ²1937.) Wenn dies auch allgemein als ein Verfall aus der theologischen Situation heraus gedeutet werden kann, darf doch nicht übersehen werden, zu welcher Kunst und welchem Ansehen die Grabrede gleichsam als Höhepunkt pastoralen Handelns in den vorherliegenden Jahrhunderten gekommen war. Valentin Löscher (1673—1749), Prediger der lutherischen Orthodoxie und damit der bedeutendste Gegner des heraufkommenden Pietismus, konnte noch über die Beerdigungen schreiben:

„Gott sei Dank, wir haben rechte christliche Funeralien ohne Aberglauben und werden dabei mit Gottes Wort und herzandringenden Sterbeliedern erquickt" (Blanckmeister 1920, S. 81).

Diese kurze Darstellung des bunten Bildes der Geschichte der Beerdigungspredigt führt uns zu der Frage nach der geistigen und geistlichen Situation, die wir heute anläßlich der Kasualhandlung am Sarg vorfinden. An dieser Stelle setzt die Bitterkeit, ja die Verzweiflung unserer Tage ein, die den Pastor gerade angesichts seines Tuns am Sarg erfaßt. „Die Beerdigung als kirchliche Handlung? Ja, ist sie denn das überhaupt noch? Sind denn die vielen in dieser Trauerversammlung anwesend, weil ein Glied ihrer Gemeinde gestorben ist, weil man sich innerhalb der Gemeinde noch als ein Leib fühlt, dem nunmehr ein Glied entrissen ist? Das, nur das wäre doch Beerdigung als kirchliche Handlung ... Sind sie da, die vielen, um damit ein Bekenntnis abzulegen: ‚Wir als die von einem Stamme stehen auch für einen Mann‘, wir bezeugen es durch Gebet, durch Gesang, durch Hören, durch Reden, wir sind anders ‚wie die andern, die keine Hoffnung haben‘, wir hoffen, wir sind getröstet ‚unsere Heimat ist im Himmel‘?... Sind sie da, die vielen, die der Pastor nur hier und bei solchen Anlässen sieht, weil sie wissen, nun kann nur eines aushelfen, nämlich das Wort, das die Kirche, und nur sie, weitertragen darf und weitergeben muß und die nun die Hände ausstrecken nach diesem Halt, nach diesem Trost: ‚Unsere Hilfe kommt von dem Herrn, der Himmel und Erde gemacht hat?‘" (Kolle 1938, S. 7.) Diese so verzweifelt gestellte rhetorische Frage — wer unter uns hätte sie sich nicht auch schon ähnlich gestellt — verzerrt aber die Situation dennoch. Sie geht aus von der falschen Trennung zwischen Kirche und Welt, von Bekehrten und Unbekehrten und vergißt oder verdrängt die notwendige seelsorgerliche Aufgabe einer solchen Stunde. Zwar wird man nicht euphorisch meinen, daß die Grabrede „das Heilswort von Christo in den durch Trübsal und Tod gelockerten Herzensboden zu senken vermag" (Achelis ²1898 I, S. 722), aber man wird mit Friedrich Niebergall sagen können „meist bringt die Familie oder die Gemeinde, welche den Gegenstand der Handlung bildet, schon eine empfängliche und erregte Stimmung mit, denn es handelt sich ja doch immerhin um einen Höhepunkt des Lebens ... Hier ist eine Möglichkeit zu seelsorgerlichem Wirken gegeben wie selten sonst." (Niebergall ³1917 I, S. 111. Ähnlich Trillhaas ⁵1964, S. 163 ff.) Seelsorgerliche Möglichkeit also, dies aber nicht gleichbedeutend mit missionarischer Möglichkeit. Seelsorgerliche Möglichkeit aber an all denen, die durch die Realität ihres Sterbenmüssens bewegt sind und als Fragende Antwort erwarten. Ein solcher Ansatzpunkt ist freilich nur dann gegeben, wenn man bestimmte kirchliche Scheuklappen ablegt und nicht mehr meint, man habe in der Kasualhandlung nichts anderes als die Gemeinde vor sich, um die herum sich dann vielleicht mehr oder weniger zufällig ein paar Zuhörer scharen. „Die Praxis der Amtshandlungen gründet sich auf der Existenz der Gemeinde. Das natürliche und das kreatürliche und das geistliche Leben wird in sozialer Einheit mit der kirchlichen Gemeinde gelebt. Die Kasualpraxis setzt also die Teilhabe und Teilnahme an der Gemeinde Christi voraus. Die Kasualpraxis meint ihrer Anlage nach gerade nicht eine Nahtstelle Kirche—Welt, sie beinhaltet nicht Begegnung von Unkirchlichen mit der Kirche." (Bohren 1960, S. 12.) Es ist erstaunlich, wie hier die reale Situation verkannt und mißdeutet wird. Allerdings warnen wir auch vor dem missionarischen Optimismus Niebergalls: „Welche Gelegenheit, unaufdringlich Evangelium an den Mann zu bringen, wenigstens einmal zu sagen, was Evangelium ist und welchen Wert es für das Leben hat!" (Niebergall [3]1917 I, S. 23 ff.) Es geht uns nicht um eine apologetische Antwort, die Trillhaas mit Recht verwirft (Trillhaas 1964, S. 174), sondern es geht uns um die Antwort auf die Frage aus der Angst und der Not heraus. Es geht uns darum, daß wir erkennen, welche Erwartungshaltung uns hier entgegenschlägt. Heinrich Vogel hat diese Situation treffend gekennzeichnet: „In der Situation aber, in den Kreis der um den Sarg herum Schweigenden, tritt alsbald eine schwarze, vermummte Gestalt, in absonderlicher Tracht. Das Schweigen ringsum ballt sich zu einer Erwartung und Frage zusammen: was hast du uns in dieser Situation zu sagen? Die Menschen um den Sarg sind es offenbar schon von früher her gewöhnt. Sie erwarten es gar nicht anders, als daß da ein fremder Mann — kennt er sie oder kennt er sie nicht? — eine Rede hält, eine kurze oder auch eine zu lange Rede, eine schöne Rede von dem Toten, eine schöne Rede auch vom Tode. Der Fremde in der absonderlichen Tracht ist die Situation und die Rede offenbar auch längst gewöhnt. Er erwartet alles anderes, als daß eine Stimme aus der Versammlung um den Sarg plötzlich sich das Reden verbäte und zugunsten der Totenstille protestiere. Der Tod sozusagen steht dann abseits und wundert sich." (Vogel 1962, S. 127.) Die Schwierigkeit für den Pastor wird noch dadurch vergrößert, daß die Motivationen der Anwesenden so verschieden sind, daß auch von hier aus die bisher gegebenen Begründungen für das Handeln am Sarg nicht mehr ausreichen. „Der rituelle Anteil an der Veranstaltung ist so groß, die Anwesenden kommen aus so verschiedenen Motiven, daß man den christlichen Gottesdienst wesentlich anders definieren muß, wenn man auch diese Veranstaltung (gemeint ist das Begräbnis) darunter begreifen will." (Neidhard 1968, S. 234.) Damit klingt an, was wir meinen, wenn wir den Gottesdienst am Sarg aus poimenischer Sicht sehen wollen. „Die Verkündigung am Sarg ist eine Predigt, die je auf den Hörer an diesem Sarge bezogen ist, sie ist eine durch die Situation am Sarg konkretisierte Predigt. Sie ist Antwort auf die Frage *dieses* Hörers an *diesem* Sarge. Die Botschaft am Sarg ist bezogen auf die vom Tode gezeichnete Situation. Wiederum ist sie bezogen auf den von der Zugehörigkeit zu diesem Sarg, zu diesem Toten gezeichneten Hörer ... Die Verkündigung am Sarg gilt wohl auch der Gemeinde, aber der je um *diesen* Sarg versammelten Gemeinde, insonderheit den Gliedern der Gemeinde, die *diesem* Toten zugehörig sind. So ist sie eine Verkündigung über viele und ein Gespräch mit einem." (Vogel 1962, S. 134 ff.)

An diese Definition schließen wir uns an. Sie enthält den seelsorgerlichen Akzent, der hier gesetzt werden soll. Dabei ist von den Erwartungsschemata der Hörer schon geredet worden. Es wird im Nachfolgenden mitzuschwingen haben, was wir von den tiefenpsychologischen Ambivalenzen zwischen Schuldgefühl, Schuld, Liebe und Angst an anderer Stelle ausführten. Das Wissen um die psychische Situation bewahrt uns gerade davor, allzu intensiv psychologische Einfühlungsversuche in der Predigt deutlich werden zu lassen. Die emotionale Bewegtheit der zuhörenden Gemeinde ist nicht dadurch aufzufangen und nicht dadurch seelsorgerlich zu beantworten, daß nun etwa auch der Prediger versucht, alles zu geben, was an Miterleben in ihm mitschwingt. Zu leicht nur werden dadurch seine eigenen Emotionen, seine ihm selbst unbewußten Verdrängungen so deutlich, daß es ihm nicht mehr möglich wird, in seelsorgerlich-beratender Weise zu helfen und das österliche Wort zu verkündigen. Auch hier gilt das, was wir in der Methodik der Gesprächsführung über Zuneigung und Distanz herausgearbeitet haben, auch hier gilt in gewissem Maße die Freudsche Regel der schwebenden Neutralität (Krusche 1962, S. 683). Denn der Inhalt dessen, was wir zu sagen haben, ist unverrückbar: die christliche Begräbnispredigt kann nur eine österliche Verkündigung sein. Sie allein ist die Antwort auf die an allen Särgen gestellte Frage, ob denn nicht doch „alles aus" sei, ob es denn angesichts des Todes Sinn habe zu leben und ob denn diese 60 oder 70 Lebensjahre mit allem Auf und Ab, oder ob dieses heranrasende Auto, jene Ampulle mit den Schlaftabletten wirklich das Letzte sei, was über den Sinn unseres Menschseins auszusagen ist. Die wirklich ungeheure homiletische Schwierigkeit liegt aber bei unverrückbarer Anerkennung dieses theologischen Befundes in dem Wie der Verkündigung.

Die Realisierung dessen, was im vorbereitenden Gespräch anläßlich der Anmeldung zur Bestattung von der Person des Verstorbenen gesagt worden ist, stellt immer aufs neue die Frage nach der Wahrheit. Evangelische

Predigt hat aus dieser Verpflichtung zur Wahrheit zu oft die Lieblosigkeit abgeleitet. Löhe kann am Sarg „einer bejahrten, braven Dienstmagd" sagen: „Auch sie hat nun dies elende Leben hinter sich, und vor sich die endlose Ewigkeit. Möge sie im Glauben aus der Zeit und selig in die Ewigkeit getreten sein. Ihre Erkenntnis war klein; aber auch eine kleine Erkenntnis kann zur Seligkeit dienen. Jedenfalls hat sie in den letzten Jahren im Christentum einigen Fortschritt gemacht." (Löhe 1903, S. 22.) Mag die soziale Situation einer vergangenen Zeit eine solche Feststellung noch hingenommen haben, uns erscheint sie nicht nur aus sozialer Rücksichtnahme heraus untragbar. Hier wird gerichtet, und das Gericht ist dem Prediger eben gerade nicht in die Hand gegeben. „Es ist nicht die Aufgabe des Predigers, Anklage zu erheben. Er soll vielmehr das, was das Andenken des Entschlafenen belastet, als eine Bedrohung und Versuchung erkennen lehren, die keinem der Hörer fremd ist. Diese Wendung in die Paränese bedeutet nicht eine Beschönigung dessen, was über den Entschlafenen um der Wahrhaftigkeit willen zu sagen ist. Sie ist nicht mit der verharmlosenden Feststellung, daß wir alle unsere Fehler haben, zu verwechseln." (Uhsadel 1963, S. 166.) Es geht also um Ethik der Gnade gegenüber jeder Ethik des Gesetzes. Das ist ganz besonders auch dann zu beachten, wenn der Verstorbene in besonderer Weise alle Anzeichen eines evangelischen, christlichen Lebenswandels an sich gehabt hat. (Ein gutes Beispiel gibt Halfmann bei der Trauerfeier zur Beisetzung des im KZ verstorbenen Pastors Ewald Dittmann. In: Halfmann 1964, S. 100 ff.) Diese Schwierigkeiten dürfen jedoch nicht dazu führen, das Evangelium vom Menschsein zu abstrahieren. Der Nekrolog hat in Verbindung mit der Verkündigung seine Existenzberechtigung. Zwar gewiß nicht, um ein Menschenleben zu würdigen oder gar zu verherrlichen, aber deshalb, weil die Geschichte Gottes in diesem Leben und mit einem Menschen gelebt worden ist (vgl. hierzu Bürki 1969, S. 156 ff.). Es wird aber die Aufgabe des Predigers sein, das Biographische unter dem Licht der österlichen Botschaft zu deuten. Daher scheint es uns nicht angebracht, die Verlesung eines Lebenslaufes und die Verkündigung am Sarg in zwei getrennten Akten vorzunehmen. Notwendig aber und hilfreich kann es sein — und Wilhelm Löhe hat das in seinen Leichenreden stets getan —, nicht mit der Textverlesung zu beginnen, sondern aus dem Biographischen den Text herauswachsen zu lassen und so diesen Text zur Lichtquelle zu machen, von dem aus rückblickend und vorwärtsblickend im existentiellen und eschatologischen Bezug deutlich werden kann, was es heißt, von der Botschaft dieses Jesus Christus her zu leben, zu sterben und zum neuen Leben zu kommen. So kommt der Textwahl bei der Gestaltung des Begräbnisses besondere Bedeutung zu. Wo immer von den Angehörigen angeboten oder in deren Bewußtsein noch vorhanden, sollen Konfirmationsspruch, Trautext oder ein Bibelwort Verwendung finden, das dem Verstorbenen in irgendeiner Form gegenwärtig gewesen ist. Die dabei auftauchenden exegetischen Probleme liegen auf der Hand, aber der persönliche Bezug und die Möglichkeit im Hinblick auf das Leben und Sterben gerade an diesem Sarg von diesem Textwort eine Aussage zu machen, hat überragende Bedeutung. Allerdings muß sich der Prediger der hier lauernden Gefahr bewußt sein, nämlich jener Versuchung, die Bibel auf einem solchem Wege „aktuell" zu machen und dabei den eigentlichen Bezug auf die reale Situation zu vergessen. Die gleiche Gefahr lauert bei der Verwendung von Bildern, durch die das Sterben wie auch das Auferstehen angeblich „verdeutlicht" werden soll. Nur mit Schmunzeln erinnere ich mich einer Einleitung in eine Beerdigungspredigt, die am Tag des Abschusses der ersten Rakete in den Weltraum gehalten wurden und in der die vor der Kirche liegenden Gräber als „Abschußbasen für Raketen der Verstorbenen in den Himmel" gekennzeichnet wurden. Aber wir halten es dennoch mit Heinrich Vogel: „Den Text bestimmt der Hörer. Das will nicht gleich dahin verstanden sein, daß jeder etwaige Wunsch der Angehörigen nach einem bestimmten Text entscheidend sein müßte, sondern selbst da, wo die Auswahl des Textes durch den Prediger dem Hörer überraschend oder gar befremdend wäre, müßte diese Auswahl durch den Hörer diktiert sein. Hier vollzieht sich über die ganze Rede entscheidende Konkretion der Verkündigung." (Vogel 1962, S. 201) Ein Bezug auf das Kirchenjahr dürfte nur dort angeraten sein, wo es dem kirchlichen Hörer im Bewußtsein ist. Weihnachtliche und österliche Texte sind also durchaus vertretbar, während man solches von Texten, die ausdrücklich auf die Trinitatiszeit oder auf Pfingsten bezogen sind, nicht unmittelbar in unserer heutigen Situation wird sagen können. Trotz der Gefahr, daß ein kurzer Text zum Zitat werden könnte, soll doch der unbestrittene Vorteil genannt sein, der darin besteht, daß der Hörer einen kurzen Text behalten und sich zu späterer Zeit vergegenwärtigen kann. (Römer/Gümpel 1960.) Christian Römer und Wilhelm Gümpel haben ein Textbuch für Prediger 1903 erstmals erscheinen lassen. Eine Neubearbeitung erfolgte 1960. Es sind dies Textvorschläge, die auch exegetisch verantwortbar in der dort angebotenen Kurzform verwendet werden können.

Der nun zu schildernde Ablauf einer Begräbnishandlung hat eine Großstadtsituation vor Augen, bei der der Gottesdienst in einer Friedhofskapelle stattfindet und dem sich an die Predigt der Zug der Friedhofs-

gemeinde an das Grab anschließt. Der Pastor wird am Eingang der
Kapelle die nächsten Angehörigen erwarten und sie in die Friedhofskapelle geleiten. Dabei ist oft der schweigende Händedruck zur Begrüßung
und die wortlose Begleitung der beste Dienst. Nach Möglichkeit sollte der
Standort des Pastors nicht über dem Sarg sein, so daß der Pastor nicht
gezwungen ist, über den Sarg hinweg die Gemeinde anzusprechen. Leider
machen dies die örtlichen Verhältnisse aber oft zwingend. Das erste, was
die Gemeinde aus dem Mund des Pastors vernimmt, sollte der Friedensgruß sein. Dann wird ein Lied angesagt, falls es nicht durch Liedtafeln
angezeigt werden kann. Es gibt Gegenden in Deutschland, in denen das
Singen einer Trauergemeinde sowohl von den Leidtragenden als auch von
der Trauergemeinde immer stärker abgelehnt wird. Dort, wo die Trauergemeinde nur aus sehr wenig Teilnehmern besteht, sollte ernstlich erwogen
werden, ob auf das Eingangslied nicht verzichtet werden kann. Auf keinen
Fall aber darf das Orgelspiel das Eingangslied ersetzen wollen. In einem
solchen Fall können Liedworte gesprochen werden, wie sie die Ordnung der
Bestattung der Evangelischen Michaelsbruderschaft anbietet. (Lotz 1946,
S. 50 ff.) Die in Agende III der Lutherischen Agende angebotene liturgische
Ausgestaltung mit singender Psalmodie dürfte sich in der Mehrzahl aller
Fälle als unmöglich erweisen. Große Bedeutung hat die nachfolgende
Schriftlesung. Sie soll der Gemeinde nicht völlig unbekannt sein. Das in
der Begräbnisagende der VELKD vorgeschlagene Votum aus Joh 11, 17.
20 bis 27 kann nicht die einzige Möglichkeit darstellen. Hier wird der
Psalm sein besonderes Recht haben. Dabei wird sich der Prediger davor
hüten müssen, routinemäßig Standardpsalmen zu wählen, wenn auch
gesehen werden muß, daß vor allem in dörflichen oder kleinstädtischen
Verhältnissen die Wiederkehr bestimmter Schriftlesungen eine geistliche
Kontinuität aufzuzeigen vermag, die seelsorgerlich von großer Bedeutung
ist. Bezeichnend ist es, daß die Begräbnisagende der VELKD noch immer
daran festhält, daß anstelle einer Predigt auch „eine Vermahnung verlesen"
werden könnte. Dem muß energisch widersprochen werden. Es ist aus den
oben angeführten Gründen stets eine Predigt zu halten. Das nachfolgende
Gebet, das sich an die Predigt anschließt, ist sowohl in der Agende
der VELKD als auch in der Ordnung der Bestattung der Evangelischen
Kirche der Union sinngemäß und gut zu verwenden. Allerdings sollten
Worte wie „irdische Pilgerschaft" (Agende der EKU) oder das doch recht
altertümliche Wort von den „Anfechtungen" (Agende der VELKD)
ersetzt werden. Wichtig aber ist der Schluß des Gebetes nach der VELKD-
Agende „Wir befehlen deiner Gnade, den du als nächsten aus unserer

Mitte abrufen wirst". Es kann jedoch geschehen, daß im vorbereitenden Kasualgespräch der Pastor ausdrücklich gebeten wird, dieses Wort nicht zu sagen. Es wird dann Aufgabe des Seelsorgers sein, nach den Hintergründen zu fragen, warum eine solche Formulierung unerwünscht ist. Die agendarisch formulierte Aufforderung, nun gemeinsam zum Sarg zu gehen, und der sich daran anschließende Segensgruß beenden die Feier in der Friedhofskapelle bzw. in der Kirche. Ob allerdings dabei das Wort von der „fröhlichen Auferstehung" stehen bleiben kann und ob der „Acker Gottes" nicht doch zu sehr an die Sprache Kanaans gemahnt, sei trotz der Bemerkung Mezgers, daß wir gerade bei der Beerdigungshandlung auf ein gewisses Stück der Sprache Kanaans nicht verzichten sollten, dahingestellt.

Die Frage nach den liturgischen Zeichen stellt sich bei der Handlung am offenen Grab. Das vorangetragene Grabkreuz ist ein solches sinnvolles Zeichen, das das Wesen unseres Tuns besser zu deuten vermag als manches Reden. „Die Kirche scheut sich nicht, in der Welt der Gegenwart, die von den mannigfaltigsten Zeichen und Symbolen beeindruckt wird, bei diesem Anlaß ihren Glauben an den auferstandenen und wiederkommenden Herrn Jesus Christus so zu bekennen. Das Kreuz wird als Zeichen des eschatologischen Sieges dem wandernden Gottesvolk vorangetragen." (Bürki 1969, S. 209.) Der Pfarrer hat seinen Platz an der Seite des nächsten Angehörigen des Toten. Die liturgische Sitte, wonach der Pastor dem Sarg vorangeht, unterstreicht zwar die Würde des Amtes, wird aber so selten verstanden, daß hier davon abgeraten wird. Dort allerdings, wo der Hauptleidtragende von Angehörigen in die Mitte genommen werden kann, soll der Pfarrer hinter dem Sarg hergehen. Liturgisch ist dieser Rat anfechtbar. Poimenisch aber verdeutlicht er die enge Zusammengehörigkeit des Sterbenmüssens für alle Leidtragenden, die dem Sarg folgen. Die Einsenkung des Sarges in das offene Grab ist psychisch für die Leidtragenden der schwierigste Augenblick. Die Unwiderruflichkeit des Abschiedes aus dieser Welt wird in krasser Weise deutlich. Bei psychisch labilen Angehörigen wird es gut sein, die Verwandten auf die Möglichkeit aufmerksam zu machen, daß dieser Augenblick eine besondere Belastung des nächsten Leidtragenden bedeutet. Der Pastor, der nunmehr an das offene Grab tritt, wird auch hier die Anwesenden mit dem Friedensgruß begrüßen. Danach kommt ein biblisches Votum (Röm 14, 8; Offb 1, 17. 18; aber auch Ps 68, 21 oder Hos 6, 1). Der dann folgenden Bestattungsformel ist der dreimalige Erdwurf zugeordnet. Es ist dies das älteste Ritual der kirchlichen Beerdigungsliturgie und seit dem 12. Jahrhundert bekannt. Seine Deutung ist vielgestaltig. Er wird als Zeichen der Vergänglichkeit, als Hinweis auf den Schöpfungsbericht, aber auch als Zeichen des Gerichtes gewertet. (Eisenhofer ²1941 II, S. 445.) Vermutlich aber ist einfach das Zudecken des Leichnams hiermit verbunden gewesen. Aus dem Osten ist bekannt, daß dort die Gemeinde bis zum völligen Zuschaufeln des Grabes, Lieder singend und Psalmen betend, verbleibt. Dabei spielt der Ps 51 als Bußpsalm eine besondere Rolle, der stets als letzter Psalm rezitiert wurde. (Bürki 1969, S. 167 ff.) Zur theologischen Problematik gehört die Frage, ob über dem Sarg das Segenswort gesprochen werden solle. Der aaronitische Segen an dieser Stelle stößt auf Bedenken, weil der Segen sinnvollerweise nur dann erteilt werden kann, wenn der Gesegnete mit einem Amen bzw. mit einer Tat antwortet. So, wie in der Predigt peinlich vermieden werden muß, daß der Prediger sich gleichsam in eine Zwiesprache mit dem Verstorbenen begibt — eine Unsitte, die vor allem bei weltlichen Rednern immer wieder auftaucht —, könnte auch die Segensformel in diesem Augenblick theologisch anfechtbar erscheinen. Andererseits ist der Segenswunsch immer zugleich Wunsch der Begleitung. Alte lutherische Ordnung schloß an die Bestattungsformel den Segen mit erhobenen Händen und folgendem Wortlaut: „ . . . Erde zu Erde, Asche zu Asche, Staub zum Staube. Leib aber und Seele befehlen wir zur Auferstehung und zum Ewigen Leben, welches uns verheißen ist durch das Kreuz und die Auferstehung unseres Herrn Jesus Christus." Danach folgte der aaronitische Segen. Unbestritten aber ist, daß nach der Bestattungsformel das von der gesamten Gemeinde zu betende Vaterunser seinen Platz hat. Die Frage nach der Legitimität der Segnung des Toten wird in der evangelischen Kirche seit dem letzten Jahrhundert erörtert. Sie findet sich z. B. in Entwürfen und Gebeten an Gräbern, die im Jahre 1826 in Nürnberg von Lampert erstellt worden sind. Wenn wir uns hier dennoch dafür ausgesprochen haben, folgen wir Kurt Frör: „In jüngster Zeit ist gegen die Entleerung und Degradierung des Segens zu einem bloßen Votum oder einem frommen Wunsch mehrfach seine exhibitive, realistische Bedeutung hervorgehoben worden. Es gehört aber zu seinem Wesen, daß er nicht nur Zuspruch der Verheißungen Gottes an den Empfänger ist, sondern auch Fürbitte für ihn. Fürbitte wird aber auch auf andere Weise geübt. Das Gleiche gilt für den Zuspruch des Wortes. Dort aber, wo diese beiden Linien sich überschneiden, wo die Fürbitte in der Gestalt des Zuspruches geschieht, d. h. wo die geistgewirkte Bitte dem Partner ‚ad personam' zugesprochen wird, da hat der Segen seinen Platz." (Frör 1955 II, S. 569 ff.) Die Feier am Grab schließt mit dem Segen an die versammelten Anwesenden.

Die Begräbnisagende der VELKD sieht als Möglichkeit das gemeinsam gesprochene Glaubensbekenntnis am Sarg vor. Zu fragen wäre hier allerdings, ob dies im Hinblick auf die geistige und geistliche Situation einer durchschnittlichen Trauergemeinde zu verantworten ist. Hier besteht doch ein Unterschied zu der gottesdienstlichen Gemeinde am Sonntag. Dazu versammeln sich Menschen, die bereit sind, um des Wortes Gottes willen sich zu versammeln und miteinander zu beten. Mag Glaubensstand und weltanschauliche Bindung noch so stark variieren, so zeigt doch die gottesdienstliche Gemeinde in jedem Fall eine Bereitschaft, um des Wortes Gottes willen zusammenzukommen. Eine solche Bereitschaft wird man bei einer herkömmlichen Trauergemeinde nicht voraussetzen können.

Der Pastor bleibt am Grab anwesend, bis alle Teilnehmer den dreimaligen Erdwurf — wo ortsüblich — vollzogen oder aber ihre Kondolationswünsche den nächsten Angehörigen übermittelt haben. Er tritt als letzter an die Gruppe der nächsten Angehörigen heran, teilt diesen noch einmal den Termin der Abkündigung im sonntäglichen Gottesdienst mit, und begleitet die nächsten Angehörigen zum Friedhofsausgang. Vielerorts ist nach der Beerdigung eine häusliche Einladung Sitte. Ob der Pastor, wenn er dazu gebeten wird, diese Einladung annehmen soll, richtet sich nach den jeweiligen Umständen. Die Ambivalenz der psychologischen Situation wird gerade am Verlauf einer solchen häuslichen „Nachfeier" besonders deutlich. Reichlicher Verzehr und ebenso reichlicher Alkoholgenuß führen den Sinn der gottesdienstlichen Beerdigungsfeier ad absurdum. Hier hat der Pastor nichts zu suchen. Wohl aber sei noch einmal auf den Besuch hingewiesen, der zwei bis drei Wochen nach der Kasualhandlung im Trauerhaus stattfinden sollte.

Zur Frage der weltlichen Redner innerhalb einer Bestattungsfeier ist viel geschrieben worden. Es gehört zu unserer menschlichen Existenz hinzu, daß wir den verschiedensten Gruppierungen verhaftet sind. Daher scheint es lieblos, die Anteilnahme der Vertreter politischer oder gesellschaftlicher Gruppen zu untersagen. Sie sollte jedoch deutlich von der gottesdienstlichen Handlung getrennt werden. Wenn der Segen zum Schluß gesprochen ist und der Pastor vom Grab zurückgetreten ist, kann aus der Realität menschlicher Existenz und unserer Gruppenbezogenheit in der Welt die Ansprache weltlicher Vertreter nicht unterbunden werden. Allerdings kann es notwendig sein — man erinnere sich an Vorkommnisse aus der Zeit des Kirchenkampfes —, daß der Pastor während einer solchen Rede sich gezwungen sieht, die Trauerversammlung zu verlassen. Innerhalb des liturgischen Vollzuges einer gottesdienstlichen Handlung sollte jedoch den Bitten von Rednern aller Art nicht entsprochen werden. Auch Redner aus dem kirchlichen Bereich haben ihren Platz außerhalb des liturgischen Vollzuges.

Die seelsorgerlich-beratende Funktion innerhalb des Gottesdienstes anläßlich einer Beerdigung wird wesentlich von der Haltung des Pastors abhängig sein. Seine theologische Existenz, sein Wissen über die Vielzahl der Emotionen, nicht zuletzt aber seine persönlichen Erfahrungen mit Leid und Sterben prägen sein Wort und seine Haltung. Für unsere seelsorgerliche und geistliche Existenz aber ist es unaufgebbar, von Zeit zu Zeit mit anderen Menschen hinter einem Sarg herzugehen ...

Literaturnachweis

Achelis, Ernst Christian, Lehrbuch der praktischen Theologie, Leipzig 1898², 2 Bde.

Asmussen, Hans, Die Seelsorge, München 1935³.

—, Die Offenbarung und das Amt, München 1935².

Baden, Elisabeth, Das Taufgespräch, Berlin 1968.

Baden, Hans Jürgen, Ist der Mensch sterblich?, Wege zum Menschen, 1970, H. 5, S. 161—175.

Balint, Michael, Der Arzt, sein Patient und die Krankheit, Stuttgart 1957.

—, Angstlust und Regression, Stuttgart 1960.

—, Die Urformen der Liebe und die Technik der Psychoanalyse, Stuttgart 1966.

—, Therapeutische Aspekte der Regression, Stuttgart 1970.

Bang, Ruth, Hilfe zur Selbsthilfe, München 1960.

—, Das gezielte Gespräch, Bd. I und II, München 1968.

—, Die helfende Beziehung, Stuttgart 1969.

Barczay, Gyula, Revolution der Moral?, Zürich 1967.

Battegay, Raymond, Der Mensch in der Gruppe, Bd. 2, Bern 1969.

—, Psychoanalytische Neurosenlehre, Bern 1971.

—, Regressionsphänomene aus klinischer Sicht, in: Praxis der Psychotherapie Bd. XV, München 1970, H. 4, S. 151—162.

Biasley-Murray, George, Die christliche Taufe, Kassel 1968.

Bitter, Wilhelm, Die Vaterübertragung in der Psychotherapie, Vorträge über das Vaterproblem, Stuttgart 1954.

—, Angst und Schuld in theologischer und psychotherapeutischer Sicht, Stuttgart 1967⁴.

Blanckmeister, Franz, Der Prophet von Kursachsen — Valentin Ernst Löscher und seine Zeit, Dresden 1920.

Bloch, Ernst, Atheismus im Christentum, Frankfurt 1968.

Bohren, Rudolf, Unsere Kasualpraxis — eine missionarische Gelegenheit?, Theologische Existenz heute Nr. 83, München 1960.

Bonnell, John Sutherland, Psychologie für Pfarrer und Gemeinde, Konstanz 1959.

Bovet, Theodor, Das Geheimnis ist groß, Tübingen 1958.

Bürki, Bruno, Im Herrn entschlafen, Heidelberg 1969.

Bultmann, Rudolf, Glauben und Verstehen I, Tübingen 1966⁶.

Cole, William Graham, Sexualität in Christentum und Psychoanalyse, München 1969.

Comfort, Alex, Der aufgeklärte Eros, München 1967.

Conzelmann, Hans, Grundriß der Theologie des Neuen Testaments, München 1968².

Daur, Rudolf, Psychotherapie und religiöse Erfahrung, Stuttgart 1965.

Dinoff, M., Rickard, H. C., Salzberg, H. und Sipprelle, C. N., An experimental analogue of three psychotherapeutic approachs, Journal of clin. Psychol., 1960, H. 14.

Egenter, Richard/Matussek, Paul, Ideologie, Glaube und Gewissen, München 1965.

Eisenhofer, Ludwig, Handbuch der katholischen Liturgik, Bd. 2, Freiburg 1941².

Evang. Oberkirchenrat (Hrsg), Das Traugespräch — Eine Handreichung, Stuttgart 1962.

Faber, Heije/van der Schoot, Ebel, Praktikum des seelsorgerlichen Gesprächs, Göttingen 1971³.

Ferenczi, Sándor, Technische Schwierigkeiten einer Hysterieanalyse, Hysterie und Pathoneurosen, Wien 1919.

Freud, Anna, Das Ich und die Abwehrmechanismen. Zitate nach der Originalausgabe Wien 1936. Neu erschienen als Kindler-Taschenbuch Nr. 2001, 1968.

Freud, Sigmund, Gesammelte Werke (Chronologisch geordnet. 17 Bände und 1 Indexband), hrsg. v. Anna Freud, E. Bibring, W. Hofer u. a., Frankfurt a. M.

Bd. 1: Werke aus den Jahren 1892—1899. Studien über Hysterie / Frühe Schriften zur Neurosenlehre, 1969[3].

Bd. 2/3: Die Traumdeutung / Über den Traum, 1968[4].

Bd. 4: Zur Psychopathologie des Alltagslebens, 1969[5].

Bd. 5: Werke aus den Jahren 1904—1905, 1968[4].

Bd. 6: Der Witz und seine Beziehung zum Unbewußten, 1969[4].

Bd. 7: Werke aus den Jahren 1906—1909, 1966[4].

Bd. 8: Werke aus den Jahren 1910—1913, 1969[5].

Bd. 9: Totem und Tabu, 1968[4].

Bd. 10: Werke aus den Jahren 1913—1917, 1969[5].

Bd. 11: Vorlesungen zur Einführung in die Psychoanalyse, 1969[5].

Bd. 12: Werke aus den Jahren 1917—1920, 1966[3].

Bd. 13: Jenseits des Lustprinzips / Massenpsychologie und Ich-Analyse / Das Ich und das Es, 1969[6].

Bd. 14: Werke aus den Jahren 1925—1931, 1968[3].

Bd. 15: Neue Folge der Vorlesungen zur Einführung in die Psychoanalyse, 1969[5].

Bd. 16: Werke aus den Jahren 1932—1939, 1968[3].

Bd. 17: Schriften aus dem Nachlaß 1892—1938, 1966[4].

Bd. 18: Gesamtregister, Zusammengestellt von Lilla Veszy-Wagner, 1968.

Freud, Sigmund, Studienausgabe in 10 Bdn. (Die erste kommentierte deutsche Freud-Edition. Hrsg. v. Alexander Mitscherlich, Angela Richards, James Strachey), Frankfurt a. M.

Bd. I: Vorlesungen zur Einführung in die Psychoanalyse, einschließlich: Neue Folge der Vorlesungen zur Einführung in die Psychoanalyse, 1969.

Bd. II: Die Traumdeutung. In Vorbereitung.

Bd. III: Psychologie des Unbewußten. In Vorbereitung.

Bd. IV: Psychologische Schriften, 1970.

Bd. V: Sexualleben, 1970.

Bd. VI: Hysterie und Angst, 1971.

Bd. VII: Zwang, Paranoia, Perversion. In Vorbereitung.

Bd. VIII: Zwei Kinderneurosen, 1969.

Bd. IX: Fragen der Gesellschaft / Ursprünge der Religion. In Vorbereitung.

Bd. X: Bildende Kunst und Literatur, 1969.

Frör, Kurt, Salutationen, Benedictionen, amen. Leiturgia Bd. 2, Kassel 1955.

Gäumann, Nikolaus, Taufe und Ethik, München 1967.

Goes, Albrecht, Über das Gespräch, Hamburg 1954.

Gorer, Geoffrey, Über die Beziehungen von Prüderie und Pornographie, in „Pornographie des Todes" in „Die Welt" vom 25. 5. 1956.

von Graevenitz, Jutta, Eheförderende und ehegefährdende Faktoren unserer Zeit, Praxis der Familienberatung (bei: Wege zum Menschen), 1965, H. 3, S. 363—372.

Graff, Paul, Geschichte der Auflösung der alten gottesdienstlichen Formen in der evang. Kirche Deutschlands, Göttingen 1937[2].

Haack, Hans Georg, Die Amtshandlungen in der evangelischen Kirche, Berlin 1952.

Haendler, Otto, Die Predigt, Berlin 1949.

—, Grundriß der praktischen Theologie, Berlin 1957.

—, Angst und Glaube, Berlin 1952[2].

—, Tiefenpsychologie, Theologie und Seelsorge. Aufsätze, Göttingen 1971.

Halfmann, Wilhelm, Predigten — Reden — Aufsätze — Briefe, hrsg. v. Johann Schmidt, Kiel 1964.

Harsch, Helmut, Das Schuldproblem in „Theologie und Tiefenpsychologie", Heidelberg 1965.

—, Die Bedeutung des tiefenpsychologischen Schuldverständnisses für die Theologie, Wege zum Menschen, 1965, H. 4/5, S. 159—171.

Hinzinger, Ilse, Überlegungen zur Erziehungsberatung, Quatember 1968/69, H. 3, S. 116—121.

Hoppe, Günter, Lebensberatung als übergreifende Kategorie evangelischer Beratungsdienste, Praxis der Familienberatung (bei: Wege zum Menschen), 1966, H. 2, S. 225—232.

Jones, Ernest, Das Leben und Werk von Sigmund Freud, Bern 1960/62.

Jung, Carl Gustav, Die Psychologie der Übertragung, Zürich 1946.

Kamphuis, Marie, Die persönliche Hilfe in der Sozialarbeit unserer Zeit, Stuttgart 1963[6].

Kemper, Werner, Die Übertragung im Lichte der Gegenübertragung, Internationaler Kongreß für Psychotherapie, Basel/New York 1955.

Kolle, Erich (Hrsg.), Die Beerdigung als kirchliche Handlung, in: Für die geistliche Rede, Grabreden, Gütersloh 1938.

Krapp, Dr. R., Seelsorge als Begegnung und Beratung, Wege zum Menschen, 1969, H. 1/2, S. 1—9.

Kronhausen, Phyllis u. Eberhard, Sexual Responses, in: Women, Calter 1956.

Krusche, Werner, Unsere Predigt am Grab — Das Grab der Kirche?, Pastoralblätter 1962, S. 617—627.

Kündig, Alice, Die seelsorgerliche Aufgabe in der Psychotherapie, Wege zum Menschen, 1965, H. 12, S. 449—461.

Künkel, Fritz, Einführung in die Charakterkunde, Stuttgart 1968[14].

Kurth, Wolfram/Bartning, Gerhard, Psychotherapie in der Seelsorge, München 1964.

Lee, Roy S., Principles of Pastoral Counselling, London 1968.

Lemaire, Jean G., Ehekonflikte, Göttingen 1968.

Lindinger, Helge, Die Erfahrung von Schuld und Tod beim heutigen Menschen, Wege zum Menschen, 1967, H. 4, S. 121—130.

Löhe, Wilhelm, Vier Leichenreden, Gütersloh 1903.

Lotz, Walter, Die Ordnung der Bestattung (Entwurf), Kassel 1946.

Mead, Margaret, Mann und Weib, Hamburg 1963.

Mezger, Manfred, Die Amtshandlungen der Kirche als Verkündigung, Ordnung und Seelsorge Bd. I: Die Begründung der Amtshandlungen, München 1963.

—, Wer ist das eigentlich, Gott?, in: Glauben heute, Hamburg 1965, S. 224—236.

Mitscherlich, Alexander und Margarete, Die Unfähigkeit zu trauern, München 1969.

Müller, Eberhard, Die Kunst der Gesprächsführung, Hamburg 1959 (25.—29. Tsd.).

Musaph, Hermann, Technik der psychologischen Gesprächsführung, Salzburg 1969.

Neidhard, Walter, Die Rolle des Pfarrers beim Begräbnis, in: Wort und Gemeinde. Festschrift für E. Thurneysen, Zürich 1968, S. 226—235.

Niebergall, Friedrich, Die Kasualrede, Praktisch-theologische Handbibliothek Bd. I, Göttingen 1917[3].

Plack, Arno, Die Gesellschaft und das Böse, München 1967.

von Rad, Gerhard, Das erste Buch Mose, Altes Testament Deutsch, Bd. II, Göttingen 1967[8].

Reich, Wilhelm, Die sexuelle Revolution, Frankfurt 1966.

Rensch, Adelheid, Das seelsorgerliche Gespräch, Göttingen 1967[2].

Riesman, David, Die einsame Masse, 1962, rde 72/3, 46.—50. Tsd.

Römer, Christian/Gümbel, Wilhelm, Textbuch für Prediger, Stuttgart 1960.

Scharfenberg, Joachim, Johann Christoph Blumhardt und die kirchliche Seelsorge heute, Göttingen 1959.

—, Freud und die Religion, in: Psychotherapie und religiöse Erfahrung, Stuttgart 1965, S. 54—72.

—, Sigmund Freud und seine Religionskritik als Herausforderung für den christlichen Glauben, Göttingen 1971[3].

—, Individuum und Gesellschaft im Lichte der Tiefenpsychologie, Praxis der Familienberatung (bei: Wege zum Menschen), 1970, H. 2, S. 244—253.

Schleiermacher, Friedrich Dan. E., Praktische Theologie. Gesammelte Werke, 1. Abteilung, Berlin 1963.

Schowalter, August, Kasualreden, Berlin 1927[2] (1. Aufl. 1926), S. 3.

Slavson, Samuel Richard, Einführung in die Gruppentherapie für Kinder und Jugendliche, Göttingen 1971[2].

Stählin, Wilhelm, Symbolon, Stuttgart 1958.

Stollberg, Dietrich, Seelsorge praktisch, Göttingen 1970[2].

—, Therapeutische Seelsorge, München 1970[2].

—, Seelsorge durch die Gruppe, Göttingen 1971.

Stumpfe, Klaus-Dietrich, Die Ehe — eine gruppensoziologische Betrachtung, Praxis der Familienberatung (bei: Wege zum Menschen), 1970, H. 2, S. 225—235.

Tausch, Reinhard, Gesprächspsychotherapie, Göttingen 1968[2].

Thielicke, Helmut, Theologische Ethik, Bd. III, Tübingen 1964.

Thilo, Hans-Joachim, Sex — Liebe — Kinder, Hamburg 1969.

—, Mann und Frau in den biblischen Schöpfungsberichten, Praxis der Familienberatung (bei: Wege zum Menschen), 1965, H. 3, S. 355—363.

Thurneysen, Eduard, Die Lehre von der Seelsorge, Zürich 1965[3].

—, Praktische Seelsorge, Siebenstern Bd. 148, München 1970.

—, Seelsorge im Vollzug, Zürich 1968.

—, Bibliographie (zusammengestellt von Marguerite Thurneysen), in: Gottesdienst — Menschendienst, Festschrift für Eduard Thurneysen zum 70. Geburtstag, Zürich 1958, S. 333 ff.

Tillich, Paul, Systematische Theologie, Stuttgart, Bd. I und II 1964[3], Bd. III 1966.

—, Der Einfluß der Pastoralpsychologie auf die Theologie, Neue Zeitschrift für systematische Theologie, 2. Bd., 1960, S. 128—137.

Tournier, Paul, Technik und Glaube, Hamburg 1947[2].

—, Krankheit und Lebensprobleme, Basel 1944[2].

Trillhaas, Wolfgang, Der Dienst der Kirche am Menschen. Pastoraltheologie, München 1958.

—, Evangelische Predigtlehre, München 1964[5].

—, Sexualethik, Göttingen 1970[2].

Trüb, Hans, Heilung aus der Begegnung, Stuttgart 1951.

Uhsadel, Walter, Die gottesdienstliche Predigt, Praktische Theologie, Bd. 1, Heidelberg 1963.

—, Evangelische Seelsorge, Bd. I—III, Stuttgart 1967.

Vogel, Heinrich, Gottes Hoffnung am Sarge. Ausgewählte Schriften 1929—1939, hrsg. v. K. Kupisch, Berlin 1962.

Wiesenhütter, Eckart, Entwicklung, Reifung, Retardation, Regression, in: Praxis der Psychotherapie, Bd. XV, H. 3, München 1970, S. 122—132.

Winkler, Klaus, Psychotherapie und Seelsorge, Praxis der Familienberatung (bei: Wege zum Menschen), 1969, H. 4, S. 449—457.

Wurzbacher, Gerhard, Gruppe, Führung, Gesellschaft, München 1961.

Zweig, Stefan, Die Welt von gestern, Frankfurt 1965.

Sachregister

Namenregister

Pastoralpsychologie

Hans Joachim Thilo
Psyche und Wort

Aspekte ihrer Beziehungen in Seelsorge, Unterricht und Predigt.
140 Seiten, kartoniert

„Wir haben allen Grund dazu, uns von der heutigen tiefenpsychologischen Forschung informieren zu lassen, wie Geist und Seele ‚funktionieren‘, damit bei uns
nicht immer wieder unser Wunschdenken (gerade das theologische Wunschdenken)
die Realitäten überspielt. Hier kann dieses Buch in guter Weise weiterhelfen.“
Dorothee Hoch im „Kirchenblatt für die reformierte Schweiz“

Das erste Lexikon, das Theologie und Humanwissenschaften verbindet:

Praktisches Wörterbuch der Pastoralanthropologie

Hrsg. von H. Gastager, K. Gastgeber, L. G. Griesl, J. Mayer-Scheu, W. Molinski,
E. Pakesch, H. Pompey, A. Reiner, R. Riess, G. Roth, W. Ruff, J. Scharfenberg,
E. Schiller, D. Stollberg.
XXIV Seiten, 1128 Spalten, Leinen. (Gemeinsam mit dem Verlag Herder, Wien.)

Dieses Buch beantwortet sowohl die Sachfragen des Seelsorgers an die Humanwissenschaften als auch jede Art Fragen von Ärzten, Beratern und Sozialarbeitern
an die Praktische Theologie. Viele der über 1100 Stichwörter greifen aktuelle und
brisante Probleme auf und bieten eine sowohl sachbezogene wie theologisch reflektierte Orientierungshilfe sowie Literaturhinweise an.

Dietrich Stollberg
Seelsorge durch die Gruppe

Praktische Einführung in die gruppendynamische Arbeitsweise.
3. Auflage, 217 Seiten, kartoniert

Gemeindearbeit ist Gruppenarbeit. Das vorliegende Buch leistet erstmals in deut-
scher Sprache eine umfassende und anschauliche Anwendung der Gruppendynamik
im kirchlichen Bereich. Es zeigt die Funktion der verschiedenen Gruppenbildungen,
gibt Kriterien für die Zusammenstellung von Seelsorgegruppen und bespricht ein-
gehend sämtliche Probleme, die bei der seelsorgerlichen Arbeit mit Gruppen entstehen, bis ins technische Detail hinein.

Vandenhoeck & Ruprecht in Göttingen und Zürich

Pastoralpsychologie

Irja Kilpeläinen
Zuhören und Helfen in Seelsorge und Beratung

Eine Anleitung. (Dienst am Nächsten, Band 2). 147 Seiten, kartoniert

„An einer Fülle von Gesprächsbeispielen wird gezeigt, wie theoretisch-methodische Überlegungen zusammen mit Menschenkenntnis zur erfolgreichen Seelsorge verhelfen. Spezielle Fachkenntnisse setzt die Verfasserin nicht voraus. Solche Kenntnisse will sie dem Leser selbst vermitteln. Ein wertvolles Lehrbuch für alle Mitarbeiter im seelsorgerlichen Dienst."

Evangelisches Sonntagsblatt aus Bayern

Hans-Christoph Piper
Gesprächsanalysen

4. Auflage. 120 Seiten, kartoniert

„Wer immer kritische Maßstäbe für seine seelsorgerliche Praxis sucht, wird auf den wenigen Seiten dieser Sammlung unvergleichliche Hilfe finden. In den fünfzehn Protokollen kommen grundsätzliche Probleme der Seelsorge und des Seelsorgers eindrücklich zur Sprache ...
Jedes dieser Gesprächsprotokolle zeigt das gleiche an, es ist das Einmaleins des Seelsorgers, aber zugleich die schwierigste Rechnungsart in heutiger verständigungsarmer Zeit." Johann Christoph Hampe im Deutschlandfunk

Walter Schulte
Die Welt des psychisch Kranken

142 Seiten, kartoniert

„Dem Buch ist eine weite Verbreitung zu wünschen, damit in einer Zeit zunehmender emotionaler Verarmung Menschen angesprochen werden, sich für eine recht große Randgruppe unserer Wohlstandsgesellschaft einzusetzen."

Deutsche Krankenpflegerzeitschrift

Vandenhoeck & Ruprecht in Göttingen und Zürich